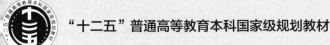

"十二五"普通高等教育本科国家级规划教材

北京大学经济学教材系列 | 核心课程系列

7th Edition
INSURANCE

保险学

（第七版）

孙祁祥 著

图书在版编目(CIP)数据

保险学/孙祁祥著. —7版. —北京:北京大学出版社,2021.8
北京大学经济学教材系列
ISBN 978-7-301-32260-4

Ⅰ. ①保… Ⅱ. ①孙… Ⅲ. ①保险学—高等学校—教材 Ⅳ. ①F840

中国版本图书馆CIP数据核字(2021)第122315号

书 名	保险学(第七版)
	BAOXIANXUE (DI-QI BAN)
著作责任者	孙祁祥 著
责任编辑	兰 慧
标准书号	ISBN 978-7-301-32260-4
出版发行	北京大学出版社
地 址	北京市海淀区成府路205号 100871
网 址	http://www.pup.cn
微信公众号	北京大学经管书苑(pupembook)
电子邮箱	编辑部 em@pup.cn 总编室 zpup@pup.cn
电 话	邮购部 010-62752015 发行部 010-62750672 编辑部 010-62752926
印 刷 者	北京溢漾印刷有限公司
经 销 者	新华书店
	787毫米×1092毫米 16开本 22.5印张 533千字
	1996年6月第1版 2003年9月第2版
	2005年1月第3版 2009年7月第4版
	2013年3月第5版 2017年5月第6版
	2021年8月第7版 2025年1月第7次印刷
印 数	35001—38000 册
定 价	58.00元

未经许可,不得以任何方式复制或抄袭本书之部分或全部内容。
版权所有,侵权必究
举报电话: 010-62752024 电子邮箱: fd@pup.cn
图书如有印装质量问题,请与出版部联系,电话: 010-62756370

总　　序

当今世界正经历百年未有之大变局,新一轮科技革命和产业变革深入发展,国际力量对比深刻调整,各种经济活动和经济现象不是趋于简单化,而是变得越来越复杂,越来越具有嬗变性和多样性。面对党的二十大擘画的新时代新征程宏伟蓝图使命,如何对更纷繁、更复杂、更多彩的经济现象在理论上进行更透彻的理解和把握,科学地解释、有效地解决经济活动过程中已经存在的和即将面对的一系列问题,不断回答中国之问、世界之问、人民之问、时代之问,是现在和未来的各类经济工作者需要高度关注的重要课题。

北京大学经济学院作为教育部确定的"国家经济学基础人才培养基地""全国人才培养模式创新实验区""基础学科拔尖学生培养计划2.0基地"以及北京大学经济学"教材研究与建设基地",一直致力于不断全面提升教学和科研水平,不断吸引和培养世界一流的学生,不断地推出具有重大学术价值的科研成果,以创建世界一流的经济学院。而创建世界一流经济学院,一个必要条件就是培养世界一流的经济学人才。我们的目标是让学生能够得到系统的、科学的、严格的专业训练,深入地掌握经济学学习和研究的基本方法、基本原理和最新动态,为他们能够科学地解释和有效地解决他们即将面对的现实经济问题奠定基础。

基于这种认识,北京大学经济学院在近年来深入总结了人才培养各个方面的经验教训,在全面考察和深入研究国内外著名经济院系本科生、硕士研究生、博士研究生的培养方案以及学科建设和课程设置经验的基础上,对本院学生的培养方案和课程设置等进行了全方位改革,并组织编撰了"北京大学经济学教材系列"。

编撰本系列教材的基本宗旨是:

第一,学科发展的国际经验与中国实际的有机结合。在教学的实践中我们深刻地认识到,任何一本国际顶尖的教材,都存在一个与中国经济实践有机结合的问题。某些基本原理和方法可能具有国际普适性,但对原理和方法的把握则必须与本土的经济活动相联系,必须把抽象的原理与本土鲜活的、丰富多彩的经济现象相联系。我们力争在该系列教材中,充分吸收国际范围内同类教材所承载的理论体系和方法论体系,在此基础上,切实运用中国案例进行解读,使其成为能够解释和解决学生遇到的经济现象和经济问题的知识。

第二,"成熟"的理论、方法与最新研究成果的有机结合。教科书的内容必须是"成熟"或"相对成熟"的理论和方法,即具有一定"公认度"的理论和方法,不能是"一家之言",否则就不是教材,而是"专著"。从一定意义上说,教材是"成熟"或"相对成熟"的理论和方法的"汇编",所以,相对"滞后"于经济发展实际和理论研究的现状是教材的一个特点。然而,经济活动过程及其相关现象是不断变化的,经济理论的研究也在时刻发生着变化,我们要告诉学生的不仅是那些已经成熟的东西,而且要培养学生把握学术发展最新动态的能力。因此,在系统介绍已有的理论体系和方法论基础的同时,本系列教材还向学生介绍了相关理论及其方法的创新点。

第三,"国际规范"与"中国特点"在写作范式上的有机结合。经济学在中国发展的"规范化""国际化""现代化"与"本土化"关系的处理,是多年来学术界讨论学科发展的一个焦点问题。本系列教材不可能对这一问题做出确定性的回答,但是在写作范式上,却争取做好这种结合。基本理论和方法的阐述坚持"规范化""国际化""现代化",而语言的表述则坚守"本土化",以适应本土师生的阅读习惯和文本解读方式。

为深入贯彻落实习近平总书记关于教育的重要论述、全国教育大会精神以及中共中央办公厅、国务院办公厅《关于深化新时代学校思想政治理论课改革创新的若干意见》,发挥好教材育人工作,我们按照国家教材委员会《全国大中小学教材建设规划(2019—2022年)》和教育部《普通高等学校教材管理办法》《高等学校课程思政建设指导纲要》等文件精神,将课程思政内容融入教材,以坚持正确导向,强化价值引领,落实立德树人根本任务。

本系列教材的作者均是我院主讲同门课程的教师,各教材也是他们在多年教案的基础上修订而成的。自2004年本系列教材推出以来至本次全面改版之前,共出版教材24本,其中有6本教材入选国家级规划教材("九五"至"十二五"),9本教材获选北京市精品教材及立项,多部教材成为该领域的经典,取得了良好的教学与学术影响,成为本科教材中的力作。

为了更好地适应新时期的教学需要以及教材发展要求,我们持续对本系列教材进行改版更新,并吸收近年来的优秀教材进入系列,以飨读者。当然,我们也深刻地认识到,教材建设是一个长期的动态过程,已出版教材总是会存在不够成熟的地方,总是会存在这样那样的缺陷。本系列教材出版以来,已有超过三分之一的教材至少改版一次。我们也真诚地期待能继续听到专家和读者的意见,以期使其不断地得到充实和完善。

十分感谢北京大学出版社的真诚合作和相关人员付出的艰辛劳动。感谢经济学院历届的学生们,你们为经济学院的教学工作做出了特有的贡献。

将本系列教材真诚地献给使用它们的老师和学生们!

北京大学经济学院教材编委会

目 录

第一篇 保 险 基 础

第一章 风险与风险管理 …………………………………………………… (3)
 引言 …………………………………………………………………………… (3)
 第一节 风险概述 ……………………………………………………………… (3)
 第二节 风险决策 ……………………………………………………………… (7)
 第三节 风险管理 ……………………………………………………………… (12)
 本章总结 ……………………………………………………………………… (19)
 思考与练习 …………………………………………………………………… (19)

第二章 保险制度 ……………………………………………………………… (20)
 引言 …………………………………………………………………………… (20)
 第一节 保险的本质 …………………………………………………………… (20)
 第二节 保险的经济学基础 …………………………………………………… (25)
 第三节 保险业的产生与发展 ………………………………………………… (33)
 第四节 保险的基本分类 ……………………………………………………… (41)
 本章总结 ……………………………………………………………………… (42)
 思考与练习 …………………………………………………………………… (43)

第三章 保险合同 ……………………………………………………………… (44)
 引言 …………………………………………………………………………… (44)
 第一节 保险合同概述 ………………………………………………………… (45)
 第二节 保险合同的要素 ……………………………………………………… (47)
 第三节 保险合同的订立与生效 ……………………………………………… (59)
 第四节 保险合同的履行 ……………………………………………………… (61)
 第五节 保险合同的变更 ……………………………………………………… (66)
 第六节 保险合同的争议处理 ………………………………………………… (70)
 本章总结 ……………………………………………………………………… (72)
 思考与练习 …………………………………………………………………… (73)

第二篇 保险市场

第四章 保险市场引论 (77)
引言 (77)
第一节 保险市场概述 (77)
第二节 中国保险市场概况 (80)
第三节 国际主要保险市场概况 (81)
本章总结 (84)
思考与练习 (84)

第五章 保险公司 (85)
引言 (85)
第一节 保险公司及其类型 (85)
第二节 保险公司的并购、控股和策略联盟 (90)
第三节 保险公司的跨国经营 (93)
本章总结 (96)
思考与练习 (96)

第六章 保险消费者 (97)
引言 (97)
第一节 保险消费者的组成 (97)
第二节 保险产品的特性及其购买原则 (98)
第三节 选择保险公司 (103)
本章总结 (106)
思考与练习 (106)

第七章 保险中介 (107)
引言 (107)
第一节 保险中介概述 (107)
第二节 保险中介类型 (108)
本章总结 (113)
思考与练习 (114)

第八章 保险监管 (115)
引言 (115)
第一节 为什么需要保险监管 (115)
第二节 保险监管的主要理论 (117)
第三节 保险监管模式 (118)
第四节 保险监管的主要内容 (119)
本章总结 (123)
思考与练习 (123)

第三篇 保险的基本类别 Ⅰ：人身保险

第九章 人身保险引论 (127)
- 引言 (127)
- 第一节 人身保险的特点 (127)
- 第二节 人身保险的类型 (130)
- 本章总结 (132)
- 思考与练习 (133)

第十章 人寿保险 (134)
- 引言 (134)
- 第一节 人寿保险的种类 (134)
- 第二节 标准保单条款 (141)
- 第三节 寿险准备金 (147)
- 本章总结 (148)
- 思考与练习 (149)

第十一章 年金保险 (150)
- 引言 (150)
- 第一节 年金保险合同及其分类 (150)
- 第二节 年金保险合同条款 (157)
- 本章总结 (159)
- 思考与练习 (160)

第十二章 健康保险 (161)
- 引言 (161)
- 第一节 健康保险的概念及特点 (161)
- 第二节 健康保险的主要种类 (164)
- 第三节 健康保险的经营风险管理 (167)
- 本章总结 (172)
- 思考与练习 (172)

第四篇 保险的基本类别 Ⅱ：财产保险

第十三章 财产保险引论 (175)
- 引言 (175)
- 第一节 财产标的分类及其特征 (175)
- 第二节 财产保险赔偿的基本原则 (176)
- 第三节 财产保险的准备金 (180)
- 本章总结 (183)

思考与练习 ………………………………………………………………………………（183）
第十四章　财产损失保险 …………………………………………………………………（184）
　　引言 ………………………………………………………………………………………（184）
　　第一节　海上保险 ………………………………………………………………………（184）
　　第二节　货物运输保险 …………………………………………………………………（187）
　　第三节　火灾保险 ………………………………………………………………………（188）
　　第四节　运输工具保险 …………………………………………………………………（189）
　　第五节　工程保险 ………………………………………………………………………（190）
　　第六节　农业保险 ………………………………………………………………………（190）
　　本章总结 …………………………………………………………………………………（192）
　　思考与练习 ………………………………………………………………………………（193）

第十五章　责任保险 ………………………………………………………………………（194）
　　引言 ………………………………………………………………………………………（194）
　　第一节　责任保险概述 …………………………………………………………………（194）
　　第二节　责任保险的承保方式及赔偿 …………………………………………………（197）
　　第三节　责任保险的主要种类 …………………………………………………………（199）
　　本章总结 …………………………………………………………………………………（209）
　　思考与练习 ………………………………………………………………………………（210）

第十六章　信用保险与保证保险 …………………………………………………………（211）
　　引言 ………………………………………………………………………………………（211）
　　第一节　信用保险 ………………………………………………………………………（211）
　　第二节　保证保险 ………………………………………………………………………（222）
　　本章总结 …………………………………………………………………………………（225）
　　思考与练习 ………………………………………………………………………………（226）

第五篇　保险公司的经营管理

第十七章　保险产品定价 …………………………………………………………………（229）
　　引言 ………………………………………………………………………………………（229）
　　第一节　随机事件与概率 ………………………………………………………………（229）
　　第二节　概率分布与预期损失 …………………………………………………………（232）
　　第三节　保险费与费率 …………………………………………………………………（235）
　　第四节　财产保险的费率厘定 …………………………………………………………（237）
　　第五节　寿险产品的定价 ………………………………………………………………（238）
　　本章总结 …………………………………………………………………………………（240）
　　思考与练习 ………………………………………………………………………………（240）

第十八章　保险核保 ………………………………………………………………………（242）
　　引言 ………………………………………………………………………………………（242）

第一节　核保人的主要职能 ·· (242)
　　第二节　核保的过程 ·· (246)
　　第三节　核保管理 ·· (249)
　　第四节　续保 ··· (250)
　　本章总结 ·· (250)
　　思考与练习 ·· (251)

第十九章　保险理赔 ·· (252)
　　引言 ··· (252)
　　第一节　索赔与理赔概述 ·· (252)
　　第二节　理赔的程序 ·· (253)
　　第三节　委付 ··· (258)
　　本章总结 ·· (259)
　　思考与练习 ·· (260)

第二十章　保险投资 ·· (261)
　　引言 ··· (261)
　　第一节　保险投资的客观必然性 ··· (261)
　　第二节　保险投资的资金来源与投资工具 ························· (264)
　　第三节　保险投资三原则的具体运用 ································· (267)
　　本章总结 ·· (269)
　　思考与练习 ·· (269)

第二十一章　保险公司财务管理 ·· (270)
　　引言 ··· (270)
　　第一节　保险公司的经营风险 ·· (270)
　　第二节　盈利性分析 ·· (271)
　　第三节　偿付能力分析 ·· (274)
　　第四节　财务状况的监管 ·· (275)
　　本章总结 ·· (279)
　　思考与练习 ·· (279)

第二十二章　再保险 ·· (280)
　　引言 ··· (280)
　　第一节　再保险概述 ·· (280)
　　第二节　再保险的合同形式 ·· (284)
　　第三节　再保险的业务方式 ·· (286)
　　第四节　法定再保险与自愿再保险 ···································· (289)
　　第五节　再保险市场 ·· (290)
　　第六节　再保险的最新发展 ·· (291)
　　本章总结 ·· (291)
　　思考与练习 ·· (292)

第六篇 社会保险

第二十三章 社会保险引论 ……………………………………………………… (295)
 引言 ………………………………………………………………………… (295)
 第一节 社会保险的产生及其特点 ……………………………………… (295)
 第二节 社会保险的实施 ………………………………………………… (297)
 本章总结 …………………………………………………………………… (303)
 思考与练习 ………………………………………………………………… (304)

第二十四章 社会保险的主要类型 ……………………………………………… (305)
 引言 ………………………………………………………………………… (305)
 第一节 养老保险 ………………………………………………………… (305)
 第二节 失业保险 ………………………………………………………… (310)
 第三节 医疗保险 ………………………………………………………… (313)
 第四节 生育保险 ………………………………………………………… (317)
 第五节 工伤保险 ………………………………………………………… (318)
 本章总结 …………………………………………………………………… (322)
 思考与练习 ………………………………………………………………… (322)

附录 1 各类保险学说 …………………………………………………………… (323)
附录 2 本书专用术语汉英对照表 ……………………………………………… (325)
附录 3 重要名词索引 …………………………………………………………… (335)
主要参考文献 …………………………………………………………………… (339)
第一版后记 ……………………………………………………………………… (341)
第二版后记 ……………………………………………………………………… (342)
第三版后记 ……………………………………………………………………… (344)
第四版后记 ……………………………………………………………………… (345)
第五版后记 ……………………………………………………………………… (346)
第六版后记 ……………………………………………………………………… (347)
第七版后记 ……………………………………………………………………… (348)

第一篇　　保险基础

第一章　　风险与风险管理

▍本章概要▍

风险客观地存在于现实生活中的各个方面。如何有效地防范风险和应对损失一直是人类社会发展中的重要问题。本章将首先讨论风险的本质及组成要素、风险的分类和风险的度量，其次对期望值理论、期望效用理论和前景理论等风险决策理论进行介绍，最后在此基础上引入风险管理的基本概念，介绍风险管理的基本方法和主要环节，并阐明风险管理与保险的关系。

▍学习目标▍

1. 掌握风险的本质及其组成要素。
2. 了解风险分类的不同标准和风险度量的两个要点。
3. 了解期望值理论、期望效用理论和前景理论等风险决策理论。
4. 了解风险管理的基本方法和主要环节。
5. 理解风险管理与保险的关系。

引　言

常言道："天有不测风云，人有旦夕祸福。"在现实生活中，不论是"不测风云"，还是"旦夕祸福"，都是由客观存在的风险所引起的。学习保险，首先要弄清楚风险的主要特征及主要类型，从而在此基础上寻找出对付风险的办法，即风险管理的方法。

第一节　风险概述

一、风险的本质

（一）风险的含义

要学习保险，首先需要了解什么是风险。关于风险，有许多种不同的定义，本书对风险所下的定义：风险是一种损失的发生具有不确定性的状态。这个定义强调风险所具有的三个特性：客观性、损失性和不确定性。

1. 风险是一种客观存在的状态

当我们说风险是一种状态时，它的实际含义是指，不管人们是否意识到，风险都是客观存在的。例如，现在人们都很清楚地知道，在有石棉的环境中工作会损害健康，进而慢慢丧失劳动能力。因为石棉中的有害物质会增加人感染石棉沉着病的机会。而这种病会导致肺功能的降低,并容易诱发其他癌症。在五六十年前,石棉沉着病还是一种尚未查明的疾病,人们对其缺乏了解,但这并没有改变石棉从一开始就是致害物质、人接触了它就容易致病这样一个基本事实。应当说,这种风险从人第一次接触石棉到现在都是存在的。另外一个很能说明问题的例子是吸烟。吸烟会增加人患肺癌的可能性,这种风险从世界上第一支香烟问世起就存在了,但直到很久以后,人们才认识到这一点。

2. 风险是与损失相关的一种状态

在广义的投资活动中,特别是在证券市场中,人们所谈论的风险是指收益或者损失的不确定性。一项投资活动,可能给投资者带来收益,也可能带来损失。所谓"高风险,高回报;低风险,低回报"就是这个含义。但在保险学领域,人们所谈论的风险是与损失相联系的。离开了可能将发生的损失,谈论风险就没有意义了。

3. 风险是损失的发生具有不确定性的状态

在与损失相关的客观状态中,如果人们能够准确地预测到损失将会发生以及损失会达到的程度,就可以采取准确无误的方法来应对它们,这就不存在什么风险,因为结果是确定的;如果肯定损失不会发生,就不存在风险,因为其结果也是确定的;只有当损失是无法预料的时候,或者说在损失具有不确定性的时候,才有风险存在。

有学者认为,"人类对于风险的掌握是现代和古代的分界线。这一观点具有革命性的意义。它意味着未来不仅是神的幻想,人们不再听命于自然。在人类没有发现跨越今昔分界线的方法之前,未来是过去的一面镜子,或者是属于那些在有关未来的问题上一手遮天的占卜者和发表神谕的人的领域"[①]。

(二) 风险的组成要素

1. 风险因素

风险因素是指增加损失发生的可能性或严重程度的任何事件。构成风险因素的条件越多,发生损失的可能性就越大,损失就会越严重。影响损失产生的可能性和程度的风险因素有两类:有形风险因素和无形风险因素。

(1) 有形风险因素。有形风险因素是指导致损失发生的物质形态的因素,比如财产所在的地域、建筑结构和用途等。假设有两栋房子,一栋是木质结构,另一栋是水泥结构,假定其他条件都相同,木质结构的房子显然比水泥结构的房子发生火灾的可能性要大。再假设这两栋房子都是水泥结构,但一栋房子的附近就有消防队和充足的水源,另一栋房子远离消防队和水源,后者发生严重火灾损失的可能性也显然要比前者大。

物品的用途或使用状态也会产生有形风险因素。一栋房子如果是用来作为生产烟花爆竹的工厂,就会比作为杂货店发生火灾损失的可能性大得多。同样,汽车用于商业目的显然要比家庭用车的受损机会更多。

(2) 无形风险因素。文化、习俗和生活态度等一类非物质形态的因素也会影响损失发生的可能性和受损的程度。这是一种无形的风险因素,包括道德风险因素和行为风险因素两种。

---

① Harold D. Skipper Jr. et. al, *International Risk and Insurance: An Environmental-Managerial Approach*. McGraw-Hill/Irwin, 1998, p. 445.

① 道德风险因素。道德风险因素是指人们以欺诈等行为故意促使风险事故发生,或扩大已发生的风险事故所造成的损失的因素。在保险的场合,道德风险主要表现在投保人利用保险牟取不正当利益如虚报保险财产价值,对没有保险利益的标的进行投保,制造虚假保险赔案等。

② 行为风险因素。[①] 行为风险因素是指由于人们行为上的粗心大意或漠不关心,而增加风险事故发生的可能性和扩大损失程度的因素。比如,躺在床上吸烟的习惯,增加了火灾发生的可能性;外出不锁门,增加了偷窃发生的可能性;驾驶车辆不系安全带,增加了发生车祸以后伤亡的可能性;等等。人们在购买了保险以后,更易于产生上述行为风险。

对于许多人来说,影响他们健康和寿命的行为风险因素常常是在不知不觉中产生的。这些风险因素包括过度吸烟、酗酒;接触放射性物质和其他有害物质;饮食、睡眠和运动习惯不良,以及其他损害身体健康的情况。

2. 风险事故

风险事故又称风险事件,是损失的直接原因。例如,火灾、地震、洪水、龙卷风、雷电、盗窃、爆炸、疾病等都是风险事故。

3. 损失

损失是指价值的消灭或减少。本书所讨论的大部分情况是可能会发生的经济损失,因此,损失必须能够以一种便于计量的经济单位(例如人民币)表示出来。当然,有许多损失是无法用经济的方法计算或表示的。例如亲人的死亡,谁能计算出其家人在精神上所遭受的打击和痛苦等于多少元人民币?尽管如此,本书还是将讨论的范围限定在必须用货币来表示的经济损失方面。

二、风险的分类

由于分类基础的不同,风险有许多种分类方式。本书选择三个方面的标准来对风险进行分类:按照风险的损害对象来分类,可以分为人身风险、财产风险与责任风险;按照风险的起源与影响来分类,可以分为基本风险与特定风险;按照风险所导致的后果来分类,可以分为纯粹风险与投机风险。

(一)人身风险、财产风险与责任风险

1. 人身风险

人身风险是指人们因早逝、疾病、残疾、失业或年老无依无靠而遭受损失的不确定性状态。由于所有的损失最终都是要由人来承受的,因此,在某种意义上我们可以说,全部的风险损害对象都是个人。

2. 财产风险

财产风险是指因财产发生贬值、损毁和灭失而使财产的所有(权)人遭受损失的不确定性状态。这种损失既有直接的,也有间接的。如果一个人的汽车在碰撞事故中受损,

---

[①] 国内以前的许多教科书将这里所指的"行为风险"表述为"心理风险"。该语词出处的英文原文是"morale hazard",作者认为将此译为"行为风险"相对更贴切一些。

修理费用就是直接损失,而为修理汽车所花费的时间和精力以及可能的误工等,都属于间接损失。

3. 责任风险

责任风险是指因人们的侵权行为(一般指过失行为)造成他人财产损毁或人身伤亡,在法律上必须负有经济赔偿责任的不确定性状态。在当今社会的任何一种法律制度下,任何一个人都应依法对其给他人所造成的损害负赔偿责任。

(二) 基本风险与特定风险

1. 基本风险

基本风险是指由非个人的或至少是个人往往不能阻止的因素所引起的、损失通常波及很大范围的不确定性状态。像通货膨胀、战争、地震和洪水等自然灾害都属于基本风险。基本风险不是仅仅影响一个人或一个团体,而是影响到很大的一组人群,甚至整个人类社会。

2. 特定风险

特定风险是指由特定的因素所引起的,通常是由某些个人或者家庭来承担损失的不确定性状态。例如,由于火灾、爆炸、盗窃等所引起的财产损失的风险,对他人财产损失和身体伤害所负的法律责任的风险等,都属于特定风险。

由于基本风险主要不受个人控制,又由于在大多数情况下它们并不是由某个特定的个人的过错所造成的,因此,应当由社会而不是个人来应对它们,这就产生了社会保险存在的必要性。我们将在第二十三章和第二十四章讨论社会保险。

由于特定风险通常被认为在个人的责任范围以内,因此,个人应当通过保险、损失防范和其他风险管理工具来应对这一类风险。

(三) 纯粹风险与投机风险

1. 纯粹风险

纯粹风险是指只有损失机会而无获利机会的不确定性状态。纯粹风险所导致的结果只有两种:损失和无损失。它并无获利的可能性。

2. 投机风险

投机风险是指那些既存在损失可能性,也存在获利可能性的不确定性状态,它所导致的结果有三种:损失、无变化和获利。

说明纯粹风险的一个很好的例子是财产所有者经常面临的那些可能的损失。例如,一个人买了一辆汽车,他立即就会面临一些风险,如汽车碰撞、丢失等。对这个车主来说,结果只可能有两种:发生损失和不发生损失。而股票则是说明投机风险的一个很好的例子。人们购买股票以后,必然面临三种可能结果:股票价格下跌,持股人遭受损失[①];股票价格不变,持股人无损失但也不获利;股票价格上涨,持股人获利。

对纯粹风险和投机风险做出区分是非常重要的,因为一般来说,只有纯粹风险才是

---

① 当然,在股票卖出之前,损失还只是账面上的,获利也是如此。

可保风险。当然,并不是所有的纯粹风险都是可保风险。我们将在第二章讨论什么是可保风险。

三、风险的度量

在现实生活中,人们可能经常会听到这样的说法:这件事情风险很大/风险很小。这里所说的风险很大或很小是什么意思呢?实际上,它所谈论的是风险的程度。因此,在对风险做出定义之后,我们需要讨论风险的度量问题。

风险的度量需要综合考虑损失发生的频率和损失严重性的大小。一方面,由于风险是一种"损失的发生具有不确定性的状态",因此,在损失的严重性相同的情况下,损失发生的频率与风险的程度之间存在正相关关系:损失发生的频率越高,我们就说风险越大;损失发生的频率越低,我们就说风险越小。

另一方面,在损失发生频率相同的情况下,损失的严重性也与风险的程度成正相关关系:损失发生的严重程度越高,我们就说风险越大;损失发生的严重程度越低,我们就说风险越小。例如,一家商店的造价是1 000万元,一间平房的造价是10万元,假定损失概率都是10%,那么一旦发生损失,商店的损失额为100万元,而平房的损失仅为1万元。因此,损失发生的可能性和损失一旦发生的严重性,这两个方面加在一起,就构成了对风险的度量。从这个角度来说,度量风险还应当认识到潜在损失的重要性。

损失产生的某种结果往往是无法预知的。假定某种风险产生的损失可能是100元,也可能是200元、300元。损失到底是多少元,人们事先并不能准确地得知。然而,上述结果出现的可能性,即概率分布是已知的或可以估计的。也就是说,人们可以知道损失的各种结果及相对应的概率。例如,根据历史经验,某一农贸市场发生火灾损失的概率如表1-1所示。

表1-1　某农贸市场发生火灾损失的概率分布

损失额(万元)	概　率
10	0.50
20	0.50

根据上述损失发生的概率可以计算出:该农贸市场发生火灾的预期损失额为15万元。

人们习惯用标准差和离散系数来综合刻画风险的程度。其中,离散系数为损失的标准差与均值的比值。仍以上述的农贸市场为例,发生火灾所造成的损失的标准差为5,离散系数为1/3。

我们将在本书第十七章保险产品定价中详细讲解风险的度量问题。

第二节　风险决策

所谓风险决策,就是在不确定性的状态下,决策者对多个行动方案进行比较和选择,最后确定最优行动方案的过程。作为经济学的重要内容之一,风险决策理论随着时代的发展在不断演进:从早期的期望值理论(expected value theory),到后来的期望效用理论

(expected utility theory),再到以前景理论(prospect theory)为代表的其他决策理论。以下,我们对这些理论分别予以介绍。

一、期望值理论

一项决策的效果取决于两方面的因素:其一是决策者所选择的行动方案,即决策变量;其二是决策者所面临的不确定性,即风险的自然状态。由于风险的自然状态由概率分布来量化,任何一个行动方案都会遇到一个以上的自然状态,这样我们将难以在某一个确定的自然状态下对不同行动方案进行直接比较。因此,我们在选择最优行动方案时,需要考虑各项行动方案在不同自然状态下的综合结果,即要考虑各项行动方案结果的期望值。

期望损益准则就是以期望值为基础的风险决策准则,它是指我们在进行风险决策时,选择期望损失最小的行动方案,或者期望收益最大的行动方案作为最优方案。

例如,某制药企业有两种方案来减少由于产品责任所带来的损失风险,每种方案都有两个可能的结果,具体情况如表1-2所示。

表1-2 某制药企业的损失风险

方案	结果1		结果2		结果3	
	概率	损失(元)	概率	损失(元)	概率	损失(元)
方案一	0.10	0(无损失)	0.45	20 000	0.45	15 000
方案二	0.01	0(无损失)	0.98	10 000	0.01	50 000

根据期望损益准则,可以分别得到两种方案的期望损失:

方案一:0.10×0元+0.45×20 000元+0.45×15 000元=15 750元
方案二:0.01×0元+0.98×10 000元+0.01×50 000元=10 300元

很明显,方案一的期望损失比方案二的期望损失要大,因此,按照期望损失最小化的原则,该企业应选择方案二。

二、期望效用理论

期望值理论为我们在风险决策时提供了一个很好的决策标准,然而,它也有自身的局限性。这是因为,期望值理论虽然考虑到了各行动方案期望损益的绝对数额,却忽视了决策者对各行动方案的主观价值判断。于是,期望效用理论应运而生。

(一) 圣彼得堡悖论及其解释

1. 圣彼得堡悖论

圣彼得堡悖论(St. Petersburg Paradox)是数学家丹尼尔·伯努利(Daniel Bernoulli)的表兄尼古拉斯·伯努利(Nicolaus Bernoulli)所提出的一个概率期望值悖论,它来自一种掷币游戏,即圣彼得堡游戏。该游戏的玩法如下:假定掷出正面(或者反面)为成功,游戏者如果第一次投掷成功,得奖金2元,游戏结束;如果不成功,则继续投掷。游戏者如果第二次投掷成功得奖金4元,游戏结束;如果不成功就继续投掷……直到第n次投掷成功,得奖金2^n元,游戏结束。那么,游戏者愿意花多少钱参与这个游戏?

按照期望值理论,我们可以将每一个可能结果乘以该结果发生的概率,就可得到该游戏的期望收益,也即

$$E = \sum_{n=1}^{\infty} 2^n \times \frac{1}{2^n} = +\infty$$

这就是说,参加该游戏的期望收益为"无穷大",按照概率理论,多次试验的结果将会接近于其数学期望。然而,实际情况却是,现实生活中很少有人愿意花费很多钱参与这个游戏。这是期望值理论所无法解释的,也就是著名的圣彼得堡悖论。

2. 圣彼得堡悖论的效用论解释

圣彼得堡悖论的提出使人们发现期望值理论与现实之间存在矛盾,于是人们开始探寻其背后的原因。1738年,丹尼尔·伯努利从人们的主观感受——效用的角度出发,对这一问题进行了解释。他认为在存在不确定性的情况下,人们不会去追求最大的期望货币值,而是会去追求最大的期望效用值。他还发现,随着财富的增加,效用的增加速度是递减的。如果一笔财富所带来的效用与财富之间存在对数关系,那么,人们参加圣彼得堡游戏的期望效用为:

$$E(u) = \sum_{n=1}^{\infty} \ln(2^n) \times \frac{1}{2^n} = \ln 4 = 1.39$$

也就是说,人们参与游戏的期望效用是有限的数,而并非无穷大,而这也就解释了为什么在现实生活中人们只愿意花很少的钱参与这一游戏。

(二)期望效用函数与风险态度

1. 期望效用函数

在丹尼尔·伯努利之后,很多经济学家对效用理论进行了进一步的发展和完善。20世纪40年代,约翰·冯·诺依曼(John von Neumann)和奥斯卡·摩根斯坦(Oskar Morgenstern)在公理化假设的基础上,运用逻辑和数学工具,建立了不确定条件下理性人选择的分析框架。

冯·诺依曼和摩根斯坦认为,人们在面临风险时会追求期望效用的最大化。其中,期望效用可以通过以下方式计算:

如果某个随机变量 X 以概率 p_i 取值 x_i,$i=1,2\cdots n$,而某人在确定地得到 x_i 时的效用为 $u(x_i)$,那么,该随机变量给他的效用是

$$U(X) = E(u(X)) = p_1 u(x_1) + p_2 u(x_2) + \cdots + p_n u(x_n)$$

其中,$E(u(X))$ 表示关于随机变量 X 的期望效用。因此,$U(X)$ 称为期望效用函数,又叫作冯·诺依曼-摩根斯坦效用函数(VNM效用函数)。

2. 风险态度

根据效用函数的特征,人们的风险态度分为风险规避(risk-averse)、风险中性(risk-neutral)和风险偏好(risk-seeking)三种情形。

对于风险规避者来说,其效用函数的特征为:$u'(x)>0$,$u''(x)<0$。期望效用与期望值的效用之间的关系为:$E(u(x))<u(E(x))$,如图1-1所示。

对于风险偏好者来说,其效用函数的特征为:$u'(x)>0$,$u''(x)>0$。期望效用与期望值的效用之间的关系为:$E(u(x))>u(E(x))$,如图1-2所示。

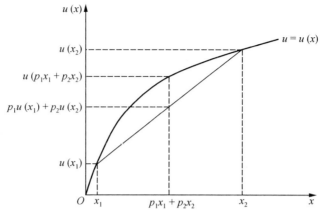

图 1-1 风险规避者的效用曲线

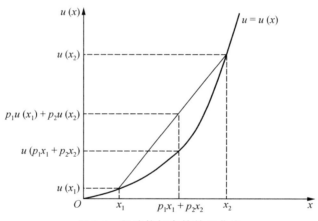

图 1-2 风险偏好者的效用曲线

对于风险中性者来说,其效用函数的特征为:$u'(x) > 0, u''(x) = 0$。期望效用与期望值的效用之间的关系为:$E(u(x)) = u(E(x))$,如图 1-3 所示。

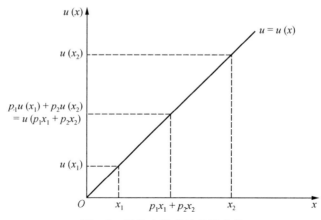

图 1-3 风险中性者的效用曲线

（三）期望效用准则

期望效用准则是指决策者选择期望效用最大的行动方案为最优行动方案。与期望损益准则关注期望损益值相比，期望效用准则关注的是各行动方案的期望效用值。

例如，某人的期望效用函数为 $U=15+3\sqrt{M}$，其中 U 为效用，M 为货币财富。现在他有 2 万元，想投资于某项目，而这项投资有 50% 的可能全部损失，有 50% 的可能收益 4 万元，试问他是否会投资该项目。

我们分两种情况分析：

如果他投资，那么，这项投资将得到两个结果，分别是 0 和 4 万元，相应的效用分别为 15 万元和 21 万元，而期望效用为 18 万元。

如果他不投资，那么，货币财富仍然为 2 万元，而效用也是确定的，约为 19 万元。

从上面的分析我们可以看到，不投资的效用要大于投资的期望效用，因此他不会投资。

三、其他决策理论

期望效用准则考虑了决策者作为"理性人"在风险条件下的决策行为，看似十分完美，然而，其分析框架同样也存在自身的不足。在现实生活中，决策者并非纯粹的理性人，在实际决策过程中常常违背期望效用准则。由于这一原因，期望效用准则对风险决策过程的解释也受到了人们的质疑。

近些年来，行为经济学（behavioral economics）对期望效用准则进行了发展和完善，比如后悔理论（regret theory）、过度反应理论（overreaction theory）等。其中，丹尼尔·卡内曼（Daniel Kahneman）和阿莫斯·特沃斯基（Amos Tversky）所创立的前景理论（prospect theory）是众多风险决策理论中一个非常具有代表性的模型，是对期望效用理论的一个很好的补充。

与期望效用准则将决策者假定为"理性人"不同，前景理论依据社会生活中的现实状态，强调从人们的行为心理特征出发，分析人们在风险决策过程中偏离理性的原因和本质。卡内曼和特沃斯基认为，期望效用准则可以对某些简单的决策问题做出准确描述，但是在现实生活中，大多数决策问题是非常复杂的，存在许多非理性因素。

前景理论的主要结论有：第一，决策者不仅关心财富本身的最终价值，而且更加关心财富相对于某个参照点的相对变化；第二，大多数人在面临收益时是风险规避的，在面临损失时是风险偏好的；第三，人们对损失和收益的敏感程度是不同的，损失时的痛苦要大大超过收益时的快乐。

根据前景理论，决策者的价值函数如图 1-4 所示。其中，坐标轴的原点为决策者的参照点，横轴表示决策所可能产生的实际结果，纵轴表示结果所带来的心理价值。价值函数为 S 形，它在损失部分是凸函数，在收益部分是凹函数，并且损失部分的曲线斜率要大于收益部分的曲线斜率。

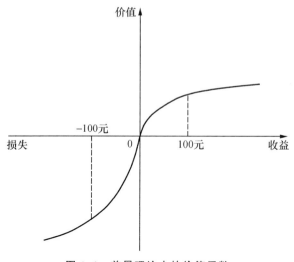

图 1-4 前景理论中的价值函数

第三节 风险管理

一、风险管理的概念

风险管理是个人、家庭、企业或其他组织在处理他们所面临的风险时所采用的一种科学方法。风险管理起源于美国。1929年以前,虽然有一些公司在购买保险方面已经取得了非常大的进展,积累了丰富的经验,但人们并不重视企业对纯粹风险的管理问题。直到1929年大危机以后,人们才开始逐渐认识到风险管理的重要性。从那以后,风险管理迅速成为企业现代化经营管理中的一个重要组成部分。

进入20世纪60年代以后,科学技术的进步不仅带来了生产力的飞速发展和人们生活质量的提高,也带来了许多新的风险因素,由此使得风险高度集中,潜在风险增加。而有些风险又属于保险条款中的除外责任,导致被保险人不能从保险人那里得到全面的保障。在这种情况下,企业不得不加强对风险管理的研究,以期在保险的基础上,进一步寻求其他经济保障的办法。这就是从单纯转嫁风险的保险管理转向以经营管理为中心的全面风险管理。

专栏 1-1

风险管理发展简史

第一次世界大战之后,战败的德国发生了严重的通货膨胀,致使经济衰竭,由此包括风险管理在内的企业经营管理问题被提出。后来,美国于1929—1933年卷入20世纪最严重的世界性经济危机,经济危机造成的损失促使管理者注意采取某种措施来消除、控制、处置,以减少风险给生产经营活动带来的影响。1931年,美国管理协会保险部首先提出了风险管理的概念。风险管理在20世纪30年代兴起以后,在50年代得到推广并受到了普遍重视,美国企业界在这一时期发生的两件大事对风险管理的蓬勃发展更是起了重要的促进作用:其一为美国通用汽车公司的自动变速器装置引发火灾,造成巨额经济损失;其二为美国钢铁行业由团体人身保险福利问题及退休金问题诱发长达半年的工人罢工,给国民经济带来难以估量的损失。这两件事发生后,风险管理在企业界迅速推广。此后,对风险管理的研究逐步趋向系统化、专门化,风险管理也成为企业管理科学中的一门独立学科。在现代西方发达国家,风险管理部门已成为企业中技术性、专业性较强的经济管理部门,风险管理人员识别风险,为企业最高领导层提供决策依据。

"101条风险管理准则"的产生是风险管理发展史上最重要的事件之一。在1983年美国风险与保险管理协会年会上,云集纽约的各国专家学者讨论并通过了"101条风险管理准则",将其作为各国风险管理的一般原则。该准则共分12个部分:风险管理的一般准则;风险的识别与衡量;风险控制;风险财务管理;索赔管理;职工福利;退休年金;国际风险管理;行政事务处理;保险单条款安排技巧;交流;管理哲学。各国视自身的经济情况和风险环境可对准则进行修正,用于指导本国的风险管理及其实务。"101条风险管理准则"的诞生,标志着风险管理达到了一个新的水平。1986年10月风险管理国际学术研讨会在新加坡召开,这次会议表明,风险管理运动已经走向全球,成为一种国际性运动。

资料来源:根据http://www.amteam.org提供的资料整理。

二、风险管理的基本方法

(一) 风险回避

风险回避是指人们设法排除风险并将损失发生的可能性降到零。这种应对风险的方法具有以下特点:

1. 回避风险有时是可能的,但是不可行

在很多情况下,回避风险虽然有其可能性,但不一定具有可行性。例如,远离水源是可以避免被淹死的可能性的,但这需要排除任何形式的水上运输,也要禁止划船、滑水、游泳和其他水上运动,甚至可能还要禁止用浴缸洗澡。当然,人们不一定非要采取如此极端的措施。比如,可以利用水上运输,但禁止水上运动,这就可以回避由此产生的被淹死的风险,从而缩小了遭受风险的范围。

2. 回避某一类风险,可能面临另一类风险

需要注意的是,回避某一类风险有时可能会面临另一类风险。例如,在上面这个例子中,有人害怕被水淹死而放弃使用水上交通,改用其他交通工具,但仍然存在飞机坠毁、汽车翻车、火车出轨等风险。因此,某些回避风险的做法并不能真正消除风险。

3. 回避风险可能造成利益受损

回避风险是一种消极的风险处理手段,因为这往往需要放弃有利条件和可能获得的利益。例如,开发某种新产品肯定会面临风险,但在回避风险的同时,也意味着放弃了新产品开发成功所可能带来的巨额利润。

(二) 损失控制

损失控制主要包括防损和减损两种方式。防损即通过对风险的分析,采取预防措

施,以防止风险的产生,目的在于努力减少发生损失的可能性。减损则是尽量减轻损失的程度。兴修水利,建造防护林带,加强气象、地震预报和消防设施建设,拆除违章建筑物,改进危险的操作方法等,都是防损和减损的一些做法。

例如,一个企业在一年中遭受损失的大小是以意外事故(如火灾)或其他造成损失的偶然事件的发生频率和严重程度来衡量的。发生频率是指一定时期内意外事故的发生次数,例如一年内发生的工伤事故数量。严重程度是指一次意外事故所造成损失的大小。防损和减损措施是直接用来降低损失发生的频率和减轻严重程度的。比如说,尽管人们努力防止火灾的发生,但火灾仍有可能发生。因此,就有必要安装自动灭火系统以减轻火灾损失的严重程度。

防损和减损的目标是将损失减少到最低限度,以便使其与人类活动和经济承受能力相适应。在任何一个历史阶段,人们打算做的一些事情都会受到经济承受能力的限制。当然,在某一阶段被认为是代价过大而不可行的事情,再过一段时间就可能成为可行之事了。这不仅取决于人们的价值观念,也取决于所拥有的经济实力,而这两者之间往往具有内在的联系。

(三) 损失融资

损失融资主要包括风险自留和风险转移两种方式。风险转移方式又包括公司组织、合同安排、套期保值及其他合约化风险转移手段,以及保险,其中最重要的是保险。

1. 风险自留

风险自留即由个人、家庭或企业自己来承担风险。人们自留某些风险往往出于三种不同的情况:

(1) 人们对风险的严重性估计不足。许多人自己承担风险责任,并不是因为他们不知道这些风险,而是他们认为自己不大可能会遭受这些风险所造成的损失。他们常常会说"这种事情是不会轮到我的"。他们不曾考虑的是,这种事情一旦发生,对自身、家庭或企业都有可能是一场很大的灾难。对风险的无知态度常常会造成由一些个人或家庭自己来承担家庭成员的残障或死亡的风险。

(2) 人们经过慎重考虑而决定自己承担风险。因为有些风险可能造成的损失在经济上是微不足道的。这种损失即便发生,也只是给个人的生活带来不便,而不会构成一种经济负担。

(3) 人们通过对风险和风险管理方法的认真分析与权衡,决定部分或全部地由自己来承担某些风险。这是因为,由自己采取相应的措施来承担风险比购买保险更经济合算。在处理损失时,可以把它作为经营费用的一部分;或者通过对长期平均损失的估算,自己建立基金。

自留风险的可行程度取决于损失预测的准确性和安排补偿损失的适当程度。当一个企业使用一种科学、合理的方法来自己承担可保风险时,我们称这样的企业为自保企业,它是在进行"自我保险"[1]。自保的优点是可以节省开支,运用保费收入进行投资的收

---

[1] 自保是一个有争议的问题。有些人认为,自保不属于保险的范畴,因为它不具有保险所必备的"转移风险"的功能。

益全部都归企业支配使用。由于风险自担、收益自留，自保企业还会积极主动地对企业的风险进行控制，使风险降至最低水平。它的缺点是，企业保险技术和分散风险的能力不如专业保险公司，一旦发生巨灾，其后果将是非常严重的。

2. 风险转移

风险转移即通过一定的方式，将风险从一个主体转移到另一个主体。

我们在前面说过，回避风险意味着与有风险的事物保持距离，也就是说，人们回避风险就是要躲避产生风险的行为或环境。但在转移风险的情况下，人们仍会参与有风险的事情，不同的只是在于参与者将风险转移给其他人来承担。

在当今社会，转移风险有许多种方式，其中较为常见的有以下几种：

(1) 公司组织。从法律的角度来说，企业一般有三种组织形式：独资、合伙和公司。在独资形式下，由于企业不是独立的法人，业主的个人财产不能与企业的财产相分离，因此，业主对企业的债务负有无限责任。在合伙企业中，各合伙人都是权利和义务的主体。除了有限合伙人，如果没有特别的约定，全体合伙人对于合伙的债务都将承担无限连带的责任。也就是说，各个合伙人在企业的财产与他们个人的财产没有分开。而在公司这种组织形式中，企业是一个独立的法人，股东的个人财产与企业的财产是分离的。企业如果经营失败，股东的损失仅限于他们在该企业的投资部分。可见，公司是转移风险的一种形式，这种形式不会阻止损失的发生，但它将风险从股东个人那里转移到了公司。

(2) 合同安排。合同安排是指通过买卖合同中的保证条款来转移风险。目前许多家用电器都有这样的保证合同，即如果消费者在使用产品的过程中，出现了因质量问题而导致的修理，其费用由制造厂商来承担。这就是将承担修理费用的风险从购置家电的家庭转移给了制造厂商。随着耐用消费品生产技术的复杂化、修理费用的不断上涨，这种转移风险的做法实际上变成了生产厂家争夺消费者的一个重要手段。

(3) 委托保管。委托保管是指将个人财产交由他人进行保护、服务和处理等。这种安排通常规定，受托人只对因自己的过失而造成的财产损失向委托人负赔偿责任。但是，也有一些委托保管业做出一些特殊规定，使财产所有者可以通过合同的方式将某些特定的风险转移给受托人，受托人再将他所承担的风险转移给一家保险公司。例如，在西方的裘皮大衣委托业务中，这种方式就很普遍。作为受托人的寄售公司向存放裘皮大衣的委托人承诺，不论是谁的过失，公司都将对裘皮大衣存放期间所发生的一切损失负赔偿责任。然后，寄售公司再向保险公司投保，将可能发生损失的风险转移给保险公司。

(4) 担保合同。根据这种合同，如果义务人不履行合同规定的义务，作为第三方的担保人必须保证合同按规定履行。例如，担保人向债权人许诺："如果从你那里借钱并在借据上签了字的人不按借据规定的条件还款的话，由我来履行还款的责任。"这样，拖欠贷款的风险就从债务人那里转移到了担保人那里。

(5) 套期保值。当一个人的一种行为不仅降低了他所面临的风险，同时也使他放弃了收益的可能性时，我们就说这个人在套期保值。套期保值者将价格变动可能给他导致的损失转移给了交易对方。例如，一个农民为了减少收获时农作物价格降低的风险，在收获之前就以固定价格出售未来收获的农作物。再如，一位读者一次订阅三年的杂志而不是一年,他就是在套期保值,以转移杂志的价格可能上升给他带来的风险。① 当然,如果该杂志价格下降,这位读者也放弃了其潜在的收益,因为他已缴纳的订刊费用高于他每年订阅杂志的费用。

(6) 购买保险。购买保险即被保险人将可能发生的风险转移给保险人来承担。保险和套期保值虽然都是转移风险的手段,但二者有着本质的区别。套期保值者在将由价格变动所造成的损失转移出去的同时,也放弃了潜在的收益。而在保险的场合,被保险人是在保留潜在收益的情况下将风险转移给保险人。我们将在以下的章节进入有关保险的详细讨论。

除了单独使用以上几种方法,风险管理者还可以使用两种或多种方法的组合来应对纯粹风险。

三、风险管理的主要环节

风险管理是一个连续的过程,它主要包括以下几个环节:目标的建立,风险的识别,风险的估算,选择应对风险的方法,计划的实施,检查和评估。以下我们依次来讨论这些内容。

(一) 目标的建立

风险管理的目标是选择最经济和有效的方法使风险成本最小。它可以分为损失前的管理目标和损失后的管理目标。损失前的管理目标是指选择最经济有效的方法来减少或避免损失的发生,将损失发生的可能性和严重性降至最低程度,从而提高工作效率;损失后的管理目标是指一旦损失发生,尽可能减少直接损失和间接损失,使其尽快恢复到损失前的状况。尽管不同的公司在组织形式、生产规模、产品性能、市场销售等方面都有很大的不同,但一般来说,风险管理的目标都应当包括节约经营成本、减少员工的忧虑情绪、保证公司经营的有效运行、降低成本、防止雇员遭受意外伤害、有效地利用资源、维持企业的生存、保持经营的持续性、保持稳定的收入、承担社会责任、保持良好的社会关系等内容。

(二) 风险的识别

很显然,人们在想方设法应对风险之前,首先必须意识到它的存在并对之有清醒的认识。风险管理者必须认真地考察公司的经营,寻找出公司所面临的各种风险。当然,不同的公司、不同的经营管理过程所面临的风险是不可能完全相同的。有些风险十分明显,但有些则很容易为人们所忽视。为了防止这一问题的出现,特别是防止忽略一些很重要的风险,风险管理者需要具有某一特殊行业的实践经验;需要具备有关公司的目标、公司的职能等方面的知识;需要对公司的历史和目前的经营状况做到心中有数。在这个基础之上,再使用一些系统化的、科学的方法来对风险进行识别。这些方法主要包括保单汇编分析、风险清单分析、流程分析、财务报表分析等。

1. 保单汇编分析

保单汇编的范围通常包括保险公司所提供的各种类型的保险。一般来说,所有的保

---

① 〔美〕兹维·博迪、罗伯特·C.莫顿著,伊志宏等译:《金融学》。北京:中国人民大学出版社2000年版,第255页。

单都详细阐明了它所承保的责任和除外责任。因此,风险管理者可以通过保单汇编来了解所面临的各种风险,并权衡决定公司所面临的哪些风险可以通过购买保险来进行转移。

2. 风险清单分析

风险清单分析是风险识别中的一个重要环节。它的具体做法是,风险管理者将公司所面临的各种风险逐一列出,开出一个清单;然后,分析它们的变化方向、程度以及相互间的联系,采取不同的措施,分别进行管理。例如可以采取表1-3中的方式对风险进行分类,虽然这个分类不完全。

表 1-3 风险分类举例

风险性质		内 容
经济风险	直接风险	火灾、爆炸、战争……
	间接风险	灾后利益损失、罢工……
	财务风险	对通货膨胀的错误预期、不正确的销售决定……
	利率风险	利率变动、汇率变动……
自然风险		地震、火灾、海啸……
法律风险		侵权责任、合同责任……
政治风险		政策法规变动调整、政府干预、外国政治环境变化……

3. 流程分析

流程分析是将企业从投入到产出,直至产品到客户手中的整个流程都绘制出来,以展示企业生产经营的全过程。风险管理者对各个阶段、各个环节进行调查分析,找出风险因素,识别潜在的各类损失。流程图可根据不同的需要采用不同的形式:价值形态、实物形态,或者二者相结合。不同的形态有不同的特点。价值形态易于发现损失的重要性,实物形态则有利于分析损失发生的可能性。

4. 财务报表分析

财务报表分析是根据企业的资产负债表、利润表、财产目录和其他营业报表等,对企业的固定资产和流动资产的分布及经营状况进行分析研究,确定企业的潜在损失。一般来说,所有潜在的损失都是以财务术语来表达的,以便于为企业有关人员如部门经理、会计师等所理解。

除了以上常用的四种方法,还有现场调查法,即直接观察企业的生产环境、工人的操作过程、工作程序等,找出潜在的风险因素;损失统计法,即根据以往的统计资料记录,发现潜在损失;环境分析法,即考察企业的内部和外部环境,分析潜在的风险因素;调查询问法,即通过对企业内外的有关人员的调查询问,发现潜在风险因素。

各种风险识别的方法都有自己的特点。风险管理者可以根据企业的性质、规模和技术条件,以及自身的特长,选择某种方法或几种方法的组合来进行风险识别。

(三)风险的估算

在风险识别的基础上,下一步工作就是对风险进行估算。风险估算的确切含义是,衡量潜在损失的规模和损失发生的可能性,即对损失发生的概率和严重性的估算。风险估算首先要对风险按重要程度进行排序。一种较为实用的方法是,按照各种风险对企业生产、经营和财务方面的影响的不同而分成致命风险、重要风险和一般风险三类。致命风险是指那些损失一旦发生,将导致企业破产的风险;重要风险是指那些损失的发生不会导致企业破产,但使得企业只有大量举债才能进行正常经营的风险;一般风险是指那些损失的发生将影响企业的经营,但不会引起财务上较大困难的风险。

风险管理者不仅需要确定由风险所可能引起的损失的数量,还需要确定企业弥补这些损失的能力。

(四)选择应对风险的方法

在对风险进行识别和估算以后,风险管理者接下来需要做的就是选择应对风险的方法。这些方法可以分为控制法和财务法两类。控制法即我们在第三节所讨论过的风险回避和防损减损方法的运用,财务法即风险自留和风险转移方法的运用。

(五)计划的实施

在以上四个方面的基础上,风险管理者需要实施风险管理的计划。例如,对于那些自留的风险,采取防损减损的方法或建立准备金来对付;对于那些需要转移的风险,采取我们在前面讨论过的转移风险的不同方式。如果决定购买保险来转移风险,那么,就需要制订购买保险的计划,比较和选择保险人、代理人,进行购买,等等。

(六)检查和评估

检查和评估是风险管理过程的最后一步,也是非常重要的一步。这是因为:第一,风险管理不是发生在真空中的。而情况总是在不断地发生变化:新的风险因素会不断地出现,旧的风险因素则会由于存在的环境发生了变化而消失;去年使用的、应对风险的有效方法,今年也许就不是那么有效了。第二,任何人都有可能犯错误。通过检查和评估,就可以使风险管理者及时发现和纠正错误,减少成本;控制计划的执行,调整工作方法;总结经验,改进风险管理。

四、风险管理与保险的关系

风险管理与保险无论是在理论渊源上,还是在实践中,都有着密切的关系。

首先,从客观对象来看,风险是保险存在的前提,也是风险管理存在的前提,没有风险就无须保险,也不需要进行风险管理。

其次,从方法论来看,保险和风险管理都是以概率论等数学、统计学原理作为其分析基础和方法的。事实上,企业的风险管理就是从保险开始,进而逐步发展形成的。

最后,在风险管理中,保险仍然是最有效的措施之一。保险的基本作用是分散集中性的风险。企业要应对各种风险,若单靠自身力量,就需要大量的后备基金。在大多数场合,这样做既不经济,也不能承受巨额损失。而如果通过保险,把不能由自己承担的集中性风险转嫁给保险人,就能够以小额的固定支出换取对巨额损失的经济保障。因此,保险是风险管理所采用的处理风险最有效的措施之一。

尽管两者之间有着密切的联系,但还是有一些区别。最主要的区别表现在于,从所管理的风险的范围来看,虽然风险管理与保险的对象都是风险,但风险管理是管理所有的风险,包括某些投机风险,而保险则主要是应对纯粹风险中的可保风险。因此,无论从性质上还是从形态上来看,风险管理都远比保险复杂、广泛得多。

本章总结》

  1. 风险是一种损失的发生具有不确定性的状态。客观性、损失性和不确定性是风险的三个主要特性。

  2. 风险因素可以分为两类:有形风险因素和无形风险因素。构成风险因素的条件越多,发生损失的可能性就越难以估计。

  3. 依据不同的分类标准,风险可以划分为不同的类型。损失发生的可能性和严重性的大小是度量风险的两个要点。

  4. 风险决策理论包括期望值理论、期望效用理论和以前景理论为代表的其他决策理论。

  5. 风险管理的方法主要有风险回避、损失控制和损失融资三种。应对风险还可以采用多种方法的组合。

  6. 风险管理的主要环节有目标的建立,风险的识别,风险的估算,选择应对风险的方法,计划的实施,检查和评估。

  7. 风险管理与保险在理论渊源上和在实践中都有着密切的关系。风险管理的内涵比保险复杂、广泛得多。

思考与练习》

  1. 风险的具体含义是什么?

  2. A、B两栋房屋是在同一年建成的,A房屋是木质结构,而B房屋是砖瓦结构。在一场台风中,年久失修的A房屋严重损毁;而B房屋因为采取砖瓦结构而避免了坍塌,但不幸的是,由于B屋主没有注意采取适当的防雨措施,导致屋内存放物资被台风之后的暴雨淋湿损毁,B屋主希望就受损财物向保险公司获得赔偿。试分析此次台风中A房屋与B房屋所面临的主要风险及构成这些风险的要素。

  3. 你从药店里购买了一些药品准备服用,这时你可能面临什么样的风险?生产药品的厂家在其生产运营过程中面临哪些风险?请试着按照本章内容对这些风险进行分类。

  4. 风险度量需要考虑哪些因素?用货币度量风险事故的损失是保险业界普遍采用的方式,但它存在一定的局限性,比如痛苦就很难用金钱来衡量。你能否想到风险度量的其他方法,既可以较为准确地估算损失,又可以规避上述局限性?

  5. 比较期望值理论、期望效用理论和前景理论三种理论各自的优点和不足。

  6. 风险管理是现代企业经营管理中的重要组成部分,它对事业团体、非营利性组织也非常重要。试分析你所在的学校可能面临的各种风险,并依据风险管理的主要环节,为学校制定一套风险管理方案。

  7. 风险管理与保险之间有什么关系?它们有哪些相同点和不同点?

第二章　　保险制度

▌本章概要▌

从本章开始,我们将以保险作为讨论的主题。作为一种金融制度安排,保险具有五个核心要点,适合承保的风险也具有六个基本特点。在分析了保险与可保风险的基本要素之后,我们将从经济学的角度探讨保险产品的供给与需求,并重点分析逆选择和道德风险对保险市场供求规律的影响。在此基础上,本章还将对保险业的发展历史进行简要回顾,分析现代保险业发展的特点和趋势。最后,依据不同的标准对保险进行分类。需要注意的是,随着金融市场的不断完善、高新技术的飞速发展、社会经济生活复杂程度的提高和人们风险管理意识的增强,可保风险的范围在不断扩大,保险的制度安排也会不断涌现出新的方式。

▌学习目标▌

1. 掌握保险定义的五个核心要点;掌握可保风险的特征。
2. 了解保险需求和保险供给的影响因素。
3. 掌握逆选择和道德风险对保险供求机制的影响。
4. 了解保险业的历史沿革。
5. 了解现代保险业的发展特点、发展动因以及发展趋势。
6. 了解保险分类的基本方法。

引　　言

自从人类社会诞生的那一天起,人们就在寻求防灾避祸的方法,但真正意义上的保险制度却是形成于近代社会。需要明确的是,虽然保险的经营目的是承保风险,但它并不能承保所有的风险。对一国国民经济的发展而言,保险业具有十分重要的作用;而随着社会、经济的不断发展和人们生活水平的提高,保险业自身也在不断地发展和完善。

第一节　保险的本质

一、什么是保险

（一）保险的定义

从前一章的讨论中,我们知道了人们可以通过回避,防损与减损,自留,转移等多种方式来应对风险,而其中转移风险又有许多种方式,但可以说,最普遍的转移风险的方式就是购买保险。

在日常生活中，经常有人说："这样做保险吗?"实际上，人们这里所说的"保险"更类似于"有把握""有可能性"的意思，而本书所讨论的保险是有其特定的经济含义的。

与对风险的理解一样，人们对保险也是从许多不同的角度做出解释的，这里我们简要列举一些：

- 保险是以经济合同方式建立保险关系，集合多数单位或个人的风险，合理计收分摊金，由此对特定的灾害事故造成的经济损失或人身伤亡提供资金保障的一种经济形式。
- 保险是以集中起来的保险费（以下简称"保费"）建立保险基金，用于补偿被保险人因自然灾害或意外事故造成的经济损失，或对个人因死亡、伤残而给付保险金的一种方法。
- 保险是一种经济保障制度，它通过收取保费的方法，承担被保险人的风险。当被保险人一旦因发生约定的自然灾害、意外事故而遭受财产损失及人身伤亡时，保险人给予经济保障。
- 保险是一种社会工具，这一社会工具可以进行损失的数理预测，并对损失者提供补偿。补偿基金来自所有那些希望转移风险的社会成员所作的贡献。
- 保险是一种复杂、精巧的机制，它将风险从某个个人转移到团体，并在一个公平的基础上由团体中的所有成员来分担损失。
- 保险既是一种经济制度，也是一种法律关系。从经济制度的角度来说，保险是为了确保经济生活的安定，对特定风险事故或特定事件的发生所导致的损失，运用多数单位的集体力量，根据合理的计算，共同建立基金，进行补偿或给付的经济制度。从法律的角度来看，保险是根据法律规定或当事人的双方约定，一方承担支付保费的义务，换取另一方对其因意外事故或特定事件的出现所导致的损失，负责经济保障的权利的法律关系。

如果继续列举的话，还会有许多。本书关于保险的定义如下：

保险是一种以经济保障为基础的金融制度安排。它通过对不确定事件发生的数理预测和收取保费的方法，建立保险基金；以合同的形式，由大多数人来分担少数人的损失，实现保险购买者风险转移和理财计划的目标。[①]

这个定义有五个核心要点：

第一，经济保障是保险的本质特征；

第二，经济保障的基础是数理预测和合同关系；

第三，经济保障的费用来自由投保人所缴纳的保费所形成的保险基金；

第四，经济保障的结果是风险的转移和损失的共同分担；

第五，保险由经济保障的作用衍生出金融中介的功能。

（二）保险与赌博

现实生活中，很多人将保险比作一种赌博。如果不作仔细分析，保险与赌博在很多

---

① 关于保险的基本含义，各国学者还有许多精辟的思想和论述。有兴趣的读者可参阅附录1。

情况下似乎具有相似性。例如,在这两种场合,货币都要在基于某种事件发生的基础上换手。假定你支付给保险公司10元保费,投保了一份保额为10 000元的意外伤害保险。如果发生了保单中规定的意外事件,你可以从保险公司那里得到最多10 000元的赔偿;但如果没有发生损失,你什么也得不到(但严格地说,你还是能得到某种东西,这就是一份宁静的心境)。同样,在赌博的场合,你下了10元的赌注,有可能赔得精光,但也可能赢回来100元甚至更多。此外,保险事故和赌博的发生似乎都存在一种偶然性,在保险期间,你可能发生保险事故,也可能不发生保险事故;在这次下10元赌注的时候,你可能一分钱得不到,也可能赚到100元或者更多。

尽管保险和赌博在交易上具有相似点,但它们之间还是存在很大的差异。最主要的区别在于:第一,在赌博的场合,损失的风险是由交易本身创造出来的。如果你不去参赌,你就不会面临损失100元、1 000元,甚至倾家荡产的风险。而在保险的场合,你必然面对各种各样的可能给你的人身、财产造成损失的风险,因为风险是客观存在的。换句话说,没有交易,风险照样存在。第二,赌博所面临的是投机风险,而保险所面临的是纯粹风险。也就是说,在赌博的场合,交易者有可能损失,但也可能获利。而在保险的场合,投保人或者损失,或者无损失,但不会从保险中获利。从这两点来看,我们可以说,赌博是一种为参加者创造风险的活动,而保险则相反,它是一种将现存的风险从一方转移到另一方的工具。

二、可保风险的理想条件

我们在第一章谈到过,保险所涉及的风险主要是纯粹风险,那么,是不是所有的纯粹风险保险公司都可以承保?如果不是,那么什么样的风险才是保险公司可以承保的?换句话说,保险公司所承保的风险应当具有什么样的特点?我们现在来讨论这个问题。

从保险人的角度来看,原则上说,适合承保的风险应当满足以下要求:经济上具有可行性,独立、同分布的大量风险标的,损失的概率分布是可以确定的,损失是可以确定和计量的,损失的发生具有偶然性,特大灾难一般不会发生。

以下我们来分别讨论这些条件:

(一)经济上具有可行性

从理论上来说,某种风险事件发生的频率和损失程度是有一定关系的。归纳起来,在现实世界中,损失发生的频率与损失程度之间的关系大致有以下四种组合:

(1)发生的频率高,损失程度大;
(2)发生的频率高,损失程度小;
(3)发生的频率低,损失程度小;
(4)发生的频率低,损失程度大。

第一种情况在现实生活中并不多见,但如果限定某一特殊时期、特定地点,这种情况还是存在的。例如,战争时期,天天发生人员伤亡和财产损失;在有人群居住的活火山附近地带等。

第二种情况在现实生活中是常见的,比如说学生经常丢失圆珠笔等。

第三种情况在现实中也不少见。例如,下雨天带伞出门,到了一个地方后,雨停了,也就忘记将伞带回家。

第四种情况在现实生活中是比较常见的。例如,人的意外伤害、死亡,汽车的碰撞,房屋的焚毁,飞机的坠毁,油轮的沉没等。这种情况正是保险所涉及的论题。

损失的潜在严重性很大,但损失发生的可能性并不大,这个问题可以归结为一个经济的可行性问题。对于投保人(被保险人)来说,如果损失发生的可能性很大,但发生以后所造成的损失并不严重,购买保险就是不经济的。从另一个角度来说,保险人也不会提供这类保险,因为人们完全可以通过风险自留来解决,比如,我们上面所举的圆珠笔经常丢失的例子。这种情况一旦发生,会给当事人带来不便,但它绝不是不可承受的。再比如,飞机坠毁的概率是非常低的,特别是相对于汽车和火车等其他交通工具的事故来说,就更是如此。但是,一旦发生坠毁,通常损失惨重。因此,当我们说购买保险是经济的,只有在可能发生的损失大到足以使承担损失的人感到无法承受时才是如此。

(二)独立、同分布的大量风险标的

任何一个可保的风险,通常都需要有独立、同分布的大量保险标的存在。因为只有这样,才能体现出大数定律所揭示的规律;保险公司也才能根据以往的资料,计算出正确的损失概率,合理收取保费。

独立性是指对于不同的风险单位,发生不同风险事故的概率和后果是互不影响的。这一点非常重要,因为它直接影响到保险人能否分散保险标的的非系统性风险。同分布是指,不同风险单位发生潜在意外事件的概率分布是相同的。这个前提决定了保险人应该对相似的潜在投保人制定相同的费率。

可能有人要问:数量多少才算大量呢?从保险的角度来说,大量的含义一般并没有具体的规定,但常识可以告诉我们,至少不会是只有十几个或几十个保险标的。例如,一家保险公司不可能只承保10辆汽车,或者只出售20份人寿保险。这里有一个基本原则,就是在某一类保险中,被保险的标的的数量大小,取决于保险人愿意承担的、偏离期望值的风险的大小。保险人所愿意承担的风险越大(实际结果与预期结果之间的差额越大),被保险的标的的数量可以越小;反之,保险人所愿意承担的风险越小(实际结果与预期结果之间的差额越小),被保险的标的的数量就应当越大。

总之,参加保险的经济单位越多,保险基金越雄厚,赔偿损失的能力就越强,每个被保险人所承担的保费也相应越少。①

(三)损失的概率分布是可以被确定的

如果一种风险是可承保的,它的预期损失必须是能够被计算的。换句话说,如果被保风险损失的概率分布不可能被精确地计算出,这个风险就是不可保的。也就是说,在一个合理的精确度以内,损失的概率分布应当是可以确定的。保费的计算是建立在对未来损失预测的基础之上的。

这里需要注意一点。当我们说"建立在经验基础之上的损失的概率分布对预测未来的损失是有用的"时,它的一个充分必要条件是:导致未来事件发生损失的因素要与过去

---

① 一般纯费率只与损失的概率和严重性有关,而与被保险人的数量无关;但考虑保险人对纯费率的安全加成后则有关。

的因素基本上相一致，这样可以较有把握地进行预测。这实际上是假定环境是静态的，但这一假设并不现实。比如说，如果我们使用20世纪40年代汽车发生事故的经验数据来估算21世纪汽车发生事故的概率，可以说意义不大。因为，在诸如道路条件、汽车性能、安全装置和司售人员的训练等方面，两个不同的年代会有很大的不同。

（四）损失是可以确定和计量的

确定和计量的含义是指，发生的损失必须在时间和地点上可以被确定，在数量上可以被计量。在大多数场合，保险人许诺："如果损失在某一确定的时期内发生，或在某一可以被确定的地理位置发生，我们将以某一货币数量来进行赔偿或给付。"例如，要使一份火灾保险合同是有效的，它就必须规定，损失在什么时候、什么地点发生，有多大的损失发生。如果这些问题是不能确定的，也就不可能确定损失是否在保险人的赔偿范围之内。

损失必须是可以确定和计量的，这一点之所以重要，还有另外一个原因，就是保险人要用它来预测和计算未来的损失。除非损失是明确的，资料是准确的，否则很难提供一个有用的预测。

（五）损失的发生具有偶然性

保险人所承保的风险必须只包含发生损失的可能性，而不是确定性。换句话说，损失的发生是具有偶然性的。严格说来，被保险人应当对于所投保的风险既不能加以控制，也无法施加影响，才称得上是严格意义上的偶然。不过在现实生活中，这样的情况并不普遍，恐怕只有像天气变化和自然灾害才具有这样的特征，即人们无法控制和影响它们。我们在第一章谈到过，无形的和有形的风险因素都会对损失的发生产生影响。例如，房屋所有者投保了房屋保险以后，就可能放松对火灾的警惕；汽车所有者投保了车辆保险以后，可能放松对丢车的警惕；等等。尽管如此，我们还是可以假定，在大多数场合，损失的发生是具有偶然性的。

之所以要求损失的发生具有偶然性，主要的原因有两点：第一，为了防止道德风险和行为风险的发生；第二，大数定律是保险运作的基础，而大数定律的应用以随机（偶然）事件为前提。

（六）特大灾难一般不会发生

当保险人承保了一组风险时，它预测，从总体上来说，保险标的必然遭受损失，但遭受损失的保险标的所占总数的比例是很小的。正是基于这种预测，保险才可能以每个投保人所缴纳的、相对很少的保费来弥补这个损失。举例来说，保险人承保了100所房屋，它预测明年可能会有1所房屋发生损失，于是，保险人根据各种资料和数据计算出每个参加投保房屋的人应当缴纳的保费，以便能够弥补明年这所房屋所遭受的损失。但如果这100所房屋都坐落在地震多发地带，某年一旦发生地震，那就不是一所房屋，而是100所房屋可能全部遭受损失，这就叫作特大灾难。

一般来说，特大灾难特指两种情况：第一，所有的或者大部分保险标的都面临同样的风险因素和发生同样的风险事故。像我们上面所举的例子100所房屋都坐落在地震多发地带。第二,保险标的的价值巨大,损失一旦发生,后果很严重。例如,大型石油钻井平台、大型客机、卫星等。一个保险人自己是无法承保这样的风险的。这类风险的承保只能借助于再保险。由于有特大灾难可能性的存在,因此,保险公司不应将自己的业务限制在某一种保险标的上;同样,从分散风险的角度出发,保险公司也不应将自己的业务限制在某一个城市或某一个地区。

需要指出的是,在现实中,有些风险标的似乎并不符合上述可保风险的定义,但它们仍然成为保险标的。例如,英国劳合社承保某些名人的特殊风险,如电影演员的眼睛、足球运动员的脚、钢琴演奏家的手指等,这无疑并不符合可保风险中关于"大量、相似保险标的"特征的要求。此外,随着科学技术手段的发达和资本市场的成熟,一些原先被认为是不可保的风险也成为或者将可能成为可保风险。因此,我们应当辩证地理解可保风险这一概念,而不能将其绝对化。

第二节 保险的经济学基础

一、保险需求

(一)保险需求的确定

保险产品尽管有其特殊性,但对于消费者而言,对它的购买仍然要符合个人效用最大化原则。因此,要确定保险需求的量,我们仍然可以借助效用函数及期望值的概念。

效用函数是表示消费者从商品中获得的满足程度(U)与既定财富水平(W)关系的函数。我们假设消费者是理性人,且是风险规避者,则其效用函数满足以下特征:函数对于财富量的一阶导数为正,对于财富量的二阶导数为负。即财富增加,消费者总效用上升,边际效用递减,效用函数是严格凹函数。

这里我们首先假设某个消费者的效用函数为 $U(W)$,预计会以 p 的概率发生 L 的损失。该消费者面对投保与不投保的选择。如果投保,他将向保险公司缴纳一定的保费(这里假设是精算纯保费,即损失的期望值 pL),并在损失发生时获得 L 的赔付。其期望效用函数为:

$$EU_I = p \times U(W - pL - L + L) + (1-p) \times U(W - pL)$$
$$= U(W - pL) = U[p(W - L) + (1-p)W]$$

如果不投保,则不需缴纳保费,损失发生时自己承担。其期望效用为:

$$EU_{NI} = p \times U(W - L) + (1-p) \times U(W)$$

根据詹森不等式(Jensen's inequality)[①]可知,$EU_{NI} < EU_I$。其经济含义是,只要保险公司按照精算纯费率提供保险产品,消费者进行充分投保后的期望效用就总是大于不投保时的期望效用[②],数量 L 即该消费者在精算纯保费下的保险需求。

不等式 $EU_{NI} < EU_I$ 的另一个重要含义是,保费在精算纯保费之外存在一定的上升空间。也就是说,在实际中,即使保险公司收取比精算纯保费高出一定比例的保费,对于

---

① 詹森不等式为 $E[f(X)] < f[E(X)]$,即对于任何严格的凹函数 $f(X)$,其期望值总是严格小于 X 的期望值的函数值。

② 这一结论通常被称为伯努利定理。

消费者来说,这一期望效用不等式仍然成立,也即参加投保比不投保时的境况好。高出的部分通常被称作附加保费,它和精算纯保费一起构成保险价格。

(二)影响保险需求的因素

影响保险需求的因素很多,主要包括以下几个方面[①]:

1. 风险因素

风险是保险存在的前提和基础。如前所述,无风险亦不需要保险。保险需求总量与风险总量之间存在正相关关系。随着科技的发明、经济的发展和社会的进步,不确定性因素也会大大增加,对保险的需求将不断扩大。

2. 消费者的效用函数

从前面的分析可以看出,消费者的效用函数,即其风险偏好是确定保险需求的关键。风险偏好者、风险中性者以及风险规避者对于保险产品会表现出不同的态度。一般来讲,风险规避者有更大的保险需求。

3. 价格因素

如前所述,同其他商品一样,保险产品自身的价格会影响人们对保险的需求。在其他条件一定的情况下,保险需求与保险价格成反比。价格越高,需求越小;价格越低,需求越大。

4. 经济因素

经济因素主要包括两个方面:第一,消费者的收入水平。经验表明,在其他条件不变的情况下,保险需求随收入水平提高而不断提高。第二,利率。因为大多数寿险产品都带有储蓄的特性,人们在购买时,无疑要与其他的储蓄和投资工具进行机会成本的比较。因此,利率对保险特别是寿险产品需求的影响是很明显的。

5. 互补品与替代品

互补品同保险需求成正相关关系:保险的互补品越多,保险需求的增长就越快。例如,在包括中国在内的许多国家,机动车第三者责任险都属于强制性保险,因此,车辆越多,机动车第三者责任险的数量也就越大。再比如房屋贷款保险。许多国家的银行要求贷款者购买相关保险(例如递减型信用人寿保险)。于是,贷款购房者越多,房屋贷款保险的销售量将会越大。保险替代品的数量与保险需求成负相关关系,替代品越多,保险需求就越少。

[①] 有美国学者曾经分析了保险业发达国家消费者购买保险的行为方式,主要有以下几个特点:第一,错误估计风险。保险购买者只能依靠现有的并不充分的信息来预测未来损失的发生概率以及损失大小。当保险购买者低估风险时,他必将减少保险的购买量。第二,获取信息的成本。当选择保险合约的成本足够高时,人们既无动力去搜寻信息,也不购买保险。第三,惯性偏好。人们对现有的生存状态具有一种惰性,不易改变。人们在决定是否购买保险时,也许不是比较风险事故发生与否的预期收入,而是更强烈地感受到自己目前购买保险的经济损失。这可以从以下几个经验事实中看到:当一个事故发生后,人们更倾向于购买保险,事故过去得越久,人们感知到的风险程度越小;购买保险的人越多,人们就越倾向于购买保险;由于大部分人是风险规避型的,人们缺少购买保险的兴趣,除非他高估损失发生的概率。参见 Howard Kunreuther and Mark Pauly,"Insurance Decision Making and Market Behavior",NBER Working Paper,2000。

6. 人文社会环境因素

消费者对保险的认知程度在很大程度上取决于其文化底蕴和价值观念。这种文化底蕴和价值观念与保险的核心功能越相吻合，人们就越容易接受保险；反之则反是。例如，中国传统的历史、文化和体制因素对寿险业的发展就有着明显的制约。小农经济社会在中国有着几千年的历史。与西方的工业化社会相比，小农经济社会的重实物而轻货币，重个人情感而轻法律契约，重近期而轻长远的历史积淀无疑与保单的典型特征，即货币性、契约性与长远性相冲突。① 同时，中国封建社会长期实行高度中央集权统治，强大的皇权为维护自己的统治往往限制土地兼并，并对农业灾害进行赈济，如中国历来都实行"荒政"来对付自然灾害，这就造成了中国人较强的政府依赖意识。从文化因素来看，中国文化推崇"富贵在天，生死有命"，信奉"养儿防老"。"修身、养性、齐家、治国、平天下"的儒家思想使中国人更看重家族的利益，由此使家庭保障极为发达。这些文化基因无疑与保险所具有的防范风险、转移风险、在全社会范围内分担损失的社会机制特性相冲突。②

7. 政策因素

一国的收入分配、金融、财政以及社会保障政策等都会对保险需求产生影响。以税收政策为例，它对保险需求的影响体现在国家对保险税率、税种以及税收分配等设定的行为规范会在某种程度上改变保险价格，进而改变对保险的实际需求量。在其他因素不变的情况下，如果税收政策对人们购买保险具有鼓励的作用，保险需求就会扩大；反之则会缩小。例如，在许多西方国家，人们之所以有动力购买人寿保险，就是因为用来购买保险的收入可以免税或者延迟缴税等。

二、保险供给

保险供给是指整个保险业为社会提供的保险产品总量，它同时受到宏观与微观经济因素的影响。

（一）可保风险与保险产品定价

从对需求的分析可知，消费者愿意通过保险的形式转移自身的风险，以提高自己的预期效用。而从供给方的角度来看，保险人则应根据自身利益来确定可以承保的风险的范围，并在风险事故概率分布的基础上确定保险的价格及其供给。我们在本章第一节中讨论了可保风险的条件，读者可以回顾一下该节的内容。

在保险行业中，实际"生产成本"是由风险事故发生的概率所决定的，具有较大的不确定性，再加上保险是一个社会效应很大的行业，本身需要相当的稳定性，由此使得保险

---

① 孙祁祥：《中国保险业的发展与国际化》，载曹凤岐主编：《中国金融改革、发展与国际化》。北京：经济科学出版社1999年版。

② 我们还可以用国外的情况来做个说明。在非洲，与现代保险思想作对的最重要的宗教信仰是伏突教（Voodoo）。该教派声称，他们可以防止损失的发生，或者可以帮助人们找回丢失的物品。比如说，通过请当地巫师为你新买的轿车进行祈祷，并将某些圣物嵌入车中的方式，偷车的人就会被锁定在车上。如果你的车在被偷窃之前没有得到这种保护，那么，只要访问这个神殿，就能查出到底是谁偷了车，甚至还可以知道被盗的财产现在何处。如果是这样的话，人们为什么还要去购买保险呢？转引自 Harold D. Skipper Jr. et al., *International Risk and Insurance: An Environmental-Managerial Approach*. McGraw-Hill/Irwin, 1998, p. 396。

成本的补偿成为一个重要问题。因此,尽管最终的市场价格由保险市场供求力量所决定,但在此之前,保险人一般都需要根据自身情况制定一个初始的保险产品价格。

保险价格的确定,即保险费率的厘定,是保险精算的重要内容之一。由于保险人的基本职责是分摊风险和补偿损失,因此保险费率一般要保证保险公司有足够的分散风险的能力。我们将在第十七章详细讨论保险产品的定价问题。

(二)影响保险供给的主要因素

保险供给同时受到宏观与微观经济因素的影响。制约保险供给的主要因素包括:

1. 社会可用于经营保险业的资本量

假定其他条件不变,经营资本与保险供给能力成正相关关系。经营资本越多,供给能力越强。

2. 整个社会对于保险产品的市场容量,即保险需求

保险需求是有购买力的保险需要,因此,假定其他条件不变,一国的经济形势越好,消费者的购买力越强,人们对保险的需求就越大。

3. 保险产品的市场价格

同其他商品一样,在市场上由供求关系作用所形成的保险产品的价格在很大程度上影响保险的供给。在其他条件不变的情况下,保险供给与保险市场价格成正比。

4. 保险人的经营技术与管理水平,包括组织机构的效率

保险的专业性、技术性很强,假定其他条件不变,保险人的经营技术和管理能力越强,保险的供给能力越强。

5. 制度、政策环境

保险业是一个极为特殊的行业,各国都对其有相对于其他行业更加严格的监管。例如,很多国家的法律对于保险企业都有最低偿付能力标准的规定,这种规定直接制约着企业随意、随时扩大供给。此外,保险税收政策也会通过影响保险人的积累能力和保险市场的竞争秩序,影响到保险政策的实现以及保险业的长远发展。

6. 保险人才的数量和质量

这里主要是指保险经营所需的专门人才,如精算师、承保员、理赔员、风险评估人员等。保险人才越充足,保险供给的质量就会越好;反之则反是。

三、保险市场中的供求规律

(一)一般供求规律

供求规律是市场经济的自动调节机制,它的一般含义是,当市场上商品的供给与需求不能对接时,价格就会因之发生变化,反过来影响商品的供求数量,使二者逐渐互相趋近,最终达到市场均衡。

供求规律具体体现在两个方面:

1. 当商品供给大于需求时,价格会因之下降

由于需求与价格成反向关系,供给与价格成正向关系,价格的下降导致需求上升、供

给减少。当供给与需求在量上相等时,市场便达到了均衡状态。

2. 当商品供给小于需求时,价格会因之上升

同样,由于供求与价格之间的关系,价格的上升导致供给上升、需求减少。当供给与需求在量上相等时,市场便达到了均衡状态。

(二) 供求规律在保险业中的特点

通常而言,一般商品市场的供求规律在保险业也是适用的。但在供求规律作用的过程中,消费者的心理因素或市场行为常常会导致供给-需求曲线的变异,进而导致不同的市场反应。这主要是由逆选择和道德风险所引发的。

四、逆选择

完全竞争模型的一个重要假设是买者和卖者对市场具有完全对称的信息。而事实上,潜在的保险购买者比保险人具有更多关于个人损失倾向的信息,市场存在严重的信息不对称。保险购买者运用优越的信息优势以获取更低价格的保险产品的意图和行为被称为逆选择。逆选择的直接后果是保险人无法针对不同类型的风险标的确定相应的合适的保险费率。例如,知道自己可能生病的个人更愿意投保健康险,不熟练和不负责任的医师更容易投保医疗渎职保险。如果保险人能够精确地区分高风险群体和低风险群体,就可以有针对性地收取不同的费率。但问题是,对于保险人而言,做这种区分的难度和成本都是很高的。

以下我们对逆选择在保险市场上造成的影响进行更加详细的分析。① 假设两个投保人具有相同的效用函数,其效用水平等于财富的平方根;同时,他们拥有相同的初始财富(均为 125 元),但一个是"低风险"个人,另一个是"高风险"个人。在接下来的一年中,他们每人都有可能承受 100 元的经济损失,其中低风险个人的损失概率是 25%,高风险个人的损失概率是 75%。由伯努利定理可知:如果在精算纯费率下保险是可得的,每个人都会进行充分的投保。于是,对于低风险个人来说,其投保的期望效用就是

$$EU_I^L = U(100) > 0.25U(25) + 0.75U(125) = EU_{NI}^L$$

同样,高风险个人投保的期望效用是

$$EU_I^H = U(50) > 0.75U(25) + 0.25U(125) = EU_{NI}^H$$

两个投保人的期望效用如图 2-1 所示。

如果保险人能够区分不同投保人的高风险与低风险,就可以在精算纯费率的基础上提供保单,于是高风险与低风险的人都能买到保险。假如保险人无法区分投保人的高风险与低风险,则保险人为了保证收支相抵,会向两个投保人收取同样的纯联合费率,即每个投保人精算纯费率的平均值。在这个例子中,所谓的纯联合费率是

$$50 \text{ 元} = (75 \text{ 元} + 25 \text{ 元})/2$$

于是投保人将纯联合费率下投保的期望效用与不投保的期望效用进行比较,以决定是否购买保险。由于这两个投保人具有同样的初始财富并支付同样的保费,因此他们在

---

① 参见〔美〕小哈罗德·斯凯博等著,荆涛等译:《国际风险与保险》。北京:机械工业出版社 1999 年版,第 28—30 页。以下例子受这本书第一篇第二章有关内容的启发,但有很大修正。

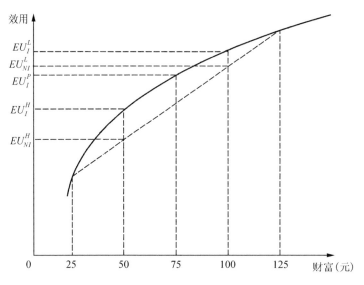

图 2-1 两个投保人的不同期望效用

投保时具有同样的期望效用。这一效用值用图 2-1 中的 EU_I^P 表示。

由图 2-1 可知,由于高风险个人支付的费率低于其期望损失,他会很乐意购买保险。而低风险个人则相当于对高风险个人进行了补贴,他购买保险的期望效用比不购买的期望效用要低,因此不会参加保险。

潜在投保人的这些行为造成的直接后果就是,保险市场上充斥了高风险投保人,保险人将发生亏损。如果保险人了解到低风险个人不愿投保这一情况,就会取消纯联合费率,代之以高的精算纯费率,这样的话,市场上就只剩下高风险保单。

综上所述,在存在逆选择现象时,最可能得到保险的是高风险个人,低风险个人则很难在理想的费率上得到保险,从而在效用上遭受一种净损失。在市场供需关系上,逆选择使得供求规律发生了一定程度的变异:一方面,保险需求保持上升势头;另一方面,保险供给则持续下降,供需出现了不平衡。与此同时,二者在数量上的背离程度反过来又刺激保险价格的上升,进一步导致供需的背离,这种发散型的循环使保险市场最终无法达到均衡状态。

由于逆选择主要是由信息不对称造成的,因此,保险人面对投保人时总是力争获取有关保险标的的更多信息,以进行有效的风险分类。获取信息的方式有多种,可以增加保单上的有关保险标的的明示项目,也可以设计巧妙的保险合同使投保人进行自我风险揭示。回到前面的例子上来,假设保险公司可以提供两种保险合同,合同一是保费为 75 元的全保合同,合同二是保费为 2.50 元且存在 90 元免赔额的非全保合同。其中,合同一的保费是高风险个人的精算纯保费,即[0.75(100 元)+0.25(0 元)];合同二的保费是低风险个人扣除 90 元免赔额的精算纯保费,即[0.25(100 元-90 元)+0.75(0 元)]。假定效用函数为 $U=\sqrt{W}$(其中 W 表示财富量),我们可以计算出高风险个人和低风险个人在每种合同下的期望效用,其结果如表 2-1 所示。

表 2-1 不同保险合同下高风险个人与低风险个人的期望效用

合同类型	期望效用	
	高风险个人	低风险个人
无保险	6.55	9.64
合同一	7.07	7.07
合同二	7.04	9.73

从表 2-1 可以看出,高风险个人参加合同一的期望效用最高,因此会选择合同一,这与其风险概率是相一致的。低风险个人参加合同二的期望效用最高,因此会选择合同二,自己承担部分自保功能。由于在收取精算纯保费的全保合同中,低风险者的期望效用为 10,因此在逆选择的情况下,低风险者存在效用上的净损失,损失量为 0.27(=10-9.73)。

这种方式以较小的社会成本实现了对风险种类的甄别,使供给曲线与需求曲线恢复了完全信息市场上的形状,使保险市场重新受供求规律的支配。

需要说明的是,在以上分析中,我们对投保人的效用函数进行了假设,如果效用函数发生了变化,保险合同的设计也应随之变化。而效用函数是一种很主观的东西,仅就这一点来说,这种方法的可行性或实际效果还需进一步考证。

五、道德风险

逆选择是指风险高的人要比一般的人更希望购买保险的行为,而道德风险则是指个人在得到保险之后改变日常行为的一种倾向。道德风险有事前和事后之分。事前道德风险是指投保人得到保险后就丧失了阻止损失的动力。如购买了汽车险的人会比没有购买的人开车更加莽撞,因为一旦发生损失,保险公司会对其进行赔付。而持有雇员补偿保单的人也会比没有保单的人更加粗心,因为粗心的后果也会由保险公司来补偿。更加极端的情形是被保险人故意造成损失以获取保单利益,这就不再是道德风险的范畴,而属于保险欺诈了。事后道德风险是指在损失发生后,被保险人丧失减少损失、减轻损失程度的动力。例如参加失业保险的人将会花费更少的努力去寻找工作,而等待保险公司对其进行经济补偿。

我们仍然用一个例子来说明道德风险对保险市场的影响。假设张三拥有 12 000 元的现金和价值 4 000 元的汽车。一次事故就会导致汽车发生全损,而事故发生的频率依赖于张三驾驶的谨慎程度。当张三开车很快即不够小心时,事故发生的概率为 50%;当张三开车很慢即足够小心时,事故发生的概率为 20%。此处假设因小心开车而延长路途时间的成本为 1 000 元。

现在,我们仍假设张三的效用函数为个人财富的平方根。那么,通过对个人期望效用的计算,张三会选择自己驾驶时的态度。

首先,小心驾驶的期望效用为
$$EU^c = 0.8U(16\,000 - 1\,000) + 0.2U(16\,000 - 4\,000 - 1\,000) = 118.96$$
不小心驾驶的期望效用为
$$EU^{NC} = 0.5U(16\,000) + 0.5U(16\,000 - 4\,000) = 118.02$$

因为 $EU^c > EU^{NC}$,所以张三会选择小心驾驶,也就是说,对于张三而言,在没有保险的情况下,理性选择是小心驾驶。

再假设张三将以精算纯费率购买全额保险,则保险公司需根据张三的态度确定精算纯费率的大小。假设张三是小心的，则精算纯保费应为 FP_C，等于 800 元（$0.2 \times 4\,000$ 元）；假设张三是不小心的，则精算纯保费应为 FP_{NC}，等于 $2\,000$ 元（$0.5 \times 4\,000$ 元）。根据过去的情况看，张三是一个小心驾驶的人，因此保险公司向张三收取 800 元保费。现在让我们来看一看张三投保之后行为是否会发生变化，欲知结果，就必须比较投保之后张三小心驾驶与不小心驾驶的期望效用。

投保之后小心驾驶的期望效用为
$$EU_I^C = 0.8U(16\,000 - 1\,000 - 800) + 0.2U(16\,000 - 1\,000 - 800) = 119.16$$

投保之后不小心驾驶的期望效用为
$$EU_I^{NC} = 0.5U(16\,000 - 800) + 0.5U(16\,000 - 800) = 123.29$$

因为 $EU_I^{NC} > EU_I^C$，所以张三会选择不小心驾驶。可见，投保之后，原来小心驾驶的张三变得愿意不小心驾驶了，原因是他从不小心驾驶中获得的期望效用大于从小心驾驶中获得的期望效用。这就是一个保险市场中发生道德风险的例子。

我们还可以作进一步分析。因为保险公司也是理性的，它知道原来小心驾驶的张三在缴纳 800 元保费获得全额保险之后一定会选择不小心驾驶，所以保险公司一开始就会向张三收取 $2\,000$ 元的保费。此时，张三小心驾驶与不小心驾驶的期望效用发生了一定的变化。

小心驾驶的期望效用为
$$EU_I^{C'} = 0.8U(16\,000 - 1\,000 - 2\,000) + 0.2U(16\,000 - 1\,000 - 2\,000) = 114.02$$

不小心驾驶的期望效用为
$$EU_I^{NC'} = 0.5U(16\,000 - 2\,000) + 0.5U(16\,000 - 2\,000) = 118.32$$

因为 $EU_I^{NC'} > EU_I^{C'}$，所以张三仍选择不小心驾驶，但期望效用的数值大小发生了变化。

由以上分析我们发现：$EU^{NC} < EU_I^{NC'} < EU^C$。这意味着，虽然张三在"有保险时不小心驾驶"优于"无保险时不小心驾驶"，但不如"无保险时小心驾驶"。所以相比而言，张三的最优选择是小心驾驶并且不买保险。这个结论与前文提到的伯努利定理不同，伯努利定理是说在精算公平保费的条件下，投保时的期望效用总比不投保时的期望效用高，而此处却说不投保时的期望效用高。为什么两者得出的结论会不同呢？正是因为此处引入了道德风险，使得结果发生了偏离。

投保人与保险人的这种互动反应同样影响了保险市场的供求曲线，那就是，出于对道德风险的考虑，保险人一般会将价格定得太高，导致供过于求，而与此同时，高价格下确实集中了大部分最有可能产生道德风险的保险标的，因此，这一价格又呈下降刚性。在这种情况下，经常出现的问题就是，价格呈不断上升的趋势，但供给与需求却分别呈正向与反向变化，二者的背离程度越来越大，同样无法实现市场的最终均衡。

消除道德风险、使市场重新接受供求规律的调节，同样需要保险人付出更多的努力。由于产生道德风险的关键原因是被保险人在避免道德风险的过程中需要额外发生成本，因此，保险人应当做出努力，使得被保险人避免道德风险的边际收益为正。这样做的具体方法有设立免赔额、共保、限额保险以及费率调整等。免赔额和共保的原理是一样的，就是在进行损失赔付时，以事先规定的固定数量或固定百分比扣除赔付额度；限额保险是限定投保人购买保险的数量；费率调整则是通过适当降低费率对采取损失预防行为的被保险人提供优惠。这几种方法都在于对行事谨慎的被保险人提供激励,由此降低或消除他们的道德风险。

上述措施最终是为了使保险供求曲线回复到正常状态。因为只有在正常状态下,供给方和需求方才能根据供求规律,理性地决定自己的最大化选择,最终促成市场最优价格和数量的产生。

第三节 保险业的产生与发展

一、保险业的产生

自从人类社会存在,人们就一直在寻求防灾避祸的方法,以谋求生活的安定和经济的发展。因此,救济后备以及互助保险的意识和思想,早在古代就已经出现。[①] 但是真正意义上的保险制度却形成于近代。可以说,近代保险事业是资本主义发展的产物。15世纪末到16世纪初的"地理大发现"促成了世界市场的形成和扩大,要求商品的生产和交换以更大的规模进行。商品流通不仅在国内,而且越过国界、穿过大洋,在世界范围内进行。商品的运输规模越大,风险也越集中。正是在这样的情况下,近代的保险制度应运而生。从保险发展的历史来看,财产保险先于人身保险,海上保险早于陆上保险。

(一) 海上保险

近代保险制度的发展是从海上保险开始的。对于海上保险究竟是如何产生的,以及产生于何时何地,保险界有不同的观点。大体来说,可以分为共同海损说、合伙经营说、家族团体说和海上借贷说四种。[②] 其中,大多数学者认为海上借贷是海上保险的前身,而海上借贷最初又起源于中世纪意大利和地中海沿岸城市中盛行的商业抵押习惯,即冒险借贷。所谓冒险借贷是指船东或货主在启航之前,向金融业者融通资金。如果船舶和货物在航海中遭遇海难,依其受损程度,可免除部分或全部债务;如果船舶和货物安全抵达目的地,船东或货主则应偿还本金和利息。这实际上就是一种风险转嫁。由于这种契约的风险极大,因此债权人收取的利息也很高,通常为本金的1/3或1/4。除正常利息外,其余为补偿债权人承保航程安全的代价。

(二) 火灾保险

继海上保险制度之后所形成的是火灾保险制度。近代火灾保险起源于英国。1666年9月2日,伦敦市皇家面包店由于烘炉过热而起火。火势失去控制,燃烧了5天5夜,使得13 000多户住宅被焚毁,20万居民无家可归,损失极其惨重。正是这一场大火,使人们意识到了补偿火灾损失的重要性。当时有位名叫巴奔的牙科大夫修建了一些简易房屋来安置那些无家可归的人。1667年,他出资成立了世界上第一家火灾保险公司。由

[①] 据西方的保险学教科书考证,最早类似于保险的实践产生于公元前3000年的中国。那时,中国的商人使用分担风险的技术来在海上转运货物。为了防止风险降临到任何一个人身上,商人们发明了一种方法,即每个人都将自己的货物分别装载在其他人的船上。当一艘船触礁损毁以后,所有人来分担这一个人的损失。参见 Emmett J. Vaughan, *Fundamentals of Risk and Insurance*. John Wiley and Sons, Inc., 1992, p.63。

[②] 傅安平等主编:《中华人民共和国保险法实务全书》。北京:企业管理出版社1995年版,第28页。

于业务迅速发展,巴奔又与另外三个人合作成立了一家合伙形式的保险公司。1710年,查尔斯·玻文创立伦敦保险公司,开始承保不动产以外的动产险。其经营范围遍及全国,是英国现存的最古老的保险公司之一。

(三)人寿保险

根据发展的完善程度,人寿保险的历史可以分为三个时期:萌芽形式时期、初级形式时期和现代形式时期。现代人寿保险的出现较火灾保险要晚。

萌芽时期的人寿保险主要是指古代一些国家中某些类似于人身保险的原始互助形式。这些组织以互助的方式来分担人们所遇到的困难,像支付丧葬费用、救济费用等。例如,在古埃及,石匠中有一种互助制度,参加者缴付会费,在会员死亡时该组织支付丧葬费用;在古希腊的城市中,有一种名为"公共柜"的组织,平时人们可以投币,在战时该组织则用其来救济伤亡者;古罗马也有一种宗教性质的团体,它以征收会费的方式救济会员的遗属。这些互助形式就含有人身保险的因素。

随着商品经济的发展,应付人身风险的组织形式逐渐由互助形式转化为经营形式。由一个经营者负责组织应付人身风险的后备基金,在参加者与经营者之间直接发生债权债务关系,而在参加者之间则不直接发生关系。这样,就使原来的互助行为逐渐转变为一种商业性行为。到了15世纪,随着海上贸易的发展,海上保险逐渐发展起来。当时奴隶也被作为商品在海上进行贩运。为了保证所贩运奴隶的价值,出现了以奴隶的生命为保险标的的人身保险,以后又发展到对船长和船员的人身保险。到16世纪,出现了对旅客的人身保险。

现代人寿保险制度的形成,与死亡率的精确计算密切相关。1693年,英国著名的天文学家爱德华·哈雷根据德国布勒斯市居民的死亡资料,编制出了一张完整的生命表,用科学的方法,精确地计算出各年龄段人口的死亡率。由此,不仅使产生于12世纪的年金价格的计算更为精确,同时,也为人寿保险制度的形成奠定了科学的基础。18世纪中期,托马斯·辛普森根据哈雷的生命表做成了依据死亡率变化而变化的保险费率表。后来,詹姆斯·多德森又根据年龄的差异制定了更为精确的保险费率表,进一步为人寿保险奠定了基础。

1762年,英国成立了世界上第一家人寿保险公司——伦敦公平保险公司。该公司以生命表为依据,采用均衡保费的理论来计算保费,并且对不符合标准的保户另行收费。对于缴纳保费的宽限期、保单失效后的复效等也做了具体的规定,并详细载明于保单。伦敦公平保险公司的成立,标志着现代人寿保险制度的形成。

二、现代保险业的发展

(一)保险业发展的特点

18世纪以来,由于资本主义商品经济的发展,工商业日益兴旺,保险制度也随之得到了发展和完善。进入19世纪以后,资本主义国家相继完成了工业革命,由此极大地促进了资本主义经济的发展,同时刺激了经营保险业的公司大量增加。在此期间,一方面,由于保险公司的滥设和竞争的加剧,导致大量公司破产,各国不得不纷纷采取措施,对保险业进行监管,从而使保险的经营日趋走向正轨;另一方面,科学技术的发展也为保险范围

的扩展创造了条件。纵观世界保险业的发展历程,它呈现出以下几个主要特点:

1. 随着国民经济的增长、经济规模的扩大而增加其供给

从根本上来说,保险供给的增加源于保险需求的增加,而需求的增加与国民经济的发展密切相关。首先,随着国民经济的发展、经济规模的扩大,消费者的平均收入水平将提高,并增大消费后的剩余,由此提高保险的现实购买能力。其次,国民经济的增长将导致消费者现有财富量的增长,并由此导致风险载体增多,风险总量提高,从而使消费者增加对保险的需求。据统计,世界保费总额在1950年仅为210亿美元,1982年增长到4 660亿美元,1995年增长到21 434亿美元,2000年达到24 400亿美元,2015年达到45 538多亿美元,2018年超过5万亿美元。我国保险业的发展也呈现出这样一种特点和趋势。1980年我国的保费收入为4.6亿元人民币,1985年上升到33.1亿元,1990年增长到155.8亿元,1997年达到1 080亿元,2001年达到2 109亿元,2007年达到7 035亿元,2015年达到2.43万亿元,2019年更是达到4.26万亿元。

2. 随着风险种类的增加而扩大其险种

18世纪60年代始于英国的产业革命一方面大大促进了社会生产力的发展,另一方面也使社会的风险结构由以自然风险为主发展成为既有自然风险,又有人为风险;既有经济风险,又有政治风险;既有基本风险,又有特定风险;既有纯粹风险,又有投机风险等多种风险并存的风险结构。为了有效地控制和处理风险,出现了近代保险业的发展与繁荣,特别是险种的扩大。例如,1885年德国人本茨发明了世界上第一辆三轮汽车以后,1898年产生了世界上第一张汽车保险单;1903年美国的莱特兄弟发明了世界上第一架飞机以后,出现了航空保险;1957年人类发明了卫星以后,出现了卫星保险;在出现了被称作法律创造的责任风险以后,也就出现了责任保险;出现了信用风险,特别是政治风险以后,也就出现了国内信用保险和出口信用保险;随着网络购物的兴起,2010年国内推出退货运费保险;近年来随着大数据、云计算、物联网、人工智能和区块链等科学技术的发展,保险险种创新呈现自主化、多元化、深度化的发展态势,出现了微医保、微出行、水滴筹、全民保等新的保险产品。

3. 为满足投保人的需求而不断改进保单的设计

在保险业发展的早期,保险条款的设置比较僵硬,缺乏灵活性。例如保费缴纳的数额及方式、保险金额、保险期限等都是一经设定,就不能变更,由此不能适应消费者多层次和多方面的需要。为了满足投保人需求的多样性并应付不确定性,保险人增加了保单的灵活变通性。例如在寿险中出现了变额保险、可调整的寿险、利率感应型寿险、万能寿险等产品,保费、保险期限、保险金额、现金价值等都成了可变的。在财产保险中,由早期各公司各自为政签发自己的保单,由此导致被保险人诸多的混乱和不满,发展到标准保单的出现。此外,还出现了诸如综合保单、团体保单等种类。

4. 随着需求层次的提高,产品功能不断扩展

像其他许多商品的内涵有一个逐渐扩展的过程一样,保险这种产品也经历了一个扩展的过程,即从单纯的保障到储蓄和投资。在某些险种上,保险甚至可以具有某种炫耀功能。例如,英国劳合社的承保市场上所出售的某些承保名人身体特殊部位的产品就具有炫耀功能。

5. 随着经济生活的复杂化，保险人不断扩大保障的范围

现代社会的一个重要特点是，经济生活的复杂程度和相关程度都大大提高，由此导致保险人不断扩大保障的范围，例如火险：从保险标的来看，从早期的只承保不动产扩大到动产，再发展到与动产或不动产标的相关的利益；从承保风险来看，早期的火灾保险只承保单一的火灾风险，并且只承保由火灾风险所造成的直接损失，后来逐步扩展到与火灾相关的爆炸、闪电和雷击等；进入现代社会以后，火灾保险的承保范围又扩展到包括火灾在内的各种自然灾害和意外事故。保险人既可以通过附加保单的形式承保地震、地陷、洪水、飓风、泥石流、机损等自然风险，也可以承保盗窃等人为风险；不仅可以承保直接损失，也可以承保如营业中断损失、租金损失等间接损失。

6. 保险金额日益巨大，保险索赔额增多

由于保险财产价值越来越大，为获得足额的经济保障，保险金额也越来越高。一旦保险标的发生损毁事故，索赔金额十分巨大。例如印度博帕尔地区的毒气泄漏事故提出的赔偿金额为30亿美元，美国的"石棉沉着案"提出的赔偿金额高达270亿美元，保险人面临巨额赔款的风险。2001年美国"9·11"恐怖事件的发生更是使得保险赔偿数额创历史新高，保险公司面临500亿—700亿美元的赔款。2005年美国"卡特里娜"飓风和2011年日本大地震造成的保险赔款分别达到了450亿美元、350亿美元，2015年中国天津港爆炸造成保险索赔在25亿—35亿美元，使之成为亚洲有记录以来保险损失最大的人为灾难。2018年的超强台风"山竹"，造成中国广东、广西、福建和海南沿海直接损失达52亿元，人保财险、太保产险、平安产险、国寿财险、大地保险等十几家保险公司共计赔付30.2亿元。

7. 再保险业务迅速发展，保险业日趋国际化

随着高新技术的高度发展和生产规模的扩大，出现了越来越多的价值巨大的保险标的。由于单一的保险公司难以承担起如此巨额的保险责任，于是，以分散风险为重要特征的再保险业务随之发展起来。1846年，德国创立了科隆再保险公司，这是世界上第一家专营再保险业务的保险公司。从此以后，再保险业务在世界各地都有了迅速的发展。再保险的发展加强了国内外保险公司之间的联系，使保险业的发展出现了国际化的趋势。

8. 保险业的金融中介功能日益增强

保险业在其发展过程中，除了始终发挥其经济保障作用，还逐步演变出了金融中介的功能。在许多市场经济发达的国家，保险公司已经成为重要的非银行金融机构，成为资本市场上一个重要的机构投资者。保险融资功能的形成和完善，极大地促进了社会经济的发展。

（二）保险业发展的动因

如前所述，近现代保险业的发展已有几百年的历史了，并且仍然表现出很强的增长势头。这一现象根植于人们对保险的强烈需求，关于这一点，我们可以从社会、个人、企业三个角度来分析。

1. 社会对保险的需要

历史发展的实践表明,保险业的发展对国民经济发展具有重要的促进作用,这主要表现在以下几个方面[①]:

(1) 促使资源得到最优配置,提高经济效率。保险的本质是一种"人人为大家,大家为一人"的经济补偿制度。由于大数定律的作用,在公司偿付能力充足的前提下,保险人承保的风险标的越多,风险就越得以分散,每份保单的成本也就越得以降低。因此,受损的投保人只需支付少量的保费就可以从保险人那里获得较高的经济补偿。这样就可以避免每个消费者或企业为了预防未来不确定损失的发生而建立自己的"风险基金"或"意外基金"所造成的大量资金的闲置,从而使有限的资源可以得到最优配置和有效利用,提高经济效率。

(2) 为其他部门经济的发展提供大量资本。保险公司在其经营过程中,是以投保人缴纳的保费组成保险基金,以应付未来保险事故发生后被保险人(或受益人)的索赔和给付。由于保险公司各项保费的收取和赔付在时间上与数量上存在差异,使得保险公司将大量资金用于投资成为可能。因此,保险公司(特别是寿险公司)资金的运用,可以活跃资本市场,并为其他部门注入大量的资本。

(3) 促使科技转化为现实的生产力。众所周知,从长期来看,科学技术特别是高科技对于一国的经济增长意义十分重大。然而,尽管随着科技水平的提高,人们预防和控制风险的手段、方法也变得多样化,但这并不等于能够消除由新技术的发明和应用而产生的高风险。而如果保险公司能够为新科技的发明和应用提供保险保障,无疑将会大大促使大量的高、新、尖技术转化为现实的生产力,促进经济快速增长。

(4) 促进国际贸易的发展。在当今世界经济的发展过程中,全球化趋势日益显著。国与国之间的资源、劳动力和产品的流动越来越多,市场之间的相互依赖越来越强。而对出口商来说,这种全球化的趋势也就意味着他们将面临越来越激烈的国际竞争。如果出口商投保出口信用保险,无疑将会大大增强其产品的国际竞争力,促进出口的增加。这一点对于外汇和资金都很匮乏的发展中国家来说显得尤为重要。

(5) 为经济发展创造稳定的环境。保险通过承诺对保险责任范围内的损失进行补偿,一方面能够使被保险人恢复到损失前的经济状况,另一方面也大大减少了投保人的忧虑和不确定性,由此获得心理上的宁静,从而能够更好地工作和生活,提高生活质量。社会保险通过养老、失业、医疗、疾病、工伤等来保障居民的基本生活水平,更是能够起到稳定社会的作用。

2. 个人对保险的需要

个人对保险的需要主要来自两个方面:一是进行风险规避,降低由不确定性给人们带来的担忧;二是进行个人理财计划,由此对个人的金融资产在其一生中进行合理的分配。

保险作为一种对付风险的办法,首先根源于人们的经济安全需要,而安全需要是人类生存发展的基本需要。众所周知,风险规避是我们这个社会中绝大多数人的特性。社会中存在大量的不确定性,由此会让人们对生活产生担忧。而保险所提供的基本服务就

---

① 孙祁祥等:《中国保险业:矛盾、挑战与对策》。北京:中国金融出版社 2000 年版,第 5—10 页。

是转移风险,降低人们的不确定性。被保险人用支付确定数量的保费作为代价,换来一个转移风险的结果,这就是人们购买保险的基本目的。严格说来,保险并不能防止风险的发生,而只是消除被保险人对损失发生不确定性的担忧,减少其经济负担。

保险也是个人理财计划的一个重要组成部分。在发达国家中,越来越多的人将保险特别是寿险作为个人理财计划的重要组成部分,并据此对个人的金融资产在其一生中进行合理的分配。

3. 企业对保险的需要

企业在其经营过程中,无疑经常面临火灾、机器损毁、锅炉爆炸、企业所有者或合伙人或关键雇员的死亡、消费者的责任索赔、雇员的流失、雇员的不忠诚等各种风险,由此导致企业的生产经营活动受损甚至中断,企业难以为继。包括各式险种在内的企业财产保险、产品责任保险、个人寿险、员工津贴保险、雇主责任保险等能够为企业提供必要的资金,保证其生产经营活动正常进行。

(三) 保险业的发展趋势

从最早的海上保险制度形成至今,保险的发展经过了数百年,现代保险制度已经相当发达。但由于社会生活中的风险因素仍在不断增加和变化,人们对保险的需求也会随之不断变化。因此,保险业不仅不会停顿,而且还会有很大的发展。从世界范围来看,保险业的发展已经并将继续呈现如下特点:

(1) 随着社会的进步和科技手段的不断完善,一些过去一直存在但没有为人们所意识到的风险将会逐渐为人们所认识;可保风险的内容和范围也将不断发生变化,适应人们不断变化的需要的险种将不断由保险人设计出来。

(2) 随着高科技的不断发展,一些新的风险也将随之产生,因此,高技术性的新险种必将不断出现。科学技术的发明虽然使人们增加了应付风险的手段,但这并不意味着可以消灭风险,相反,它可能带来新的风险因素。例如,原子能的利用可能带来原子能核辐射的风险,海洋石油开发可能带来海洋石油污染的风险。科技保险是以与科技企业技术创新和生产经营活动相关的有形或无形财产、科技企业从业人员的生命或健康、科技企业对第三方应承担的经济赔偿责任以及创新活动的预期成果为保险标的的保险。科技保险具有很强的正外部性,做得好的话,对科技的发展会产生重要的促进和推动作用。不仅如此,科技保险在转移科技企业风险方面有其独特的优势:它适合各种类型的科技企业以及企业发展的各个阶段,可以覆盖各个环节,包括研发、生产、销售及其他经营管理活动中所面临的财产损失、人身伤害、研发中断、民事赔偿、侵权责任、融资等各种风险。

(3) 互联网保险随着互联网技术、电子商务、保险科技等技术进步获得快速发展。互联网保险是指保险机构依托互联网和移动通信等技术,通过自营网络平台、第三方网络平台等订立保险合同、提供保险服务的一种保险经营模式。不同于传统的代理人模式、银行保险模式等线下保险营销模式,互联网保险通过线上实现保险咨询、投保、承保、核保、理赔、退保、续保、投诉处理及客户服务等业务。当前,保险公司线上业务发展迅速,互联网保险正以方兴未艾的发展态势,深刻影响着保险业的方方面面。

(4) 保险业与资本市场的联系日益紧密。保险公司是债券市场和股票市场的重要机构投资者,成为稳定资本市场的重要力量。保险资金尤其是寿险资金的长期性和稳定性以及价值投资理念,有利于引导资本市场长期稳定可持续发展。为了在更大范围内转移风险,在再保险业务不断创新发展的基础上,包括保险期货、保险期权、自保公司等在内的另类风险转移方式(Alternative Risk Transfer,ART)也一直在稳步发展。

(5)随着生活节奏的加快和效率观念的更新,人们越来越钟情于"一站式购买"。既便利投保人投保,又有利于经营者经营的综合保险日渐盛行,金融一体化的趋势也日益明显。一站式保险服务线上服务涉及的主要服务项目包括保险资讯、保险咨询、风险测评、产品介绍、保险方案定制、在线投保、保单查询等,涵盖的产品包括意外险、家财险、人寿险、旅游险、健康险等。

专栏2-1

中国保险业发展大事记

1805年,英商在中国建立第一家保险公司——广东保险会社。

1865年,义和公司保险行在上海创立,这是我国第一家自办的保险机构。

1875年,洋务派在上海创办保险招商局。

1929年,当时号称"北四行"之一的金城银行独资创办太平水火保险公司,三年后成为华南保险业中规模最大的民营公司。

1937年,当时的国民政府修正公布《保险业法》及《保险业法施行法》。

1949年,中国人民保险公司在北京成立,宣告了中华人民共和国成立之后第一家全国性大型综合国有保险公司的诞生。

1958年,全国财政会议正式决定全面停办国内保险业务,只保留少量的涉外保险业务。

1979年,中国人民银行全国分行行长会议召开,决定恢复国内保险业务。

1985年,国务院颁布《保险企业管理暂行条例》,这是中华人民共和国成立之后第一部保险业的法律文件。

1991年,经中国人民银行批准,交通银行在其保险业务部的基础上组建中国太平洋保险公司,这是继中国人民保险公司成立后的第二家全国性商业综合性保险公司。

邮票:中国保险
发行时间:1984年11月16日
志号:T101

1995年,八届人大十四次会议通过了《中华人民共和国保险法》,自10月1日起施行。10月,中国人民保险公司开始机构体制改革,成立中国人民保险(集团)公司,下设中保财产保险有限公司、中保人寿保险有限公司和中保再保险有限公司三个子公司。12月,中国人寿保险业第一张经验生命表制作完成,结束了长期借用日本生命表的历史。

1998年,中国保险监督管理委员会(以下简称"保监会")正式成立。

2001年,中国成为世界贸易组织成员,开始正式履行其在保险市场方面的承诺。

2002年,第九届全国人民代表大会常务委员会第30次会议通过了《关于修改〈中华人民共和国保险法〉的决定》，新《保险法》在2003年1月1日正式实施。

2006年，国务院颁布了《国务院关于保险业改革发展的若干意见》（国发〔2006〕23号）。该文件明确了今后一个时期我国保险业改革发展的指导思想、目标任务和政策措施，是指导我国保险业改革发展的纲领性文件。

2009年，第十一届全国人民代表大会常务委员会第七次会议修订通过《中华人民共和国保险法》，修订后的《保险法》自2009年10月1日起施行。

2010年4月，保监会发布《保险公司信息披露管理办法》，要求保险公司在每年4月30日前在公司网站和保监会指定的报纸上发布"上年度信息披露报告"。

2010年8月，保监会发布《保险资金运用管理暂行办法》（保监会令2010年第9号），将保险资金运用渠道扩宽至不动产投资和未上市企业股权投资。

2012年7月，保监会发布《保险资金委托投资管理暂行办法》（保监发〔2012〕60号），拓宽了保险资金委托投资管理的渠道，允许保险公司委托证券公司（资产管理部门）和基金管理公司进行保险资金投资管理。

2013年3月，我国第一部专门针对农业保险的法规《农业保险条例》正式实施。

2013年8月，保监会宣布正式启动普通型人身险费率政策改革，放开普通型人身保险预定利率2.5%的上限，改由保险公司按照审慎原则自行决定。2015年2月和9月，万能型和分红型人身险费率改革分别启动。

2014年8月，国务院以"顶层设计"形式明确保险业在经济社会中的地位，发布《国务院关于加快发展现代保险服务业的若干意见》（国发〔2014〕29号，保险业"新国十条"）。

2015年6月，商业车险条款费率市场化改革试点在六省市启动，2016年1月起试点推广到18个省市，2016年7月起试点向全国推广。

2015年，《互联网保险业务监管暂行办法》（保监发〔2015〕69号）出台，成为金融领域第一部关于互联网金融的制度性文件。

2016年，保监会和财政部联合印发《建立城乡居民住宅地震巨灾保险制度实施方案》（保监发〔2016〕39号），城乡住宅地震保险制度和首个地震巨灾保险产品落地。

2016年，宁波成为首个国家保险创新综合试验区。

2017年，"1+4"系列文件出台。强调"保险业姓保，保监会姓监"的原则，明确"严监管、防风险、补短板、治乱象、服务实体经济"的工作主基调。

2018年，中国银行保险监督管理委员会（以下简称"银保监会"）成立。中国银行业监督管理委员会和中国保险监督管理委员会成为历史。

2018年，税延养老保险试点政策落地实施。

2019年，银保监会修订发布《中华人民共和国外资保险公司管理条例实施细则》（银保监会令2019年第4号），放宽外资人身险公司外方股比限制，将外资人身险公司外方股比放宽至51%；放宽外资保险公司准入条件，不再对"经营年限30年"等相关事项作出规定。

2019年，安联（中国）保险控股有限公司成为在中国首家批准开业的外资独资保险控股公司。

资料来源：根据原中国保监会网站和中国银行保险报网等网站的资料整理。

第四节　保险的基本分类

从保险公司的角度来说,它可以提供各种为消费者所需要的险种。根据不同的标准,我们可以将其分为若干类型。保险的分类标准很多,不同的学者、不同的教科书有不同的分法。我们这里主要使用以下五个标准:保险标的,被保险人,实施形式,业务承保方式,是否以营利为目的。我们将在本书后面的相关章节对各类保险进行详细讨论,这里只是给出一个概述。

一、人身保险、财产保险和责任保险[①]

根据保险标的的不同,保险可分为财产保险、人身保险和责任保险。[②]

人身保险是以人的生命、身体或健康作为保险标的的保险。财产保险是以物或其他财产利益为标的的保险。广义的财产险包括有形财产险和无形财产险。责任保险是以被保险人的民事损害赔偿责任为保险标的的保险。

二、个人保险与商务保险

根据被保险人的不同,保险可分为个人保险和商务保险。

个人保险是以个人或家庭的财产、生命、健康等作为保险标的的保险。在这个项下,包括个人或家庭所面临的各种财产、生命和身体、责任赔偿等损失。商务保险是以工厂、商店等经营单位的财产、责任等作为保险标的的保险。

三、强制保险与自愿保险

根据实施形式的不同,保险可分为强制保险和自愿保险。

强制保险又称法定保险,它是由国家颁布法令强制被保险人参加的保险。自愿保险是在自愿协商的基础上,由当事人订立保险合同而参加的保险。

四、原保险与再保险

根据业务承保方式的不同,保险可分为原保险和再保险。

原保险是指保险人对被保险人因保险事故所致的损失承担直接的、原始的赔偿责任的保险。再保险是原保险人以其所承保的风险,再向其他保险人进行投保,并与之共担风险的保险。

五、商业保险与社会保险

根据是否以营利为目的,保险可分为商业保险和社会保险。商业保险是以营利为目

[①] 读者可能在不同的教科书中会看到一些不同的称谓。例如,有些国家或者地区按照保险标的将商业保险划分为人身保险与非人身保险(life insurance and non-life insurance),后者包括财产保险和责任保险。有些将此分为人身保险与财产保险(后者也已将责任保险涵盖在内),有些将财产保险称作一般保险,典型的如中国香港。

[②] 在每一个大类下,又可以细分为若干小类。例如,在人身保险中,有人寿险、健康险、意外伤害险等;在财产保险中,有海上保险、火险、运输险、工程险等;在责任保险中,有公众责任险、雇主责任险、职业责任险、产品责任险等。

的的保险。社会保险是不以营利为目的的保险。

为了便于记忆,我们用表2-2将上述分类进行归纳:

表 2-2 根据不同标准进行的保险分类

标　　准	分　　类
保险标的	财产保险、人身保险、责任保险
被保险人	个人保险、商务保险
实施形式	强制保险、自愿保险
业务承保的方式	原保险、再保险
是否以营利为目的	商业保险、社会保险

必须指出的是,上述各种分类是完全有可能交叉的。例如,再保险既可以有财产再保险,也可以有人寿与健康再保险;社会保险和商业保险都可以包括人寿保险与健康保险在内;财产保险既可能包括在个人保险中,也可能包括在商务保险中;社会保险也是一种强制性保险。因此,在人们谈到某一种保险时,必须明确是以什么作为分类标准的。分类标准不同,所指的内容就可能不同。

本章总结 》》

1. 保险是一种以经济保障为基础的金融制度安排。经济保障是保险的本质特征。保险与赌博虽然有相似性,但二者具有本质上的差异。

2. 可保风险应当满足以下条件:经济上具有可行性,独立、同分布的大量的保险标的,损失的概率分布是可以被确定的,损失是可以确定和计量的,损失的发生具有偶然性,特大灾难一般不会发生。

3. 消费者对保险产品的购买符合效用最大化原则。借助效用最大化函数可知,假定消费者是理性人,且是风险回避者,只要保险公司按照精算纯费率提供保险产品,消费者进行充分投保后的期望效用总是大于不投保时的期望效用。$EU_{NI} < EU_I$表明,保费在精算纯保费之外存在一定的上升空间。

4. 风险因素、消费者的效用函数、价格水平、互补品与替代品、经济环境、人文社会环境以及税收、社会保障政策等是影响保险需求的主要因素。

5. 保险供给同时受到宏观与微观经济因素的影响。制约保险供给的主要因素包括:社会可用于经营保险业的资本量,整个社会对于保险产品的市场容量,保险产品的市场价格,保险公司的经营技术与管理水平,制度、政策环境,保险人才的数量和质量。

6. 保险市场的运行也遵循一般的市场供求规律,但信息不对称所致的逆选择和道德风险会加大保险市场供给与需求的背离程度,从而使市场无法实现最终均衡。保险人可以通过在保单设计时设置免赔额、共保及费率调整等各种方式降低和消除逆选择与道德风险,促使保险供求关系趋向均衡。

7. 真正意义上的保险制度形成于近代社会。随着经济和科技的发展,保险业也在不断发展与完善。

8. 可以根据保险标的、被保险人、实施形式、业务承保方式、是否以营利为目的等对保险进行不同的分类。各种分类之间可能会有交叉。

思考与练习

1. 为什么可保风险的理想条件之一是不会发生特大灾难事故?

2. 随着社会、经济的发展,人类面对的风险种类不断增加。试列举新技术/新经济带来的新风险。这些新的风险在什么情况下可以成为承保风险?

3. 在实际市场操作中,保险公司收取的保费总是高于精算纯保费,以期弥补经营成本并获得适当利润。试运用效用函数说明消费者为什么会接受这样的保险价格。

4. 依你的观察,目前社会上影响人们购买保险的因素主要有哪些?你认为保险公司可以采取哪些措施来扩大保险产品的销售与影响?

5. 有1000位投保人欲向A保险公司购买车辆损失保险。假定他们拥有的初始财富均为10万元。对于任何一位投保人来讲,车辆损失都会导致他们的财富减少2万元,但在这些投保人当中,有一半属于高风险个人,他们发生车损的可能性为60%,另一半低风险个人发生车损的可能性为20%。若保险公司不能区分高风险个人和低风险个人,则其会收取的纯联合费率是多少?假定投保人的效用函数是其财富的平方根,那么,低风险的个人是否会以纯联合费率购买车损险?如果低风险个人不愿投保,将会产生何种后果?

6. 逆选择和道德风险始终是保险公司考虑的重要问题。试讨论可以帮助保险公司有效降低和/或防止逆选择及道德风险的方法。

第三章　　保险合同

▮本章概要▮

每一份保单的交易都涉及保险合同的必经程序。本章将由保险合同与其他合同的对比引出保险合同的特性。保险合同的主体通常分为合同的当事人和合同的关系人。保险合同的当事人为投保人和保险人，被保险人、保单所有人和受益人是保险合同的关系人。保险合同的客体则为不同的保险利益。保险合同的形式多样，基本条款一般包括当事人的姓名住所、保险标的、保险金额、保费以及保险期限等内容。

保险合同从最初的订立生效到最终的履行，整个过程中牵涉合同双方的多种权利和义务。由于某些保单的有效期间较长，这就使得保险合同很可能会遇到变更的问题。保险合同各项内容的变更都有其依照的标准。保险合同在履行过程中还很可能遇到争议和纠纷，本章也将介绍保险合同的解释原则和争议的解决方式。

▮学习目标▮

1. 在了解保险合同与一般合同共性的基础上着重掌握保险合同的五个特性。
2. 掌握保险合同主体中当事人、关系人的所指对象、其所必须具备的条件及其享有的权利与义务。
3. 掌握保险合同客体——保险利益的含义与要件。了解财产保险与人身保险各自保险利益的内涵。
4. 了解保险合同的基本内容与形式。
5. 了解保险合同的订立和生效过程。
6. 掌握投保人与保险人各自的义务。
7. 了解影响保险合同效力的主要因素。
8. 了解保险合同主体、合同内容、合同效力的变更。着重掌握合同无效、合同解除、合同复效以及合同终止的情况。
9. 了解保险合同的解释原则以及保险合同争议的解决方式。

引　　言

任何法律关系都包括主体、客体和内容三个不可缺少的组成部分。保险合同的法律关系也是由这三个方面所组成的。保险合同的主体为保险合同的当事人和关系人，保险合同的客体为保险利益，保险合同的内容为保险合同当事人和关系人的权利与义务的关系。实际上，一份保险合同从订立到终止，中间还有一系列的运动和变化过程，我们将对保险合同订立、生效、履行等过程作以基本的动态描述。

第一节 保险合同概述

保险合同又称保险契约,它是保险关系双方之间订立的一种在法律上具有约束力的协议。在保险合同下,根据当事人的双方约定,一方支付保费给对方;另一方在保险标的发生约定事故时,承担经济补偿责任,或者履行给付义务。

一、保险合同与一般合同的共性

保险合同属于合同的一种,因此,它具有一般合同共有的法律特征:
(1) 合同的当事人必须具有民事行为能力。
(2) 保险合同是双方当事人意思表示一致的行为,而不是单方的法律行为。

任何一方都不能把自己的意志强加给另一方,任何单位或个人对当事人的意思表示不能进行非法干预。

(3) 保险合同必须合法,才能得到法律的保护。

当一方不能履行义务时,另一方可向国家规定的合同管理机关申请调解;或者争议双方依照仲裁协议,将彼此间的争议交由双方共同信任、法律认可的仲裁机构的仲裁员居中调解,并做出裁决;也可以直接向人民法院起诉。

二、保险合同的特性

与一般合同相比较,保险合同又是一种特殊类型的合同,因此,它有着自己的特点。这些特点主要体现在它的双务性、射幸性、补偿性、条件性、附和性和个人性上。

(一) 双务性[①]

合同有双务合同和单务合同之分。单务合同是只对当事人一方发生权利,对另一方发生义务的合同,如赠与合同、无偿保管合同、无偿借贷合同等都属于单务合同。而双务合同则是当事人双方都享有权利和承担义务,一方的权利即为另一方的义务。在等价交换的经济关系中,绝大多数合同都是双务合同。我们说保险合同具有双务性,其理由在于,保险合同的投保人负有按约定缴付保费的义务,而保险人则负有在保险事故发生时赔偿或给付保险金的义务。但保险合同与一般的双务合同又有不同。因为在一般的双务合同中,除法律或合同另有规定以外,双方应同时对等给付,而不能说是一方要求他方先行给付。比如在买卖合同中,买方付款以后,卖方应当依照合同规定给付标的物,不附有其他任何条件。而在保险合同中,虽然投保人缴纳了保费,但只有在保险事故发生后,保险人才履行赔偿或给付保险金的义务。

(二) 射幸性

保险合同具有射幸性特点。射幸就是碰运气、赶机会的意思。因此,也可以通俗地说,保险合同具有机会性特点。所谓射幸性特点是指,保险合同履行的结果建立在事件

[①] 关于这一点,学术界有不同的看法。国内大多数教科书认为保险合同是双务合同,而英美法系的学者大都认为保险合同是单务合同。

可能发生,也可能不发生的基础之上。在合同有效期内,假如保险标的发生损失,则被保险人从保险人那里得到的赔偿金额可能远远超出其所支出的保费;反之,如无损失发生,则被保险人只付出了保费而没有得到任何货币补偿。保险人的情况则与此对应。当保险事故发生时,它所赔付的金额可能大于它所收缴的保费;而如果保险事故没有发生,则它只有收取保费的权利,而无赔付的责任。

保险合同的射幸性特点来源于保险事故发生的偶然性,这在财产保险合同中表现得尤为明显。而在人寿保险中,在大部分场合,由于保险人给付保险金的义务是确定的,只是存在给付时间不确定的问题,因此,人寿保险合同具有储蓄性,射幸性特点较弱。还需要指出的是,所谓保险合同的射幸性特点是就各个保险合同而言的;如果从全部承保的保险合同总体来看,保费与赔偿金额的关系以精确的数理计算为基础,原则上收入与支出保持平衡,因此,从总体上来看,保险合同不存在射幸性的问题。

（三）补偿性

这主要是对财产保险合同而言的。所谓补偿合同即保险人对投保人所承担的义务仅限于损失部分的补偿,赔偿不能高于损失的数额。保险的一个最主要目的是让被保险人恢复到损失发生前时的经济状况,而不是改善被保险人的经济状况。这样做既是为了保险人,也是为了整个社会。因为如果不这样规定的话,被保险人就有可能通过保险而获利,有些被保险人就会故意违法犯罪。

（四）条件性

合同的条件性是指,只有在合同所规定的条件得到满足的情况下,合同的当事人一方才履行自己的义务;反之,则不履行其义务。保险合同就具有这样的特点。作为投保人,他可以不去履行合同所要求他做的事情,但如果投保人没有满足合同的要求,他就不能强迫保险人履行其义务。比如说,保险合同通常规定,投保人必须在损失发生以后的某一规定的时间内向保险人报告出险情况。没有人强迫投保人必须这样做,换句话说,投保人可以不在规定的时间里向保险人报告。但是,如果投保人没有这样做,他也就不能指望或强迫保险人赔偿他的损失。

（五）附和性

附和合同即由当事人的一方提出合同的主要内容,另一方只是做出取或舍的决定,一般没有商议变更的余地。保险合同就具有这样的特点。保险人依照一定的规定,制定出保险合同的基本条款;投保人依照该条款,或同意投保,或不同意投保,一般没有修改某项条款的权利。即使有必要修改或变更保单的某项内容,通常也只能够采用保险人事先准备的附加条款或附属保单,而不能完全依照投保人的意思来做出改变。

但是,保险合同也并非全部采取标准合同的形式,因此,不能说所有的保险合同均为附和合同。有些特殊险种的合同也采取双方协商的办法来签订,这与一般的民事合同性质是相同的。所以说,保险合同不是典型的附和合同,而是仅具有附和合同的性质。保险合同之所以具有附和合同的性质,其原因在于:保险人掌握保险技术和业务经验;投保人往往不熟悉保险业务,因此很难对条款提出异议。当保险合同出现由于条款的歧义而导致法律纠纷时,按照国际上的通常做法,法院往往会做出有利于被保险人的判决。

(六) 个人性

保险合同的这一特性主要体现在财产保险合同中。它的含义是,保险合同所保障的是遭受损失的被保险人本人,而不是遭受损失的财产。由于个人的禀性、行为等将极大地影响到风险标的发生损失的可能性和严重性,因此,保险人在审核投保人的投保申请时,必须根据各个不同的投保人的条件以及投保财产的状况来决定是接受,还是拒绝,抑或是有条件地接受。保险合同的这一特性决定了,投保人在转让自己财产的同时,不能同时转让其保险合同,除非经过保险公司的同意。举例来说,张三喜欢开快车,经常发生事故,而李四开车则非常谨慎。如果张三去投保的话,保险公司很可能不接受他的投保申请,或者提高费率。因此,假定李四要将他的车卖给张三的话,他不能将保单同时转让给张三,除非经过了保险公司的同意。

第二节 保险合同的要素

任何法律关系都包括主体、客体和内容三个不可缺少的要素。保险合同的法律关系也是由这三个要素所组成的。保险合同的主体为保险合同的当事人和关系人,保险合同的客体为保险利益,保险合同的内容为保险合同当事人和关系人的权利与义务的关系。

一、保险合同的主体

保险合同和其他合同一样,必须有订立合同的当事人,作为合同规定的权利和义务承担的主体。保险合同的当事人就是投保人和保险人。但保险合同也与一般合同有不同之处:一般合同多是当事人为自己的利益而订立;而保险合同则既可为自己的利益,亦可为他人的利益而订立。这在人寿保险中表现得特别明显,如在投保人之外,还有受益人的存在。不仅如此,保险合同是一种保障合同,所保障的对象,即意外事件在其财产或其身体上发生的人,也是与保险合同有重要关系的被保险人。所以,受益人与被保险人是保险合同的关系人。保险合同的投保人、被保险人、保险人、受益人等通常均在合同中明确载明。

(一) 保险合同的当事人

1. 保险人

保险人是向投保人收取保费,在保险事故发生时,对被保险人承担给付或赔偿损失责任的人。各国法律一般要求保险人具有法人资格,但并非任何法人均可从事保险业。只有依法定程序申请批准,取得经营资格才可经营;此外,还必须在规定的经营范围内进行。如果保险人不具备法人资格,其所订保险合同无效。如属超越经营范围,合同效力则根据具体情况而定。

2. 投保人

投保人是对保险标的具有保险利益,向保险人申请订立保险合同,并负有缴付保费义务的人。投保人通常需要具备以下三个条件：

（1）具有完全的民事权利能力和民事行为能力。保险合同与一般合同一样，要求当事人具有完全的民事权利能力和民事行为能力。这对法人和自然人均相同。未取得法人资格的组织不能成为保险合同的当事人，无民事行为能力或限制民事行为能力的自然人也不能签订保险合同而成为保险合同的当事人。

（2）对保险标的必须具有保险利益。投保人如对保险标的不具有保险利益，则不能申请订立保险合同；已订立的合同为无效合同。在后面的内容中我们将要详细讨论什么是保险利益。

（3）负有缴纳保费的义务。保险合同为有偿合同，投保人取得经济保障的代价就是支付保费。支付保费的义务为投保人所有，保险人一方无权免除投保人的这一义务。不论保险合同是为自己的利益还是为他人的利益而订立，投保人均需承担缴纳保费的义务。在后一种情况下，如果投保人未能按时履行缴纳保费的义务，保险合同关系人可以代投保人缴纳，但这只是代付性质，而并非说保险合同关系人有缴纳保费的义务。保险人不得以关系人非当事人为由，而拒收关系人代付的保费，从而影响保险合同的效力。

（二）保险合同的关系人

1. 被保险人

被保险人是指其财产、利益或生命、身体和健康等受保险合同保障的人。

在财产保险中，被保险人是保险财产的权利主体，在被保险财产发生保险事故时，保险人对被保险人的财产损失进行赔偿（在这里，房屋、汽车等财产为保险标的）；在人身保险中，被保险人是保险合同中规定对其生命、身体和健康保障的人，同时也是保险事故发生的本体（在这里，人的生命、身体和健康为保险标的）；在责任保险中，被保险人是对他人的财产损毁或人身伤亡负有法律责任，因而要求保险人代其进行赔偿，由此对自己的利益进行保障的人（在这里，民事赔偿损害责任为保险标的）。

被保险人必须在保险合同中做出明确规定。确定的方式有以下几种：

（1）在保险合同中明确列出被保险人的名字。被保险人可以是一个，也可以是多个，但均须列明。当被保险人之一死亡以后，其余被保险人仍可继续享受保险保障的权利，保险合同继续有效。

（2）以变更保险合同条款的方式确认被保险人。这种方式是在保险合同中增加一项变更被保险人的条款。一旦该条款所约定的条件成立，补充的对象就自动取得了被保险人的地位。这也是被保险人的变更方式。这一方式通常用于财产的承租人或受托人等的场合。变更后的被保险人的资格应当与原被保险人相同。

（3）采取扩展被保险人的方式来确认被保险人。这种方式与第一种方式的不同之处在于，它不具体指明被保险人的姓名；与第二种方式的不同之处在于，它不是用排序的方式确定被保险人，而是采用扩展被保险人的办法。在这一方式中，每个人都具有被保险人的相同地位。

2. 保单所有人

在保单签发之后，对保单拥有所有权的个人或机构被称作保单所有人。保单所有人的称谓主要适用于人寿保险合同的场合。由于财产保险合同大都是一年左右的短期合同,保单没有现金价值;并且,由于绝大多数投保人都是以自己的财产作为保险标的来进行投保(成为被保险人),在发生保险事故时得到保险赔偿(成为受益人)的,因此,投保人、被保险人、受益人和所有人通常就是一个人,所有人在此并没有太大的意义。但在人寿保险中,由于大多数人寿保险合同所具有的储蓄性特征以及在许多场合,所有人与受益人并不是同一个人的事实,所有人的意义就显得十分突出和重要了。所有人既可以是个人,也可以是一个组织机构;既可以与受益人是同一人,也可以是其他任何人,例如与投保人或者被保险人是同一个人。保单所有人所拥有的权利通常包括以下几种:

(1) 变更受益人;
(2) 领取退保金;
(3) 领取保单红利;
(4) 以保单作为抵押品进行借款;
(5) 在保单现金价值的限额内申请贷款;
(6) 放弃或出售保单的一项或多项权利;
(7) 指定新的所有人。

3. 受益人

受益人也叫保险金受领人,是指在保险事故发生后直接向保险人行使赔偿请求权的人。

(1) 受益人的构成要件。受益人有两种形式:一种是不可撤销的受益人,另一种是可撤销的受益人。在第一种场合,保单所有人只有在受益人同意时才可以变更受益人,在第二种场合,保单所有人可以中途变更受益人,或撤销受益人的受益权。受益人的撤销或变更不必征得保险人的同意,但必须通知保险人。如果保单所有人在改变了受益人的情况下没有通知保险人,后者在向原指定的受益人做出给付后,不承担对更改后的受益人的义务。受益人的构成要件是:

① 受益人是享有赔偿请求权的人。换句话说,受益人是有资格享受保险合同利益的人,但他不负缴纳保费的义务,保险人不得向受益人追索保费。需要注意的是,受益人与保险人的法律关系只是在被保险人死亡时才发生的。

② 受益人是由保单所有人①所指定的人。保单所有人可以在保险合同中明确规定受益人,也可以规定指定受益人的方法。例如,规定以继承人为受益人。投保人和被保险人必须对保险标的具有保险利益,但受益人不必如此。

(2) 受益人与继承人的区别。虽然受益人与继承人都在他人死亡后受益,但是两者的性质是不同的。受益人享有的是受益权,是原始取得;而继承人享有的是遗产的分割,是继承取得。受益人没有用其领取的保险金偿还被保险人生前债务的义务;但如果是继承人的话,则在其继承遗产的范围内有为被继承人偿还债务的义务。

---

① 一般来说,如果投保人、被保险人和保单所有人是同一个人的话,不论是谁指定受益人,事实上都是一样的;但如果投保人和被保险人以保单及所有人是分开的话,则最终决定受益人的权利应当在保单所有人而不是投保人或被保险人。

专栏 3-1

受益人与被保险人同时死亡,保险金如何给付?

1997 年 2 月,王某向某保险公司投保了 10 万元养老保险及附加意外伤害保险,指定受益人为其妻子张某。夫妻俩与双方父母分开居住,但每日去王某的母亲家吃饭。同年 5 月 1 日,王某的母亲因多日未见二人前去吃饭,遂往二人住处探望,发现二人因煤气炉烧水时火被浇灭,造成煤气泄漏,已中毒身亡。5 月 3 日,王某的父母向保险公司报案,并以被保险人王某法定继承人身份申请给付保险金。两天后,张某的父母也以受益人法定继承人身份申请给付保险金。由于争执不下,两亲家诉诸法院。

法院经审理认为,受益权是一项期待权,只有在发生约定的保险事故时才会转为现实的财产权。本案中被保险人王某与受益人张某同时死亡,他们之间不发生相互继承的关系,故判决 10 万元保险金作为被保险人王某的遗产,由其父母继承。

本案在审理过程中出现了两种不同意见。

第一种意见认为,该保险金的给付应当参照《中华人民共和国继承法》(以下简称《继承法》)的有关规定来解决。1985 年最高人民法院制定的《关于贯彻执行〈中华人民共和国继承法〉若干问题的意见》第二条规定:"相互有继承关系的几个人在同一事件中死亡,如不能确定死亡先后时间的,推定没有继承人的人先死亡。死亡人各自都有继承人的,如几个死亡人辈分不同,推定长辈先死亡;几个死亡人辈分相同,推定同时死亡,彼此不发生继承,由他们各自的继承人分别继承。"本案可以推定夫妻二人同时死亡,由他们的继承人各自领取一半保险金。

第二种意见认为,该保险金应当作为被保险人王某的遗产,支付给其法定继承人。因为如果保险金由受益人张某的法定继承人继承,则有悖投保人王某为自己的利益投保的初衷。

本案涉及受益人与被保险人在同一事件中死亡,无法确定先后顺序时,保险金如何给付的问题。对此,当时我国实行的《中华人民共和国保险法》(以下简称《保险法》)并无明确规定。我国有关《继承法》的司法解释中共同死亡的继承原则,是基于继承人与被继承人之间存在的法定权利义务关系规定的,并不能适用于被保险人和受益人。继承人享有对被继承人财产的继承权与其对被继承人生前所尽的义务是对等的,而受益人的受益权源于被保险人或投保人的指定,因此不能以继承和被继承之间的关系衡量受益人与被保险人之间的关系。如果受益人与被保险人在同一事故中死亡,无法证明死亡先后顺序的,若推定被保险人先于受益人死亡,则保险金归受益人所有,由于受益人也已经死亡,保险金就成为受益人的遗产,由受益人的法定继承人继承。这种结果,使得保险金可能由与被保险人关系非常疏远甚至没有什么利益关系的人所得,违背了投保人为自己的利益或者为被保险人的利益投保的初衷。

从国外保险立法来看,对被保险人和受益人共同死亡时保险金的给付规定,比较有代表性的是美国 1940 年制定的《共同死亡法案》。该法案规定,人身保险的被保险人和受益人在同一事故中死亡,无法证明死亡先后顺序的,推定受益人先于被保险人死亡,保险金作为被保险人的遗产,由被保险人的法定继承人继承。该规定体现了投保人为自己的利益或者被保险人的利益订立保险合同的精神。

2015年我国新修订的《保险法》通过施行,亦采纳了这一立法理念,第四十二条中明确规定:"受益人与被保险人在同一事件中死亡,且不能确定死亡先后顺序的,推定受益人死亡在先。"

资料来源:原案例刊于《中国保险报》2001年5月31日,经作者整理。

二、保险合同的客体

(一) 保险利益概述[①]

1. 保险利益的含义

保险利益是指投保人或被保险人对保险标的所具有的法律上承认的利益。保险标的则是保险合同中所载明的投保对象,是保险事故发生所在的本体,即作为保险对象的财产及其有关利益或者人的生命、身体和健康。

在保险合同中明确了保险标的,对投保人来说,就是肯定了转嫁风险的范围;对保险人来说,则是指明了它对哪些财产和哪些人的生命和身体承担保险责任。

特定的保险标的是保险合同订立的必要内容,但是订立保险合同的目的并非保障保险标的本身。换句话说,投保人将保险标的投保后并不能保障保险标的本身不发生损失,而是在保险标的发生损失后,被保险人(受益人)能够从经济上得到补偿。因此,保险合同实际上保障的是被保险人对保险标的所具有的利益,即保险利益。

保险利益与保险标的的含义不同,但两者又是相互依存的。通常来说,在被保险人没有转让保险标的的情况下,保险利益以保险标的的存在为条件:保险标的存在,投保人或被保险人的经济利益也存在;保险标的遭受损失时,投保人或被保险人也将蒙受经济上的损失。

2. 保险利益的要件

保险利益的成立必须满足以下条件:

(1) 必须是法律认可的利益。保险利益必须是合法的利益。如果投保人以非法利益投保,例如以盗窃来的赃物投保家庭财产险,以违禁品投保海洋货物运输险等,保险合同均无效。保险人如对情况有所了解,将不予承保;保险人如因不知情而订立了保险合同,该合同也是无效的。

(2) 必须是可以用货币计算和估价的利益。发生保险事故以后,保险人需要对其进行补偿的是投保人在保险利益上的损失。因此,保险利益必须在经济上有价值,可以用货币来计算。人身保险是以人的身体、生命和健康为保险标的的,人身价值无法确定,但被保险人的生、死、伤、残等均可使受益人在经济上受到影响,这种影响是可以用货币来计算和估价的。人身保险的利害关系只有反映在经济上才能称为保险利益。保险不能补偿被保险人所遭受的非经济上的损失。精神创伤、刑事处分、政治迫害等虽与当事人

[①] 在有些中文书籍中,"保险利益"也被称作"可保利益"。有些人也认为这两个术语虽有联系,却是两个不同的概念。本书认为,这两个概念都源自英文"insurable interest"这个术语,只是人们在翻译时所采用的不同译法,没有本质上的区别,故统一使用"保险利益"。

有利害关系,但这种利害关系不是经济上的,因此不能构成保险利益。

(3) 必须是可以确定的利益。所谓确定的利益有两层含义:一是指其利益已经确定,如已取得物的所有权,已取得物的使用权等;二是在订立合同时利益尚未确定,但保险事故发生前或发生时必能确定的利益,如进口商已签订购货合同,但货物尚未运输,物权尚未转移到进口商手中,但他可以将此项货物作为已拥有的保险利益而与保险人签订保险合同,因为进口商对该项货物的利益在提单转手后即可确定。

3. 保险利益的重要性

在保险实践中,之所以要强调遵循保险利益这一原则,最主要的目的是防止道德风险。

从投保人或被保险人的角度来说,道德风险是指其投保的目的不是获得经济保障,而是为了谋取比自己所缴保费高得多的保险赔款。在这种动机的驱使下,有些投保人、被保险人不是积极地防止,而是希望和促使保险事故的发生,甚至故意造成保险事故。这势必给社会造成混乱和危害。[①]

从法律上明确规定保险利益,可以在很大程度上消除道德风险产生的根源,有效地防止道德风险的发生。因为根据保险利益原则,保险事故的发生以被保险人实际遭受的经济损失为前提。而且,不论投保人的投保金额是多少,保险人的赔偿损失责任都不超过被保险人的实际损失。

在危险的场合,保险利益原则还是履行保险赔偿原则的依据。如果不坚持赔偿的最高额以保险利益为限的原则,则投保人(或被保险人)可以因较少的损失而获得较大的赔偿额,这同样会诱发道德风险。

(二) 财产保险的保险利益

1. 保险利益的种类

财产保险的保险利益主要有以下几种:

(1) 财产上的现有利益。这里所说的"财产"既包括有形财产,也包括无形财产。"现有利益"是指现在存在并可以继续存在的利益。财产上的现有利益包括所有权、共有权、抵押权、留置权等产生的保险利益。

(2) 由现有利益所产生的预期利益。预期利益不是一种凭空产生的利益,它有得以获得或实现的合同根据或法律根据。例如,正在正常营业的商店对预期的营业收入和海上承运人对货物运达的预期收入都是一种预期利益。

(3) 责任利益。从广义上说,"责任"可以包括行政责任、刑事责任和民事责任。我们这里所指的责任利益,是因民事责任而产生的责任利益;进一步说,是因合同责任、侵权行为责任等产生的责任利益。在存在发生经济赔偿责任可能性的地方,即有保险利益的存在。需要强调指出的是,投保人投保、保险人承保的责任利益,只能是因民事责任而产生的责任利益。

[①] 这是有历史根据的。在18世纪的英国,人们可以将某个与自己毫无关系的人的生命作为保险标的去投保人身保险。比如报纸上登载某名人得病,即有一些人以该名人为被保险人投保死亡险,为此经常诱发道德风险,有人故意制造事端来达到牟取保险金的目的。后来,英国政府于1774年颁布了《赌博法》,第一次从法律上明确认可了保险利益原则,禁止签订无保险利益的保险合同。

(4) 或然利益。这是指投保人或被保险人对特定财产可能具有的不确定的利害关系。如以离岸价格出口货物的卖方,在未收到货款前,对该批货物具有经济利益。卖方如果发现买方有拒付货款的可能,即可行使中途停运的权利。在它行使该权利后,自然对这批货物具有保险利益。但在提单已经转让,停运通知未发生前,是否具有保险利益就不确定。① 这种不确定的利益被称为或然利益。或然利益也可作为海上货物运输保险合同的标的。

2. 保险利益的存在时间

财产保险合同通常规定,在保险标的发生损失的时候,被保险人应当对此有保险利益。否则,他就不能行使索赔权。这样规定的原因在于,财产保险的目的是补偿经济损失。如果某人在订约时有保险利益,但发生保险事故时保险利益不存在了,则表明他没有遭受损失,因而不能获得补偿。例如,假定一个投保人购买了一份房屋保险。一年以后,他将这所房屋的所有权转让给了另一个人。这时,如果房屋受损,即使该投保人的保单仍在有效期内,他也不可能从保险人那里得到赔偿,因为此时,这个投保人已不对房屋具有保险利益。

一般来说,投保人在投保时往往具有对某项财产的保险利益,但这并不排除投保人在投保时不具有保险利益的特殊情况。例如,在海上货物运输保险中,买方就可能在对货物并不具有保险利益的时候签订保险合同。

3. 保险利益与赔款支付的关系

在财产保险中,保险利益不仅在损失发生的时候必须存在,而且,被保险人所能得到赔偿的数量也是受保险利益的范围限制的。例如,一个投保人对一所价值为 10 万元的房屋具有 50% 的保险利益。那么,在这所房屋遭火灾焚毁以后,不论这个人购买了多少保险,他都不可能从保险公司得到超过 5 万元的赔偿。否则,就是违反了保险赔偿原则。

4. 财产保险所保标的物的转移

财产保险所保标的物的转移有以下几种方式:

(1) 让与。除了海上货物运输保险,大多数财产保险通常都规定,如果投保人或被保险人将标的物转移至他人而未取得保险人的同意或批准,保险合同的效力终止。不过,这一规定侧重要求获得保险标的物的人履行通知和批准手续,并未排除保险利益可随保险标的物的让与而转移的情形。②

(2) 继承。世界上大多数国家的保险立法都规定,在财产保险中,如果被保险人死亡,其继承人自动获得被继承财产的保险利益,保险合同继续有效直至合同期满。

(3) 破产。各国法律一般都规定,如果被保险人破产,保险利益将转移给破产财产的管理人或债权人,但有一个期限规定。在此期限内,保险合同继续有效;超过该期限,破产财产的管理人或债权人应与保险人解除保险合同。

---

① 这主要取决于合同是怎样约定的。
② 有些国家侧重对受让人利益的保护,承认保险利益随保险标的的让与而自动转移,保险合同继续有效。

专栏 3-2

合伙经营的代理人对经营财产具有全部保险利益吗?

被保险人李正,投保从事专业运输的木质机动船一艘,保险金额7万元,按重置价值投保,保险期限自20××年3月15日起至20××年3月14日止。20××年1月15日,李正驾驶保险船舶从事运输时,发生触礁事故。出险后,李正用于施救、维修的费用共计5 400元。他根据保险合同的规定,要求保险公司给予其全额经济补偿。

接到出险通知后,保险公司立即组织调查,发现船舶在投保时属于李正一人;但投保之后,由于李正感觉风险太大,便邀请其堂兄李军、李华入伙,船分四股,李正一人持两股,为标的价值的50%,李军、李华各持一股,各为25%,他们于20××年7月办清了船、款股份结算,签订了合伙经营合同,但没有办理保单批改手续。保险公司内部对李正是否对保险船舶具有全部保险利益产生了不同意见。

第一种意见:李正对该船具有全部可保利益。通观本案,从个人经营到合伙经营,其风险没有丝毫变化,经营人及其对船舶的使用状况并没有改变。李军、李华入伙,只发生了船舶集资数额、盈余分配上的变化,这对于专营风险的保险公司而言并没有丝毫影响。再则,三方签订合伙经营合同后,李正仍然占有50%的股份,原办理的所有证件均没有改动,联户经营后户主还是李正,李军、李华二人承认李正是合伙经营的代理人。依据《中华人民共和国财产保险合同条例》(以下简称《财产保险合同条例》)第三条的规定,财产保险的投保方应当是被保险财产的所有人或经营管理人,或者是对保险标的具有保险利益的人。以上三种情况,投保方具备其中之一即可。在本案中,李正既被视为经营管理人,又被认为代他人保管部分财产,因此,无疑是对保险标的具有全部保险利益的人,保险公司应按约赔偿全部施救、维修费用。

第二种意见:李正合伙经营运输,由于没有及时办理批改手续,已无权申请赔偿。从独资经营到合伙经营,其船舶所有权、经营权发生了本质变化。《财产保险合同条例》第十一条规定:"除货物运输保险的保险单或保险凭证可由投保方背书转让,无须征得保险方同意外,其他保险标的过户、转让或者出售,事先应当书面通知保险方,经保险方同意并将保险单或者保险凭证批改后方为有效。否则从保险标的过户、转让,或者出售时起,保险责任即行终止。"李正没有按照保险合同要求办理批改手续,因此,保险公司不应再承担任何经济赔偿责任。

第三种意见:李正持有50%的股份,应具备部分可保利益,可按比例计算赔偿,得赔款2 700元。从李军、李华入股开始,船舶变成了股份所有、合作经营,这时,船舶的法律、经济关系由联户共同承担。李正只承担该船经济损失的一半责任,只有50%的保险利益,在没有办理批改手续的前提下,发生保险责任内的事故,保险公司只能赔偿经济损失2 700元。

三方各执己见,相持不下。那么,在你看来,此类保险纠纷应该如何处理呢?

资料来源:黄华明主编:《中外保险案例分析》。北京:对外经济贸易大学出版社2004年版,第88—89页。

5. 保单诉权的转让

保单诉权的转让是指保险事故发生后,被保险人将赔偿请求权转让给他人。这种转让是被保险人自由处分其财产权的一种民事行为,法律上一般予以承认,而无须征得保险人的同意。而且,这种转让一般也不会产生道德风险。不过,被保险人应将诉权转让通知保险人,以免保险人发生赔付的错误。

一般来说,被保险人可以依据不同的请求和赔偿数额,将保单的部分诉权分别转让给被保险人的担保人、抵押权人、债权人等。但不管享有保单诉权者为何人,也不管享有请求权的人有多少,可获得的保险赔偿都不能超过被保险人依财产保险合同的规定所应得到的保险补偿数额。

(三) 人身保险的保险利益

1. 人身保险利益的性质和确认

各国法律对人身保险的保险利益没有统一的规定。但一般都认为,凡是被保险人的继续生存对投保人具有现实或预期的经济利益的,即认为投保人对该被保险人具有保险利益。

保险利益通常存在于下列几种情形中:

(1) 本人。投保人对自己的生命、身体和健康投保具有保险利益。如果投保人指定他人为受益人,应视为投保人将自己的利益转移,因此是一种处分自己权利的民事行为,应受法律的保护。

(2) 有婚姻、血缘关系的亲属。像夫妻之间,父母、子女之间,或永久共同生活的亲属之间等,相互都具有保险利益。投保人与其他亲属之间原则上必须有金钱利益的关系,才具有保险利益。

(3) 债权人对债务人有保险利益。该项保险利益以债务人实际承担的债务为限。

(4) 本人对为本人管理财产或具有其他利益关系的人具有保险利益。例如,在合伙关系中,每一合伙人对其他任一合伙人的生命具有保险利益;委托人对于受托人具有保险利益。

我国 2015 年修订通过的《保险法》第三十一条规定[①]:"投保人对下列人员具有保险利益:① 本人;② 配偶、子女、父母;③ 前项以外与投保人有抚养、赡养或者扶养关系的家庭其他成员、近亲属;④ 与投保人有劳动关系的劳动者。除前款规定外,被保险人同意投保人为其订立合同的,视为投保人对被保险人具有保险利益。订立合同时,投保人对被保险人不具有保险利益的,合同无效。"

2. 保险利益存在的时间

各国的保险法一般都规定,在人身保险合同订立之时,要求必须有保险利益的存在,但投保数额通常不受保险利益范围的限制,而只受保险人愿意承保、投保人能够支付保费的能力的限制。正因为如此,保险金的给付也是不受保险利益限制的。[②] 例如,在死亡

[①] 如无特殊说明,本书引用的我国保险法条文均来自 2015 年修订通过的《保险法》。

[②] 在英国早期的保险实践中,被保险人不能退保。只有在被保险人死亡时,保单仍然有效的情况下,保险人才支付保险金。如果被保险人无力继续支付保费,他将丧失保单上所有的利益。这种规定导致了这样一种现实,即有一些被保险人在无力继续支付保费或急需钱用的情况下,只好将他们的保单卖给那些投机者。后者在成为保单的所有者以后,重新规定自己为保单的受益人,然后继续支付保费直至被保险人死亡。如果这些投机者在被保险人死亡的时候,因为对被保险人不具有保险利益而不能得到保险金的话,他们就不会愿意购买这些保单。这对被保险人来说无疑也是不利的。在这种情况下,保险人逐渐取消了被保险人不能退保的做法。被保险人既可以向保险公司退保,由此得到退保金,也可以将保单转让给其他人。继任的所有人不需要考虑保险利益的问题(James L. Athearn, S. Travis Pritchett, Joan T. Schmit, *Risk and Insurance* (6th edition). West Publishing Company, 1989, pp. 113—114)。

保险的场合,保险人将在收到被保险人的死亡证明以后,向受益人支付预先在合同中规定的保险金。受益人并不需要证明他所遭受的各种损失,因为受益人不需要对这份合同具有保险利益。

但需要指出的是,上述说法也有例外。例如,在债权受益人的场合,债权受益人所获取的收益,通常被限制在债务的数量和债权人所支付的保费,再加上利息的范围之内。

三、保险合同的内容

保险合同既然是反映保险当事人和关系人之间的一种权利与义务的关系,那么,对于保险关系中的任意一方来说,都必须清楚地了解保险合同的主要条款、保险合同的形式、自己的权利与义务、合同生效及无效的条件,以便充分利用保险的功能,防止法律纠纷的出现。

(一) 保险合同的主要条款

保险合同的条款是规定保险人与被保险人之间的基本权利和义务的条文,它是保险公司对所承保的保险标的履行保险责任的依据。

根据合同内容的不同,保险条款可以分为基本条款和附加条款。基本条款是关于保险合同当事人和关系人权利与义务的规定,以及按照其他法律一定要记载的事项;附加条款是指保险人按照投保人的要求增加承保风险的条款。增加了附加条款即意味着扩大了标准保险合同的承保范围。

根据合同约束力的不同,保险条款可以分为法定条款和任选条款。法律规定必须列入保单的条款叫作法定条款,保险人自己根据需要列入保单的条款叫作任选条款。

保险合同的基本条款主要包括以下几项:

1. 当事人的姓名和住所

明确当事人的姓名和住所,是为保险合同的履行提供一个前提。

2. 保险标的

当事人在订立保险合同时,必须将保险标的明确记载于合同中,这样才能决定保险的种类,并据以判断投保人或被保险人是否对之具有保险利益。

3. 保险金额

保险金额是由保险合同的当事人确定,并在保单上载明的被保险标的的金额,它又可以被看作保险人的责任限额。保险金额涉及保险人与投保人(被保险人、受益人)之间的权利与义务的关系。对于保险人来说,它既是收取保费的计算标准,也是补偿给付的最高限额;对于投保人(被保险人、受益人)来说,它既是缴纳保费的依据,也是索赔和获得保险保障的最高数额。因此,保险金额对于正确计算保费、进行保险偿付、稳定合同关系,都具有非常重要的意义。

对于财产保险来说,保险金额的确定主要应当依据以下两个原则:

(1) 不超过保险标的的价值。在财产保险中,以保险财产估价来核定保险价值。保险财产估价过低,保险金额会相应减少,保费也会减少,但保障效果也将随之降低,从而使被保险人在保险财产遭受损失时得不到充分保障;反之,保险财产估价过高,保险金额会相应提高,被保险人缴纳的保费也会相应增加。然而,当保险财产遭受损失时,保险人只能按照实际损失负责赔偿,超过保险价值的保险金额得不到赔付。

(2) 严格遵循保险利益原则。从价值量来看,当保险标的属于投保人完全所有时,投保人对该保险标的的保险利益与保险价值是相等的。如果保险标的为投保人部分所有,他对该保险标的就仅有部分的保险利益。总之,无论保险金额有多大,都要求投保人对保险标的享有保险利益。

在人身保险中,不存在保险价值的问题。保险金额是在订立保险合同时,由当事人双方协议确定的,它一般只受到投保人本身支付保费的能力和被保险人健康状况的限制。

4. 保费

保费是投保人向保险人购买保险所支付的价格。它是建立保险基金的源泉。保险人是否有赔偿能力,主要决定于所收取的保费总额能否弥补它所承担的全部赔偿责任。

5. 保险期限

保险期限即保险合同的有效期限,也就是保险合同从开始生效到终止的这一期间。保险期限既是计算保费的依据,也是保险人履行其赔偿或给付义务的根据。保险合同是承担风险的合同,风险的不确定性决定了保险合同明确规定期限的特殊性。只有在保险期限内发生保险事故,保险人才承担赔偿或给付的责任。

计算保险期限通常有两种方法:

(1) 按日历年、月计算。财产保险通常为一年,期满后可以续订新约;人身保险的存续期间较长,有 5 年、10 年、15 年、20 年甚至终身等。

(2) 以一项事件的始末为存续期间。比如货物运输险、运输工程险等以一个航程为有效期。又比如建筑、安装工程保险的保险期限,通常以工程施工日起至履约验收为止。

(二) 保险合同的形式

保险合同依照其订立的程序,大致可以分为四种书面形式:

1. 投保单

投保单是投保人向保险人申请订立保险合同的书面要约。

投保单由保险人准备,通常有统一的格式。投保人依照保险人所列项目逐一填写。不论是出于投保人的自动,还是保险人(代理人或经纪人)的邀请,投保单的填写均不改变其要约性质。[①] 在投保单中,投保人要向保险人如实告知投保风险的程度或状态等有关事项,这叫"声明"事项。"声明"事项通常是保险人核实情况、决定承保与否的依据。

在保险实践中,保险人为简化手续、方便投保,对有些险种也可不要求投保人填具投保单。投保人只要以口头形式提出要约,提供有关单据和凭证,保险人便可当即签发保单或保险凭证。

投保单是保险合同的重要组成部分。投保人在投保单中所填写的内容会影响到合同的效力。投保单上如有记载,保险单上即使有遗漏,其效力也是与记载在保险单上一

---

① 在通常情况下,投保单是要约,但在某些情况下,投保单可以是承诺。比如,保险公司邮寄短期人身意外险的投保单,说只要填写并附支票寄回,合同即成立,这种情况下,填写投保单就是承诺。

样的。如果投保人在投保单中告知不实,在保险单上又没有修正,保险人即可以投保人未遵循合同的诚信原则为由而在规定的期限内宣布合同无效。

2. 暂保单①

暂保单又称临时保单,它是在财产保险中使用的、在正式保单发出前的一个临时合同。订立暂保单不是订立保险合同的必经程序。一般来说,使用暂保单有下列三种情况:

(1) 保险代理人在争取到业务但尚未向保险人办妥保险单之前,对被保险人临时开出的证明。

(2) 保险公司的分支机构在接受投保时,需要请示总公司审批,或者还有一些条件尚未全部谈妥。在这种情况下,保险公司的分支机构向投保人开出暂保单。

(3) 正式保单须由电脑统一处理,而投保人又急需保险凭证。在这种情况下,保险人在保单做成交付前先签发暂保单,作为保险合同的凭证。

暂保单的法律效力与正式保单相同,但有效期较短,大多由保险人具体规定。当正式保单交付后,暂保单即自动失效。保险人亦可在正式保单发出前终止暂保单效力,但必须提前通知投保人。暂保单的形式既可以是书面的,也可以是口头的。但为了避免由于"空口无凭"而产生的纠纷,人们大多还是使用书面形式。② 在财产保险的实践中,暂保单常常为保险双方滥用。就被保险人而言,由于保费有时可在出立正式保单时才支付,而暂保单又具有与正式保单相同的法律效力,这就等于享受了免费保险;就保险代理人来说,他们为了争取客户,有时亦不注意选择良好的投保人,而依赖于暂保单的自动失效,这往往容易产生纠纷。因此,对暂保单的使用必须十分慎重。

3. 保费收据

保费收据是在人寿保险中使用的、在保险公司发出正式保单之前出具的一个文件。它与财产保险中的暂保单相似,但是也有一些重要的差异。最主要的差异表现在:暂保单在出具时即完全生效,并持续有效至正式保单送达时为止。而保费收据只是投保人缴纳保费,通常是首期保费和可能获得预期保障的证据。这种预期的保险保障通常取决于一些事先规定的先决条件。如果不存在这些先决条件,保险人就可以不承担任何保险责任。

在我国的寿险实践中,经常发生投保人在缴纳了首期保费以后合同是否成立的争议。借鉴国外的一些有效的做法或许对解决此类问题有所帮助。例如在美国,人寿保险中有附条件暂保收据(conditional receipt)和无条件暂保收据(binding receipt)两种。在第一种场合,投保人缴纳了首期保费以后,代理人将出具一份附条件暂保收据,它在签发的时候并不具备索赔效力,但它具有追溯效力。如果被保险人在申请保险的那一天满足了保险人所要求的所有条件,附条件暂保收据就从那一天开始生效。在这种情况下,如

---

① 暂保单最早出现于英国劳合社水险市场,至今已有三百多年的历史。由于印花税的原因,暂保单在英国长期不能作为法庭所接受的诉讼依据,这一状况一直持续到20世纪50年代为止。参阅陈欣:《保险法》。北京:北京大学出版社2000年版,第19页。

② 在使用口头申请的情况下,这种纠纷是很容易出现的。例如,假如代理人矢口否认曾经接受过投保人的申请怎么办?或者代理人在正式保单签发之前死亡了怎么办?或者代理人为独立代理人,他同时代理了多家保险公司的业务,那么,投保人到底是与哪一家公司签订的合同关系?

果被保险人的死亡发生在正式保单签发之前,受益人对死亡保险金的索赔必须得到承认。相反,在无条件暂保收据的场合,只要投保人缴纳了首期保费,并且其投保申请已在审查过程之中,那么,只要发生了保险事故,保险公司就应当提供保险赔偿,即使在审核投保单的过程中发现该被保险人不符合投保条件。

4. 保险单

保险单简称保单,它是投保人与保险人之间保险合同行为的一种最正式的书面形式。保险单必须明确、完整地记载有关保险双方的权利和义务,它所记载的内容是双方履约的依据。

第三节　保险合同的订立与生效

一、保险合同的订立

保险合同的订立是指投保人与保险人就保险合同条款达成协议的过程。保险合同的成立须经过投保人提出要求和保险人同意两个阶段,这两个阶段即订立合同过程中的要约与承诺。

(一) 要约

要约亦称"提议",它是指当事人一方以订立合同为目的而向对方做出的意思表示。一个有效的要约应具备三个条件:① 要约须明确表示订约愿望;② 要约须具备合同的主要内容;③ 要约在其有效期内对要约人具有约束力。

保险合同的要约通常由投保人提出。虽然在许多场合,看起来是保险公司或其代理人在积极主动地向投保人"推销"保险,但其实质上是由保险公司或其代理人在邀请或者说促成投保人做出订立合同的意思表示,即仍然是投保人提出要约,投保人是要约方。

(二) 承诺

承诺是指当事人另一方就要约方的提议而做出的意思表示。做出承诺的人即为承诺人或受约人。合同当事人一方一经做出承诺,合同即告成立。需要注意的是,承诺须由受约人本人或其合法代理人做出,承诺须在要约的有效期内做出。

保险合同的承诺也叫承保,它是由保险人做出的。由于保险合同要约通常都是采用投保单形式的,而投保单又是保险人事先印就的,因此,当投保人按投保单所列事项逐一填好后,经保险人审查,认为符合要求的,将予以接受;经签章后,即做出承保后,保险合同随之成立。

二、保险合同的生效

保险合同的生效是指保险合同对当事人双方发生约束力,即合同条款产生法律效力。一般来说,合同一经依法成立,即发生法律效力。但是,也有许多保险合同约定,合同通常是在成立后的某一时期内生效,即此时合同才有法律效力,合同当事人才受合同条款的约束。因此,在合同成立以后并不立即生效的情况下,保险人的责任是不同的:保险合同成立后但尚未生效前发生保险事故的,保险人不承担保险责任;保险合同生效后发生保险事故的,保险人应按约定承担保险责任。

当然,投保人与保险人也可在保险合同中约定,合同一经成立即发生法律效力。此时,保险合同成立即生效。

专栏 3-3

买完保险就遇刺身亡,广州个人寿险大案始末

20××年10月18日凌晨1时左右,谢女士与女性好友正在咖啡厅喝茶,好友的前男友因爱生仇,拿着匕首来找旧情人理论。对方亮出匕首时,谢女士出于保护好友的意愿,伸手去挡,不料被匕首刺个正着,意外身亡。当谢女士的家人沉浸在悲痛之中时,信诚人寿保险公司(以下简称"信诚人寿")的代理人黄女士拨打了谢女士的手机联系投保事宜。谢女士的弟弟接听了电话,这才知道,谢女士已购买了一份保险,并已缴了保费,但保险公司还没有签发保单。而在出事的前一天下午,谢女士还到信诚人寿完成了体检,此时距她遇害不到 10 个小时。

20××年10月5日,谢女士听取了黄女士的介绍,与黄女士签署了《人寿(投资连结)保险投保书》,并于第二天交付了首期保费 11 944 元(包括"附加长期意外伤害保险"首期保费 2 200 元),保险受益人是她的母亲。谢女士身亡一个月后,她的母亲(受益人)向黄女士告知了保险事故并提出索赔申请。两个月后,信诚人寿及相关再保险公司同意赔付主合同保险金 100 万元,但拒绝赔付"附加长期意外伤害保险"保险金 200 万元。

多次磋商未果后,受益人诉至广州市天河区法院,请求判决信诚人寿支付"附加长期意外伤害保险"保险金 200 万元、延迟理赔上述金额所致的利息以及本案的全部诉讼费用。

在一审过程中,保单尚未签发,保险合同是否成立是双方争议的焦点。原告认为,信诚人寿已经收取投保人缴纳的首期保费和被保险人已经完成体检这两个事实,均表明主保险合同和附加合同都已成立。在本案庭审时,原告代理律师提出,退一步讲,如果合同关系没有确立,信诚人寿就不会做出给付 100 万元保险金的理赔意见。主合同既然约定,在尚未签发保险单的情形下,如果被保险人发生保险事故,保险公司负保险责任,那么这个规定也应当同样适用于附加合同。被告信诚人寿则认为,对谢某购买的这类保险金额达 300 万元的高额人寿保险,需要谢某通过体检、提供财务证明资料后,才能最终决定是否同意承保。而谢某死亡时,保险公司尚未见到她的全部体检报告,所以,不能判定她是否符合公司的承保要求。因此,信诚人寿与谢某的保险合同还未成立,附加合同的 200 万元保险金当然不必给付。信诚人寿进一步提出,主合同和附加合同承保范围不同,相应所承担的保险责任也不同,保险公司之所以给付 100 万元,是参考了主合同条款规定的"特殊情形",考虑到谢某的实际情况,做的是一种"通融赔付",是出于其经营理念做出的自愿商业行为,并不意味着合同成立。

天河区法院审理后认为,投保人向被告缴付了首期保费,已履行了主要义务,因此,保险合同及其附加合同成立。保险公司"附加长期意外伤害保险"条款是被告预先制定、重复使用的格式合同条款,其第五条第一款表述不清,实属不明确,依法应做出有利于投

保人的解释,应视为合同已生效。被告辩称100万元是其对原告的通融赔付理由不成立,不予认定。被告拒赔附加长期意外伤害保险金200万元,实属违约,应负违约责任。据此,法院做出上述判决。

信诚人寿不服一审判决,向广州市中级人民法院提起上诉。在二审过程中,广州市中级人民法院对此案涉及的几个关键性问题均做出与一审法院截然不同的判断。对于本案所涉及保险合同成立与生效的问题,二审法院认为,投保书所能充分说明的是谢某向保险公司投保的事实,而从签订投保书至谢某遇害身亡,本案保险合同仍处于核保阶段,信诚人寿尚未做出同意承保的意思表示。对于投保人已经向保险公司缴纳了相当于首期保费的款项,是否意味着投保人已经实际履行了保险合同的主要义务这一问题,二审法院认为,根据《保险法》规定,主保险合同成立后,投保人才按照约定支付保费,即保险合同的成立不以缴付保费为必要条件,投保人缴付保费与否,不影响保险合同的成立。关于保险公司是否应向谢某的受益人赔付"附加长期意外伤害保险"的保险金200万元,二审法院认为,鉴于保险条款约定:"投保人在本公司签发保险单前先缴付相当于第一期保费,且投保人及被保险人已签署投保书,履行如实告知义务并符合本公司承保要求时,若发生下列情形之一,本公司将负保险责任:① 被保险人因意外伤害事故而发生保险事故;② 被保险人因疾病身故,但被保险人已完成本公司要求之身体检查,且身体检查结果不影响本公司是否承保的决定。"保险人在诉讼中称其向保险金受益人赔付100万元是"通融赔付"的理由不能成立。但是否还须向保险金受益人赔付"附加长期意外伤害保险"的保险金,二审法院认为,信诚人寿附加意外伤害保险中约定,"主合同的条款也适用于本附加合同,若互有冲突时,以本附加合同为准",而附加合同中约定,"对本附加合同应负的保险责任,自投保人缴付首期保费且本公司同意承保后开始,本公司应签发保险单作为承保的凭证",保险公司对于发生在保险责任期间之外的意外伤害事故无须承担保险责任。在二审判决中,广州市中级人民法院撤销了一审判决,驳回了谢某的受益人要求信诚人寿给付200万元"附加长期意外伤害保险"保险金的诉讼请求,二审案件的受理费也将由被上诉人承担。

资料来源:根据http://www.allsure.cn及http://www.chinanews.com.cn网站的资料整理。

第四节　保险合同的履行

保险合同一经成立,投保人及保险人都必须各自承担自己的义务。只有一方履行其义务,方才得以享受其权利。

一、投保人的义务

(一)缴纳保费的义务

缴纳保费是投保人最重要的义务。投保人必须按照约定的时间、地点和方法缴纳保费。根据险种的不同,投保人可以采取不同的方式来缴纳。保费通常以现金缴纳为原则,但经保险人同意,也可以采用票据或其他形式。

根据保险通例,保费的缴纳可以由投保人为之,也可以由有利害关系的第三人为之。无利害关系的第三人也可以代投保人缴纳保费,但他们并不因此而享有保险合同上的利益,保险人也不能在其缴纳第一次保费后,请求其继续给付,而只能向投保人做出请求。

缴纳保费与合同效力的关系,通常由当事人约定。一般来说,财产保险合同采用一次缴纳保费的形式。保险合同可以从投保人履行保费缴纳义务之后生效,也可以在缴纳保费之前就生效;在人身保险合同中,通常采用分期缴纳保费的方式。如果投保人未能依照合同规定履行缴纳保费的义务,将产生下列法律后果:

第一,在约定保费按时缴纳为保险合同生效要件的场合,保险合同不生效。

第二,在财产保险合同中,保险人可以请求投保人缴纳保费及迟延利息,也可以终止保险合同。

第三,在人身保险合同中,如果投保人未按约定期限(包括宽限期在内)缴纳保费,保险人可进行催告。投保人应在一定期限内缴纳保费,否则保险合同自动中止。

(二)通知义务

投保人的通知义务主要有两个:一是保险事故"风险增加"的通知义务,二是保险事故发生的通知义务。

1. "风险增加"的通知义务

在保险合同中,"风险增加"是有特定含义的,它是指在订立保险合同时,当事人双方未曾估计到的保险事故危险程度的增加。保险事故"风险增加"的原因有两种:第一种是由投保人或被保险人的行为所致。例如,投保人在投保房屋保险时,房屋的用途是民房居住。此后,在保单有效期内,投保人将其改做了餐馆。这种改变无疑增加了保险标的的风险程度。因此,投保人应当将这种改变通知保险人。第二种情况由投保人或被保险人以外的原因所致,与投保人个人无关。但即使是这样,投保人也应当在知道风险增加后,立即通知保险人。保险人在接到通知后,通常采取提高费率和解除保险合同两种做法。在提高费率的场合,如果投保人不同意,则保险人可以解除合同。在保险人接到"风险增加"的通知,或虽未接到通知但已经知晓的情况下,应在一定期限内做出增加保费或解除合同的意思表示。如果不做任何表示,则可视为默认,以后不得再主张提高费率或解除保险合同。

投保人履行"风险增加"的通知义务,对于保险人正确估价风险具有重要意义。因此,各国的保险立法均对此加以明确规定。

2. 保险事故发生的通知义务

保险合同订立以后,如果保险事故发生,投保人、被保险人或受益人应及时通知保险人。如果投保人未履行保险事故发生的通知义务,则有可能产生两种后果:一是保险人不解除保险合同,但可以请求投保人(被保险人)赔偿因此而遭受的损失;二是保险人免除保险合同上的责任。

(三)避免损失扩大的义务

在保险事故发生后,投保人不仅应及时通知保险人,还当采取各种必要的措施,进行积极的施救,以避免损失的扩大。为鼓励被保险人积极履行施救义务,许多国家的保险法通常规定,被保险人为防止或者减少保险标的的损失所支付的必要的、合理的费用,由保险人承担。投保人、被保险人未履行施救义务的,对于由此而扩大的损失,应当承担责任。

二、保险人的义务

保险合同成立后,一旦保险事故发生,保险人即要按照保险合同的规定赔偿或给付保险金。这是保险人的义务。在履行这一义务之前,保险人需要首先确定损失赔偿责任。

(一) 确定损失赔偿责任

在保险条款中,关于保险人的损失赔偿或给付责任称为"责任范围"。险种不同,保险人的责任范围也不同。对责任范围的限定一般是从三个方面来做出的:基本责任、附加责任和除外责任。

1. 基本责任

基本责任即保险人依据保险合同的基本条款对被保险人所承担的赔偿或给付的责任。

2. 附加责任

附加责任即附加于保险人基本责任范围之上的责任。这部分责任是由投保人或被保险人提出要求并经保险人同意而增加的承保责任范围。附加责任一般不能单独承保,它们大多数是附加在基本责任之上的。

3. 除外责任

除外责任即保险标的的损失不属于由保险责任范围内的保险事故所导致的结果,因而保险人不予承担赔偿的责任。对保险人来说,除正面规定其应当承担的责任以外,又明确规定不应承担的责任,除基于使保险人承担责任的范围更为明确,防止发生法律纠纷这个目的以外,还出于以下几个理由:① 避免保险人遭受巨额损失;② 限制对非偶然事故的赔偿;③ 避免逆选择。

除外责任通常要就风险、财产、损失和地点等方面做出明确的限制。

(1) 除外风险。保险合同之所以排除一些风险事故,是因为它们或者被其他的合同所包括,或者是非同寻常的,因此需要分别定价。

(2) 除外财产。在有些合同中,某些财产是被除外的。这样做的理由主要是,在其他合同中通常已经包含这类财产。

(3) 除外损失。有一些由法令和法规所引起的损失是不包括在财产保险合同中的。例如,为了社会公共利益,国家颁布禁令所造成的损失,比如进口货物中带菌,国家行政当局下令焚毁而造成货主的损失。

(4) 除外地点。有一些合同要对承保风险的地点做出特殊的规定,例如房屋的地点、汽车驾驶的地域等。

需要说明的是,有些合同也可用附加责任的办法,将原来属于除外责任的内容扩大为承保责任。

（二）履行赔偿给付义务

在责任范围内的保险事故发生后，保险人应向被保险人或受益人赔偿或给付保险金，这是保险方履行赔偿责任的行为。

保险人履行赔付义务的行为主要包括保险金的主要内容和保险金的支付方式。

1. 保险金的主要内容

（1）赔偿给付金额。在财产保险中，根据保险财产的实际损失而定，但最高以保险标的的保险金额为限。如有分项保险金额的，以该分项保险标的保险金额为最高限额；在人身保险中，则以约定保险金额为最高限额。

（2）施救费用。在发生保险责任范围内的保险事故时，被保险人为了抢救以及保护、整理保险财产而承担的合理费用。

（3）为了确定保险责任范围内的损失所支付的受损标的的检验、估价、出售的合理费用。

2. 保险金的支付方式

在原则上，保险人通常以现金的形式赔付损失和费用，而不负责以实物补偿或恢复原状。但双方在合同中有约定的除外。比如在财产保险中，保险人按约定负责重建或修理；在伤害或健康保险中，保险人按约定负责医疗；在工程保险中，保险人按约定重置受损项目或予以修理；等等。

三、影响保险合同效力的主要因素

我们在前文已经指出过，保险合同的特点之一就是最大诚信。为了使保险的"最大诚信原则"得以贯彻和实施，各国保险立法一般都对告知、保证和隐瞒等做了规定，这几项是影响合同效力的重要因素。

（一）告知

告知是指投保人在签订保险合同前或签订保险合同时，向保险人所作的口头的或书面的陈述。

告知有确认告知和承诺告知之分。前者是指投保人向保险人告知已经存在的事实与情况，这种告知又称为事实的告知；后者则是指投保人向保险人告知预料将来存在的事实或情况，这种告知又称为企图的告知。例如，某人在投保寿险时，告知过去5年内从未得过大病，或者在投保火险时，告知以前从未在其他保险公司投过火险，这些都是属于事实的告知。如果这个人在投保寿险时告知在今后一年内不拟出国旅行或工作，或在投火险时，告知不拟再向其他保险公司投保火险，这些告知就属于企图的告知。

如果投保人或被保险人所告知的重要事实有误，保险人可据此宣告合同无效。所谓重要事实是指，保险人在考虑他是否与投保人订立合同，或者应基于何种条件与之订立合同时，那些足以对其决断产生影响的事实。换句话说，这些事实是如此重要，以至于如果保险人知道真相的话，他或者不与投保人订立合同，或者将提出包括提高保费等在内的其他更为严格的条件。

假定一个投保人申请投保5年期定期人寿保险。在填写出生年月时，将6月5日写成了 6 月 15 日，这不属于重要事实，而属于一种误告。这种误告并不能影响合同有效。但如果他在申请同样一份保险时，告知保险人，他没有患过心脏病，而事实上他以前患过，这一事实就属于重要事实。如果告知不实，保险人在以后查出来的话（一般为两年之内），可以据此宣告合同无效。

（二）保证

保险合同中的保证是指投保人在签订保险合同时向保险人保证做或不做某一事情，或者保证某种状态存在或不存在。例如，某人投保家庭财产险时，许诺每次外出时一定将门窗锁闭，并以此作为合同内容的一部分。这一许诺就构成了投保人或被保险人的保证。事实上，投保人的保证是保险人承保的一个先决条件。在有些情况下，如果投保人不做保证，则保险人可能不予承保，或将提高费率。

保证可以分为明示保证和默示保证两种。

明示保证是以书面的形式，或以特约条款的形式附加于保单之内的。这种条款是保单的一部分，被保险人必须遵守，否则，保险人可以据此宣告保单无效。

默示保证在保单上虽然没有文字记载，但从习惯上或社会公认的角度看，被保险人应当保证对某种事情的行为或不行为。默示保证与明示保证一样，被保险人必须遵守。如有违背或破坏，保险人可以宣告保险合同无效。默示保证在海上保险中具有十分重要的意义。如船舶保险单要求保险船舶必须有适航能力，在航行中要按照预定航道通行，不得绕行，必须经营合法的运输业务等。

（三）隐瞒

在保险公司据以解除合同的三种根据中，隐瞒的含义不仅最难确定，而且也最难证明。一般的合同并不要求当事人向对方告知有关合同的每一个重要事实，即使一方知道，如果告知这些事实可能改变另一方订立合同的意愿，情况一般也是如此。但保险合同不一样。由于保险合同是最大诚信合同，这就要求投保人在投保时必须将其所知而为保险人所不知的所有重要事实都告诉保险人。告知不实即为误告，不予告知就是隐瞒。

隐瞒之所以具有法律上的效力是因为，和误告一样，一方（投保人）的隐瞒可以使另一方（保险人）发生误信而订立合同。而如果保险人知道此等被隐瞒的事实，他是不会同意签订合同的。有鉴于此，各国法律一般都规定，投保人在投保时，如果其隐瞒是有意的，则属于一种欺诈行为，这种行为足以成为保险人取消合同的依据。

（四）弃权与禁止翻供

前述的保证和告知等因素，多是在法律上约束被保险人的作为和不作为的；而另一方面，合同也使用弃权与禁止翻供的规则来约束保险人。

所谓弃权是指，合同的一方自愿放弃其在保险合同中可以主张的权利。例如，一份房屋保单规定，在房屋无人居住连续达 60 天以上时，保单失效。如果被保险人向代理人说明了，该房屋无人居住达 60 天之久，但这种情况只是暂时的，而代理人则表示"没问题，我们承保你这所房屋"，在这种情况下，保险人就等于放弃了在房屋无人居住的情况下，发生损失时拒绝做出赔偿的权利。因为从公众的角度来说，代理人就是保险公司，代理人的知晓就是保险人的知晓。因此,保险人应对代理人的行为负责。

所谓禁止翻供则是指,合同的一方既然已放弃其在合同中的某种权利,日后就不能再向另一方主张已放弃的权利。如果保险人或其代理人诱使被保险人相信,被保险人可以做保单上禁止他做的某种事情,或是可以不做保单上要求他做的某种事情,那么,保险人在日后就不得以被保险人的此种作为或不作为为理由,而主张已订立的保险合同无效。禁止翻供与弃权在法律上的意义略有不同,但它们产生的效果却是一样的。例如,在上面这个例子中,代理人应当说:"很遗憾,我们的规定是,房屋在无人居住达60天之久时,保单将失效。"代理人没有解释保险人的这一权利,而是放弃了它,因此,在日后,保险公司就不能不承担对损失进行赔偿的义务。如果没有禁止翻供这一条,被保险人可能就要承担巨大的损失,这无疑是不公平的。这也正是"禁止翻供"原则存在的主要理由。

第五节 保险合同的变更

保险合同的变更是指,在保险合同的存续期间,其主体、内容及效力均有所改变。保险合同依法成立,即具有法律约束力,当事人双方都必须全面履行合同规定的义务,不得擅自变更或解除合同。但是,有些保险合同是长期性合同,例如,有些人身保险合同可以长达四五十年甚至更久。由于主客观情况的变化,这就会产生变更的必要。各国保险法律一般都允许保险合同的主体和内容有所改变,我国也是如此。

一、保险合同主体的变更

主体的变更是指保险合同当事人的变更。一般来说,这主要是指投保人、被保险人的变更,而不是保险人的变更。

保险合同主体的变更通常又叫作保险合同的转让。由于保险合同的主要形式是保单,因此,这种变更在习惯上又叫作保单的转让。

在财产保险中,保单的转让往往因保险标的的所有权发生转移(包括买卖、让与和继承)而发生。关于保单转让的程序,有两种国际惯例。一种是转让必须得到保险人的同意。在这种情况下,保险标的的所有权发生转移,即主体变更,则保险关系相对消灭。如果要想继续保持保险合同关系,被保险人必须在保险标的的所有权(或管理权)转让时,事先书面通知保险人,经保险人同意,并对保单批注后方才有效,否则,保险合同从保险标的所有权(或管理权)转移时即告终止。例如,被保险人出售其被保险的车辆,保单并不是随着车辆的出售自动转给新车主的。如果转让保单,必须征得保险人的同意。若保险人同意转让,则保单转让有效;反之则无效。

另一种惯例是允许保单随着保险标的的转让而自动转移,不需要征得保险人的同意。货物运输的保险合同一般属于这种情况。这样规定的理由在于,货物运输特别是海洋运输路途遥远、流动性大。在货物从起运到目的地的整个过程中,物权可能几经易手,保险利益也会随之转移。如果每次被保险人的变更都须征得保险人的同意,必然影响商品流转。有鉴于此,各国保险立法一般都规定:除另有明文规定的以外,凡运输保险,其保险利益可随意转移。换句话说,凡运输保险,其保单可随货权的转移而背书转让。

在人身保险中，保单一般不需要经过保险人的同意即可转让，但在转让后必须通知保险人。保险合同转让一经确认，原投保人与保险人的保险关系即行消灭，受让人与保险人的保险关系随即建立。在保单的主体变更以后，原投保人的权利与义务也一同转移给了新的合同主体。

二、保险合同内容的变更

保险合同内容的变更是指在主体不变的情况下，改变合同中约定的事项，它包括被保险人地址的变更，保险标的数量的增减，品种、价值或存放地点的变化，保险期限、保险金额的变更，保险责任范围的变更，货物运输保险合同中的航程变更，船期的变化等。这些变化都会影响到保险人所承担的风险大小的变化。

保险合同的主体不变更而内容变更的情况是经常发生的。各国保险立法一般都规定，保险合同订立以后，投保人可以提出变更合同内容的请求，但须经保险人同意，办理变更手续，有时还需增缴保费，合同方才有效。

三、保险合同效力的变更

（一）合同的无效

合同的无效是指合同虽已订立，但在法律上不发生任何效力。按照不同的因素来划分，合同的无效有以下几种形式：

1. 约定无效与法定无效

根据不同的原因来划分，无效有约定无效与法定无效两种。约定无效由合同的当事人任意约定。只要约定的理由出现，则合同无效。法定无效由法律明文规定。法律规定的无效原因一旦出现，则合同无效。各国的保险法通常都规定，符合下列情况之一者，保险合同无效：

（1）合同系代理他人订立而不作申明；

（2）恶意的重复保险；

（3）人身保险中未经被保险人同意的死亡保险；

（4）人身保险中被保险人的真实年龄已超过保险人所规定的年龄限额。

2. 全部无效与部分无效

根据不同的范围来划分，无效有全部无效与部分无效两种。全部无效是指保险合同全部不发生效力，以上讲的那几种情况就属于全部无效；部分无效是指保险合同中仅有一部分无效，其余部分仍然有效。如善意的超额保险，保险金额超过保险价值的部分无效，但在保险价值限额以内的部分仍然有效。又如在人身保险中，被保险人的年龄与保单所填写的不符（只要没有超过保险人所规定的保险年龄的限度），保险人按照被保险人的实际年龄给付保险金额，这也是部分无效。

3. 自始无效与失效

根据时间来划分，无效有自始无效和失效两种。自始无效是指合同自成立起就不具备生效的条件，合同从一开始就不生效；失效是指合同成立后，因某种原因而导致合同无效。如被保险人因对保险标的失去保险利益，保险合同即失去效力。失效不需要当事人作意思表示,只要失效的原因一出现,合同即失去效力。

(二) 合同的解除

保险合同的解除是指当事人基于合同成立后所发生的情况,使合同无效的一种单独的行为。即当事人一方行使解除权(或法律赋予,或合同中约定),使合同的一切效果消失并回复到合同订立前的状态。

合同的解除与合同的无效是不同的。前者是行使解除权而效力溯及既往;后者则是根本不发生效力。解除权有时效规定,可因时效而丧失解除权;而无效合同则并不会因时效而成为有效合同。

行使解除权的法律效力是,双方都负有回复到合同订立以前的状态的义务。因此,已获得的保险费或保险金应返还给对方;责任方对他方所造成的损失,须承担损害赔偿的责任。但如果保险合同的解除系由投保人的不当行为所致,在这种情况下,要求保险人返还保费,显然不利于行使解除权的保险人。因此,有时在法律或合同条款上明确规定,在上述情况下,保险人无须返还保费。

(三) 合同的复效

保险合同的复效是指保险合同的效力在中止以后又重新开始。保险合同生效后,由于某种原因,合同的效力中止。如人身保险中投保人未能按时缴纳保费,保险合同的效力由此中断。在此期间,如果发生保险事故,保险人不负支付保险金的责任。但保险合同效力的中止并非终止。投保人可以在一定的条件下,提出恢复保险合同效力的请求;经保险人的同意,合同的效力即可恢复,即合同复效。已恢复效力的保险合同应视为自始未失效的原保险合同。

(四) 合同的终止

保险合同的终止是指当事人之间由合同所确定的权利义务因法律规定的原因出现时而不复存在。

导致保险合同终止的原因很多,主要有以下几种:

1. 合同因期限届满而终止

保险合同关系是一种债的关系。任何债权债务都是有时间性的。保险合同订立后,虽然未发生保险事故,但如果合同的有效期已届满,则保险人的保险责任即自然终止。这种自然终止,是保险合同终止的最普遍、最基本的原因。保险合同终止,保险人的保险责任亦告终止。

2. 合同因解除而终止

解除是较为常见的保险合同终止的另一类原因。在实践中,保险合同的解除分为法定解除、约定解除和任意解除三种。

(1) 法定解除。法定解除是指法律规定的原因出现时,保险合同当事人一方(一般是保险人)依法行使解除权,消灭已经生效的保险合同关系。法定解除是一种单方面的法律行为。从程序上来说,依法有解除权的当事人向对方做出解除合同的意思表示,即可发生解除合同的效力,而无须征得对方的同意。

(2) 约定解除。约定解除是双方当事人可以约定解除合同的条件。一旦出现了所约定的条件时,一方或双方即有权利解除保险合同。约定解除习惯上又称作"协议注销"。保险合同一经注销,保险人的责任亦告终止。

从解除的条件来看,以约定方式解除保险合同对于合同的双方均做了限制性的规定,尤其是对于保险人的限制更严。

(3) 任意解除。任意解除是指法律规定双方当事人都有权根据自己的意愿解除合同。但是,并非所有的保险合同都是可以由当事人任意解除和终止的,它一般有着严格的条件限制。

我国的《保险法》规定,投保人或被保险人有下述行为之一者,可以构成保险人解除保险合同的条件:

- 投保人故意隐瞒事实,不履行如实告知义务的,或者因重大过失未履行如实告知义务,足以影响保险人决定是否同意承保或者提高保险费率的;
- 被保险人或受益人在未发生保险事故的情况下,谎称发生了保险事故,向保险人提出赔偿或者给付保险金的请求的;
- 投保人、被保险人故意制造保险事故的;
- 投保人、被保险人未按照约定履行其对保险标的的安全应尽责任的;
- 在合同有效期内,保险标的的风险程度增加,被保险人未及时通知保险人的;
- 投保人申报的被保险人年龄不真实并且其真实年龄不符合合同约定的年龄限制的(但合同成立后逾两年的除外);
- 自合同效力中止之日起两年内双方未达成协议的;
- 因保险标的的转让导致风险程度显著增加的,保险人可以按照合同约定增加保费或者解除合同。

3. 合同因违约失效而终止

因被保险人的某些违约行为,保险人有权使合同无效。例如,终身保险合同的保费缴纳一般有按季度、半年、一年等方式。如果投保人不能如期(包括宽限期在内)缴纳保费,则保险合同中途失效。但在一定条件下,中途失效的合同经被保险人履约并为保险人所接受,还可以恢复效力。

然而,并不是所有的保险合同在失效后都可以复效。不能如期缴纳保费而被中止的合同,其后果也可能不同。一般来说,人寿保险和简易人身保险,因不能如期缴纳保费而被暂时中止效力的,被保险人可以争取恢复合同效力;但财产保险合同因不能如期缴纳保费而被终止合同的,则不能恢复合同效力。

需要指出的是,合同自始无效与违约失效是不同的。前者是指这样一种情况:被保险人以欺诈、捏造或隐瞒真实情况等不诚实的手段,欺骗保险人而签订保险合同,当其真相暴露时,合同的无效性应溯及过去,也就是说,合同从签订之时起就没有约束力。所以,合同自始无效,也就不存在效力终止的问题。

4. 合同因履行而终止

保险事故发生后,保险人完成全部保险金额的赔偿或给付义务之后,保险责任即告终止。最常见的如终身人寿保险中的被保险人死亡,保险人给付受益人全部保险金额后,合同即告终止;或财产保险中,被保险财产被火灾焚毁,被保险人领取了全部保险赔偿后，合同即告终止。

第六节　保险合同的争议处理

保险合同争议是指在保险合同成立后，合同主体就合同履行时的具体做法产生意见分歧或纠纷。这种意见分歧或纠纷有些是由于合同双方对合同条款的理解互异造成的，有些则是由于违约造成的。不管是什么原因，发生争议以后都需要按照一定的程序处理和解决。

一、保险合同的解释原则

保险合同的解释是指当保险当事人由于对合同内容的用语理解不同发生争议时，依照法律规定的方式或者约定俗成的方式，对保险合同的内容或文字的含义予以确定或说明。保险合同的解释原则通常有以下几种：

（一）文义解释原则

文义解释即按合同条款通常的文字含义并结合上下文来解释，既不超出也不缩小合同用语的含义。文义解释是解释保险合同条款的最主要的方法。文义解释必须要求被解释的合同字句本身具有单一且明确的含义。如果有关术语本来就只具有唯一的意思，或联系上下文只能具有某种特定含义，或根据商业习惯通常仅指某种意思，那就必须按照它们的本意理解。例如，暴风、地震、泥石流等。

（二）意图解释原则

意图解释是指在无法运用文字解释方式时，通过其他背景材料进行逻辑分析来判断合同当事人订约时的真实意图，由此解释保险合同条款的内容。保险合同的真实内容应是当事人通过协商后形成的一致意思表示。因此，解释时必须要尊重双方当时的真实意图。意图解释只适用于合同的条款不精确、不同的当事人对同一条款所表达的实际意思理解有分歧的情况。如果文字表达清楚，没有含糊不清之处，就必须按照字面解释，不得任意推测。

（三）有利于被保险人的解释原则

有利于被保险人的解释是指，当保险合同的当事人对合同条款有争议时，国际惯例通常是，法院或仲裁机关往往会做出有利于被保险人的解释。之所以如此，是因为保险合同是附和性合同，有很强的专业性。在订立保险合同时，一般来说，投保方只能表示接受或不接受保险人事先已经拟定好的条款。有些专业性的术语不是一般人能够完全理解的。为了避免保险人利用其有利地位侵害投保方的利益，各国普遍使用这一原则来解决保险合同当事人之间的争议。鉴于此，保险人在拟定合同条款时应尽量使用语言明确的表述，在订立合同时向投保方准确地说明合同的主要内容。

需要指出的是，这一原则不能滥用。如果条款意图清楚，语言文字没有产生歧义，即使发生争议，也应当依据有效的保险合同约定做出合理、公平的解释。

（四）批注优于正文、后加批注优于先加批注的解释原则

为了满足不同投保人的需要，有时保险人要在统一印制的保险单上加批注，或增减条款、修改条款。无论以什么方式更改条款，如果前后条款内容有矛盾或互相抵触，后加的批注中的条款应当优于原有的条款。保险合同更改后应写明批改日期。如果由于未写明日期而使条款发生矛盾，手写的批注应当优于打印的批注，加贴的批注应当优于正文的批注。

（五）补充解释原则

补充解释是指当保险合同条款约定内容有遗漏或不完整时，借助商业习惯、国际惯例、公平原则等对保险合同的内容进行务实、合理的补充解释，以便合同继续执行。

二、保险合同争议的解决方式

按照我国法律的有关规定，保险合同争议的解决方式主要有以下几种：

（一）协商

协商是指合同双方当事人在自愿互谅的基础上，按照法律、政策的规定，通过摆事实、讲道理，求大同、存小异来解决纠纷。自行协商解决方式简便，有助于增进双方的进一步信任与合作，并且有利于合同的继续执行。

（二）调解

调解是指在合同管理机关或法院的参与下，通过说服教育，使双方自愿达成协议、平息争端。调解解决争议必须查清纠纷的事实、分清是非责任，这是达成合理的调解协议的前提。调解必须遵循法律、政策与平等自愿原则。只有依法调解，才能保证调解工作的顺利进行。如果一方当事人不愿意调解，就不能进行调解。如调解不成立或调解后又反悔，可以申请仲裁或直接向法院起诉。

（三）仲裁

仲裁是指争议双方依照仲裁协议，自愿将彼此间的争议交由双方共同信任、法律认可的仲裁机构的仲裁员居中调解，并做出裁决。仲裁方式具有法律效力，当事人必须予以执行。

（四）诉讼

诉讼是指争议双方当事人通过国家审判机关——人民法院进行裁决的一种方式，它是解决争议时最激烈的一种方式。当事人双方因保险合同发生纠纷时，有权以自己的名义直接请求法院通过审判给予法律上的保护。当事人提起诉讼应当在法律规定的时效以内。

本章总结

1. 保险合同属于合同的一种,具有一般合同共有的法律特征。但保险合同也具有自己的特性,它们分别是双务性、射幸性、补偿性、条件性、附和性与个人性。

2. 与一般合同相同,保险合同也由主体、客体和内容三要素组成。保险合同的主体又分为当事人与关系人。

3. 保险合同的客体是保险利益。保险利益是指投保人对保险标的所具有的法律上承认的利益。法律认可、可用货币计量以及可以确定是满足保险利益的三个要件。强调保险利益原则主要是为了防止道德风险。

4. 财产保险的保险利益主要有财产上的现有利益、由现有利益产生的预期利益、责任利益以及或然利益几种。财产保险合同通常规定,在保险标的发生损失时被保险人应当对其具有保险利益,被保险人所能得到的赔偿数量也受到保险利益的范围控制。

5. 各国对人身保险的保险利益没有统一的规定。一般而言,凡是被保险人的继续生存对投保人具有现实或预期的经济利益的,即认为投保人对该被保险人具有保险利益。在人身保险合同订立之时,要求必须有保险利益的存在。

6. 保险合同的基本条款主要包括:当事人的姓名和住所、保险标的、保险金额、保费和保险期限。从订立流程的各个阶段来看,保险合同的形式大致可分为投保单、暂保单(主要在财险中)、保费收据(主要在寿险中)和保险单四种书面形式。

7. 保险合同的订立要经过要约和承诺两个阶段。合同一经依法成立,就具有法律的效力,即合同生效。

8. 投保人主要具有缴纳保费的义务、通知义务(包括"风险增加"的通知义务、保险事故发生的通知义务)以及避免损失扩大的义务。保险人具有的主要义务有:确定损失赔偿责任、履行赔偿给付。

9. 告知是指投保人在签订保险合同前或签订保险合同时向保险人做出的口头或者书面陈述。告知有确认告知和承诺告知之分。如果投保人或者保险人所告知的重要事实有误,保险人可据此宣告合同无效。

10. 保险合同中的保证是指投保人在签订合同的时候向保险人保证做或不做某一事情,或者保证某种状态存在或不存在。保证可以分为明示保证和默示保证。

11. 除了告知和保证义务,合同也使用弃权与禁止翻供原则来约束保险人。

12. 保险合同的变更是指在保险合同的存续期间,其主体、内容和效力发生改变。保险主体的变更是指保险合同当事人的变更;保险合同内容的变更是指在主体不变的情况下,改变合同中约定的事项;保险合同效力的变更包括合同的无效、合同的解除、合同的复效和合同的终止。

13. 保险合同的解释原则包括文义解释原则,意图解释原则,有利于被保险人的解释原则,批注优于正文、后加批注优于先加批注的解释原则以及补充解释原则等。保险合同的争议一般可以通过协商、调解、仲裁、诉讼等方式解决。

思考与练习

1. 保险合同与一般的合同相比有什么共性与特性?为什么保险合同会具有射幸性和个人性的特征?

2. 试从主体、客体和内容三个方面分析保险合同的要件。

3. 继承人与保单受益人的主要区别是什么?

4. 在人身保险中,"被保险人"与"保单所有人"各自角色的规定是什么?为什么需要有"保单所有人"这个角色?

5. 以下哪些情况中,投保人对保险标的具有保险利益?

(1) 如果王先生去世,其家人要承受每年3万元的收入损失。王先生的家人以王先生为被保险人投保终身寿险。

(2) 与妻子离婚之后,在双方对子女监护权协商未果之时,王先生欲为其子女购买人身保险。

(3) A公司已为一批进口货物缴纳了预付款,货物在对方国家港口即将启运,提单尚未转手。A公司就该批货物向保险公司投保货物运输保险。

6. 在保险实践中,如果不遵循保险利益原则,可能会出现什么样的后果?

7. 保险合同从开始订立到生效需经过哪些阶段?

8. 投保人有哪些义务?规定投保人负有"风险增加"的通知义务对保险公司而言有什么好处?

9. 保险人有哪些义务?试说明规定除外风险的必要性。对于被普通保险合同排除在外的风险,投保人可以采取什么措施来进行防范和补偿?

10. 周先生在为其房屋投保财产保险时,将门牌号"9"误写为"6",并且向保险公司隐瞒了其房屋毗邻一家烟花爆竹厂的事实。投保3个月以后,周先生的房屋失火,损毁了一些物件。上述哪项事实会影响保险合同的效力?该事实又会对合同产生什么样的影响?

11. 王先生为一批货物投保了运输险。载货车辆在运输途中发生车祸,导致货物损毁。保险公司在实地勘察时发现此批货物属于走私物品。保险公司是否可以据此宣告保险合同无效?

12. 保险合同在满足一定条件的情况下可以复效。这一规定对保险公司和投保人而言各有什么好处?

13. 保险合同的解释原则是什么?为什么在当事人对合同条款有争议时,法院通常会做出对投保人有利的解释?

第二篇　保险市场

第四章　　保险市场引论

▌本章概要▌

　　保险市场既具有一般市场的共性,又有其自身的特点。本章首先对保险市场的基本概况进行介绍,包括保险市场的构成、特征、运作原理和分类,然后对中国保险市场以及美国、英国和日本等国际主要保险市场的情况进行介绍。

▌学习目标▌

1. 了解保险市场的特征和运作原理。
2. 了解保险市场的分类。
3. 了解中国保险市场的概况。
4. 了解美国、英国和日本等发达保险市场的状况。

引　言

　　市场是商品交换关系的总和,是商品供求关系变化的集中体现。保险市场作为一种无形商品市场,同样具有完整的市场构成要素,体现市场供求关系,遵循市场供求规律。但由于保险商品的特殊性质,保险市场主体更加多元化,保险交换关系更为复杂,保险市场本身也体现出更强的抽象性和分散性。

第一节　保险市场概述

　　保险市场是由保险产品的供给方、保险产品的需求方和市场的监管方所组成的。供给方包括保险产品的"生产者"——保险公司;保险产品的供应商和服务商——保险代理人、保险经纪人和保险公估人。需求方包括投保人、被保险人、保单持有人和受益人。市场的监管方就是指保险监管部门。在有的国家,保险市场是属于整个金融监管部门中的一个部分,例如英国和日本;在有的国家,保险市场则是独立的一个部门,如美国各个州的保险监管局。

一、保险市场的特征

　　作为现代市场经济体系的重要组成部分,保险市场同普通商品市场等其他市场有着相似点,比如它们都是交换关系的总和,都要发挥价格机制、供求机制和竞争机制的基础性作用等。然而,它们之间也有着不同点。具体来说,保险市场具有如下特征:

(一) 直接交易风险

　　保险市场在交易标的上与其他市场有着明显的区别。普通商品市场上的交易对象是商品或者劳务关系,而保险市场上交易的则是"风险"。具体来说,在保险市场上,投保人以购买保单的方式将自己所面临的特定风险转嫁给保险公司,而保险公司则在被保险人发生约定保险事故时进行赔偿或给付。这样一种制度安排将投保人未来的"不确定性"所可能产生的严重后果限制在可预见的范围内,并"锁定"这种损失,由此在很大程度上将结果的"不确定性"变得"确定",使人类可以在比较"成本"与"收益"的基础上进行合理的决策,并从事各种生产、经营活动。由此可见,通过保险市场的交易,投保人付出了保费,但却获得了保险公司所提供的经济保障。

(二) 交易具有承诺性

在普通商品市场上,买卖双方在交易时一手交钱,一手交货,钱货两清。[①] 然而,在保险市场上,当保险合同达成之时,被保险人并不能立即获得保险赔偿或给付。这是因为,保险是保险人对被保险人未来的不确定性损失进行赔偿或给付的一种承诺,只有在保险合同期限内发生了约定的保险事故,保险人才会履行赔偿或者给付的义务;反之,如果被保险人没有发生约定的保险事故,则保险人没有义务进行赔偿和给付。因此,从这个意义上说,保险合同可以被视作一种看跌期权,而保险市场也可以被看作是一种特殊的期权市场。

(三) 信息不对称程度高

保险市场同时还是一个典型的信息不对称市场。在普通商品市场上,信息不对称往往是单向的,也即信息优势只存在于交易双方中的一方。然而在保险市场上,由于保险机制的固有特性,信息不对称却是双向的,即被保险人和保险人都可能存在信息优势。首先,从被保险人来看,一方面,由于被保险人总是比保险人更了解保险标的的风险状态,因此,被保险人在投保时容易通过隐藏信息做出有利于自己而不利于保险人的选择行为,即出现"逆选择";另一方面,在购买保险之后,被保险人会出现疏忽大意甚至欺诈等败德行为,或者在风险发生之后消极减损,即出现"道德风险"。其次,从保险人来看,由于保险合同的专业性、技术性较强,保险人可能会利用被保险人的相关知识缺乏而对被保险人进行误导、隐瞒或欺骗,从而损害被保险人的利益。

(四) 具有较高的交易成本

与普通商品市场相比,保险市场的交易成本要更高一些。这主要表现在两个方面:首先,合约阅读成本。保险产品涉及精算、法律、金融、医学等多学科的专业知识,条款相对复杂,用语比较严谨,普通顾客在阅读相关内容的时候往往不能完全理解,这客观上提高了合同的阅读成本。面对较高的阅读成本,许多顾客会谨慎购买甚至放弃购买,而保险营销人员在营销过程中也需要更多的努力。其次,合约不完全带来的成本。尽管保险合约在订立时力求严谨、详细,但可能还是无法涵盖所有不可预期的意外状况出现。如果保险合约对约定风险事故的定义不清晰,或者对损失范围的界定不明确,或者对法律责任的认定出现偏差,被保险人和保险公司之间就可能会产生理赔纠纷,而解决该纠纷

---

① 这里暂不考虑普通商品交易中所出现的赊销、分期付款等例外情况。

的成本往往十分高昂。

二、保险市场的运作原理

（一）风险聚集与转移

保险人是专业的风险承担者，它们通过提供各类保险产品来接受被保险人转移的风险。因此，保险市场的首要功能是将大量不同类型的风险单位及其承载的各类风险聚集在一起，转移至保险供给方，也即保险公司，然后由保险公司进行综合管理。

（二）风险经营与损失分担

在风险由保险需求方转移到保险供给方的同时，作为必要的前提条件，保险人要向需求方收取保费。这些保费除了用来维持保险人正常的经营活动所需要的成本以及获取合理的利润，主要是用来对那些遭受损失的被保险人进行经济上的补偿，这一过程被称为损失分担。[①]

（三）供求机制

上述过程是通过供求机制的运作来完成的。保险价格是保险市场上供求规律发挥作用的主要杠杆。在保险价格的调节下，保险需求与保险供给之间相互磨合、相互趋近，直至达到市场的均衡状态。在均衡状态下，风险经营者获得合理效益，被保险人得到合理保障，保险市场各方主体都实现了各自效用的最大化。

三、保险市场的分类

依据不同的标准，我们可以对保险市场做不同的划分。

（一）财产保险市场和人身保险市场

根据交易标的来划分，保险市场可以分为财产保险市场和人身保险市场。其中，财产保险市场是专门从事各种财产保险产品交易的市场，比如家庭财产保险市场、企业财产保险市场、责任保险市场等；人身保险市场是专门从事各种人身保险产品交易的市场，比如寿险市场、健康险市场等。

（二）原保险市场和再保险市场

根据业务承保方式的不同，保险市场可以分为原保险市场和再保险市场。其中，原保险市场又称直接保险市场，它是指保险人与投保人之间通过订立保险合同而建立保险关系的市场；再保险市场又称分保市场，它是指原保险人与再保险人之间通过订立再保险合同而形成再保险关系的市场。

（三）国内保险市场和国际保险市场

根据保险业务所涉及的地域不同，保险市场可以分为国内保险市场和国际保险市

[①] 这是针对最传统意义和最本质意义的保险而言的。在保险特别是寿险的功能逐渐扩展以后，在有些情况下，保险就不一定是被保险人"对损失进行分担"的过程。

场。其中，国内保险市场是指在本国境内形成保险商品交换关系的市场，国际保险市场是指在多个国家和地区之间或者世界范围内通过保险商品交换而形成的各保险市场的整体。

（四）完全竞争型、完全垄断型、寡头垄断型、垄断竞争型保险市场

根据保险市场结构的不同，保险市场可以分为完全竞争型保险市场、完全垄断型保险市场、寡头垄断型保险市场和垄断竞争型保险市场。

完全竞争型保险市场是指一个保险市场上有数量众多的保险公司，任何公司都可以自由进出市场，每一家保险公司都能够提供同质无差异的保险商品，所有公司都是价格的接受者，而不是制定者。完全竞争型保险市场是一种理想的模式，在现实中并不存在。

完全垄断型保险市场是指保险市场完全由一家保险公司所操纵，市场价格由该公司制定，其他保险公司无法进入保险市场。在完全垄断型保险市场上，没有市场竞争，没有替代产品，消费者也没有选择的余地。

寡头垄断型保险市场是指保险市场上只存在少数相互竞争的保险公司，每一家保险公司的规模都比较大，市场集中度比较高，其他保险公司进入市场比较困难。

垄断竞争型保险市场是指保险市场上存在较多的保险公司，各公司提供有差别的保险产品，市场集中度并不高，进入壁垒较低，保险公司能够自由进出保险市场。垄断竞争型保险市场介于寡头垄断型保险市场和完全竞争型保险市场之间。

第二节　中国保险市场概况

自从国内1980年恢复保险业务以来，我国的保险市场一直保持着持续快速的发展态势，取得了显著的成就。下面我们对我国的保险市场状况进行简要的介绍。

一、我国保险市场的现状

（一）保险市场的主体

截至2019年6月，我国保险市场共有236家保险机构，其中包括12家保险集团、1家出口信用保险公司、87家财险公司、81家寿险公司、8家养老险公司、7家健康险公司、11家再保险公司、26家资产管理公司、3家其他公司（农村保险互助社）。我国当前已形成了国有集团（控股）公司、股份制公司、政策性公司、专业性公司、外资公司等多种组织形式、多种所有制成分并存、共同发展的市场格局。

（二）保费收入

2019年，我国原保费收入为42 625亿元。财产保险保费收入11 649亿元，占比27.32%。人身保险保费收入30 995亿元，占比72.68%。其中，人寿保险保费收入22 754亿元，占比53.38%；健康保险保费收入7 066亿元，占比16.58%；意外伤害保险保费收入1 175亿元，占比2.76%。2019年我国原保费收入是2009年的3.83倍，十年复合增长率达14.37%，保持了较高增速的态势。

（三）资产状况

保险业机构包括财产保险公司、人身保险公司、再保险公司、保险集团公司和保险资产管理公司。截至 2019 年年底，我国保险公司的总资产达到 20.56 万亿元，同比增长 12.18%。其中，2019 年年底，财险公司总资产 22 940 亿元，较年初缩减 2.32%；人身险公司总资产 169 575 亿元，较年初增长 16.08%；再保险公司总资产 4 261 亿元，较年初增长 16.75%；资产管理公司总资产 641 亿元，较年初增长 15.01%。

（四）区域结构

2019 年，我国华北、东北、华东、华中、华南、西北和西南地区的保费收入占比分别为 14.76%、6.85%、29.74%、14.99%、17.68%、5.69% 和 10.16%（集团、总公司本级收入占 0.12%），华东、华南等沿海地区以及华中和华北的中心城市依然是保费收入的主要增长源泉，同时区域之间的互动性与协调性进一步改善，区域保险市场呈现较明显的梯度性特征。

二、我国保险市场与国际保险业的差距

需要指出的是，尽管我国保险业保持了多年的快速增长，但与发达国家相比，保险深度和保险密度仍处在较低的发展水平上（见表 4-1）。

表 4-1 保费规模、市场份额、保险深度与保险密度的国际比较（2018 年）

国家（地区）	保费收入（百万美元）	占全球市场份额（%）	保险密度（美元）	保险深度（%）
美国	1 469	28.29	4 481	7.14
中国	575	11.07	406	4.22
日本	441	8.49	3 466	8.86
英国	337	6.48	4 503	10.61
法国	258	4.97	3 667	8.89
德国	241	4.65	2 908	6.03

资料来源：Swiss Re, 2019, *Sigma*, No. 3。

此外，从我国整个金融体系的构成来看，虽然近年来保险业的地位不断提高，但是金融体系仍然呈现非常明显的"强银行，弱保险"的格局。根据中国银保监会统计数据，2019 年我国保险业总资产仅占金融业总资产的 6.45%，远低于发达国家 20%—30% 的平均水平；2019 年我国保费收入占居民储蓄存款总额的 5.19%，也远低于发达国家 15% 的平均水平。

第三节　国际主要保险市场概况

无论是从发展历史还是从目前的市场规模来看，北美、欧洲和日本在世界保险市场格局中都占据着十分重要的地位。在这里，我们以美国、英国和日本为代表，对其保险市场的概况分别予以介绍。

一、美国保险市场

美国的保险业兴起于 18 世纪,迄今已有两百多年历史。第二次世界大战以后,美国保险业迅速超过英国,成为世界最大的保险市场。根据瑞士再保险 Sigma 杂志的统计,1965 年美国的保费收入占世界保险市场份额为 64.6%。此后,随着欧盟保险市场的快速发展以及日本保险业的发展,美国保险市场在全球的份额有所下降。近年来随着中国保险业的崛起,美国的保险业规模在全球保险市场逐步下降,2018 年美国在全球保险市场规模占比为 28.29%。

美国保险市场不仅规模领先于世界,而且其经营主体数量庞大,经营形式也多种多样。从数量上来看,美国保险市场共有 5 000 多家保险公司,其中寿险公司 1 000 多家,非寿险公司 3 000 多家。从组织形式来看,除了占主体部分的股份制保险公司,还有相当一部分相互制保险公司。众多保险公司的存在使得美国保险市场的竞争异常激烈。

虽然美国的大部分保险公司都是地区性保险公司,但是这不妨碍美国同时出现一批在世界保险业具有重要地位的巨型公司。在 2019 年美国《财富》杂志所评选的全球 500 强企业中,美国有 21 家保险公司入选,占全部入选保险公司[1]的 36%,超过其他任何一个国家,伯克希尔·哈撒韦(Berkshire Hathaway)和联合健康集团(United Health Group)同时还入选全球最大的 50 家企业。

美国的保险中介非常发达,主要包括保险代理人和保险经纪人,其中保险代理人尤其活跃。美国的保险代理人分为不同的种类和层次,他们为美国保险业务开辟了多种渠道,成为美国保险市场营销体系的中心。

美国保险市场的监管体系也富有特色。美国是一个由 50 个州和 1 个联邦直辖特区等所组成的联邦制国家,联邦和各州根据宪法享有和行使各自的权力。1868 年,美国最高法院确认了各州对保险的管理权,各州制定《保险法》,并依法由州保险监督管理机构执行检查。由于美国各州有着不同的历史和文化,因此各州的保险法规在内容上存在较大的差异。为了协调美国各州的保险法规,1871 年,美国保险监督官协会(National Association of Insurance Commissioners,NAIC)成立,其成员由各州保险监督官组成。美国保险监督官协会每年定期召开会议,专门讨论保险监管的全国性立法和管理问题,并为各州的保险监督官提供金融、精算、法律、信息技术、调查等方面的专业和技术支持,以更好地保护消费者利益和规范保险市场的运行秩序。[2]

二、英国保险市场

英国的保险业历史悠久,源远流长。在 15 世纪地理大发现之后,英国凭借其有利的地理位置开始成为世界贸易强国。海上贸易的发展直接推动了海上保险的发展,举世闻名的劳合社就是在这一时期诞生的。随着海上保险的发展,火灾保险和人寿保险也在英国逐渐兴起。18 世纪后半期,英国开始了工业革命,经济的大发展带动了保险的大发展,英国逐渐成为世界保险业最发达的国家。第二次世界大战以后,虽然英国保险业的地位

---

[1] 根据财富中文网(www.fortunechina.com)的统计,保险公司分为人寿与健康保险(股份)、人寿与健康保险(互助)、财产和意外保险(股份)、财产和意外保险(互助)以及保险和管理医保 5 大类,共 58 家公司。

[2] National Association of Insurance Commissioners, www.naic.org.

有所下降,但是它仍在世界保险市场上起着重要的作用。

根据瑞士 Sigma 杂志的统计,2018年英国的保费收入位居全球第四,劳合社与保险公司市场和保险经纪人市场共同构成了庞大的英国保险市场。

劳合社是世界上具有领导地位的保险市场,也是英国保险市场的重要组成部分。劳合社的正式名称为"伦敦劳埃德社"(Lloyd's of London),它是以一个咖啡馆老板爱德华·劳埃德的名字命名的。劳合社成立于1688年,是世界上最早的保险组织之一。劳合社并非是一家保险公司,而是由众多公司和个人所组织起来的具有半相互性质的保险市场,在这个市场上,劳合社的会员以辛迪加的形式承保风险。这些辛迪加组织业务领域各不相同,包括海上保险、航空保险、巨灾保险、专业责任保险和汽车保险等。劳合社的组织结构尊崇创新、效率和价值,这使得劳合社能够适应不断变化的消费者需求,并对世界上各种复杂的承保问题迅速提供专业服务。[1]

保险公司也是英国保险市场的重要组成部分之一。从经营范围来看,英国的保险公司分为三大类:第一类只经营汽车保险、家庭和商业保险等普通保险业务,第二类只经营寿险和年金等长期保险业务,第三类同时经营普通保险业务和长期保险业务。英国保险市场上的许多保险公司都为大型的金融和保险服务机构所控制。[2] 在2019年美国《财富》杂志所评选的全球500强企业中,英国有3家保险公司入选,包括保诚集团(Prudential)等。

保险经纪人在市场上表现非常活跃,这也是英国保险市场的一个重要特征。在劳合社保险市场上,保险人与被保险人之间的交易必须通过保险经纪人来完成。在寿险市场上,大部分保费收入也是通过经纪人来实现的。相比而言,保险代理人则处于相对弱势的地位。[3]

三、日本保险市场

第二次世界大战之后,伴随着日本经济的腾飞,日本的保险业也迅速发展起来。到20世纪90年代中期,日本保险业达到了一个历史高峰。虽然亚洲金融危机后日本在世界保险业的地位有所下滑,然而其保险业整体发展水平仍然位居发达国家之列。根据瑞士 Sigma 杂志统计数据,2018年日本的保费收入仅次于美国和中国,居世界第三位,保险密度和保险深度分别居世界第16位和第11位。2019年美国《财富》杂志所评选的全球500强企业中,日本有8家保险公司入选,入选数量仅次于美国和中国。

在过去相当长的时间里,日本保险市场都比较封闭。一方面,由于日本经济发达,人口密度较高,国民保险意识较高,保险需求旺盛,各保险公司把主要精力都放在了国内保险市场,而较少开展海外业务;另一方面,监管机构对外国保险公司实行严格的市场准入约束,即使外国保险公司进入日本保险市场,其业务范围、保险条款、费率、资金运用都要接受监管机构的严格限制。1996年以前,在日本保险市场经营的外国保险公司分支机构非常少,市场份额很低。但是,随着1996年4月新《保险业法》的正式实施,日本对保险市场的管制开始逐步放松。市场管制的放松使得日本保险市场结构发生了很大的变化,

---

[1] Lloyd's of London, www.lloyds.com.
[2] The Association of British Insurers, www.abi.org.uk.
[3] Ibid.

这具体表现在:外国保险公司正在越来越多地进入日本保险市场,市场份额也在稳步增加。[①]

除了正在变得越来越开放,近年来日本保险市场的另一个重要变化就是正在变得更加成熟,市场竞争也越来越规范,保险公司的风险防范意识不断增强。在20世纪90年代中期以前,日本保险公司一味追求规模,盲目扩张,过分依赖政府保护,缺乏健全和完善的风险防范机制。亚洲金融危机以后,受到多方面因素的影响,从1997年到2000年,日产生命、东邦生命、千代田等七家日本寿险公司和第一火灾财险公司先后宣告破产,引发了保险业的巨大动荡。日本保险公司破产事件的连续发生,进一步坚定了日本保险业监管体制改革的决心。此后几年里,从法律制度的健全到保险中介体系的完善,从条款费率的放松到保险产品的创新,从对保单持有人的保护到保险公司的兼并和重组,从保险公司风险管理体制的构建到偿付能力监管的加强等,日本保险监管体制得到了全方位的完善,为日本保险市场的进一步发展创造了条件。

本章总结

1. 保险市场的主体包括保险产品的供给方、保险产品的需求方和市场的监管方。
2. 保险市场具有直接交易风险、交易具有承诺性、信息不对称程度高和交易成本较高等特征。
3. 保险市场在供求机制的作用下对风险进行聚集和转移,在供求机制的作用下实现损失的分担。
4. 依据不同的标准,保险市场有着不同的分类。

思考与练习

1. 保险市场有哪些参与者?他们各起到什么作用?
2. 比较保险市场和普通商品市场,总结保险市场的特征。
3. 简述保险市场的运作原理。
4. 结合我国保险市场发展的轨迹,分析我国保险市场结构的演变历程。

[①] The Life Insurance Association of Japan,http://www.seiho.or.jp;The General Insurance Association of Japan,http://www.sonpo.or.jp

第五章　　保险公司

┃本章概要┃

　　保险公司是经营管理风险的商业组织结构,是保险市场重要的参与者。为了让读者对保险公司有一个概要性的了解,本章将首先介绍保险公司的类型、组织形式、基本组织架构。目前看来,国际保险业中普遍出现了同行业内竞争加剧、金融服务环境不断变化的趋势。因此,各保险公司都在积极采取可以增加竞争优势的活动或交易,并购、控股其他公司以及和其他公司结成策略联盟的行为十分普遍,而在全球化背景下,跨国经营也成为保险业中的重要话题。本章将简要分析保险公司的市场行为及其跨国经营的基本情况。

┃学习目标┃

　　1. 了解保险公司的分类和保险公司的组织形式,熟悉保险公司的基本组织架构,掌握几种保险公司组织结构的异同。
　　2. 了解保险公司兼并、收购的基本方式和利弊。了解控股公司和策略联盟的组建方式。
　　3. 了解保险公司跨国经营的动机和应当考虑的因素。了解跨国保险公司经营国外业务的主要方法及其利弊。

引　　言

　　保险公司是承担各类可保风险,并专门进行风险管理的商业组织机构。它通过为被保险人提供各种保险来满足他们转移风险、减少损失、保障生活水平、获得储蓄投资收益、获取金融服务等各方面的需要。

第一节　保险公司及其类型

一、保险公司的分类

　　按照所承担风险的类型不同,可以分为人寿与健康保险公司、财产与责任保险公司;根据被保险人的不同,可以分为原保险公司、再保险公司。以下我们分别简要介绍一下这几类公司。

(一) 人寿与健康保险公司

　　人寿与健康保险公司为广大消费者提供各种人身保险产品,比如定期寿险、终身寿险、万能寿险、变额万能寿险、医疗费用保险、伤残收入保险、年金保险、团体人寿和健康保险与退休计划。上述产品的功能主要体现在以下三个方面：一是保护客户免受/减少经济损失，这是人寿与健康产品最重要的功能；二是帮助客户为未来进行储蓄；三是帮助客户投资。

（二）财产与责任保险公司

财产与责任保险公司主要为消费者提供海上保险、货物运输保险、火灾保险、运输工具保险、工程保险、农业保险、各类责任保险等产品。上述产品的主要功能是帮助投保人转移风险、减少损失。

（三）再保险公司

再保险公司是经营再保险业务的商业组织机构。再保险是与原保险相对应的概念。原保险是指保险人对所承保的保险事故在其发生时对被保险人或受益人进行赔偿或者给付的行为，它又称直接保险。再保险是指原保险人为避免或减轻其在原保险中所承担的保险责任，将其所承保的风险的一部分再转移给其他保险人的一种行为。

二、保险公司的组织形式

由于保险公司经营业务涉及面广，技术复杂，对人们的生活及国民经济的影响重大，许多国家对保险业的监督都非常严格，对保险机构的形式、经营活动、财务活动以及公司的解散都有具体、详细的规定。如果按照经营者的性质来划分，目前，世界上保险业的主要组织形式有国家或政府保险组织、股份保险公司、相互保险公司、相互保险社等，但最主要的形式还是股份保险公司和相互保险公司。

（一）股份保险公司

同其他股份公司一样，股份保险公司也是为营利目的而设立的。股东可能是，也可能不是公司的保单持有人。不管是在哪一种情况下，股东都有权通过出售公司股票来放弃他们作为所有者的权益。

（二）相互保险公司

相互保险公司是由保单持有人拥有和控制的。相互保险公司不发行股票，也没有股东。人们通过购买保单而成为公司的所有人并可以从公司得到分红，利润由公司的所有人共享。相互保险公司的宗旨是为投保人提供低成本的保险，而不是为了营利。

（三）股份保险公司和相互保险公司的差异

按照法律规定，中国目前不允许有相互保险公司的组织形式；从国际上来看，从20世纪开始，也出现了非相互化的一种趋势，即相互公司转变为股份制公司。但了解相互保险公司与股份保险公司的运作及其之间的差异，对于思考在中国建立多元化的公司组织形式,满足消费者多元化的需要,提高经济效率无疑是有益的。[①]

股份保险公司和相互保险公司之间的差异主要体现在以下八个方面:

1. 从企业主体来看

股份保险公司由股东所组成,而相互保险公司由社员所组成。股份保险公司的股东并不限于投保者(但股东和投保人也可以同为一人),但相互保险公司的社员必为投保者,社员与投保人同为一人。

2. 从企业经营目的来看

股份保险公司是为了追逐利润,而相互保险公司则是为了向社员提供较低保费的保险。

3. 从权力机构来看

股份保险公司的权力机构为股东大会,相互保险公司则为社员大会或社员代表大会;股份保险公司的董事与监事仅限于股东,而相互保险公司的理事并不以社员为限。因此,相互保险公司可以利用非社员理事的各种社会关系促进业务的发展。

4. 从经营资金来看

股份保险公司的资金来源为股东所缴纳的股本,相互保险公司则为基金,基金的出资人并不限于社员,公司可以在创立时向社员以外的人借入,然后在以后进行偿还。

5. 从保费的缴纳来看

股份保险公司大都采用定额保费制,而相互保险公司则大都采用不定额保费制。换句话说,股份保险公司的经营责任是由股东来负担的。因此,当由投保人所缴纳的保费有剩余时,通常被计入盈利;反之,若有不足时,应由股东设法填补,投保人不负追补的义务。而相互保险公司则不同,如果所收的保费有剩余,可以予以摊还;如入不敷出,则需要向社员临时征收,也就是说,社员负有追补保费的义务。

6. 从所有者与经营者的关系来看

股份保险公司中所有者对经营者的控制程度相对较高。因为在股份制的场合,所有者可以通过"用手投票"的内部管理机制和"用脚投票"的市场机制来约束经营者,而相互保险公司的所有者对经营者的控制就比较弱。这样一种差别导致股份保险公司的代理成本较低,而相互保险公司的代理成本相对较高。

7. 从对风险的防范来看

股份保险公司由于股东的分散和股东与投保人在很多场合下的分离,股东与投保人的目标函数是不一样的。股东追求较高的投资回报,而投保人追求的是较低的保费。由于这一冲突,在股份保险公司,投保人之间的利害关系较弱,欺诈行为相对来说易于发生。而相互保险公司中的投保人就是所有人,这里目标函数的冲突较少,投保人之间有相对较强的利害关系,因此,在很大程度上可以避免和防止被保险人的欺诈行为。

8. 从公司的业务发展来看

由于股份保险公司可以上市筹资,并且易于进行兼并收购,因此相对来说易于扩大

---

① 最早的相互保险公司是于1762年在英国诞生的Equitable Life。这种保险组织形式至今仍然在西方的保险市场特别是寿险市场上占据很重要的地位。

经营规模。而相互保险公司除非动用盈余和借贷,否则扩大经营规模是比较困难的。

在现实中,股份保险公司可以转化为相互保险公司;反之,相互保险公司也可以转化为股份保险公司。不管是哪种情况,这一过程都需要花费时间与精力,但由于种种原因,仍然有公司决定转换公司形式。19世纪初,北美的一些股份人寿与健康保险公司转换为相互公司,这主要是基于以下两个原因:一是回避股东分红的要求,二是避免被其他公司收购。但从近几十年来看,更多的情况是相互公司转换为股份公司,即相互公司股份化。人们通常认为,相互公司通过股份化重组为股份公司有以下几个优点:

(1) 更灵活的公司结构。在并购和经营其他类型的公司方面,股份公司比相互公司具有更大的灵活性。在今天的商业环境下,建立控股或集团公司比单一公司拥有更大的竞争优势。如果相互保险公司想并购其他公司,被并购的公司常常并非是相互制的,所以增加了并购过程中公司结构的整理难度。

(2) 更便捷地进入资本市场。股份公司可以通过销售额外的股份来增加资本。销售股票所得的现金可以用来购买其他公司或支付保险公司扩大和改革所需的资金。许多相互公司的财富主要来源于累积的盈余,但其在盈余运用的方式上受到限制。

(3) 更吸引管理人员。为了吸引高层管理人员,股份公司可以把公司股份作为一部分补偿,而相互公司则没有这种选择。

(4) 公司所有者更有参与的主动性。股份公司由股东所有,股东对于公司运作比相互公司所有人即保单所有人有更大的关注。一些高级管理人员认为,由于股东的监察,股份公司的管理比相互公司更进取,更注重发展,更能适应经济环境的变化。

然而,相互公司股份化也不是一件非常容易的事情。目前许多相互公司考虑股份化,但由于多方面的原因,还没有开始这个漫长而复杂的过程。相互公司股份化要求相互公司的盈余在保单所有人之间进行分配,因此,相互公司必须找出一条平等有效的途径来分配这些盈余。在此,它们面对两个重要的问题:首先,哪些保单所有人应当分配盈余。有一些权威人士认为公司所有的保单所有人,不论是生存的还是死亡的,都对盈余做出了贡献,因此,所有保单所有人和他们的继承人都应当分享盈余。有些权威人士则认为,只有那些在公司转换之前的3—5年内拥有有效保单的人才应参与盈余分配。保单所有人代表、监管者和相互公司的管理人员必须在这两种对立方法中找出合理的解决办法。其次,保单所有人应当以何种方式分享盈余:现金、股份抑或二者皆可?如果以现金分配盈余会耗尽其盈余,这样的话,一旦转化为股份公司,可能会因财力不足而不能吸收额外资本;如果以股票形式来分配盈余,则可能使股东的队伍过分庞大。

2007年之后,相互保险行业占全球保险市场的份额小幅增长,遏止了此前数十年的下降趋势。2017年,相互保险占非寿险保费的近31.6%,基本与2007年持平。同期相互保险占寿险行业的份额为22.5%。即便如此,寿险相互保险的市场份额仍远远低于20世纪80年代后期和90年代早期2/3的水平。当时的巅峰之后,多个发达国家出现了去相互化的风潮。

(四) 专业自保公司

专业自保公司最简单的形式是由非保险企业母公司全资控制的保险子公司,开立的主要目的是为本企业、附属企业以及其他企业承保那些低变异系数、可预见或是一般保险公司不愿意承担的风险,以此达到自我保险的目的。建立这种保险机构既可以为其母公司增加投保的业务范围,又可以为母公司节约投保费用。因此,这种类型的专业自保公司的业务主要是母公司的保险业务,保险标的的所有人也是专业自保公司的资产所有人。专业自保公司的被保险人直接介入和影响着自保公司的主要经营,包括承保、理赔管理政策和投资行为等,这也是专业自保公司的最大特点。此外,专业自保公司还可以由一个行业或组织内的被保险人共同设立。

专业自保公司可以设立为直接保险公司,向其母公司及母公司的附属公司直接签发保单、收取保费,然后根据业务情况,将超过预定损失程度的风险转嫁给专业再保险公司。由于保险业是一个受到高度监管的行业,在许多法律制度下,某些风险只有经过保险监管机构批准的公司才能承保,故专业自保公司也可以设立为再保险公司。

专业自保公司是国际大型企业和特定领域中常见的风险管理方式,也是我国保险市场的新型组织形式。2013年12月保监会发布的《关于自保公司监管有关问题的通知》(保监发〔2013〕95号)规定,"自保公司是指经中国保监会批准,由一家母公司单独出资或母公司与其控股子公司共同出资,且只为母公司及其控股子公司提供财产保险、短期健康保险和短期意外伤害保险的保险公司""自保公司可以采取股份有限公司或者有限责任公司两种组织形式"。2013年12月,中石油专属财产保险股份有限公司开业,成为境内首家专业自保公司。2015年2月,中国铁路总公司获准筹建中国铁路财产保险自保有限公司,该公司成立后将为铁路总公司及其子公司的某些风险提供保险保障。2019年2月,上海电气香港公司旗下子公司电气自保获香港保监局批准设立,成为中国第八家自保公司。

三、保险公司的基本组织架构

保险公司有其独特的功能部门,它的运作是建立在各功能部门有机联系的基础之上的。从人寿与健康保险公司来看,其主要有营销、精算、核保、客户服务、理赔、投资、会计、法律、人力资源、信息系统等部门。

营销部门的职责主要是进行市场调查,和公司其他部门一起开发新产品和改进现有产品以适应客户的需要,准备广告促销活动,建立和维持公司产品的销售体系。

精算部门的职责是负责确保公司在精确的数理基础上运作。它要在研究死亡率、发病率或损失率的基础上厘定费率,确定公司的准备金,建立风险选择准则,确定公司产品的盈利水平。[①]

核保部门的职责是确保公司被保险人的死亡率或发病率不超过费率厘定时预定的水平。一般来说,核保部门和精算部门共同建立评估投保的准则,此外,核保部门还参与再保险合同的协商和管理。

客户服务部门的基本职责是为公司的客户——包括代理人、经纪人、保单所有人和受益人等提供服务。客户服务部门的人员负责提供信息咨询,帮助解释保单措辞,回答有关保障的问题,应保单所有人的要求进行住址、受益人或保费缴纳方式等的变更,计算

[①] 在精算部门工作的精算师的职责主要是保险产品的设计、费率的计算、准备金的提取、现金价值的计算、费率及保额的调整等,在公司年底财务报表的审核、投资活动的评估、为公司发展规划的制定提供数据支持和专业建议等方面也起着重要的作用。

和处理保单贷款、不丧失价值选择权和红利。在有些公司,客户服务部门还负责处理公司代理人的佣金支付,寄送缴纳保费通知,收取保费,进行一些理赔管理等。

理赔部门的主要职责是负责审查保单所有人或受益人提出的索赔申请,确定索赔的有效性,将保险金交付给应受理的人。假如公司对客户的索赔有异议,理赔人员要在法庭上代表公司出示证据。

投资部门根据公司董事会和投资委员会制定的方针管理投资活动。投资部门的授权职员可以买卖股票、债券、抵押贷款、不动产和其他资产。当公司计划兼并或收购时,他们也可以担任总裁和董事会的顾问。

会计部门负责保存繁杂的公司财务结果和公司有效运作的记录,准备财务报表,控制收支,监督公司的财务预算程序,管理公司职工薪金,和法律部门一起确保公司遵守政府法规和税法。

法律部门负责确保公司的运作遵守政府的各项法律和法规,研究现有或即将颁布的法律以确定它们对公司运作的影响。当理赔出现争议时,向理赔人员提供建议,和会计部门一道确定公司的纳税责任,在任何诉讼中代表公司,处理投资协议、保单转让和所有权的确认,帮助设计保单格式等。

人力资源部门规定有关雇用、培训和解聘员工的制度,决定员工的福利水平,确保公司遵守政府的劳工法,管理雇员福利计划等。

信息系统部门负责开发和维护公司的计算机系统,运用电脑档案保存公司记录,帮助提供准备财务报表所需数据,对公司所使用的各类程序和系统进行分析。

财产与责任保险公司的主要功能部门和人寿与健康保险公司类似,只是在一部分工作内容和具体职责上有一些不同。

第二节 保险公司的并购、控股和策略联盟

一家保险公司可以兼并、购买和销售其他企业,或被其他企业购买和销售,还可以与其他公司形成策略联盟。金融服务环境的变化,促使保险公司考虑以下这些可以增加竞争优势的活动或交易。

一、保险公司的兼并

兼并是指两个或两个以上的企业依照法律规定的程序,通过订立合同,一个企业吸收其他企业而合并成一个企业。被兼并的企业自兼并之日起失去法人资格,成为兼并企业的一个组成部分,兼并企业则仍保持原先的名称,在获取被兼并企业的财产和债权的同时,承担被兼并企业的义务。保险业的兼并发端于20世纪80年代,90年代之后日益加剧,不仅次数多,且涉及资产金额也空前扩大。保险公司实行兼并有许多原因。首先,发挥比较优势,实现经营规模的迅速扩张。一个弱小的公司可以寻找一个较强的伙伴来克服财务困难或获得扩张所需的充足盈余。一家公司可能需要给它的客户提供新的产品和服务,但与其自己花费时间和金钱来开发新产品和提供服务,不如寻找一个伙伴来弥补本公司在一些方面的不足。其次,获得规模经济优势,提高经济效率。规模经济产生的原因是,一些经营活动在大规模进行时将更加有效。这是因为,当经营规模增加时,

单位成本会降低。如果两家公司合并,可以减少单位成本、降低产品价格,从而提高经济效率。除此之外,客户会觉得较大的公司比较小的公司更加稳定,更容易吸引和保留优秀的管理人员。

但任何事情都是利弊相伴的,兼并也有一些弊端。例如,为了兼并,公司需要支付巨额的法律和会计成本。兼并中的公司雇员经常会对兼并产生许多忧虑,他们担心会失去或调换工作,他们还担心新公司的管理方式会与以前不同,一些雇员会在公司改组过程中离开公司。为了减轻以上忧虑和处理人事变动,兼并中的公司需要耗费大量的时间和财力,甚至会造成临时性的营业中断。如果兼并中的公司总部分别设在不同的地方,其中一家公司就必须搬迁,这意味着一些雇员会辞职,公司必须在新总部聘用新雇员,搬迁的公司必须对一些雇员提供遣散费,重新安排重要雇员,卖掉旧址的办公房产。兼并中的公司必须同它们的代理人重新签订合同,以反映兼并所带来的变化等。

二、保险公司的收购

收购是指一家公司购买另一家公司的控股权,它通常是通过购买目标公司一定比例的股票来实现的。拥有目标公司 50% 以上的股票一般就能使购买者获得被收购公司的控股权。如果股东很分散的话,只需相对多数股票数量就可以实际控制公司运作。

股份公司可以收购,也可以被收购。而相互公司因为没有股票,因而不能被收购,但它可以收购股份公司。有的国家对收购有较为严格的限制。例如,加拿大法律规定,外国公司拥有加拿大寿险公司的股份不得超过 25%。该条款还要求,如果外国公司要在加拿大开业,须申请组建一家新公司,而不能收购加拿大公司。[①]

与其他行业相同,保险业常用的收购方式也包括善意收购和恶意收购两种。

(一)善意收购

善意收购是指由接收方提出购买要约,被收购方同意被收购,两家公司就购买价格达成共识。目标公司的董事会必须同意要约,并在公开声明中向股东建议接受要约。

(二)恶意收购

恶意收购是指目标公司管理层拒绝接受收购要约,而收购公司不顾目标公司管理层的意愿,继续企图收购该公司。在恶意收购的情况下,收购公司提出股权收购,即收购公司直接从目标公司的股东手里购买到目标公司的控股份额。通常来说,在股权收购的情况下,寻求收购的公司应当向证券交易委员会递交文件,阐明收购公司收购目标公司股票的意图、收购的原因、清算目标公司或销售其大部分资产份额的计划、收购的资金来源、借入资金不可超过收购资金的一半等。然后,收购方公开声明它将以指定价格购买目标公司股票,该价格通常高于股票市价。有的时候,收购公司声明,只有在一定期间内收购到目标公司股票的一定比例时,才支付股权收购中的价格。

恶意收购经常导致长期的法律和财务冲突。有时目标公司会提出反收购,试图购买预期收购方的足够股份以控制对方。如果目标公司没有提出反收购,目标公司的董事会

---

① 〔美〕肯尼斯·哈金斯,罗伯特·兰德著,湖南财经学院译:《人寿、健康保险公司的运作》,内部出版物,1999年版,第 32 页。

将试图说服股东相信收购是不利于公司股票的长远价值的。目标公司甚至可以购买足够多的自己公司的股票,以确保自身的控股权。如果目标公司不能阻止恶意收购,它通常会寻求一个更为合意的购买者,后者通常被称为"白色骑士"。如果收购成功并且购买到所需的股票份额,收购公司就控制了大多数股票,从而可以选择出新的董事会并做出管理决策。

近些年来,保险业中也采用了杠杆收购这种收购方式。杠杆收购是指收购公司主要通过借入资金来购买另一家公司。借入资金在一定期间内通过收购公司运作或销售被收购公司资产所得的收入来偿还。

三、控股公司

当一家公司被另一家公司收购时,被收购公司就成为子公司,拥有子公司的公司称为控股公司。最初,控股公司的概念多用于收购相同或相关行业的公司,收购的目的是使某个行业的专门技能或市场份额达到最大限度。现在,控股公司也用于控制不同行业的子公司。通过这种控制,控股公司可以避免由于集中经营某种单一业务而可能带来的风险。

从20世纪60年代后期开始,许多人寿与健康股份保险公司变成其他公司的子公司。在一些场合,收购公司为财产与意外保险公司。由于这些公司的利润下降,它们需要新产品来增加利润。在另一些场合,收购公司是集团公司,其动因是被人寿与健康保险公司巨大的现金流所吸引。

目前在一些国家,不仅许多保险公司购买其他公司,以获得创建控股公司的优势,有一些保险公司还让本公司内的一些部门分立子公司。分立的子公司原属公司的一个部门,现在以独立公司的形式存在,其主要客户是其母公司,但分立的子公司也可以向其他个人或组织提供服务。例如,保险公司的养老金部门可以分立为一个养老金管理公司,公司的投资部门可以分立为一个投资管理公司,它的主要客户是其控股公司。这种分立子公司的做法源于这样一种假设,即摆脱在一个大公司内运作所受的限制,子公司能够以更进取和更具竞争力的方式来进行管理。分立子公司还可用来利用公司过剩资源,利用特定领域内的不同寻常的专门技能,或抓住所发现的盈利机会。

控股公司可以采取顺向或逆向组建的方式。在逆向方式中,控股公司由子公司组成,反过来又控制母公司,控股公司因而能够创建或收购另外的子公司。在顺向方式中,母公司建立控股公司,这个控股公司可以创建或收购子公司,但母公司却保持独立。

四、策略联盟

保险公司还有一种与外界组成策略联盟的悠久传统。策略联盟是指保险公司为了寻求各自的战略目标,在两个或更多的独立子公司之间建立的一种利益共享、风险共担的持久关系。近些年来,在一些发达国家,保险公司显著地扩大了联盟的数量和范围。例如在美国,保险公司的战略伙伴包括本州的其他保险公司、外州的保险公司、商业银行、医药公司等。金融环境迅速变化的现实使策略联盟对保险公司来说具有特别的吸引力。通过与其他公司的合作,保险公司可以大大增强对环境变化的反应能力。

保险公司组成策略联盟的动机主要有以下几点:① 通过策略联盟,保险公司可以在获得其他子公司的资源或专业技能的同时,仍保持自己一定的独立性;② 获得新的地域市场和新的分销渠道;③ 提高客户服务水平。

保险公司策略联盟一般采取两种形式：合资企业与合营企业。合资企业是两家或两家以上公司共同经营某项业务，每家公司拥有部分所有权。组成合资企业的参与者通常是把合资当作投资于新行业或新技术的一种方式。而建立策略合营关系的公司一般并不想兼并或收购其他公司。在策略合营关系下，保险公司希望得到其策略伙伴的特别服务，而不想直接参与其合营公司的经营。总之，在不断变化的时代，策略联盟提供了一种灵活、低成本的经营方式。通过这种方式，成员公司可以迅速进入新的、有望获利的状态。

银保融通是目前国际上保险业较为普遍的一种策略联盟方式。银保融通指的是保险公司与银行之间达成的一种金融服务一体化的安排，在这一安排中，保险公司主要负责产品的制造，银行主要负责产品的销售。从理论上讲，银保融通既包括银行经营保险业务，也包括保险公司经营银行业务，但在实践中，前者要比后者普遍得多。从现实来看，银行经营保险业务的形式按照一体化程度由低到高可以分为四种：一是通过产品销售合作协议达成市场销售联盟；二是银行和保险公司建立合资企业经营保险业务；三是两家独立的银行和保险公司通过合并或收购形成新的公司；四是银行组建自己的保险公司。

第三节 保险公司的跨国经营

一、跨国经营的动机

经营国际业务的公司通常称为跨国公司，它可以表现为以下两种情形中的一种：主要在一个或多个外国经营的国际性公司；经营多种国际业务的公司，在当地有不完全为公司所有的、作为独立企业的分支机构。

对于跨国公司而言，东道国就是该公司经营业务所在地的非本土国。跨国公司的总公司所在国是指该公司的总裁及高级管理人员所在的国家，即总部所在地。

作为商业经营机构，保险公司跨国经营、参与国际竞争的根本动因与其他类型的企业一样，来自对利润的追逐。促使保险公司将业务向海外扩展的重要因素可以归纳为以下几类：

（一）营销机遇

由于发达国家，特别是像美国、英国、加拿大、荷兰和德国等国家的保险公司经营历史较长，保险市场已经相当成熟，因此，这些国家的保险公司有强烈的动机在总公司所在国之外寻求其他营销机会。发达国家的实践表明，通过向他国拓展业务，有时保险公司可以有机会销售不适于在总公司所在国销售的产品。同时，保险公司的营销策略和技术在应用于本国之前，国外还能提供机遇在小范围内测试其效果。例如，一家美国公司开始在澳大利亚通过电视广告宣传其产品，这是该公司第一次利用电视宣传产品。还有一些美国公司在本国正式运作之前尝试通过国外的银行和零售网点销售寿险产品。[①]

（二）财务机遇

直接或间接改善财务状况是保险公司开拓国外市场的最典型动机。在海外经营的

---

① 〔美〕肯尼斯·哈金斯，罗伯特·兰德著，湖南财经学院译：《人寿、健康保险公司的运作》，内部出版物，1999年版，第337页。

公司有机会增加其总利润,增强其财务实力,从而有助于提高公司的经营效率。财务状况的改善来自销售量的提高、海外经营或工资成本的降低或者某些外国政府优惠的税收政策。由于公司整个业务的固定成本可以在较大的客户群体中分摊,因此,海外的经营成本得以降低。

跨国经营有利于公司财务状况的另一方面在于可分散多种风险,这可以通过以下几个方面反映出来:

(1) 通过向更多、更广的客户群体销售保单而分散承保风险。在多个国家销售保险的保险公司可以将风险分散于一个更大的客户群体中,从而更好地利用大数定律。

(2) 跨国经营的公司不易受个别国家经济状况的影响,因而有效地分散了经济风险。例如,假定 A 国的经济不景气,那里的保险业务因此萎缩,这种情况可能被该公司在另一国——B 国的经济繁荣所抵消。

(3) 通过对各种风险水平的资产在不同的市场进行投资,公司可以减少某一项不良的投资活动对其资产组合造成严重影响的机会。

(三) 其他激励因素

对一些保险公司来说,跨国经营不仅可以为新市场、新产品或者营销战略提供测试依据,还可以为希望晋升的经理人员和职员提供机会,这对于有长期国际市场计划的公司来说尤为重要。

二、跨国经营应当考虑的因素

通常来说,跨国经营要经过多年才能获利,因此,保险公司必须进行广泛而深入的调研,以应付跨国经营中的诸多挑战。保险公司必须考虑的典型因素包括以下几点[①]:

(一) 市场潜力

例如,该国是否有社会保障?若有的话,哪部分人受到保障?当地的保险市场有多大,它是如何运作的?

(二) 管理方式

例如,当地是否有有工作经验的人或者有无必要对他们进行培训?在当地招聘人员是否有困难?上述费用高吗?公司采取何种措施来消除语言障碍?

(三) 监管环境

东道国法定的存款、最低的资本和盈余要求是多少?评估标准是保守还是自由?是否必须采用当地的审计人员?允许何种公司结构(例如是分支公司、全资子公司、合资公司,还是参股公司的形式)?

---

① 〔美〕肯尼斯·哈金斯,罗伯特·兰德著,湖南财经学院译:《人寿、健康保险公司的运作》,内部出版物,1999年版,第 339 页。

（四）税收制度

例如，该国政府如何筹集资金？都有哪些税收项目？对外国公司的征税同当地公司相比怎样？公司在国外的税金和利润对国内公司的税收有何影响？

（五）外汇管制

例如，该国对资本输出有何限制？公司能否以红利、管理服务收费和再保利润以及税后净利润等形式向总公司所在国返回足够的资金，以补偿总公司管理国外经营的费用，并提供合理的投资回报？如果不能，在该国开业是否还有意义？其他公司在转移资金过程中有什么延误？公司在兑换货币时能否承受汇率波动带来的巨额损失？

（六）投资方式

例如，公司的某种资产的可投资数量是否有法定限制？所在国是否与多数国家一样，负债必须以当地的资产担保？当地是否有足够的投资途径以提供充足的收益和保障？

三、经营国外业务的方法

从事跨国经营的主要方法是建立分公司或子公司、合资公司以及收购外国公司。尽管还有一些其他的方法，但上述三种在当今的市场上最为常用。

（一）分公司和子公司

一般观点认为，在海外建立分公司或子公司，有利于总公司对其国际活动进行最大限度的控制。但如果总部或母公司不熟悉在东道国经营业务的方式，那么，建立分公司和子公司将有很大的风险，同时，经营的初始成本也很高。基于上述原因，一些保险公司倾向于选择与已在外国市场经营的公司建立合资企业。

（二）合资公司

在国际保险的竞争场上，一国保险公司可与东道国保险公司合作进入该国的保险市场。他国进入东道国市场的动机很明显：在一个新市场上销售保险。但东道国与其他国公司合作，或帮助他国保险公司进入本国市场的动机就不是那么单一了，它可能包括以下几个方面：① 从外国保险公司的技术或销售技能中获益；② 将外国公司销售的新产品引进本国保险市场；③ 获取互惠机会并以合资企业的身份进入对方国家，共享合资企业的利润；④ 加强其分销系统，增加在本国市场上的份额。

合资公司产生的效益可能主要来自规模经济，即多个公司联合经营时能够节省经营费用。从理论上来说，由于消除了公司之间功能区域的重叠，两家公司合作经营只需要较少的资源。同时，由于在合资企业内是双方共担风险，跨国经营的保险公司所遭受的损失将比单独进入新市场小得多。此外，如果进入新市场时与已经在该市场经营的公司合作，跨国保险公司就可获得较为宽松的监管。从文化的角度来看，合资企业将使跨国保险公司受益，因为与东道国伙伴的合作可减少与东道国消费者交往时由社会文化习俗或语言等方面的不同所引起的误解。

合资企业也有不可避免的一些缺陷，例如，协调方面的问题。公司刚开始经营时可能会发现各自的目标与谈判时所声明的不同;或者其中的一方可能不遵守起初共同达成的协议;他们也可能会发现双方在某一领域是伙伴关系,但在别的领域则是竞争对手;公司可能缺乏统一的管理控制;加入海外合资企业的跨国保险公司可能会因无法完全控制自己的业务而感到沮丧。

(三)收购合并

为了尽快在国外立足,一些外国保险公司倾向于选择收购已经存在于东道国的公司。收购现有公司的一个好处在于,保险公司可以立即在国外市场上开展业务。尽管存在收购成本的问题,但这种投资的损失风险通常也不会比建立分公司的风险大,因为保险公司通常会收购已经有经营业绩的公司。并购中可能存在的问题是,由于政策方面的限制,一些国家不允许外国公司对本国保险公司取得所有权,因而在该国市场就不能选择经营子公司。另外,在保险市场发展尚不完善的国家中,通常很难找到收购的目标。

本章总结

1. 保险公司主要分为人寿与健康保险公司、财产与责任保险公司两种。保险公司的组织形式主要有股份保险公司和相互保险公司。两种组织形式在现实中可以相互转化。一般说来,相互保险公司股份化之后,将拥有更灵活的公司结构,可以更便捷地进入资本市场,对高级管理人员更富吸引力,公司所有者参与的主动性也会大大提高。

2. 保险公司可以兼并、收购其他企业,或被其他企业购买和控制;同时,保险公司还可以组建控股公司或与其他公司形成策略联盟。依据金融服务环境的变化和业务发展的要求,保险公司会在充分权衡利弊之后决定是否采取这些市场行为。

3. 保险公司的跨国经营可以为公司扩展新市场、扩大收入来源、改善财务状况、分散风险,还可以对员工提供升迁激励。国外的市场潜力、管理方式、监管环境、税收制度、外汇管制和投资方式等都是进行国外经营必须考虑的因素。

4. 保险公司从事跨国经营可以采取的主要方式包括建立分公司或子公司、合资公司以及收购外国公司。这些方式各有利弊,保险公司应在充分考虑各种因素后进行取舍。

思考与练习

1. 股份保险公司与相互保险公司有哪些异同?相互公司转化为股份公司后将会具有哪些经营上的优势?相互公司股份化过程中可能会面临哪些问题?

2. 银保融通是目前在国际上比较流行的策略联盟方式,中国的市场参与者对此种方式也十分关注。你认为现阶段在中国市场实行银保融通可能会遇到什么样的困难?长远来看,银保融通将给保险市场带来什么样的发展机遇?

3. 在中国开展业务的跨国保险公司有哪些?假定你是一家跨国保险公司的决策者,在做出进入美国市场的决策之前,你会着重关注哪些方面的问题?

4. 在中国市场上选取一家国有保险公司与一家外资保险公司。试搜集资料比较其基本组织架构、企业文化和市场战略的异同。你认为,国有保险公司和外资保险公司各有什么竞争优势?各有什么竞争劣势?

第六章　　保险消费者

┃本章概要┃

保险消费者代表保险市场的需求方。本章将介绍保险消费者的组成,分析保险产品的特性,阐述消费者购买保险产品应当遵循的主要原则,介绍评判保险产品提供者——保险公司的几项指标。

┃学习目标┃

1. 了解保险消费者的主要构成及他们之间的关系。
2. 理解保险产品的特性。了解购买保险产品应当遵循的原则。
3. 了解判断保险公司优劣的几个主要标准。

引　　言

对于消费者来说,购买保险产品与购买一般商品有相通之处,但也有很大的区别。在很多情况下,投保人购买了保险产品以后,就要与提供这种产品和服务的保险公司保持一种较为长期的关系。正因为如此,投保人在购买保险之前,应当认真地做出计划,这个计划的核心即"知己知彼"。也就是说,投保人既要了解自身的需求,也要了解保险产品的特性与特征,更要明了出售保险产品的保险公司本身的状况。

第一节　保险消费者的组成

"消费"在经济学上的解释:使用物质资料以满足人们物质和文化生活的需要。消费者即使用物质资料以满足其物质和文化生活需要的人。借用这一定义,我们也可以从需求的角度,将与保险有关的人统称为保险消费者,虽然他们在"消费"保险的链条上有着各自不同的"分工"。

我们在第三章中分别介绍了投保人、被保险人、保单所有人和受益人的概念。为了阅读的方便,我们在此先来简要回顾一下他们各自的"职责"。

投保人是对保险标的具有保险利益,向保险人申请订立保险合同,并负有缴付保费义务的人;被保险人是指其财产、利益或生命、身体和健康等受保险合同保障的人;保单所有人是指拥有保单各种权利的人;受益人也叫保险金受领人,是指在保险事故发生后直接向保险人行使赔偿请求权的人。

上述各种人的职责并不是绝对"定格"的,换句话说,有人可以一身一任,有人可以一身二任,有人甚至可以一身三任。

例如,在人身保险的场合,他们之间的关系可以有以下几种情形:

1. 投保人、保单所有人、被保险人和受益人均为一人

例如,张三以自己的生命作为保险标的向保险公司投保,他自己缴纳保费,并指定自己为保单的受益人。在这种情况下,他既是投保人和被保险人,又是保单所有人和受益人。① 这种情形在现实中并不常见,但不是没有可能。

2. 投保人、保单所有人与受益人为同一人,而被保险人为另一人

例如,张三以其妻子李四的生命作为保险标的向保险公司投保,他自己缴纳保费,并指定自己为受益人。在这种情况下,张三是投保人、保单所有人和受益人,而妻子是被保险人。

3. 投保人、保单所有人与被保险人为同一人,而受益人为另一人

例如,张三以自己的生命作为保险标的向保险公司投保,他自己缴纳保费,指定其儿子张小明为受益人。在这种情况下,张三是投保人、被保险人和保单所有人,而张小明是受益人。

4. 被保险人、保单所有人与受益人为同一人,而投保人为另一人

例如,张三以李四的生命作为保险标的向保险公司投保,保单上载明:李四为保单所有人,同时还为受益人。在这种情况下,张三为投保人,李四同为被保险人、保单所有人和受益人。

5. 投保人和保单所有人为同一人,被保险人和受益人为不同的对象

例如,雇主以雇员的生命作为保险标的投保意外伤害保险(包括死亡险),雇主缴纳保费。在这种情况下,雇主既是投保人,也是保单所有人;雇员为被保险人;受益人则为雇员的家属。这一情形在团体寿险中很常见。

6. 投保人、被保险人、保单所有人和受益人均为不同的对象

例如,张三以李四的生命作为保险标的向保险公司投保,张三缴纳保费,指定儿子张小明为受益人,女儿张小华为保单所有人。在这种情况下,张三为投保人,李四为被保险人,张小明为受益人,张小华为保单所有人。②

第二节 保险产品的特性及其购买原则

消费者要"消费"产品,首先需要了解所消费产品的特性。只有这样,才能取得效用最大化。我们在第四章分析了保险市场的特性,它们在很大程度上也反映出了保险产品的特性。以下我们来具体分析保险产品的特性及其消费者在购买该产品时应当遵循的原则。

---

① 在这种情况下,被保险人的保险金就成为自己的遗产了。
② 这只是为说明问题而举的例子。在现实生活中,这种情况并不常见。

一、保险产品的特性

保险也是一种商品,既然是商品,它也就像一般商品那样,具有使用价值和价值。保险商品的使用价值体现在,它能够满足人们的某种需要。例如,人寿保险中的死亡保险能够满足人们支付死亡丧葬费用和保障遗属生活的需要;年金保险可以满足人们在生存时对教育、婚嫁、年老等所用资金的需要;财产保险可以满足人们在遭受财产损失后恢复原状,或减少损失程度等的需要。同时,保险产品也具有价值,保险人的劳动凝结在保险合同中,保险条款的规定,包括基本保障责任的设定、价格的计算、除外责任的规定、保险金的给付方式等都是保险人智力劳动的结晶。

但是,与一般的实物商品和其他大众化金融产品相比,保险商品又具有自己的特点。

(一) 与一般实物商品相比较

1. 保险产品是一种无形商品

实物商品是有形商品,看得见,摸得着,其形状、大小、颜色、功能、作用一目了然,买者很容易根据自己的偏好,在与其他商品进行比较的基础上,做出买还是不买的决定。而保险产品则是一种无形商品,保户只能根据很抽象的保险合同条文来理解其产品的功能和作用。由于保险商品的这一特点,它一方面要求保单的设计在语言上简洁、明确、清晰、易懂,另一方面要求市场营销员具有良好的保险知识和推销技巧。否则,投保人是很难接受保险产品的。

2. 保险产品的交易具有承诺性

实物商品在大多数情况下是即时交易。① 例如,消费者到商店去购买电视机,当他做出购买的决定以后,这个消费者一手交钱,商店一手交货,这笔交易就完成了。也可以说,就这个商品的交易来看,该消费者与商家的关系也就终结了。而保险产品的交易则是一种承诺交易。当投保人决定购买某一险种,并缴纳了保费之后,商品的交易并没有完成,因为保险人只是向投保人做出一项承诺,该承诺的实质内容是,如果被保险人在保险期间发生了合同中所规定的保险事故,保险人将依照承诺做出保险赔偿或给付。可见,在保险产品交易的场合,投保人缴付了保费以后,该投保人与保险公司的关系不仅没有结束,反而是刚刚开始。由于保险产品承诺性交易的这一特点,对于保险人和投保人(被保险人)来说,相互选择就是非常重要的。从保险人的角度来说,他需要认真选择被保险人,否则将遭受"逆选择"之苦;从投保人的角度来说,他需要认真选择保险公司和保险产品,否则,不论是保持合同关系还是退保,都将给自己带来不必要的损失。

3. 保险产品的交易具有一种机会性

实物商品的交易是一种数量确定性的交换。例如,只要买者交了钱,不论是一手交钱、一手交货的现货交易,还是赊销、预付形式的交易,买卖双方都能明确地得到货币或者商品。而保险合同则具有机会性的特点。保险合同履行的结果是建立在保险事故可

---

① 虽然也有赊购的方式,但大部分是即时现货买卖。

能发生,也可能不发生的基础之上的。在合同有效期间内,如果发生了保险事故,则保险购买者从保险人那里得到赔偿、给付,其数额可能大大超过其所缴纳的保费;反之,如果保险事故没有发生,则保险产品的购买者可能只是支付了保费,而没有得到任何形式的货币补偿或给付。

(二) 与其他大众化金融产品相比较

与股票、债券、银行储蓄等大众化的金融商品一样,保险也是一种金融商品,因为它也具有资金融通这一金融商品的共性。与实物商品相比较,这些金融商品都具有产品的无形性、交易的承诺性等特点,但保险产品又具有自己的特点,这主要表现在以下两个方面:

1. 保险产品是一种较为复杂的金融产品

对于普通投资者来说,他只要知道存款本金和利息率、股票的买入价和卖出价、债券的票面价格和利息率,就很容易计算出其收益率。而保险产品涉及保障责任的界定、保险金额的大小、保费的缴纳方式、责任免除、死亡类型、伤残界定等一系列复杂问题。况且,大部分保险事故的发生是不以被保险人和保险人的意志为转移的[①],被保险人很难知道自己将在何时发生保险事故(这也正是人们需要保险的原因),也很难明确计算出成本和收益的大小。因此说,保险产品是比其他大众化的金融商品复杂得多的一种金融商品。

2. 保险产品在本质上是一种避害商品

在投资者买卖股票和债券等金融商品时,他们是以承担一定的风险作为代价,期冀获取更大的收益。因此,这些金融商品在本质上是一种"趋利"商品。而在购买保险的场合,大多数人是以支付一笔确定数额的货币来转移(可能存在的)风险,以换取对未来不确定性的保障。同时,由于保险所涉及的内容大都是人们不愿谈及或者避讳的事情,比如死亡、伤残等,因此,保险产品在本质上是一种"避害"商品。

二、保险产品的购买原则

我们在第一章讨论了对付风险的不同方法,保险只是其中之一。那么,对于一个家庭或个人来说,是不是保险公司出售的产品都需要购买呢?当然,如果投保人有足够的财力,他可以这样做。但事实上,这对大多数投保人来说是不现实的。正因为如此,投保人有必要在购买保险之前,认真地进行风险的评估,然后制订一个计划,以此来指导自己的购买。

(一) 进行风险评估,制订购买计划

投保人对风险进行评估,与企业的风险管理者对风险进行评估的程序基本上是一致

---

① 为什么说是大部分而不是全部?因为保险中的欺诈是很严重的,有些保险事故就是被保险人为骗取保险金而人为制造的。

的。他首先需要做的事情是，将家庭可能遇到的风险按照表 6-1 逐项列出，然后进行风险评估：

表 6-1　家庭可能遇到的风险

	风险对象	风　　险	可能招致的损失
人身	家庭的主要收入者 配偶（有工作的） 配偶（无工作的） 家庭的主要收入者 配偶（有工作的） 配偶（无工作的） 子女 子女	伤残 伤残 伤残 死亡 死亡 死亡 伤残 死亡	收入、服务和额外支出 收入、服务和额外支出 服务和额外支出 收入、服务和额外支出 收入、服务和额外支出 服务和额外支出 额外支出 额外支出
财产	家庭住宅 汽车 其他财产	损坏或灭失 损坏或灭失 损失或灭失	资产和额外支出 资产和额外支出 资产和额外支出
责任	与行为有关的 与财产有关的	诉讼 诉讼	资产和额外支出 资产和额外支出

在以上列表的基础之上，再按照程度的不同将需要购买的保险分为必不可少的保险、重要的保险和可选择的保险。必不可少的保险是应付那些保险事故一旦发生，足以使投保人家破人亡的风险，法律所要求的保险也在这个项下；重要保险是应付那些保险事故一旦发生，投保人或被保险人需要进行借贷的风险；可选择的保险是应付那些保险事故一旦发生，有可能减少投保人当前的资产和收入的风险。

不同的投保人有不同的经济收入、家庭结构、健康状况，他们的年龄、性别、职业、居住地也各不相同，因此，他们对保险的需求也会不一样。在某一个时期，对有些投保人来说是必不可少的保险，对另一些投保人来说则可能只是重要的保险；对有些地区的投保人来说是可选择的保险，对另一些地区的人来说则可能是必不可少的保险。因此，计划的制订是购买保险的第一步。

保险的种类有很多，而人们能够用来购买保险的货币又是有限的，这就构成了一对矛盾。① 于是，怎样分配这笔资金，对于投保人来说，就是一个很实际也很重要的问题了。从人们的保险实践中我们可以发现，花同样的钱来购买保险，有的人取得的效益好，有的人就不那么好。这是为什么呢？分析起来，其中一个很重要的原因就是没有很好地制订保险的购买计划，并很好地对保险产品进行选择。他们在一些项目上花费得太多，在另一些项目上则花费得太少。因此在这里，我们介绍两个基本原则，投保人在购买保险时不妨利用这些原则来进行一些选择，看能否取得较好的经济效益。这两个原则是，重视高额损失的原则和充分利用免赔方式的原则。它们是购买计划的具体体现。

（二）重视高额损失

从现实来看，与损失的可能性相比较，损失的严重性是衡量风险程度更为重要的一

---

① 这个矛盾可以说是经济学所面临的资源的有限性与人们需要的无限性的矛盾的一个具体例证。在这里，资源的有限性指的是人们用来购买保险的货币，需要的无限性指的是人们对保险的需要。

个指标。为什么会是这样呢？让我们举一个例子来加以说明。假定你今年死亡的可能性很小，但不论是生存还是死亡，这对你本人做投保计划来说，可以说并不重要。重要的问题是，如果你不幸死亡，将引起什么样的后果。当然，从情感的角度来说，你的死亡对于你的亲人和友人来说，无疑都是难以承受的痛苦，但如果我们将讨论限定在经济损失的范围，由你的死亡所导致的经济后果将因你的婚姻状况、需要抚养的子女的多少不同而不同。现在让我们设想两种情况：第一种情况是，你已成年，但未婚；第二种情况是，你已婚，并有一个可爱的女儿。很显然，处在第二种情景中的你如果不幸死亡，所造成的经济损失要大大高于处于第一种情景中的你，因为有两个人需要你的经济支持。责任风险也是一样：由于你的疏忽而对他人做出赔偿的可能性并不大，但一旦出现这种情况，赔偿额可能很高，有时甚至高到你个人很难承受的地步。①

我们在第二章"可保风险的理想条件"中已经讨论过，损失发生的可能性很小，但一旦发生，其严重程度很高的事件是适合于保险的。高额损失正是这样一种损失，人们除了购买保险来对付它，没有别的更好的办法。因此，在决定购买什么样的保险、购买多少保险前，作为投保人，首先需要考虑的问题就是，你所面临的潜在损失的规模有多大。这个规模越大，你就越应当购买这种保险。

（三）充分利用免赔方式

如果有些损失你可以承担，就不必购买保险，我们在第一章已经讨论过这个问题了，这样的风险你可以通过自留来解决。当这个可能的损失是你所不能承担的时候，你可以将你能够承受的部分（即低额损失）以免赔的方式自留起来。

免赔即保险事故发生以后，被保险人自己需要承担的损失。免赔要求被保险人在保险人做出赔偿之前承担部分损失，其目的在于降低保险人的成本，从而使得低保费成为可能。这是因为：第一，根据统计经验，财产损失的一个重要特征是，发生全损的情况是不多的，大量的是部分损失。② 如果被保险人可以自己承担一些小额损失，就不需要每次都经过索赔和理赔的程序，这必然会减少公司的费用。第二，由于被保险人需要承担部分损失，他们必然会关心防止损失的发生，由此降低了道德风险和行为风险。

例如，如果你的汽车遭受了破坏，你可以在一定范围内承担修理等费用；但是，超过200元的损失你可能需要保险人来支付。免赔方式允许你保留小额损失，在这个限额之上，再由保险公司来进行赔偿。

对投保人来说，对于一些小额的、经常性的损失由自己来承担而不是购买保险，就是更经济的，表6-2说明了这一点③：

---

① 这种情况也与一国的法律制度和法治环境有关。很显然，如果没有环境保护法，法院对于由某个企业或个人的责任所造成的环境污染就没有要求其承担民事责任的法律依据；同样，如果没有消费者保护法，受害人要求致害人承担赔偿责任也没有法律依据。在"不存在"责任风险的情况下，责任保险也没有存在的必要。

② 国外有人做过统计，85%的房屋建筑损失不到或接近其本身价值的20%。只有不到5%的直接财产损失导致财产丧失50%以上的价值。可见，与财产本身的价值相比较，大部分的直接财产损失数额是较小的。参见 S. S. Huebner, Kenneth Black, Jr. and Robert S. Cline, *Property and Liability Insurance* (3rd Edition). Englewood Cliffs, N. J.: Prentice Hall, Inc., 1982, p. 91.

③ 该保险的出售对象为25岁以下的、没有驾驶经验的未婚男性。

表 6-2　不同免赔额的汽车保险每 1 万元保额的保费　　　　　　　　（单位：元）

险别	保费			
	全部补偿	100 元免赔额	200 元免赔额	500 元免赔额
综合汽车保险	175	134	120	94
汽车碰撞保险	—	588	511	434

资料来源：James L. Athearn, et al., *Risk and Insurance* (6th Edition). Minnesota：West Publishing Company, 1989, p.149。

全部补偿即没有免赔额，也就是说，损失发生以后，保险公司支付所有的费用。请读者注意，在综合汽车保险（即除碰撞和翻车以外的所有事故）中，全部补偿保险的保费要比有 100 元免赔额的保险高出 31% 左右。之所以有这种差别，是因为每次保险事故发生，不论损失多小，保险公司都要支付所有的费用，而被保险人不需要支付任何费用。作为被保险人，你能够通过将免赔额从 100 元提高到 200 元而节省 14 元，而如果提高到 500 元，则可以再节省 26 元，总共 40 元。

现在让我们来看看汽车碰撞保险的情况。从表 6-2 可以看出，只有 100 元免赔额的碰撞保险比 200 元的免赔额的保险，其保费要高出 15%。如果免赔额是 200 元，在保险事故发生以后，被保险人要比只有 100 元免赔额的保险多承担 100 元，但是每年却减少了 77 元保费的支付。如果你认为 100 元和 77 元比较起来，100 元对你来说更难以承受，那么，你当然还是购买 100 元免赔额的保险为好；但是，如果这 100 元的损失你完全可以承受，那么，你最好还是购买有 200 元免赔额的保险。因为无论怎样，用每年必定多支付 77 元的代价换取可能会出现的一次或多次的 100 元的损失，这是一个昂贵的买卖。

这一原则也适用于其他类型的保险。例如，在健康保险中，如果被保险人购买的保险包含"等待期"这一条款，那么，缴纳相同数额的保险费就能购买到保险金额大得多的保险。健康保险中的等待期与财产保险中的免赔额有相似的作用，即在被保险人生病或由于其他原因不能工作一段时间以后，保险公司才开始支付保险金。

第三节　选择保险公司

人们购买保险的主要目的是在发生保险事故的时候，可以及时地从保险公司得到赔偿或者给付。那么在众多的保险公司中，消费者根据什么指标去判别哪一家公司能够充分履行自己的承诺，为消费者提供良好的金融服务？有以下几个指标可以供消费者进行参考：

一、公司的财务状况

保险公司的经济实力和经营的稳定性主要可以通过保险人的财务状况反映出来。评估保险人的财务状况有偿付能力和流动比率两个重要指标。在进行偿付能力评估时，较为常用的一个指标是净资产比率，用公式表示为：

$$净资产比率 = \frac{净资产}{资产总额}$$

在使用净资产比率来考察公司的经营情况时，必须注意以下几个问题：第一，只有将净资产和净资产比率这两个指标放在一起来衡量,才能比较真实地反映一家公司真正的偿付能力。例如,有甲、乙两家公司,甲公司是一家大公司,乙公司是一家小公司。甲公司的净资产是乙公司的 5 倍,但是乙公司的净资产比率却是甲公司的 2 倍。那么,从这个指标来看,乙公司的财务状况比甲公司的还要强一些。因此,规模本身并不能完全说明问题。第二,使用净资产指标必须特别慎重。因为该指标有时很容易被人为操纵。假定有两家公司面临相似的理赔案件和赔偿数额,但其中一家公司有意低估其价值,这样,它所提留的准备金必然低于另一家。在这种情况下,这一家公司的净资产比率无疑要比另一家高。

流动比率又称营运资金比率,它是衡量保险人短期偿债能力,包括赔款能力的最通用的一项指标。流动比率的大小是由流动资产和流动负债的对比来表示的。从长期来看,一个保险公司可能具有偿付能力,但短期偿债能力很弱。如果是这样一种情况,投保人也要格外小心才是。

二、价格

在购买保险产品时,价格不应当是消费者唯一的考虑因素,但至少是主要的因素。假定其他条件都是相同的,人们没有理由从一家产品的价格比另一家要高的公司来购买保险产品。但保险产品的价格比较可以说是一个很复杂的问题,消费者应当注意以下一些事项:第一,产品本身要具有可比性,这是事物比较的一个最基本的原则。不同的险种有不同的价格。例如,如果拿某一家公司的终身寿险产品的价格和另一家公司的定期寿险产品的价格做比较,就很难说明问题。第二,联系保险合同中的除外责任条款来进行价格的比较。即使是同一险种、同一价格,但除外责任的范围不同,可以说价格也就不同。比如说,甲、乙两家公司都出售汽车碰撞保险,其价格从表面来看也是一样的,但甲公司的除外责任比乙公司要多,这意味着甲公司的责任范围要比乙公司小,那么实际上,甲公司的价格与乙公司相比就更高一些。第三,考虑非价格因素,特别是公司的财务状况和服务质量。比如,某家公司的某种产品价格较另一家公司同类产品的价格低,但仅有这一个指标,并不能保证购买前一家公司的产品就合算。如果它的财务状况不好,或者服务质量很差,那么,即使价格低廉,最终投保人还是会吃亏的。

三、合同条款

虽然保险合同的基本原则是相同的,但不同的保险公司其合同条款还是有很大差异。因此,投保人必须非常明确你所购买的保险能否满足你的需要。例如,假定一个消费者要购买财产保险,他就应当认真了解以下几个方面的情况:该合同承保哪些风险;被保的基本责任有哪些,责任限额多大;保险期限多长,是 6 个月、1 年,抑或更长时间;损失发生时使用什么样的补偿方法;合同包括哪些除外责任;合同只包括直接损失,还是只包括间接损失,抑或两者都包括;附加条款能否更好地满足你的需要;该条款使用什么样的免赔方式和共保条款;等等。

四、理赔实践

理赔实践是投保人了解保险公司的一个重要方面。通常来说,消费者在购买保险之前,可以从以下几个渠道获取公司有关理赔实践的信息:第一,向保险监管机构、保险行业协会、消费者协会等咨询该公司受消费者投诉的情况。当然,消费者的投诉不可能百分之百都是合情合理的,但如果消费者所考虑的保险公司在一定时期中所受投诉次数高于同期同行业的平均数的话,那么,最好还是避免选择这一家保险公司。第二,从相关的报纸杂志上收集各公司有关理赔实践的文章和报道。第三,从保险代理人和经纪人那里获取保险公司过去的理赔情况。第四,从朋友那里打听,他们投保的保险公司是怎样对待他们的。

五、注销合同

合同的注销是指保险人或被保险人(但通常是保险人)依据合同的条款或双方的协议终止有效期的合同。在购买保险之前,投保人应当了解,这家保险公司是否有注销条款,条款是怎样规定的,公司是否经常在被保险人发生了第一次保险事故后,就撤销合同或拒绝续保。根据国内外的保险实践,大部分保险公司都不会这样,但也的确有一些公司这样做,特别是在一些特殊情况下。例如,"9·11"恐怖事件以后,许多私人保险公司就使用了战争行为责任赔款的注销条款。恐怖事件之前,保险监管者和飞机出租公司要求航空公司购买至少 10 亿美元甚至高达 15 亿美元的保险。但"9·11"以后,保险公司的新条款只提供 5 000 万美元的保险。不过,目前许多国家的法律对保险人注销合同的权利都有很严格的限制,使其不能轻易注销合同,以保护投保人(被保险人)的利益[①];而保险公司为了吸引顾客,也通过合同条款来限制注销的权利,以增强保单的吸引力。

六、承保能力

承保能力是指保险人扩展新业务的能力。在这个方面,保险公司可以采取一些有效的措施,特别是使用再保险这一工具。但是,由于各个保险公司本身的规模、财力、业务范围的不同,它们所能得到的再保险也是不同的。

七、服务

保险是一种特殊的服务行业,在服务这个项目中,代理人或经纪人的建议、保险人的理赔是投保人(被保险人或受益人)所需要的最主要的服务。例如,在购买保险之前,投保人需要询问许多有关保单的情况,他们希望就这些问题能够得到保险代理人或经纪人迅速、圆满的答复;在购买了保险以后,他们可能需要了解诸如转换保单类型、贷款(在人身保险的场合)、红利的支付等情况;在发生保险事故以后,他们希望保险公司能够迅速调查,并给予应有的赔偿。所有这些服务对于投保人选择保险公司来说,都是必须考虑的重要因素。

---

① 如美国 1991 年版的屋主保险一款式 3 规定,保险人只可以在以下四种情况下撤销保单:第一,被保险人不缴纳保险费;第二,在新保单生效后的 60 天以内;第三,存在重大不实陈述或重大的风险变更(风险增加)的情况;第四,在续保日以任何理由撤销保单。参阅〔美〕S. Travis Pritchett 等著,孙祁祥等译:《风险管理与保险》。北京:中国社会科学出版社 1998 年版,第 144—145 页。

本章总结

1. 保险消费者包括投保人、被保险人、保单所有人和受益人。这几个身份可以分属不同的自然人和/或法人,也可能集于一人之身。

2. 与一般商品相比,保险产品的特性表现在:它是无形商品,其交易具有承诺性,合同的履行具有机会性;与其他金融产品相比,保险产品是较为复杂的一种金融产品,它在本质上是一种避害商品。

3. 一般来说,购买保险产品之前应当进行风险的评估并制订购买计划,着重选择可能发生高额损失的风险进行投保,并要注意充分利用免赔方式。

4. 选择保险公司时可以从以下七个方面关注公司的经营状况:公司的财务状况,保险产品的价格,保险合同的条款安排,保险公司以往的理赔实践,是否经常使用注销合同安排,保险公司的承保能力以及保险公司的服务质量。

思考与练习

1. 与一般商品相比,保险产品具有哪些特性?针对这些特性,你认为保险公司可以采用哪些手段来提高大众对保险产品的认知度?

2. 一般而言,在购买保险产品之前需要考虑哪些因素?试分析你的家庭目前所面临的主要风险;预计你家庭未来的现金流状况,并在此基础上为你的家庭拟订一份保险购买计划。

3. 消费者可以根据什么指标来判断一家保险公司能否充分履行承诺并提供良好的金融服务?除了本章提到的内容,你认为还有哪些因素会影响消费者的购买决策?

4. 免赔的具体含义是什么?充分利用免赔方式对保险公司和消费者各有什么好处?

5. 在我国,由于传统观念的影响,人们忌讳谈论生老病死的话题,且由于集体观念、家庭观念较强,人们习惯于借助家庭和集体的协助来应对风险。这会给保险公司市场运作带来什么样的障碍?保险公司针对这种情况可以采取什么样的措施?

6. 人们选择保险公司的时候,往往倾向于认为公司规模越大越好,你对此有何评论?

第七章　　保险中介

▌本章概要▌

　　发达的保险中介是保险市场完善与成熟的重要标志之一。本章将系统地介绍保险中介产生的原因、保险中介的类型以及中国保险中介制度的现状。

▌学习目标▌

　　1. 理解保险中介产生的原因。了解保险业对保险中介的要求。
　　2. 掌握保险代理关系与一般代理关系的异同。掌握保险经纪人、保险公估人的特征与作用。了解保险中介人之间的差别。
　　3. 了解中国保险中介制度的发展现状与前景。

引　　言

　　保险中介是指专属从事保险销售或理赔、业务咨询、风险管理活动安排、价值评估、损失鉴定与理算等经营活动,并依法收取佣金或手续费的组织或个人。保险中介的主体形式多样,但主要包括保险代理人、保险经纪人和保险公估人三种,他们在保险业的发展中都扮演着非常重要的角色。

第一节　保险中介概述

一、保险中介产生的原因

　　在实践中,我们经常可以看到保险代理人、保险经纪人和保险公估人活跃的身影。近些年来在中国,由于各种各样的原因,保险营销员更是成为人们议论的中心话题之一。[①] 保险业为什么需要中介人? 这主要可以从以下三个方面得到解释:

　　(一)保险产品的特性要求保险中介的积极参与

　　国际经验表明,在大多数情况下,保险都是通过保险代理人或保险经纪人出色的工

---

　　① 在中国,人们对保险营销员的误解曾经一度很深,这与某些营销员在销售保单中的误导、令人反感的工作方式有关,而上述问题又与个人营销员制度在引入中国之初(20 世纪 90 年代中期),各保险公司为追求保费规模、扩大市场份额,实行以"数量扩张型"为特征的发展战略,搞人海战术,对营销员的培训和管理不严,监管部门对其监管不力有关。随着实践的发展,保险界已逐步认识到了保险中介特别是营销员的素质对行业发展的重要性,中国保监会于 2006 年 4 月和 2013 年 1 月分别发布了《保险营销员管理规定》和《保险销售从业人员监管办法》,保险中介形象不佳的问题逐渐得到了改善。

作送达投保人或被保险人手中的。① 为什么会是这样呢？我们可以从两个方面来理解：首先，保险的本质是避害的。但在大部分情况下，只有当发生了保险事故、消费者遭受损失时，保险才会起作用。② 例如，被保险人购买了一份车险，只有发生了车辆碰撞、盗抢或者人员死伤等情况，保险公司才会对其进行赔偿。而在保险事故发生到自己"身上"之前，消费者通常对风险"熟视无睹"。其次，保险所涉及的内容通常是消费者不愿谈论的东西，像灾难、死、伤、残等。而风险是客观存在的，人们在其一生中不可避免地会遇到这些风险。这就产生了一个矛盾：从客观上来说，人们是需要保险的；但从主观上来说，人们又不愿意主动地接触保险。解决这一矛盾的有效的办法就是通过保险代理人和保险经纪人去帮助消费者实现其潜在的保险需求。

（二）社会分工的细化要求具有专门知识的保险中介的参与

由于社会分工的细化，人们不可能通晓所有的事情，因此在许多领域，人们都需要聘请具有专业知识和技能的人来完成一些专业活动。从保险业来看，作为保险公司代表的保险代理人、作为投保人的代表的保险经纪人和处于第三者地位的保险公估人也正是顺应这种社会分工的细化而发展起来的。在保险经营活动中聘用专业的保险代理人、保险经纪人和保险公估人，有利于发挥专业化优势，降低保险公司的经营费用。

二、保险中介的资格认定

保险是公众性很强的一项事业，保险中介人有高度的责任为投保人或被保险人提供优质的中介服务，保护保险人及被保险人双方不受损害，并推动全社会保险事业的发展。一般来说，各国的保险业对中介人都有如下的共同要求：① 具有民事权利能力和民事行为能力；② 熟悉国家有关的经济法律和政策，谙熟所从事的保险种类的业务知识；③ 参加并通过政府监管部门规定的资格考试，按规定程序取得资格证书；④ 接受国家指定的机关对其进行业务及财务的检查、指导、监督和稽核；⑤ 对由于自己的工作失误所造成的投保人或保险人的损失负有赔偿责任。

第二节 保险中介类型

尽管世界各国的保险中介制度不尽相同，但是从总体来看，保险代理人、保险经纪人和保险公估人是三种最常见的保险中介形式，他们在保险市场上发挥着不同的作用。

一、保险代理人

保险代理人是根据保险人的委托，向保险人收取代理手续费，并在保险人授权的范围内代为办理保险业务的单位或者个人。由于保险代理人是协助保险人代理保险业务的，因此其所支出的经营费用及其他费用应当向保险人收取；同时，代理人应当得到的报

---

① 国内的许多人还很不了解保险行业的这一特殊性。有一家公司的总经理曾对某一报社的记者言："保险公司的营销员都上门来推销业务了，这家公司是要破产了还是怎么的了？"
② 之所以说大部分情况，是因为有些险种，例如具有很强投资性能的变额寿险和具有很强储蓄性能的年金保险等在其发生作用之时，并不一定与被保险人的死亡或者伤残相联系。

酬也需要在代理合同中明确做出规定。

（一）保险代理与一般代理的共同之处

从一般代理行为来说，它是指代理人根据法律的规定或者依据被代理人的授权，以被代理人的名义同第三者所进行的民事法律行为。《民法典》第一百六十一条规定：民事主体可以通过代理人实施民事法律行为。被代理人对代理人的代理行为承担民事责任。保险代理与一般代理在法律关系上有相同之处，这主要表现在以下几个方面：

（1）代理关系涉及三方，即委托人（保险人）、代理人和第三方（投保人）。委托人是通过授权给代理人与第三方订立保险合同而创造出代理关系的；代理人根据与被代理的保险公司订立的代理协议而取得代理权。

（2）代理人的权利来自委托人即保险人，这种代理权既可以明示也可以默示。

（3）代理人在授权范围内行使权利。如被代理人可以委托代理人代理承保业务，也可以委托代理人负责收取保费或理赔工作等。

（二）保险代理与一般代理的不同之处[①]

（1）保险代理人在运用代理权时如超越其授权范围，被代理人在得知后虽未追认，但也未加以拒绝，即可被认为保险人在事实上赋予了代理人这种权利。保险人不得以自己未明示授权而否认代理行为的法律效果。这样规定是为了保障投保人的利益。

（2）代理人所知晓的事情都假定为保险人所知。因此，只要被保险人对代理人履行了告知义务，保险人就不得以不了解被保险人的风险情况为由而拒绝履行自己的赔偿责任，即使由于保险代理人的过错致使保险人未获知晓，也是如此。因为从投保人或被保险人的角度来说，保险代理人就是保险公司，代理人所具有的常识就是保险人的常识。正因为如此，保险代理人须对保险人承担忠实和谨慎的责任。保险人如果因为代理人超越代理权而受到损失，有权请求保险代理人赔偿。

为了让投保人了解代理人的权限，保险人可以在保单上标明对保险代理人权利的限制。例如在保单上载明，发生赔案时须向某地的保险理赔代理人提出，这就表明该保险代理人仅被授权处理赔案。与此同时，投保人应当认真阅读投保单，特别是投保单上有关保险责任、保险人的责任免除、投保人（被保险人）的义务等具体规定。

（三）保险代理人的类型

各国的保险法律不同，对保险代理人的资格、种类、业务范围限定也有所不同。我国的保险代理人可以分为专业代理人、兼业代理人和个人代理人三种。

1. 专业代理人

专业代理人是指专业从事保险代理业务的保险代理公司。在保险代理人中，它是唯一具有独立法人资格的保险代理人，根据《保险专业代理机构监管规定》（2015年修订），保险专业代理机构可以以有限责任公司或股份有限公司形式设立。[②]

---

① 有些代理关系也具有这些特点。
② 根据《保险专业代理机构监管规定》，保险专业代理公司的注册资本不得少于人民币5000万元。

2. 兼业代理人

兼业代理人是指受保险人委托,在从事自身业务的同时,为保险人代办保险业务的单位。根据我国《保险兼业代理机构管理试点办法》(保监发〔2006〕109号)规定,保险兼业代理机构从事保险代理业务应遵守国家的有关法律法规和行政规章,遵循自愿和诚实信用原则;保险兼业代理机构根据保险公司的授权办理保险代理业务的行为,由保险公司承担责任。

3. 个人代理人

个人代理人是指根据保险人的委托,向保险人收取代理手续费,并在保险人授权的范围内代为办理保险业务的个人。《保险法》(2015年修订版)对代理人的行为进行明确界定。其中,第一百一十二条规定,"保险公司应当建立保险代理人登记管理制度,加强对保险代理人的培训和管理,不得唆使、诱导保险代理人进行违背诚信义务的活动"。第一百二十五条规定,"个人保险代理人在代为办理人寿保险业务时,不得同时接受两个以上保险人的委托"。

二、保险经纪人

保险经纪人是基于投保人的利益,为投保人与保险人订立保险合同提供中介服务,并依法从保险人那里收取佣金的人。它通常既可以是个人,也可以是公司。[①]

(一) 保险经纪人的特征

经纪人是投保人的代表。在投保人的授权范围内,经纪人的行为可以约束投保人,但不能约束与投保人订立合同的保险人。投保人如因经纪人的过失而招致损失,经纪人在法律上需负赔偿责任。

(二) 保险经纪人的作用

保险经纪人也是连接投保人和保险人的一个重要的保险市场中介组织,是一个完善成熟的保险市场的重要组成部分,它的发展经历了较长的历史(详见专栏7-1)。保险经纪人的作用除了可以从保险中介人产生的一般原因中得到解释,还主要体现在以下三个方面:

(1) 保护投保人和被保险人的利益。由于保险经纪人了解保险市场行情,同时又是熟知保险条件、保险费率等专业知识和技能的专业人才,因而,保险经纪人作为被保险人的代理人,可以帮助被保险人设计费用最低、保险保障程度最高的投保方案。在保险事故发生后,保险经纪人作为被保险人的代理人向保险人索赔,从而保障被保险人的利益。

(2) 促进保险市场竞争,完善保险市场机制。由于保险经纪人基于投保人的利益,在保险市场上从多家保险人中为投保人选择那些费率最低、服务质量最好、保险保障程度最高的保险人进行投保,这将促使各保险人出于竞争的需要,不断改善经营管理,提高服务质量,增加保险商品品种,降低经营费用,由此将完善保险市场机制,促进保险业的

[①] 《保险法》(2015年修订)第一百一十八条规定,"保险经纪人是基于投保人的利益,为投保人与保险人订立保险合同提供中介服务,并依法收取佣金的机构"。依据《保险法》的规定,我国的保险经纪人只能是单位。

发展。

（3）维护国内保险市场。国际经验表明，涉外业务、大宗业务、高风险业务以及特殊风险业务等企业保险业务离不开保险经纪人的专业运作，因而对保险经纪人有强烈的需求。

专栏 7-1

保险经纪人制度的历史

随着海上贸易的发展，人们对海上保险的需求日益增加，这就导致了保险经纪人制度的产生与发展。英国在17—18世纪已成为海上贸易大国。1720年，英国国王特许皇家交易所和伦敦保险公司专营海上保险，在此前后，作为保险人和被保险人媒介的保险经纪人便应运而生。

资料显示，有据可查的保险经纪人出现于1575年。由于当时海上贸易的风险很大，海上事故经常发生，在伦敦保险市场上，没有一个承保人敢于承担一次航行的全部风险，他们每个人只能承担保险金额的一部分，这就需要利用有丰富保险专业知识和了解市场行情的人作为中介，将超出单独承保人能力部分的承保风险和保额在其他承保人之间进行分摊，这些人就是早期的保险经纪人。当初的保险经纪人大部分是无组织的，他们有的是从事业余活动并有专门知识的商人，有的是地主，有的是银行家。他们有丰富的保险专业知识，并且通过长期的实践，深谙航海的风险，一般有固定的办公场所，依靠撮合保险作为职业和生活收入的来源。

资料来源：根据浙江万利保险经纪有限公司网站 http://www.wanley.com 的相关资料整理。

三、保险公估人

（一）保险公估人的特征

保险公估人是站在第三者的立场上，依法为保险合同当事人办理保险标的查勘、鉴定、估损及理赔款项清算业务并给予证明的人。保险公估人的主要任务是，在风险事故发生后判定损失的原因及程度，并出具公证书。公证书不具备强制性，但它是有关部门处理保险争议的权威性依据。

由于保险公估人通常是由具有专业知识和技术的专家担任的，且保持公平、独立、公正的立场，因而其职业信誉较高，所做出的公证书通常为保险双方当事人所接受，成为建立保险关系、履行保险合同、解决保险纠纷的有力保障。

被保险人和保险人都有权委托保险公估人办理有关事宜。但在一些国家，保险合同当事人双方为证明和估价所支出的费用，除合同另有约定外，无论哪一方委托，一般都是由保险人承担的;由于保险公估人工作失误而给委托人造成损失的,则由保险公估人承担赔偿责任。

(二)保险公估人的作用

保险公估人的作用也可以从保险中介产生的一般原因中得到解释。除此之外,保险公估人的存在还有利于体现公平原则,解决保险争议。由于保险公估人在某些特定方面具有专长,且有相当的权威性,同时又处于第三者的地位,与保险合同当事人双方以及保险标的均无经济利害关系,因此,一方面,保险公估人所出具的公证报告更能保证客观、公正,从而最大限度地维护各方保险合同当事人的利益;另一方面,也易于为保险合同当事人双方所接受,有利于解决保险争议。

四、保险中介人之间的差别

从保险代理人、保险经纪人与保险公估人三者来看,其差别主要表现在:第一,法律地位不同。保险代理人是保险人的代理人,其行为代表着保险人的利益;保险经纪人是投保人的代理人,其行为代表投保人的利益;保险公估人则既不代表保险人的利益,也不代表投保人的利益,他是站在第三者的位置进行公证的。第二,名义不同。保险代理人从事保险业务必须以保险人的名义;保险经纪人从事保险业务,若为投保人代为投保或代被保险人索赔,则以委托人的名义,但若从事居间活动或咨询活动,则必须以自己的名义;而保险公估人从事保险公证活动时,只能以自己的名义。第三,业务要求不同。一般保险代理人熟悉保险业务即可;而对保险经纪人的业务要求比保险代理人要高;对保险公估人的业务要求则更高,保险公估人必须是某方面的专家。第四,行为后果的承担方不同。保险代理人根据保险人的授权代为办理保险业务,由此给被保险人造成损失的,其行为后果一般由保险人承担,而保险经纪人和保险公估人因其过错给当事人造成的损失则通常由自己承担赔偿责任。[①]

五、保险中介制度在中国的现状与发展前景

长期以来,中国没有专业化的保险中介机构,但是自1999年保监会正式批准设立了13家保险中介公司以后,保险中介机构获得了较快的发展。

截至2018年年底,全国共有保险中介集团公司5家,全国性保险代理公司240家,区域性保险代理公司1550家,保险经纪公司499家,保险公估公司353家,保险兼业代理机构3.2万家,代理网点22万余家,个人保险代理人871万人。2018年,保险中介渠道实现保费收入3.37万亿元,占全国总保费收入的87.4%。近5年保险中介渠道保费占比在80%左右,是保险销售的重要渠道。总的来说,保险中介市场化程度逐渐提高,从业队伍素质有所改善,经营状况明显好转,销售主渠道的作用得到巩固和提高。

---

① 孙祁祥等著:《中国保险业:矛盾、挑战与对策》。北京:中国金融出版社2000年版,第136页。

专栏 7-2

互联网时代的保险中介

众所周知,很多保险公司在互联网化后,使用互联网技术直接对线下客户进行精准营销,并且快速地促成线上交易,降低了交易成本,削弱了传统中介机构的作用。根据《2016中国互联网保险行业研究报告》,在车险领域,原来由保险中介强势把控的车险业务,正面临互联网的冲击,2015年通过互联网实现了500多亿元的车险保费;人身险产品方面,险企通过官网、微信、第三方平台等渠道引导了大量客户自主购买,增速连续几年超过100%,使得保险中介面临极大的挑战。

不过,部分保险经纪和代理公司也利用互联网进行了创新。保险经代公司在互联网方向的创新涵盖互联网保险创新的各个方面,包括销售环节中的在线直销、产品比价、O2O等保险超市平台;投保服务环节中代理人展业工具、理赔协助服务工具;根据场景、精准数据等进行创新产品的开发。其中在线超市类型的网站最多。保监会网站显示,截至2015年年底,保险代理、经纪公司进行互联网保险业务备案的共计105家,在2015年就有40家中介公司更新了自己的互联网业务备案。不过,在2 500余家保险中介机构中,积极布局互联网的中介公司只占4.2%,意味着大部分中介公司还是在延续传统业务。

就互联网营销层面来看,保险中介大致可分为专业代理平台、兼业代理平台和第三方平台。专业代理平台属于垂直电商,通过集合各大保险公司的保险产品向消费者统一呈现,以向保险公司官网引流或直接完成交易,优势在于保险产品丰富,可为消费者提供一站式的保险产品超市。保险垂直电商可进一步分为B2C、B2C+O2O和C2C模式,车险、意外险等简单险种多采用B2C模式,而寿险等条款复杂的险种多采用O2O或C2C模式。兼业代理平台包括具有场景优势的平台和具有流量优势的电商平台或门户网站。前者因将保险销售嵌入场景需求中,以精准营销在细分险种领域具有重要影响力;后者因具备流量优势,在推动用户网购保险习惯方面功不可没。第三方平台分为综合销售类的保险超市或保险特卖平台、垂直类销售平台、咨询平台和比价平台。

资料来源:刘小微:《互联网时代保险中介何去何从》,《金融时报》,2016年04月19日。有改动。

发达的中介市场是保险业走向成熟的标志。随着中国经济社会发展水平的提高和保险业改革发展向纵深推进,保险中介在整个保险市场体系中的作用将更加突出。构建一个市场体系完善、服务诚信规范、核心竞争力强和具有可持续发展能力的保险中介市场,成为未来我国保险业发展的一项重要任务。

本章总结

1. 保险产品购买活动本身的被动性以及社会分工的细化使得保险中介的产生成为必然。

2. 保险代理人是根据保险人委托,向保险人收取代理手续费,并在保险人授权的范围内代为办理保险业务的单位或者个人。保险代理与一般代理在法律关系上有许多相同之处，但保险代理人行使代理权的时候往往被认定负有更多的责任。

3. 保险经纪人是基于投保人利益，为投保人与保险人订立保险合同提供中介服务，并依法从保险人那里收取佣金的人。经纪人是投保人的代表。投保人若因经纪人的过失而招致损失，经纪人在法律上应当承担赔偿责任。保险经纪人的存在还具有保护投保人和被保险人的利益、促进保险市场竞争、完善保险市场机制以及维护国内保险市场的作用。

4. 保险公估人是站在第三者的立场上，依法为保险合同当事人办理保险标的查勘、鉴定、估损及理赔款项清算业务并给予证明的人。保险公估人的主要任务是在风险事故发生后判定损失的原因及程度，并出具公证书。保险公估人的存在有利于体现公平原则，解决保险争议。

5. 保险代理人、保险经纪人、保险公估人在法律地位、开展业务名义、业务要求、行为后果承担方等多个方面均有不同程度的区别。

思考与练习

1. 为什么保险市场上会出现保险中介这种角色？
2. 保险代理人、保险经纪人和保险公估人有什么区别和联系？
3. 互联网的发展给保险业务的开展带来了新的手段与机遇。保险代理人、保险经纪人和保险公估人拥有专业网站的数量在不断增加。网络的应用会给保险中介的发展带来哪些好处？在这种情况下，政府部门对保险中介的监管又需要做哪些改进？
4. 在与客户打交道的过程中，保险中介者不可避免地会获得客户的一些私人信息，你认为什么样的制度安排能够最大限度地保护客户个人隐私，降低其暴露于公众的风险？
5. 你想购买一份家庭财产保险，现在正在考虑选择满意的代理人。在这个环节，你会考虑哪些因素？假设你日后因为保单问题与保险公司产生纠纷，需要公估人介入解决时，你又会基于什么样的因素来挑选保险公估人？
6. 从目前来看，中国市场上制约保险中介发展的因素有哪些？又有哪些因素有利于保险中介业务的开展？

第八章 保险监管

▌本章概要▐

保险监管对于保险市场健康有序的运行不可或缺。本章首先说明保险监管的必要性,介绍国际上通行的保险监管的主要理论,并在此基础上对保险监管模式、保险监管的主要内容进行系统的阐述。

▌学习目标▐

1. 理解保险监管存在的必要性。
2. 掌握保险监管所依据的主要理论。
3. 了解保险监管的主要模式。
4. 熟悉保险监管的主要内容。

引　言

在现代经济社会中,经济活动日趋复杂,垄断、不正当竞争、非对称信息等因素持续存在。为满足社会对公平、公正目标的追逐,缓和周期性的经济波动,保证充分就业和价格稳定,政府对经济活动的介入成为一种必然。而由于保险行业具有特殊性,可以说它是受监管最为严格的行业之一。

第一节　为什么需要保险监管

所谓保险监管是指一国的保险监督执行机关依据现行法律对保险人和保险市场实行监督与管理,以确保保险人的经营安全,同时维护被保险人的合法权利,保障保险市场的正常秩序并促进保险业的健康有序发展。以下几个方面的原因决定了保险监管的必要性和重要性。

一、保险业的特性决定了对其监管的必要性

(一) 信息不对称特征

典型的监管主要针对以下几种情况:管制垄断力量,限制经济租金或"暴利",防止或减少由于外部负效应、非对称信息或信息不充分、过度竞争等造成的社会福利的损失。在这些原因中,保险监管首先针对的主要是信息不对称问题。因为,要保证一个竞争性市场运作良好,购买者必须有充分的信息来对相互竞争的产品进行比较,能够获得足够的信息以降低其选择成本或提高选择质量。但保险市场与其他市场一样,信息是不完全

的。多数消费者对保险的知识甚少,甚至无法理解保险公司提供的产品,因而无力进行谈判。而这种复杂性有时恰恰是源于保险人使自己提供的产品更为有效的努力。此外,消费者不能像对普通商品一样对保险产品进行取样或试运作,而且在保单持有期内也无法长期对出单的保险公司的偿付能力进行跟踪监视。鉴于此,保险监管者必须对保险业进行有关管制,包括财务公开、保单条款核准或备案以及价格限制。

(二) 产品的独特性

保险本身是一种社会共济机制,保险公司根据大数定律进行经营,集众多风险单位于一身,一旦公司陷于困境,不能按合同规定偿付损失或公司进行不法经营,以各种欺诈手段损害被保险人利益,对社会稳定、经济发展破坏之大是难以计算的。而且,保险产品是一种技术性很高的商品,合同条款的设计、费率的厘定、承保范围的规定无一不包含大量的计算在内,这些都使得整个保险合同显得极为复杂,不像一般的商品,其性能、质量易于鉴别,容易进行比较。凡此种种,构成了保险产品有别于一般商品的特性,这也是保险业需要严格监管的原因之一,监管的目的在于保护公众利益,降低外部负效应。

二、保险监管有利于实现宏观经济调控

作为宏观经济的重要组成部分,保险业的自我运行机制对经济发展和资源分配起着重要的作用,而对行业的有效监管则可以通过积极引导使其成为宏观经济的有力调控杠杆之一。这种作用主要表现在如下两个方面:

(一) 有利于保证金融市场的平衡与稳定

保险公司的经营是一种典型的负债经营,它具有强大的集资能力,每年世界上数以亿万计的资金流入保险公司。为了保证承诺的偿付能力,公司必须进行再投资以获取所需利润。因此,保险资金是金融市场的主体力量之一,保险公司是金融市场主要的机构投资者之一。对这一部分资金及公司的行为进行监控,无疑有利于金融市场的平稳运行。尤其是在中国这样一个处于经济转型时期的国家,完善的金融市场尚未形成,监控保险公司的投资行为更具有重要意义。

(二) 有利于帮助政府实现某些总体政策目标

保险以其独特的经营风险的性质将其自身和国民经济的各行各业紧密联系在一起。对保险业进行监管,保证其合法经营,减少欺诈行为,有利于全社会的风险分散,保证受损企业和个人能够获得合理的资金赔偿以尽快恢复生产生活,从而有利于社会的稳定和整个国民经济的发展。此外,政府还可以将保险公司的财务政策纳入国家预算政策,比如资助公共支出或某一经济部门,促进国家住房政策的实施以及防止资金向国外流失等。通过限制和规定保险资金的流向及相应的政策倾斜来达到支持或限制某一产业发展的目的。

三、保险监管有利于公共政策的推行

保险被认为是"公众利益归属",即保险业的合理运行可以使社会发展进步。因此公

共政策要求对保险业实行监管,以保护消费者和客户的利益。监管的目的就是保证公众能够从可靠的保险人处获得质高、价优的产品,而且要保证消费者通过合同得到的保险公司的承诺可以在各种情况下得以兑现。如果按照一般竞争型或垄断竞争型市场规则,允许保险人自由进出行业,被保险人的利益将无从得到保护。

四、保险监管有利于保险行业健康发展

对不同的保险人而言,保险产品的实质性差别很小,因此从产品的角度看,其性质属于垄断竞争型市场结构的产品。当保险市场的主体达到足够多时,一个具有垄断竞争特性的市场必然产生以降价为吸引客户的手段这一竞争趋势。从经济学的角度讲,如果没有外部力量进行干预,最后达到的市场均衡将是有利于消费者和企业双方的。消费者以这一市场类型下可能产生的最低成本获得所需产品,企业以不获得超额利润为限提供产品,市场在这一点达到均衡。这一过程是动态的均衡过程,整个波动伴随着市场的优胜劣汰,即企业的进入市场和退出市场。这种竞争在保险业也是必要的,但是由于保险公司的社会波及面之广远大于普通的生产企业,产品对于消费者的意义也与普通消费品不同,它们的进入与淘汰对社会的影响极大,有时甚至会影响到一国金融市场的稳定和经济发展进程,而且,频繁发生无偿付能力风险会损害公众对该行业的信心。因此,政府有必要对这一行业进行监管,以防止过度竞争和不正当竞争,提高行业的公众信任度,以维持整个保险市场的稳定。

第二节 保险监管的主要理论

一、"公共利益"理论

"公共利益"理论(public interest theory of regulation)属于规范经济学的范畴。该理论认为监管的存在是为了保护消费者免遭侵害,是服务于公共利益的。该理论的基本出发点是,政府是为了矫正市场失灵而存在的,其目标是追求经济效率最大化。该理论假设政府会为全体公众利益服务,会超脱于各种利益集团的冲突。

二、"私人利益"理论

不同于"公共利益"理论,"私人利益"理论(private interest theory of regulation)属于实证经济学的范畴。该理论认为监管的存在是为了私人团体的利益。Peltzman(1976)和Becker(1983)提出,监管者是自利的,他们在监管活动中会不断追求政治支持的最大化:一方面,为了获得业界的资金支持或其他支持,监管者在监管活动中可能会偏向业界的利益;另一方面,为了获得消费者(选民)的支持,监管者可能又会压制保险产品的价格,即使从长远看这样做可能是有害的。[①]

最有名的"私人利益"理论是"捕获理论"(capture theory of regulation),该理论认为监管常常遭到被监管的业界的"捕获",意即监管常常为被监管的业界的利益服务。斯蒂

---

① Martin G., and Robert W. K., "Insurance regulation: The need for policy reform", *The Future of Insurance Regulation in the United States* 2009, pp.10,14.

格勒(Stigler)等学者指出,组织严密、资金雄厚的特殊利益集团会为自身利益不断去"寻租",即对监管行为施加影响。寻租行为本身是非生产性的,它们会造成社会福利的净损失及市场扭曲,从而降低社会效率。保险业中的特殊利益集团包括保险公司、再保险公司、代理人、银行、证券公司、经纪人以及为行业参与者提供服务的各种公司。消费者因分散、不易组织,一般来说较难形成特殊利益集团。值得注意的是,特殊利益集团在向监管者提出政策建议时,往往说是为了公众的利益,这时需要监管者做出一个判断,看看真是为了公众利益还是背后隐藏着什么私人动机,这对监管者来说也是一个挑战。

三、"政治"理论

梅尔(Meier)认为监管是不同私人利益集团在现有政治和行政管理框架内,相互讨价还价而达成的结果。利益集团包括消费者、监管者、立法者、司法者及被监管的业界。不同的利益集团的政治资源不同,对于不同的监管事件,讨价还价的结果也会不同。

在讨论政府监管的文献中,许多学者还提出了"政府失灵"的问题。政府通常宣称它愿意并且能够矫正市场失灵,但是,正如市场失灵不可避免一样,政府失灵同样在所难免。造成政府失灵的一个原因是政府雇员可能缺乏彻底、公正地为公众利益服务的动机。政府雇员中存在委托人-代理人问题,即激励相容约束条件不一定能得到满足。比如,有的监管者经不起寻租者的诱惑被"捕获"了,开始滥用职权;又如,有些保险监管者希望在退职后到业界工作,这种有时被称作"转门"(revolving door)的问题和"捕获"问题是密切相关的。而且,即使政府雇员有纯正的动机为公众利益服务,同样也可能存在政府失灵问题,因为政府同样存在信息问题。正因为信息的不对称、不完全,所以对监管者来说,制定正确的目标并非难事,但如何达到目标以及如何及时发现问题、解决问题则是非常复杂的事情。

第三节 保险监管模式

经济学家一般从三个角度来看待政府对保险业的监管:经济、安全和信息。它们又可以分成市场行为监管、偿付能力监管和对由信息不对称产生的问题的监管三个方面。根据其监管的侧重程度和严格程度不同,主要发达保险市场的监管实践可以分为以下三种模式:

一、弱势监管

在这种监管形式下,保险公司在确定费率和保险条件时享有很大的余地,监督者的精力集中于公司的财务状况和偿付能力上,只要公司能够保证这一点,它们的经营一般不会受到过多干预。在欧洲,英国和荷兰长期使用这一制度。

二、强势监管

这种类型的监管是对市场行为、偿付能力和信息披露要求都相当严格的一种监管方式。监管部门对费率、条款、保单利率、红利分配等均有明文规定并在投放市场前受到严格和系统的监督。在欧洲单一保险市场开始建立以前,以德国为首的多数国家大都采用这一模式。美国则是这一类型的典型代表。

三、折中式监管

这是一种以偿付能力监管为核心、兼及市场行为监管和信息监管的一种监管方式。折中式监管方式是目前大多数国家采用的一种监管方式。

三种监管方式各有其实行的条件和利弊。从理论上讲，弱势监管方式能更好地发挥保险公司的积极性，促进保险市场产品的多样化。但它要求加强对保险中介机构的监管，因为中介机构承担了保证市场的透明度，指导消费者选择最能满足其需要、适合其收入特点的产品类别和费率的任务。采取强势监管方式有利于保护消费者，但一个可能的后果是限制保险公司的创造力，使保险产品的差异变小，因而不利于应付随时可能出现的新风险，同时也不利于保险公司最大化地分散和经营风险。折中式监管方式既给予了保险公司一定的自由，又可同时对其进行有力的约束。但它的问题在于，一旦监管部门对已发行的不合理保单采取措施，将会引起保险市场某种程度的混乱，既不方便顾客，也会因此降低公司在消费者心中的地位。

第四节 保险监管的主要内容

各国保险监管的内容主要从对保险人、保单格式与费率、偿付能力、中介人、再保险公司和跨国保险活动等诸方面的监管反映出来。

一、对保险人的监管

对保险人的监管包括市场准入的资格审定，保险人对监管部门应履行的义务，对公司管理和市场行为的监管，对公司的整顿、接管与破产的监管等方面。

（一）市场准入的资格审定

通常来说，只有当有关当局发放许可证，拟设立的保险公司方可开展保险业务。为了获得许可，拟设立的保险公司必须满足一定的法律形式要求、财务要求和其他条件如对经营者的资格、管理技能、职业道德等的要求。

（二）保险人对监管部门应履行的义务

一旦一家公司获得了经营业务的许可，它就被持久地纳入保险监管体系之中，并接受监管部门的持续监督。它必须对监管部门履行法定义务，如定期提交各种财务报表、接受监管人员的现场检查和非现场检查并支付法定的监管费用等。

（三）对公司管理和市场行为的监管

这是对保险公司进行监管的很重要的一环，目的是保证公平合理的保险价格和市场交易行为。监管的主渠道是接受公众投诉，从中可以调查判断保险公司的管理层有无利用其专业技能欺骗公众、损害股东和被保险人的利益，公司的承保行为是否存在欺诈和不公平歧视等。

（四）对公司的整顿、接管与破产的监管

监管部门对有违规行为公司的处理是由轻到重逐步进行的。最初发现公司具有不法行为，监管部门会责令其限期更改；如果到期未予改正，监管部门可以停止公司的某些业务经营，重则还会对该保险公司实行接管。

二、对保单格式与费率的监管

对保单条款监管的内容主体是费率监管。实行费率监管的主要原因除了为了保证偿付能力，还有其自身独特的考虑。业界比较公认的费率厘定的一般原则是"足够（不少）、合理（不多）、公平（无不公平歧视）"。足够原则是用来保证保单的偿付能力的，防止公司间发生以降低费率为主要手段的恶性竞争；合理原则则是为了限制保险人收费过高而获得超额利润；公平原则是指费率差异一定要以损失分布差异为基础，对具有类似损失分布的被保险人应收取同一费率。保单格式的事先批准确实从实际上使被保险人的利益得到了保证，然而随着整个保险市场的日趋成熟，多数业内人士认为严格的批准程序降低了市场运作的效率，使某些险种失去了时效性，而且这样做实际上并没有能够弥补购买者的信息劣势，因为这个过程是建立在这样一个假设基础之上的：即使提供给消费者关于各种产品的足够信息，他们还是不能根据这些信息来进行"正确"的选择，所以应该有人根据他们的"最大利益"来事先为他们确定好某些选择，它并不是保险人披露更多信息的过程。针对来自方方面面的批评，包括美国在内的许多国家已经开始考虑进行监管方式的某种改变。

三、对偿付能力的监管

偿付能力是保险公司的灵魂，没有充足的偿付能力就不能从根本上保证保险公司的健康发展，最终保证被保险人的利益。尤其是在放宽管制的大环境下，对保险公司偿付能力的监管就成为监管部门最后的"堡垒"。对保险人偿付能力的监管涉及公司操作的方方面面，它主要包括：① 资本额和盈余要求；② 定价和产品；③ 投资；④ 再保险；⑤ 准备金；⑥ 资产负债匹配；⑦ 与子公司、分支公司的交易；⑧ 公司管理。

资本标准是保险公司偿付能力监管的基石。保险公司在开业之前必须满足某种最低资本和盈余要求。资本和盈余是应急基金，可以缓冲公司债务的增长或资产贬值，还可以支付公司清算或破产的费用，由此最大限度地减少保单持有人和索赔者的损失。目前关于资本和盈余要求的主要模式有最低资本和盈余要求（又称偿付能力标准）、风险资本金要求。此外还有欧盟国家广泛采用的梯级偿付能力边际方式。

准备金代表保险公司的未来财务责任。准备金加其他负债总额决定了保险公司持有的资产和盈余规模。因此准备金的计算和提留对保险公司偿付能力而言十分重要。在实际操作中存在三种意义的准备金，其计算方法也各不相同。它们分别是：根据通用会计准则提留的准备金，供财务报表之用；提交给税务部门的是另外计算的准备金，用以计算课税；按法定会计原则（SAP）提留的、供监管部门所用的精算准备金，用以检验保险公司的偿付能力。

财产责任保险公司的准备金主体是未赚保费准备金和损失赔偿准备金，其计算主要

建立在概率分布的理论基础之上。人寿保险公司准备金的计算需要考虑的因素则相对较多。

除了对资本和盈余以及准备金加以规定来保证保险公司的偿付能力,各国更从根本上对保险公司的资产质量进行监管,以防患于未然,这主要体现于对资金的来源、投向和使用的严格规定上。一般而言,各国对人寿保险公司的投资监管比对财产责任公司的监管要严格得多,这主要是因为多数寿险合同的期限都较长。在实际操作中,对投资的监管受到各国有关政府监管的理念、金融市场的发展状况、宏观经济形势和保险公司资产运用的历史情况等因素的影响。

四、对保险中介人的监管

保险公司出售的保险产品多数是由保险中介人面向客户进行销售的,中介人是保险公司和客户之间的一个桥梁。因此,对中介人尤其是代理人和经纪人的监管就成为保护消费者利益的一个重要环节。

几乎在所有的国家,保险法均严禁代理人和经纪人的一些行为,如:① 歪曲事实,或称误导,指代理人进行不实陈述,误导被保险人购买不利保单;② 回扣,指代理人或经纪人为诱使消费者购买保险而和其一起分享佣金;③ 欺诈行为;④ 侵占保险人或被保险人的资金等。违规行为严重的代理人将被处以罚款、吊销许可或支付由法庭宣判的惩罚性损害赔偿金。这种严格监管的一个重要出发点就是保护投保人的利益不受侵害,同时维持保险市场的有序发展。

五、对再保险公司的监管

由于再保险业务和直接保险业务具有本质上的不同,再保险多按照习惯加以操作,没有统一格式的保单和费率,因此,上述对直接保险公司的监管规定很少适用于再保险公司,而且世界各国对再保险公司监管与否、监管的具体内容也多有差异。如在美国,州保险局监管所有的再保险公司,后者在偿付能力方面受到的监控和原保险公司一样,它们要向州监管人员提交月报和年报,接受政府和独立金融检查机构检查,缴纳许可费,而且必须遵守保险公司法和公司监管的有关法规。相比较而言,外国再保险公司不受美国当局的直接监管。如果它们没有在美国获得经营许可,但在美国本土承保再保险业务,至少需要建立一个信托基金。

德国的监管理念是通过对原保险公司实行监控来间接监管再保险公司。因此在德国,专业再保险公司即只承保再保险业务的保险公司,是不需要获得许可证的,并且其经营只受到有限的直接监管。不过,直接监管对再保险公司有一定的要求,如提交其活动的详细说明,也叫"内部报告",其内容远比公司自己发表的"外部"账目详细得多。此外,再保险公司也接受监管当局的现场检查。这种管理方式在德国被证明是行之有效的,因为自再保险公司成立以来,德国还没有一家再保险公司遭到清偿,而德国是世界上最大的再保险中心之一。与此相同,欧盟单一保险市场因为强调最为基本的监管要求,因此监管主要集中在原保险公司的偿付能力监管方面,对再保险没有具体的规定。[①]

---

① 谢晓迎:《保险监管》,载于孙祁祥等著:《中国保险业:矛盾、挑战与对策》。北京:中国金融出版社2000年版,第252页。

六、对跨国保险活动的监管

开放必然使各国面临一个跨国保险活动的监管问题。管还是不管,独立监管还是联合监管,宽管还是严管,与对国内保险公司的监管有何差异,这些问题构成了一国保险监管部门监管跨国保险活动的核心内容。

国际保险监管协会对跨国监管提出了以下一些基本原则:① 不同监管机构应进行合作,以使任何国外保险机构都无法逃脱监管;② 子公司应受东道国规则监管,分支公司则同时受母国和东道国的监管;③ 所有跨国保险集团和保险人都必须服从有效监管;④ 跨国设立保险实体要同时征得东道国和母国的同意。实施上述四个原则的目的是实现发放许可非歧视,监管有效,节省双方监管机构的资源。①

专栏 8-1

中国的偿付能力监管制度

1995年《保险法》首次提出偿付能力的概念,1998年中国保监会成立后,提出了市场行为监管和偿付能力监管并重的监管理念。2003年保监会发布偿付能力监管的具体指标规定,表明偿付能力监管迈出实质性步伐,监管内容包括保险公司内部风险管理制度、偿付能力评估标准和报告制度、财务分析和检查制度、监管干预制度、破产救济制度五个部分。

2013年保监会正式出台《中国第二代偿付能力监管制度体系整体框架》(保监厅函〔2013〕94号),2014年保监会陆续公布第二代偿付能力监管(简称"偿二代")的各项具体技术标准征求意见稿并同时开展定量测试工作。"偿二代"采用"三支柱"框架体系。第一支柱是定量资本要求,主要防范能够量化的风险,通过科学地识别和量化各类风险,要求保险公司具备与其风险相适应的资本,主要包括五部分内容:量化资本要求、实际资本评估标准、资本分级、动态偿付能力测试和第一支柱监管措施。第二支柱是定性监管要求,是在第一支柱的基础上,进一步防范难以量化的风险,主要包括四部分内容:风险综合评级、保险公司风险管理要求与评估、监管检查和分析以及第二支柱监管措施。第三支柱是市场约束机制,是引导、促进和发挥市场相关利益人的力量,通过对外信息披露等手段,借助市场的约束力,加强对保险公司偿付能力的监管。

2015年2月,保监会发布中国风险导向的偿付能力体系,亦即"偿二代"体系,英文名称为 China Risk Oriented Solvency System(C-ROSS),保险业进入"偿二代"过渡期。2016年1月1日起,"偿二代"正式实施。2017年9月,保监会发布《偿二代二期工程建设方案》,对"偿二代"建设的指导思想、总体目标、具体任务、时间安排和工作机制进行了明确。2018年5月23日银保监会发布《偿二代二期工程建设路线图和时间表》,正式启动"偿二代"二期工程,围绕完善监管规则、健全执行机制、加强监管合作、开展专题研究四大类36个建设项目,遵循"同时启动、急用先行、三年完工"的总体思路,全面推进"偿二代"二期工程建设工作,拟于2020年完成。

---

① 谢晓迎:《保险监管》,载于孙祁祥等著:《中国保险业:矛盾、挑战与对策》。北京,中国金融出版社2000年版,第253页。

本章总结

1. 保险监管是指一国的保险监督管理机关依据现行法律对保险人和保险市场实行监督与管理,以确保保险人的经营安全,维护被保险人的合法权利,保障保险市场的正常秩序并促进保险业的健康有序发展。保险行业所具有的信息不对称特征和产品的独特性使得保险监管成为必然。保险监管有利于实现宏观经济调控、公共政策的推行以及保险行业的健康发展。

2. 保险监管的主要理论包括"公共利益"理论、"私人利益"理论和"政治"理论。这些理论从不同角度揭示了保险监管在协调公众福利和私人利益中所扮演的角色。

3. 保险监管的主要模式有弱势监管、强势监管和折中式监管。目前大多数国家采用折中式监管方式。

4. 保险监管的主要监管内容包括对保险人的监管、对保单格式与费率的监管、对偿付能力的监管、对保险中介人的监管、对再保险公司的监管和对跨国保险活动的监管。

思考与练习

1. 解释信息不对称的具体含义。这种现象是如何影响保险市场平稳运作的?

2. 保险监管的主要理论各自的含义是什么?假设保险公司组成了特殊利益集团,其存在会对保险市场产生什么样的影响?如果特殊利益集团是由代理人组成的呢?

3. 保险监管的主要内容有哪些?其中哪些是为保护保险消费者利益而设的?哪些是保护保险公司利益的?哪些与保险中介的利益有关?

4. 基于中国保险市场的现状,你赞同保险费率由政府制定,还是由保险公司的市场竞争自然形成?

5. 随着对外开放的不断深入,越来越多的外资保险公司进入中国开展业务。和本土保险公司相比,它们具有较丰富的从业经验、雄厚的资本以及强大的人力资本,可谓优势颇多。有些人对本土保险公司不抱乐观态度,认为政府应当在监管方面给予外资公司更多的限制,以保护处于成长期的内资公司。你是如何看待这个问题的?

第三篇　保险的基本类别Ⅰ：人身保险

第九章　人身保险引论

┃本章概要┃

从本章开始,我们将系统地介绍几大基本保险产品类型。这一章作为人身保险的引论,侧重于介绍人身保险的特点和人身保险的类型。

┃学习目标┃

1. 了解人身保险事故的特点。
2. 了解人身保险产品和人身保险业务的特点。
3. 了解人身保险的主要类型。

引　　言

人们在一生之中,不可避免地会遇到疾病、意外伤害和死亡等各种人身风险。不管医疗技术有多先进、多发达,人们都不可能彻底回避这些风险。正是由于这一客观现实的存在,人身保险的产生成为必然。

第一节　人身保险的特点

人身保险是指以人的生命、身体和/或健康作为保险标的的一种保险。当保险事故发生时,保险人承担给付预定的保险金或年金的义务。从人身保险发展的历史来看,它的业务范围经历了从窄到宽,险种由少到多的过程。人身保险从定期死亡保险开始,后来出现了终身保险。终身保险只能解决遗属的生活困难问题,不能满足投保人本人生前的生活需要,于是又出现了生存保险、生死两全保险以及各种健康保险和意外伤害保险。之后,随着经济的发展、社会的进步和人民生活水平的提高,人们的需求层次在不断提高,需要保障的范围也在不断扩大。正是为适应这种需要,新的险种也不断出现,比如各种年金保险、子女教育保险、婚嫁保险等,保险对象也从单个被保险人发展成为保险群体。

一、人身保险事故的特点

由于人身保险标的与财产保险标的具有本质区别,因此,人身保险事故与财产保险事故相比有很大的不同。在此,我们择其要点说明如下:

(一) 大部分人身保险事故的发生具有必然性①

保险事故即发生于保险标的之上的、保险人据此对被保险人履行保险责任的事件。例如,在车辆保险中,车辆本身是保险标的,车辆的碰撞、丢失等即保险事故。在人身保险中,人的生命、身体和健康是保险标的,人的存活、死亡、受伤、疾病等即保险事故。

一般来说,财产保险事故的发生具有较大的不确定性;而人身保险中寿险事故的发生却是确定的:一个人非生即死具有必然性。②

这种必然性对人身保险是否发生给付有很大影响。如果人身保险只是将生存或者死亡的某一个方面作为保险事故,也即保险人给付保险金的前提,保险人是否给付就具有两种可能性:可能给付也可能不给付。但如果将生存和死亡都作为保险事故,即在某一时期内,被保险人如果生存,保险人给付保险金;被保险人如果死亡,保险人也给付保险金,那么,保险人给付保险金就是必然的了。

在现实中,大部分保险人都是以被保险人不论何时死亡以及被保险人在一定时期内或者死亡或者生存作为保险事故来承保的。由此产生了人寿保险的一个重要特点,即保险人对大部分保单都要给付保险金。正因为人身保险的给付率大大超过财产保险的赔款率,因此,人身保险的费率通常也就高于财产保险的费率。

(二) 保险事故的发生具有分散性

除极少数特殊情况外,在人身保险中,一般不会出现大量保险标的同时遭受损失的情况。因此,相对来说,保险事故比较分散,业务经营上具有相对稳定性。③

(三) 死亡风险随被保险人年龄的增长而增加

在财产保险中,如果社会环境、建筑水平、消防设备、管理方法等没有较大变化,每年发生保险事故的概率也不会有很大变化,不存在风险性逐年增高的问题。而人身保险则不同。在一般正常情况下,不同年龄的人,其死亡率是不同的,人的死亡风险是随着其年龄的增长而逐年增加的。如果我们用数学语言来表达,则可以说,死亡风险是年龄的增函数。

二、人身保险产品的特点

在保险实践中,我们可以发现,与产险比较起来,人身保险特别是寿险产品的需求弹性较大。这里主要有三个方面的原因:第一,由于意识、观念上的原因,人们能够更轻松地谈论财产的受损而不大愿意谈论人的死亡和伤残等问题④,因此,相对来说,产险的推销较人身险的推销更为容易。第二,有一些产险的险种是属于强制性的或准强制性的,

---

① 由于人身保险包括人寿保险、健康保险和意外伤害保险,后两种保险的保险事故并不像寿险一样是必然发生的,因此,为了准确性的需要,用了"大部分"这种说法。
② 但何时生存或死亡是不确定的,因此,这仍然符合风险定义所涵盖的内容。
③ 也可以说正是由于这个原因,相对于人身保险来说,再保险对于财产保险显得更为重要。
④ 这可以说是一种世界性的现象而非某一国别的情景。例如,在西方许多国家,人们也是很忌讳谈论死、伤等字眼的。不过在中国,由于历史、文化的特殊性,这一问题表现得非常突出。

消费者不得不购买①；而人身保险产品绝大多数都是属于自愿性的，消费者可以根据自己的情况和公司销售产品的情况进行买还是不买的抉择。第三，财产保险属于损害赔偿保险，被保险人在发生保险事故的时候，可以从保险人那里取得赔偿，在现实中，一般没有其他产品可以替代它的这一功能；而人身保险，特别是一些人寿保险具有储蓄性质，其替代产品相对较多。正是主要因为这三个原因，产险的需求弹性相对较小，而人身保险的需求弹性较大。因此，在财产保险的场合，费率提高，投保人的需求量并不会显著减少；费率降低，需求量亦不会显著增加。而在人身保险的场合，投保人对保费费率的高低具有较强的敏感性。

三、人身保险业务的特点

人身保险事故和产品的以上特点对人身保险业务产生了两个方面的影响：一方面，人身保险的保险人采取的业务经营方法有别于财产保险；另一方面，人身保险的被保险人所享有的保险利益与财产保险相比也具有不同之处。

（一）人身保险一般都是长期性业务，并使用均衡费率

由于人的死亡风险随着人的年龄的增长而增加，因此，在人身保险中，如果以当年死亡率作为依据计收保费，就会出现年轻的被保险人缴费负担较轻、年老的被保险人缴费负担过重的情况。于是，年老的被保险人就可能由于费用负担过重而放弃投保，这将不利于保险业务的开展。

为了克服短期保险中的不平衡性，人身保险一般都采取长期性业务。保险期限少则几年，多则十几年、几十年甚至终身；同时，大部分险种按照年度均衡费率计算保费。

按年度均衡费率计收保费的做法是，保险人每年收取的保费的数量不随被保险人死亡率的变化而变化，而是每年收取相同数量的保费，费率在整个保险期内保持不变。均衡费率不反映被保险人当年的死亡率，因此，它与反映被保险人当年死亡率的自然费率是不一致的。在投保人缴费的早期，均衡费率高于自然费率；而在晚期，均衡费率低于自然费率。保险人用投保人早期多缴的保费来弥补后期不足的保费，这样做，既可以均衡投保人的经济负担，又能使被保险人在晚年也能享受到保险的保障。

（二）保险人对每份人寿保险单逐年提取准备金

保险人当年收取的保费与当年发生的给付在数额上通常是不一致的，在人寿保险中就更是如此。保险人在前期多收的超额保费是投保人预先支付给保险人的，保险人必须以此来履行未来年度的保险义务，因此，它是保险人对被保险人的负债，只能作为准备金提留，而不能视作保险人当年的财务收入。

在人身保险中，由于每份保单的具体情况不同，比如说被保险人的年龄不同、保险责任不同、保险期限不同、缴费方式不同，每年的责任准备金也是不同的。因此，在人身保险中，有必要对每份保单在各个年份的责任准备金进行精确计算，以便提取出来弥补保险后期保费的不足。这里需要注意，逐年计算是指保险人从一开始就计算出保险期内每

---

① 例如，在许多国家，有一些险种，例如汽车第三者责任险，属于强制性保险；房屋保险也具有准强制性的特点，因为如果不购买保险，购房者很难从银行取得房屋贷款。

一年的准备金,而不是每年都去计算。

在财产保险中,保险人不需要对每份保单都进行责任准备金的计算和提取。

(三) 由业务本身的长期性所产生的特点

1. 可用于投资的资金多

在人身保险中,保险人可以从长期稳定的保费收入中获得一笔长期稳定的资金。特别是在保险前期多收的保费,需要经过相当长的时间才被用于支付。这是一笔相当可观的资金,保险人可用此进行各种投资。正是由于这个特点,寿险在资金融通方面的作用要大于产险。事实上,投资是寿险公司的一项重要而且专门的业务。

2. 保单调整的难度大

财产保险多为短期合同,因此,它对于各种情形的变化具有适应性。如在通货膨胀的情况下,保险金额与保费均可及时调整,因而对投保人不致产生重大的影响。而人身保险,特别是寿险多为长期性的合同,保单上所载明的费率、应缴保费以及保险金额等都是在订立契约时规定的。在长达几年、十几年甚至几十年的保险期内,客观情况有时会发生很大的变化。例如通货膨胀所引起的保单如何保值的问题,就是一个十分现实也非常重要的问题。适应客观情况的变化,设计出能够适应这种变化的新的险种,是寿险公司的一个重要任务。

3. 业务管理上的连续性

长期性业务的特点要求寿险公司的业务管理具有连续性。在比较长的保险期内,被保险人可能会发生各种变化,比如迁移、退保等。这就要求寿险公司能够及时记录、反映这些变化,以便准确核算、随时查阅。因此,保险人必须有一套非常严格的内部管理制度;否则,出现问题以后很难查清。

第二节 人身保险的类型

一、人寿保险

如前所述,一般来说,人身保险包括人寿保险、年金保险、健康保险和意外伤害保险。[①] 人寿保险是保险公司承诺当被保险人死亡时即进行保险金支付的保险,它主要包括定期寿险和终身寿险。从不同的角度来说,它们还可以有不同的分类。我们将在第十章详细讨论人寿保险。

人寿与健康保险公司可以向消费者提供个人保险和团体保险。个人保险是保险公司以指定个人的生命或者健康为保险标的签发的保单。例如,张三个人购买的保险。团体保险是保险公司以特定团体中的一群被保险人的生命或者健康为保险标的签发的保

---

① 美国的保险业将健康保险定义为"Health Insurance provides protection against the risk of financial loss resulting from the insured person's sickness, accidental injury or disability"。由此可见,健康保险不仅保障因疾病引起的损失,而且包括因意外伤害所引起的损失,而意外伤害保险通常是作为寿险的附加险来提供的。我国通常将人身保险分为人寿、健康和意外伤害保险三类,而健康险只负责由疾病引起的死亡伤残,意外伤害险则负责由意外伤害引起的死亡伤残。我们这里采用中国式的分类,虽然这种分类也存在不严谨的问题。

单。例如,某公司为其所有雇员购买的团体保险,或者为雇员的家属购买的保险。

二、年金保险

年金保险是指保险金的给付采取年金这种形式的生存保险,而年金是一系列固定期限的货币的收支。我们将在第十一章详细讨论年金保险。

三、健康保险

健康保险是为补偿被保险人在保险有效期间内因疾病、分娩或意外伤害而接受治疗时所发生的医疗费用,或补偿被保险人因疾病、意外伤害导致伤残或因分娩而无法工作时的收入损失的一类保险。我们将在第十二章详细讨论该保险。

四、意外伤害保险

(一)概念与性质

意外伤害保险是指被保险人在保险有效期间,因遭遇非本意的、外来的、突然的意外事故,致使其身体蒙受伤害而残废或死亡时,保险人依照合同规定给付保险金的保险。

这里我们需要对意外事故的三个限定做出一些解释。

1. 非本意的

非本意是指偶然的、不能预见、不能预料的事故。它一般有三种形态:① 事故的发生为偶然的;② 发生的结果为偶然的;③ 原因与结果均为偶然的。

比如,工人在操作中不慎触电致残,这虽然是由于他自己的行为所致,但不是故意的,而是非本意的。又比如,在公共汽车将要启动时,一乘客不顾售票员的一再劝说而强行扒车,以致坠地造成重伤。这种结果就不是不可预料的,而是可以事先防止的、扰乱社会公共秩序的行为,就不能称为非本意。再比如,某人意欲自杀而主动服用大量安眠药而死亡,这就是故意行为造成的,它的结果可以预料,因此也不属于非本意。

2. 外来的

外来的是指伤害是由被保险人自身以外的原因所造成的。比如,在交通事故中被车撞伤,行走时被楼上人随手扔下来的东西砸伤等,都是由外来的原因引起的伤害。又如举重物时,由于用力过猛,造成关节挫伤,也属于外来原因引起的伤害。但如果是因脑出血摔倒后受伤,则应当属于健康保险的范畴,而不属于伤害保险的范畴。

3. 突然的

突然的是指意外伤害的直接原因是突然出现的,而不是早已存在的。这一点强调的是在事故的原因和伤害的结果之间有着直接的因果关系,而不是经年累月形成的。像交通事故、天空坠落物体引起的伤亡,都是突然发生、瞬息造成的伤害。吸入剧毒气体立即使身体遭受损伤,也可作为伤害事故,但如果是由于长期在有毒气体的车间工作,逐渐形成了职业病,就不属于伤害保险的范畴。

以上三点加在一起,才能构成意外伤害,换句话说,三个因素缺一不可。例如,由于晕眩症而引起的摔伤,单从第一个因素"非本意"来看,可以说它不是故意的,它的结果也是不可预料的,但它不符合"外来的""突然的"要求,因此不属于意外伤害。有些伤害虽然符合上述所有的三个条件,但不一定在承保的范围。例如,通常来说,由战争和军事行动等所致的伤害都是作为保险合同的除外责任的。

(二)特点

人身意外伤害保险只承担意外伤害责任,不承担疾病等其他保险事故的给付义务。与人寿保险相比较,意外伤害保险的主要特点是,被保险人所面临的风险程度,并不因被保险人的年龄、性别不同而有太大的差异。被保险人不论是男是女,年长年幼,体格健壮还是体弱多病,在相同的环境中,它们的身体遭受意外伤害的可能性大体上都是相同的。

由于人身意外伤害保险的上述特点,使得它与人寿保险相比较有两点显著的不同:第一,意外伤害保险费率的制定不需要考虑被保险人的年龄、性别因素,因此,不需要以生命表作为依据。保险人主要是根据以往各种意外伤害事故发生概率的经验统计来确定其费率。一般来说,影响意外伤害保险费率的主要因素是被保险人的职业。第二,在人寿保险中,保险人一般对高龄者不予承保,而且在承保高额保单时,被保险人通常需要体检。而在人身意外伤害保险中,高龄者也可以投保,对保险人也不必进行体检。不过,由于患有某些疾病的人比完全健康的人遭受意外伤害的可能性大,许多人身意外伤害保险合同都规定,凡全部丧失劳动能力及精神病、癫痫病患者不能投保人身意外伤害保险。

(三)保险种类

按照所保风险的不同,意外伤害保险可以分为普通意外伤害保险和特种伤害保险两种。

1. 普通意外伤害保险

普通意外伤害保险是专门为被保险人因意外事故致身体蒙受损伤而提供的保险保障,它通常是一种独立经营的险种。这种保险大都采取短期保险的形式,以一年或不到一年为期,根据双方当事人的约定,决定保险内容、保险金额和保险方式。

2. 特种伤害保险

特种伤害保险的保险范围仅限于特种原因或特定地点所造成的伤害,它又可以分为航空意外伤害保险、旅游伤害保险、交通事故伤害保险、电梯乘客伤害保险、船员伤害保险、团体伤害保险、职业伤害保险等不同种类。

(四)实施形式

人身意外伤害保险的实施既可以采取自愿的形式,也可以采取强制的形式;它既可以作为一个险种单独投保,也可以作为一个附加险和其他寿险一起投保。

本章总结

1. 人身保险是以人的生命、身体和健康作为保险标的的一种保险。人身保险所针对的人身保险事故的发生具有必然性和分散性,被保险人的死亡风险也随其年龄的增长而增加。

2. 与财产保险相比,人身保险产品的需求弹性较大。人身保险业务一般是长期性业务,收取均衡费率。一般而言,保险人要对每份人寿保单逐年提取准备金。正是因为人身保险业务具有这些特征,经营人身保险的公司一般会具有较多的投资资金,人身保险保单的调整也不够灵活,而保险公司也需要进行连续业务管理。

3. 人身保险的主要类型有人寿保险、年金保险、健康保险和意外伤害保险。

4. 意外伤害保险是指被保险人在保险有效期间因遭遇非本意的、外来的、突然的意外事故,致使其身体蒙受伤害而残废或死亡时,保险人依照合同规定给付保险金的保险。与其他人身保险类型相比,意外伤害保险费率的制定不需要考虑被保险人的年龄,一般不需要体检,高龄者投保也不受限制。意外伤害保险可以分为普通意外伤害保险和特种伤害保险两种。

思考与练习

1. 人身保险事故有什么特点?相应地,人身保险产品有什么特点?

2. 市场上的人身保险一般采取年度均衡费率的方式,即在投保人缴费期间,每年收取的保费不变。假若王先生购买了一份普通终身寿险,每年缴纳相同的保费;但由于王先生的死亡率随着年龄的增长而不断提高,保险公司每年应当收取的精算保费是逐年升高的。试解释保险公司要求的这种缴费方式如何与被保险人逐年升高的死亡率相容。为什么保险公司会选择这种缴费方式?

3. 人身保险公司与财产保险公司相比,可用于投资的资金多,但同时投资的灵活性不足,试解释其原因。

4. 意外伤害保险中对于意外伤害的限定有哪些?以下哪些事故属于意外伤害保险的承保范围?

a. 王先生在非工作时间突发急性阑尾炎被送往医院。

b. 某士兵在执行紧急军事任务时被不明物体砸伤。

c. 从事高楼外表面清洁工作的工人在工作时,吊索突然断裂导致人从高空坠落。

d. 周女士出公差返回后,出现放射病症状。经查明是她在出外办公事的途中接触了潜在的放射源,放射源的隔离装置突然失效。

5. 试考虑以下人群可能需要哪些类型的人身保险:

a. 你的父母。

b. 刚出生的婴儿。

c. 身体孱弱、经常住院的病人。

d. 退休后没有经济来源的老年人。

e. 美国总统。

f. 战地记者。

第十章　　人寿保险

▌本章概要▌

人寿保险是人身保险中一个重要的类型。它主要包括定期寿险、终身寿险和两全保险。本章将分别介绍这几种保险类型各自的特点、主要产品类型及其运作原理。随着社会经济的发展,人寿保险的创新类型也不断涌现,本章也将介绍主要的几种新型人寿保险产品。虽然不同的保险公司针对不同的人寿保险产品会有不同的保单设计,但一般而言,寿险保单都包括15种标准保单条款。本章还将引入准备金的概念,对寿险保单的资金流进行初步介绍。

▌学习目标▌

1. 明确人寿保险的基本种类和各自特点。
2. 掌握各种人寿保险的基本产品、创新型人寿保险产品的创新之处。
3. 了解15种标准寿险保单条款及各自的作用。
4. 理解寿险准备金和保险定价的基本原理。

引　　言

大多数人都对财务安全有基本需求,但这种需求会因人而异;同时,对财务安全的需求会随着时间的推移而不断变化。人寿保险始终是人们用以获得财务安全的一种方式,它可以满足个人和企业的多方面需要。对个人来讲,它首先可以满足补偿/提供丧葬费用、子女抚养费、教育费用和退休生活所需资金的需求。而企业则可以通过购买寿险产品为其雇员提供福利,或者在企业所有者、合伙人或关键员工死亡时提供企业持续经营所需的、高流动性的资金。

第一节　人寿保险的种类

如第九章所述,人寿保险是保险公司承诺当被保险人死亡时即进行保险金支付的保险,它主要包括定期寿险、终身寿险和两全保险。①

---

①　两全保险在被保险人生存时也给付,但它是在定期寿险基础上增加的一个满期生存给付,相当于是在定期寿险基础上的一个变异。

一、定期寿险

定期寿险也称为定期死亡保险,它是一种以被保险人在规定期限内发生死亡事故为前提而由保险人负责给付保险金的人寿保险。如果期限届满,被保险人仍然生存,保险人不再承担保险责任,也不退还保费。

定期寿险是人寿保险业务中最早产生,也最简单的一个险种。它的特点是:第一,保险期限短,少则几个月,多则也就几年。第二,保险费率低。由于它的保险期限短,而且不是每份保单都必然发生给付,因而保险责任相对较小,费率相对较低。此外,许多定期寿险产品还具有可续保性和可转换性。可续保性指的是在合同约定的限制范围内,定期寿险到期可以续保,而不论被保险人当时的健康状况如何。可转换性指的是在合同约定的限制范围内,定期寿险可以转换为其他类型的寿险,例如终身寿险等。

定期寿险对以下两类人较为合适:一类是那些在短期内担任一项有可能危及其生命的临时工作,或急需保障的人;另一类是那些家庭经济收入较低、子女尚未成年的人,他们的生命对这个家庭非常重要,但支付能力较低,因此可以投保定期死亡保险以获得保障。

以根据保险金额在整个保险期间是否发生变化为依据,可以将定期寿险分为定额定期寿险、递减定期寿险和递增定期寿险三种。

(一)定额定期寿险

大多数定期寿险属于定额定期寿险。它的死亡保险金在整个保险期间保持不变。例如,张三投保了一份保额为 100 000 元的 10 年期定额定期保单。如果张三在未来 10 年内死亡,且保单仍然属于有效保单,则保险人将保证支付其保单受益人 100 000 元的死亡保险金。

(二)递减定期寿险

递减定期寿险的死亡保险金在整个保险期间不断减少。这种类型的保单通常给出一个初始的死亡保险金,然后根据保单规定的方法逐年减少。例如,张三购买了一份递减定期寿险,该保单第一年的死亡保险金为 50 000 元,以后在每个保单周年日减少 10 000 元,以此类推,到第五个保单年度末,保单期满。递减定期寿险保单的续期保费在整个保险期间通常不变。

递减定期寿险通常包括抵押贷款偿还保险、信用人寿保险和家庭收入保险。

1. 抵押贷款偿还保险

抵押贷款偿还保险是一种死亡保险金与递减的抵押贷款未偿付额相对应的递减定期保险计划。如果贷款人购买了抵押贷款偿还保险,则保单的死亡保险金在任何给定的时间一般都等于对该抵押贷款的欠付额。抵押贷款偿还保险的期限由抵押贷款的期间所决定,通常为 15 年到 30 年。在整个保险期间,续期保费一般不会改变。通常来说,寿险保单与抵押贷款是相互独立的,提供抵押贷款的机构并不是保险合同的当事人,合同也并不要求受益人一定用保险金来偿还抵押贷款。[①]

2. 信用人寿保险

信用人寿保险也是一种递减定期寿险计划。它的基本含义是,如果被保险人在贷款偿清之前死亡,该项保险的保险金将用于支付这笔贷款的未偿余额。与抵押贷款偿还保险相同的是,信用人寿保险的保险金额通常等于未清偿债务的余额。因此,随着贷款余额的逐渐减少,信用寿险规定的保额也将逐渐降低。与抵押贷款偿还保险不同的是,一旦作为被保险人的借款人在保险期间死亡,信用人寿保险的保险金将直接支付给相应的贷款人或债权人。而在抵押贷款偿还保险的场合,保险金通常是支付给被保险人的受益人的,例如其配偶或子女等。

信用人寿保险既可以以个人名义购买,也可以以团体的形式购买,但后者的情况更为普遍:即保险公司将信用保险作为团体险出售给贷款机构,并以贷款机构的所有债务人作为被保险人。信用人寿保险可用于购置汽车贷款、购置家具及其他个人贷款等情形中。在西方国家,许多信用卡持有者也购买此类保险。信用人寿保险公司承诺,如果被保险的债务人在债务清偿之前死亡,债权人依然能够得到被保险人的未清偿债务的偿还款项。信用人寿保险公司将保全被保险人的遗产,使之不必用来清偿这些未偿债务。

3. 家庭收入保险

家庭收入保险的含义是,如果被保险人在保险期间死亡,保险公司将对其在世的配偶提供约定的月收入保险金,直到保单规定的时期为止。家庭收入保险之所以是一种递减的定期寿险,是因为如果被保险人在保险期内活得越长,保险人需支付的月收入保险金的时间就越短;保险金支付的时间越短,保险人支付的保险金总额就越小。举例来说,张三购买了一份10年期的家庭收入保险,每月收入保险金为1 000元。合同规定,如果他在10年内死亡,收入保险金的领取期至少为3年。假设张三在购买保险2年后死亡,保险人将对其妻子李四按月支付1 000元的收入保险金,其总额为96 000元(即1 000元×12月×8年);如果张三在保单签发6年后死亡,保险公司将按月支付4年的收入保险金,其总额为48 000元(1 000元×12月×4年);如果张三在购买该保险9年后死亡,则保险公司必须按规定的最低年数支付3年的收入保险金,其总额为36 000元(1 000元×12月×3年);如果张三在11年后死亡,则保险公司不必支付任何保险金,因为该保险已经在张三死前一年终止。

在许多西方国家,家庭收入保险通常作为终身寿险的一个附加条款来签发。

---

① 中国目前并没有开办此类险种,但了解一下国外的做法对我们无疑是很有益处的。这里选用国外的一个例子来说明抵押贷款偿还保险是如何运作的。假定汤姆和妻子爱丽丝从一家银行得到了一笔30年期的抵押贷款,购买了一套新房。汤姆决定从一家名为爱心的寿险公司购买一份抵押贷款偿还保险,指定妻子爱丽丝为受益人,以保证如果他在还清贷款之前去世,爱丽丝能够得到一笔额外的收入继续享用这套房子。三年后,汤姆不幸死于意外事故。爱心寿险公司向爱丽丝支付了一笔80 470元的死亡保险金,该数额恰好等于当时的抵押贷款余额。爱丽丝将收到的保险金投资于一个共同基金,并继续按月偿还抵押贷款。需要注意的是,由于保险合同的当事人是汤姆和爱心寿险公司,爱丽丝并没有义务一定用死亡保险金偿还抵押贷款余额。

有的时候,抵押贷款人要求借款人购买抵押贷款偿还保险,并指定贷款人为受益人,以此作为获得抵押贷款的条件。在这种情况下,从保险公司购买抵押贷款偿还保险的借款人也就是保单所有人,而抵押贷款的条款规定,如果借款人在贷款期间死亡,保险金需由贷款人领取。

（三）递增定期寿险

递增定期寿险规定一个初始的死亡保险金，然后在整个保险期间按照约定的时间间隔递增。例如，某递增定期寿险初定的死亡保险金为 100 000 元，然后在整个保险期间于每个保单周年日递增 5％。递增定期寿险的保费一般随保额的增加而增加，保单所有人通常有权在任何时候固定递增定期寿险所规定的保险金额。该保险的功能主要是应付物价上涨、通货膨胀等问题，这一个对被保险人的保障既可以由一个单独的寿险保单来提供，也可以（实际上是更为常见的）按某一主保单的附加条款的形式来提供。

二、终身寿险

终身寿险又叫终身死亡保险，它是一种不定期的死亡保险。只要投保人按时缴纳保费，自保单生效之日起，被保险人不论何时死亡，保险人都给付保险金。

（一）终身寿险的特点

终身寿险的特点是：① 保险费率较高。这是因为终身寿险的保险期一般都较长，保险人对被保险人终身负有责任。不论被保险人的寿命长短，保险人终将支付一笔保险金。② 投保人一般以均衡保费的形式缴纳保费。③ 保单具有现金价值，保单所有人可以享用保单上的现金价值。保单所有人可以中途退保领取退保金，也可以在保单的现金价值的限额内贷款。当投保人无力继续缴纳保费时，还可以改订合同，将终身寿险改为缴清保险或展期保险。

终身寿险保单上现金价值的多少受缴费方式的影响而不同。投保人缴费的期限越短，每次缴费的数额越大，他在保险人那里积存起来用于履行将来保险义务的保费就越多，保费的储蓄性就越大，保单上的现金价值就越多。

（二）终身寿险的种类

按照缴纳保费的方式不同，终身寿险又可以分为三种：

1. 普通终身寿险

这种保险要求投保人在被保险人的生存期间，每年都要缴付均衡保费。

2. 限期缴费的终身寿险

这种保险要求投保人在规定的期限内每年都缴付保费，期满以后不再付费，保单有效至被保险人死亡。保费的高低与缴费时间的长短有关，期限越长，每期缴费越少；期限越短，每期缴费越多。

3. 趸缴保费的终身寿险

这种保险要求投保人在投保时一次缴清全部保费。在这种缴费方式的终身寿险中，储蓄性是它的重要特征，保险的保障作用实际上降至第二位。

此外，终身寿险还可以附加一定保额的定期死亡保险。这就是说，如果被保险人在约定的期限内死亡，受益人可以领取到相当于基本保单一定倍数（例如 10 倍或 20 倍）的保险金。如果被保险人活过了定期死亡保险所规定的期限，则到被保险人死亡之时，受益人只是领取基本保单所规定的保险金。

三、两全保险

（一）两全保险的特点

两全保险是指被保险人不论在保险期内死亡还是生存到保险期届满,保险人都给付保险金的保险。在两全保险中,一般规定一个保险期限,被保险人在规定的保险期内不是生存就是死亡,二者必居其一。因此,只要投保人按期缴纳了保费,投保两全保险后总会得到一笔保险金。这由此产生了两全保险的如下特点:

1. 两全保险是人身保险业务中承保责任最全面的一个险种

两全保险既可以保障被保险人在保单期满后生活的需要,又可以解决由于本人死亡而给家庭经济生活带来困难的后顾之忧。它是生存保险和死亡保险结合的产物。

2. 两全保险费率较高

由于保险责任大,而且每份保单必然发生给付,因此两全保险的费率较高。我们在前面谈到过,在定期的生存保险和死亡保险中,保险人的保险责任只有一项——被保险人或者生存,或者死亡,因而保险人是否给付存在两种可能。然而在两全保险中,保险人的责任却有两项——在保险期限内同时对生存和死亡负保险责任,给付是确定的。因此,除了长期的两全保险与终身寿险的费率相差不大,短期的两全保险比其他寿险的费率高得多。

3. 两全保险具有储蓄性

由于被保险人在保险期内不论是生存还是死亡,被保险人或者受益人都可以稳定地获得一笔保险金,因此,两全保险在形式上与银行储蓄具有相同之处,人们有时也称它为储蓄保险。

两全保险的储蓄性特点使其保单具有一些特殊用途。它不仅与终身寿险保单一样具有现金价值,从而使被保险人能够在保单期满前享受各种储蓄利益,还可以在商业往来中作为财产保证,在个人借贷中作为债务的抵押品,最重要的是作为一种投资工具。此外,如果被保险人存活至保单期满,他还可以领到一笔相当于储蓄存款的保险金。被保险人可以用这笔保险金来投保养老年金保险,以保障其晚年生活,或派做其他用场。这一优越性是终身寿险所不具有的。因为在一般情况下,终身寿险的被保险人本人是见不到保险金的。

（二）两全保险的种类

两全保险的业务种类也很多,主要的有以下几种:

1. 普通两全保险

普通两全保险是不论被保险人在保险期间内死亡还是生存至保险期满,保险人都给付同样数额保险金的保险。例如,投保人购买了一份保险金额为 10 000 元、保险期为 10 年的普通两全保险。如果被保险人在 10 年内死亡,其受益人可以领取 10 000 元的保险金,随后保单因履行而效力终止;如果被保险人存活到 10 年期满,被保险人本人可以领取保险金的数额也是 10 000 元,领取后保单因履行而效力终止。

2. 期满双赔两全保险

期满双赔两全保险是指在被保险人期满生存的情况下,保险人给付两倍于约定保险金额的保险金;如果被保险人在保险期内死亡,保险人只给付约定数量的保险金的保险。例如,投保人购买了一份保险金额 10 000 元、保险期为 10 年的期满双赔两全保险,如果被保险人在保险期内死亡,保险人给付 10 000 元的保险金;如果被保险人期满生存,保险人给付 20 000 元的保险金。这一险种的设计是基于投保人期满生存比期内死亡更需要钱的考虑。

3. 死亡双赔两全保险

死亡双赔两全保险是指,被保险人如果期满生存,保险人给付约定的保险金额;被保险人如果期内死亡,保险人按照约定金额的一定倍数,例如 10 倍或 20 倍给付。这一保单是与期满双赔两全保险相对应的。仍以上述保单为例。如果被保险人生存至保险期满,保险人给付 10 000 元保险金;如果被保险人在保险期内死亡,保险人给付 100 000 元或 200 000 元保险金。这个险种保障的重点放在被保险人的遗属身上。

4. 联合两全保险

联合两全保险是由几个人共同投保的两全保险。在保险期内,联合被保险人中的任何一人死亡时,保险人给付全部保险金,保单因履行而终止;如果在保险期内,联合被保险人无一人死亡,保险期满时保险金由全体被保险人共同领取。比如,三人共同投保一份 10 年期的联合两全保险,保险金额为 10 000 元。在第三年时,有一人死亡,保险人给付 10 000 元,随后保单终止。如果 10 年之后三人中无一人死亡,保险人也给付 10 000 元,随后保单终止。

四、创新的人寿保险

前述的定期死亡保险、终身寿险和两全保险都属于传统的人寿保险。之所以这样说,是因为这些保险没有充分考虑到通货膨胀的影响。有些保单,像参与分红的保单通过分红可能减少一些通货膨胀对投保人的损害,尽管这些保单的现金价值主要是投资于像政府债券、公司债券、股票、房地产之类的投资品,而这些投资品在发行时,其利率已经考虑到了预期通货膨胀的因素,但是由于以下两个因素的存在,总的来说,传统的人寿保险对通货膨胀的反应还是很弱的:第一,保额通常是以一个固定的数额来表示的,而由于通货膨胀所引起的购买力的下降,保险的保障作用明显减弱;第二,在公司的投资组合中,一般来说,债券所占比重较大,而除了那些新近购买的债券,所有的老债券所反映的还是过去的通货膨胀率,这个通货膨胀率很可能明显低于当前和未来的通货膨胀率。正是由于这些原因,各国的保险业对传统的人寿产品进行了革新,推出了一系列新的产品。[①] 例如变额人寿保险、可调整的人寿保险、万能保险和变额万能保险。这些保险与传统的人身寿险相比较所具有的一个共同特点是,或者保费,或者保额,或者现金价值等,大都是可以变动的。

---

① 20 世纪 50 年代初,荷兰的一家保险公司首次推出了变额人寿保险,并且很快就在世界上许多国家推广开来。

（一）变额人寿保险

变额人寿保险具有以下几个特点：第一，它的保费是固定的，但保额可以变动，通常要保证一个最低限额。第二，变额寿险有其分立账户，它与公司的其他业务是分开的。保险人可以根据资产运用的实际情况，不断对其资产组合进行调整，投保人也可以自己在股票、债券和其他投资品中选择投资组合。第三，现金价值随着保险公司投资组合和投资业绩的情况而变动。

（二）可调整的人寿保险

可调整的人寿保险的特点是，保额、保费和保险期限都是可变动的，即在一定的限制以内，保险人可以提高或降低保单的保额，增加或减少保费，延长或缩短保险期。

在这种保险签发之时，保险人根据被保险人的年龄、保额和保费等因素，为被保险人提供终身的保护（终身保险），或者只是一个时期的保护（定期保险）。被保险人可以在一开始选择一个保额，并在一定的限制内，选择一个他们能够接受的保费。保费越小，保单的现金价值越低，保险期越短；相反，保费越大，现金价值也越大，保险期越长。最短的期限通常是 10 年。

保单发售以后，保费和保额都是可以进行调整的。如果保费增加了，保额自然随之提高；相反，如果要降低保额，保费也可以随之降低，当然还可以作其他的各种选择。根据投保人所支付的保费以及对保障的需要程度，保单可以从终身保险转为定期保险，或从定期保险转为终身保险。在一定的期限以内，保费增加会延长保险期限，保费减少会缩短保险期限。如果是终身保险，保费增加则会缩短支付保费的时间，保费减少会延长支付保费的时间。

可调整的人寿保险的吸引人之处主要在于它的灵活性。被保险人不用购买任何附加保险或放弃已购买的保险，就可以对保额或保费做出改变。

（三）万能人寿保险

这种产品与可调整的寿险基本上一样，即在保险期间，它的保费、现金价值和保额都是可以随着消费者的需要而改变的。但有一点不同，这就是现金价值的利率是与当时市场的利率紧密联系的。因此保险公司一般将其投资于中、短期的产品，而不是像传统的人寿保险那样，投资于长期投资工具。在其他的终身寿险合同中，保单所有人只能以保单的现金价值作为抵押来进行借款；而在万能寿险中，保单所有人甚至可以提取出部分现金价值，而并不使合同失效，这无疑是万能寿险颇具吸引力的一个方面。

（四）变额万能人寿保险

变额万能人寿保险又被称为万能寿险产品类型Ⅱ。它实际上是变额保险与万能保险相结合的产物。这类保险允许投保人改变缴费的数额；允许投保人使用投资账户中的现金价值支付保费。更引人注目的是，它在一张保单中将万能保险保费的灵活性特征与变额保险的投保人可以在自己的投资账户中改变各种投资组合的特征结合起来，从而使保单很具吸引力。

第二节 标准保单条款

虽然不同国家的不同寿险公司对其寿险保单的措辞有一些不同,但大都包括以下标准条款:

一、免费观望期条款

许多个人寿险保单中通常包含有免费观望期条款,又称"犹豫期"条款。该条款允许保单所有人在收到保单后的一个期限内(通常为 10 天)进一步考虑是否应当或者需要购买该保险。在免费观望期内,保单所有人可以撤销合同,保险公司将如数退回投保人缴纳的首期保费。保险责任在免费观望期内通常有效,但在投保人取消保单时则失效。

二、完整合同条款

完整合同条款是指对构成保险人与保单所有人之间合同的文件加以定义。通过将保险合同条款限制在特定的书面文件中,完整合同条款可以防止口头陈述影响保单条款,避免有关合同条款的争议。

完整合同条款的具体措辞取决于保单是封闭型合同还是开放型合同。在封闭型合同中,只有印刷或附加在合同中的条款或条件才被认为是合同的组成部分。这些保单中的完整合同条款通常规定,完整合同由保单、附加于保单的任何附约和投保单的复印件所组成。该条款确保保单所有人能够获悉保单的所有条款。开放型合同是列明构成当事人之间合同所需文件的一种合同,但列出的文件并非全部附在合同中。完整合同条款不仅规定了构成合同的各种文件,通常还规定:第一,只有特定人员(如保险公司的某些主管)可以对合同进行更改;第二,只有书面形式的更改才有效;第三,不得对合同进行任何更改,除非保单所有人以书面形式同意此更改。

三、不可抗辩条款

不可抗辩条款又称不可争条款。这一条款通常规定,在被保险人生存期间,从保单签发之日起满两年后,除了由于被保险人欠缴保费,保险人不得以投保人投保时的误告、漏告、隐瞒等为理由,否定保单的有效性。

保险合同作为最大诚信合同,要求投保人在投保时必须根据实际情况报告个人的有关信息,其中包括健康状况、年龄、经济状况等。如果投保人没有履行告知的义务,保险人有权宣告保单无效。这样规定原本是为了保障保险人的正当利益。但在实际中,特别是在早期的保险业务中,有的保险人却滥用此项权利。在发生保险事故时,以投保人告知不实为由,拒付保险金。这样做不仅使被保险人失去了应有的保障,也影响了保险业的声誉。

为了保护被保险人和受益人的利益,从 19 世纪后期开始,一些保险公司在保单上加上了此项条款。保险人对投保人是否履行如实告知义务提出异议的时间一般被限制在两年之内。在这段时间里,保险公司有权进行争议,并可以解除合同;超过这段时间,合同成为不可争合同。

如果保单失效后又复效,可争时间又重新开始。从复效时起,经过两年再成为不可争合同。由于可争时间一般只有两年,因此,保险公司必须在承保前或者承保两年之内做好审核工作。如果在两年之内没有提出什么问题,保险人就不能再否定保单的有效性。

四、年龄或性别误告条款

这一条款通常规定,投保人在投保时如果误报年龄和性别,但仍符合合同约定的限制,其保险金额将根据真实年龄和性别进行调整。

被保险人的年龄是决定保费费率的一个重要依据。由于不同年龄的人死亡率不同,即使他们所投保的险种和保险期限相同,他们所缴纳的保费也是不同的。需要指出的是,保险人是按照被保险人的投保年龄,而不是实际年龄来计收保费的。举例来说,甲乙两人为同年所生。2017年他们都年满30岁,甲某在这一年购买了一份10年期的死亡保险,而乙某是到了2018年才购买了一份同样的保险(假定投保人、被保险人和保单所有人均为同一人)。虽然他们的实际年龄相同,但由于投保年龄不同,所缴纳的保费也是不同的。乙某所缴纳的保费要高于在2017年购买了保险的甲某,其原因在于:根据死亡表,31岁时的死亡率要高于30岁时的死亡率。正是由于这个原因,年龄成为保险人在承保时测量风险程度、决定是否承保的重要依据。

从原则上来说,在保险人签发保单前,投保人应向保险人提供准确的年龄证明,但有时因为这样或那样的原因会出现填报上的错误。在保险人发现投保人误报年龄时,如果被保险人还健在,则既可以调整保险金额,又可以调整保费。

需要注意的是,如果保险公司由于被保险人的年龄或性别被误报而调整寿险保单的给付金额,则意味着保险人执行了年龄或性别误告条款。这种行为不是对保单的有效性进行抗辩,因此,它不受不可抗辩条款的约束。

五、宽限期条款

这一条款通常规定,对于没有按时缴纳保费的投保人给予一定时期的宽限期。投保人只要在宽限期内缴纳了保费,保单继续有效。

人寿保险一般是一种长期性的合同。在这个比较长的时期内,可能会出现一些偶然情况或意外事件从而影响到投保人按时缴费,如外出、生病、偶尔疏忽遗忘或者经济上的一时困难等。因此,规定一个宽限期,可使投保人能弥补过失或从容筹款,由此避免保单失效。

在宽限期内,即使投保人没有缴纳保费,合同仍然有效。如果此时发生保险事故,保险人应当给付保险金,但要从中扣除应缴而未缴的保费。扣除保费是为了防止不缴保费而享受保险金的不合理现象。但是,若超过宽限期,合同必然失效,除非被保险人要求复效。宽限期一般为一个月,遇特殊情况,如发生天灾人祸,可以酌情放宽。

六、所有权条款

所有权条款主要是规定保单的所有人是谁,他拥有哪些权利。我们在第三章有关"合同的关系人"的内容中讨论过保单所有人的权利,让我们在这里再简要地回顾一下:

这些权利通常包括转让一部分或全部保单的权利、指定受益人、以保单作为抵押进行贷款、领取红利、退保时取得退保金等。在大多数情况下，所有人就是被保险人，但是，投保人也可以在申请保险的时候指定别的人，例如其配偶或者一个信托机构来作为所有人。

七、复效条款

复效条款通常规定，保单因投保人欠缴保费而失效后，投保人可以保留一定时间的申请复效权。在此期间内，投保人有权申请保单复效。

复效和重新投保是不同的。复效是指保留原来保险合同的权利和义务不变。如保险责任、保险期限、保险金额等，都按原合同规定办理。而重新投保是指一切都重新开始。对投保人来说，如果保单失效后再重新投保是很不合算的。因为随着年龄的增加，费率也要增加。此外，在有的时候，原保单还可能有一些新保单所没有的特征和条款。正因为如此，在一般情况下，投保人愿意申请复效，而不愿意重新投保。

申请复效通常需要具备下列条件：

（1）复效申请的时间不得超过复效申请的保留期限。一般标准条款规定，保单失效后，投保人必须在从失效之日起的一定时期之内（通常为 2—3 年）填写复效申请书以便申请复效。超过这一期限，投保人就丧失了复效申请权。

（2）被保险人要符合可保条件。在保单失效期间，被保险人的条件，比如健康状况、生活环境、职业等都可能发生变化。如果是失效期较长的保单，在申请复效时，被保险人需要向保险人提供体格检验书和可保证明，说明上述情况，保险人可据此决定是否同意复效。之所以做出这样的规定，是因为健康状况已经恶化的人比仍然健康的人更希望复效。如不加以控制，就有可能使大量健康状况不好的人通过复效得到保险，由此出现逆选择。如果是失效时间较短的保单，保险人一般只要求被保险人填写健康声明书，说明身体健康在保单失效以后没有发生实质变化即可。

（3）被保险人必须一次性补缴保单失效期间的全部保费及利息。

八、不丧失价值的选择条款

这一条款通常规定，投保人享有现金价值的权利，不因保险效力的变化而丧失。投保人可以任选一个方案享用其保单上的现金价值。换句话说，即使保单失效了，投保人享用保单现金价值的权利并不受影响。

除了定期死亡保险，大多数人寿保险（特别是终身寿险）在缴付一定时期的保费之后都具有现金价值。这部分现金虽然由保险人保管运用，但实际上同储蓄存款一样，应为保单的所有人所有。在保险合同生效一定时期后，投保人因某种原因不愿继续保险时，其保单上的现金价值并不因此而丧失，仍属于保单所有人，因此称为不丧失价值，也称不没收价值或不丧失的赔偿权。保险公司往往将现金价值的数额列在保单上，说明计算方法及采用的利率，使投保人可以随时掌握保单上的现金价值量。

可供投保人选择的方案一般有以下几种：

（1）办理退保。投保人取得现金价值即退保费。

（2）将保单改为缴清保险。缴清保险是指投保人将现金价值作为一次性缴清的保费，保险人根据此数额改变原保单的保险金额，原保单的保险期限与保险责任保持不变。

改保后,投保人不用再缴纳保费。

(3) 将保单改为展期保险。展期保险是指将现金价值作为一次缴清的保险费,保险人据此数额改变原保单的保险期限,原保单的保险金额和保险责任不变。改保后投保人不再缴付保费。

投保人可以选择上述三个方案中的任何一个,来享用保单上的现金价值。那些不想继续投保的人可以选用第一种方案;而第二、三种方案则适用于那些由于种种原因无力继续缴纳保费,但又不愿意使保单失效的人。他们可以利用保单的现金价值来维持保单的效力,不过,这还需要进行一些调整。

九、保单贷款条款

具有现金价值的寿险保单通常允许保单所有人以保单作抵押,向保险人进行贷款。贷款金额以不超过保单当时的现金价值的一定比例为限。借款本息等于或超过保单的现金价值时,投保人应在保险人发出通知后的一定期限内还清款项,否则保单失效。当被保险人或受益人领取保险金时,如果保单上的借款本息尚未还清,应在保险金内扣除借款本息。

保单贷款不同于商业贷款,它们主要有两点区别:① 保单所有人可以随时偿还部分和全部贷款,但他没有偿还保单贷款的法定义务。如果在被保险人死亡时,贷款尚未还清,保险人将从保险金中扣除尚未偿还的余额,而商业贷款中的借款人则负有偿还贷款的法定义务。② 在保单贷款的场合,保险公司不必对申请保单贷款的保单所有人进行资信审查,而对借款人的资信审查则是商业贷款中的必要事项。保险公司只需根据保单的净现金价值审批贷款数额。保险人对每一笔保单贷款都要计收利息,利息通常是按年计收的。

十、保单提现条款

保单提现条款又称部分退保条款,它允许保单所有人从保单现金价值中提取现金,提现总额不能超过现金价值。保险人通常不对保单提现计收利息,而只是将提现金额从保单现金价值中扣除。许多保单对每次提现收取一定的手续费,并限制每年的提现次数。万能寿险保单通常都包含一个保单提现条款和保单贷款条款。

保单提现条款可以使投保人在经济困难时有权提现,从而有利于保单所有人;但也使保险人可以运用的资金相对减少,容易削弱保险的保障作用。

十一、自动垫缴保费条款

这一条款通常规定,投保人按期缴费满一定时期以后,因故未能在宽限期内缴付保费时,保险人可以把保单上的现金价值作为借款,自动贷给投保人抵缴保费,使保单继续有效。如果第一次垫缴后,投保人仍未缴纳保费,垫缴继续进行,直到累计的贷款本息达到保单上的现金价值的数额为止。这时,如果投保人仍不缴纳保费,保单将失去效力。在垫缴期间如果发生保险事故,保险人应从保险金内扣除保费的本息后再给付。

有些合同也规定,垫缴须经过投保人的申请才能予以办理;也有一些国家的合同对自动垫缴条款做了一些修改:例如,仅限于一次或两次的欠缴,才能提供自动垫款;垫缴后投保人如仍不续缴保费,保险人不再垫缴,合同按照不丧失价值条款处理。

十二、红利选择条款

投保人如果投保了分红保险,便可享受红利分配。这一条款通常规定了红利分配的方式。在人身保险业务中,红利的来源主要有三个方面:① 被保险人实际发生的死亡率低于预计死亡率;② 保险人实际支出的业务费用低于预计的费用开支;③ 保险人运用保险基金的实际收益超过付给被保险人的利息。

可供投保人选择的红利分配方式主要有以下几种:① 现金给付,直接用现金给付红利;② 抵缴保费,用红利缴纳保费;③ 积累生息,将红利寄存在保险公司,由保险公司运用生息;④ 增加保额,将红利作为一次性缴清的保费,用以提高原保单上的保险金额。

十三、受益人条款

在人身保险中,受益人是十分重要的关系人。因此,绝大多数人身保险合同中都有受益人条款。受益人条款一般包括两方面的内容:一是明确规定受益人,二是明确规定受益人是否可以更换。

1. 明确规定受益人

人身保险中的受益人包括原始受益人和后继受益人两类。原始受益人是投保人或被保险人在订立合同时约定,当被保险人死亡时有权领取保险金的人。后继受益人则是在原始受益人死亡的情况下有权领取保险金的人。投保人或被保险人可以同时规定原始受益人和后继受益人,也可以在原始受益人先于自己死后,再指定后继受益人。如果被保险人没有指定受益人,或者指定的受益人先于被保险人死亡后没有再指定受益人,被保险人的继承人就成为受益人。这时,保险金作为被保险人的遗产,由法定继承人享受其利益。[①]

2. 明确受益人是否可以更换

我们在第三章已经谈到过,有两种形式的受益人——不可更换的受益人和可更换的受益人。这里需要强调的一点是,在第二种情况下,如果被保险人需要更换受益人,应当用书面通知保险人或者用遗嘱方式重新指定受益人。如果在变更受益人时发生法律上的纠纷,应由被保险人或投保人自行处理,保险公司不负责任。

十四、保险金给付的选择条款

人们购买人寿保险的主要目的:支付丧葬费;遗属生活费有所着落;为子女教育、婚嫁做准备;使老年生活有所保障;等等。为了使被保险人或受益人能够更有效地使用资金,更有计划地安排生活,保险合同往往允许投保人选择保险给付的不同方式。一般说来,保险金的给付有以下几种方式:

1. 一次性支付现金方式

过去,一般保险合同对保险金的给付大都采取一次性付清的方式,因而保险合同常

---

① 实践中还有一种虽不常发生,但的确可能发生的情况,这就是被保险人和受益人在一次事故中同时死亡。在这种情况下,保险金如何分配,不同的国家、不同的公司可能有不同的规定。例如,美国的法律规定,在这种情况下,假定受益人先于被保险人死亡。

常规定，如果保单所有人不提出其他结案方式要求，保险人将以现金一次性给付方式结案。现在，由于投保人已经注意到了给付选择的作用，在有些情况下，多次给付对保户可能更为有利。因此，有些合同往往规定，在保单期满时，如果保险金领取人没有特别地表示，保单按终身方式结案。如果需要以现金一次性给付方式结案，则必须特别说明。

2. 利息收入方式

使用这一方式时，受益人将保险金作为本金留存在保险公司，然后，根据约定的利率，按期到保险公司领取保险金所产生的利息，领取周期可以按年、季或月计算。如果保险公司利用保险金得到的投资收益超过约定的利率，保险人应增加利息给付。受益人死亡后，可以由他的继承人领取保险金的全部本息。由于保险金是作为一种长期性存款供保险人运用的，因此，这种方式一般都给予较高的利息。

3. 定期收入方式

这种方式是根据投保人的要求，在约定的给付期间，按约定的利率，计算出每期应给付的金额，以年金方式按期给付。使用这一方式时，保险金的本金及利息应当在约定的若干年内完成。如果保险公司的投资收益超过预定的利率，保险公司应将超过的部分也付给保险金的领取人。这种方式强调的是约定给付期限。

如果领款人在约定的领款年限内死亡，其继承人可以继续按此种方式领取，也可以一次领取完剩余的保险金本息。

4. 定额收入方式

定额收入方式是根据保险金领取人生活开支的需要，确定每次领取保险金的数额。领款人按期领取这个金额，直到保险金的本息全部领取完为止。这种方式强调的是约定给付金额。

不过，有的时候，采取这一方式的当事人只是约定一个每次领取保险金的最高限额，而实际领取额可以低于这个限额。这样，领取的时间就可能长一些。如果受领人尚未领完本息即死亡，剩余的本息由受领人的继承人继续领取。

5. 终身收入方式

这种方式是受益人用领取的保险金投保一份终身年金保险。此后，受益人按期领取年金直至死亡。这实际上是以支付保费的方法来购买受益人的终身年金。每次的年金给付额要根据保险合同预定的利率来决定，并且还与受益人的年龄、性别等相联系。在这一点上，它与前四种方式存在不同点。按前四种方式支付保险金时，保险金与受益人的生命因素是没有关系的。

需要指出的是，如果客观环境发生变化，被保险人或受益人有权将已经选定的某种给付方式改换为其他的方式。

十五、除外责任条款

在人寿保险单中，有一些常见的除外责任。例如，中国的许多寿险公司通常都规定，犯罪、吸毒、殴斗、酒醉、自残、无照驾驶和酒后驾驶、战争、军事行动、内乱或武装叛乱、核爆炸、核辐射或核污染、自保单生效或复效之日起两年内自杀等，均属于除外责任事项。如由上述事件导致的损失，保险公司不负责任，而只是退还保单的现金价值。

在除外责任条款中最为常见的是自杀除外条款。此项条款通常规定,以死亡作为给付保险金条件的合同,在签发保单后两年以内,被保险人如果由于其本人自己的行动而造成死亡时,不论其神经是否正常,保险人都不承担给付保险金的责任。

把自杀作为除外责任,主要是为了避免蓄意自杀者通过保险谋取保险金,防止产生道德风险,同时也为了保护保险公司的正当利益。

所谓自杀有广义和狭义之分。按广义来说,凡非他杀即为自杀。但是法律上所讲的自杀仅指有自杀意图的行为。对于过失所致,如失足落水、手枪走火、误服毒药,以及心神丧失或精神不正常所造成的自杀,因无自杀的企图,故不能称为自杀。我国2015年新修订的《保险法》第四十四条规定:"以被保险人死亡为给付保险金条件的合同,自合同成立或合同效力恢复之日起二年内,被保险人自杀的,保险人不承担给付保险金的责任,但被保险人自杀时为无民事行为能力的人除外。保险人依前款规定不承担给付保险金责任的,应当按照合同约定退还保险单的现金价值。"

第三节 寿险准备金

在保险业使用的所有术语中,"准备金"是最重要的一个,也是最容易产生误解的一个。在日常生活中,准备金一词是指额外的东西,也就是除我们通常得到的供给之外还可以使用的东西。从广泛的财务观点出发,准备金一词是指特殊需要发生时可使用的一笔额外的货币资金。

然而在保险业,准备金是负债,它所代表的是保险人预先估计的、未来履行给付责任将需要的金额。保险公司需要提存多种不同的责任准备金,它们有的是法律所要求的,有的则是公司自愿提存的。以下我们主要介绍寿险责任准备金和或然准备金。

一、寿险责任准备金

寿险责任准备金是指保险人事先估计的、用于支付未来到期保险金所需的金额。保险公司必须保持资产超过其寿险责任准备金,以便有足够的资金支付到期的索赔。

以下我们以终身寿险保单为例,来说明寿险责任准备金的运作原理。在此之前,我们有必要简要介绍一下均衡保费的定价方式。

均衡保费是一种寿险产品的定价方式,通常用于终身寿险、两全保险以及承保期超过一年的定期保险的定价。它的特点是,允许寿险保单购买者对有效保单在购买之日起到整个保费缴纳期间都支付相同的保费。这一定价方式是对传统的自然保费定价方式的改进。在保险业发展的早期,保险人使用的是自然保费定价法,即保费的缴纳额随着被保险人年龄的增长而不断增加,因为保险公司提供寿险的成本随着被保险人死亡率的提高而不断增加。这样做的结果是,很多保单所有人可能在最需要保险的时候,却因为保费太高而无力缴纳,从而使保单失效。为了解决这一问题,寿险业推出了均衡保费定价方式。

保费的均衡化是可能的,因为对均衡保费保单所规定的费率高于保单早期发生的、用于支付索赔和经营费用所需的费率。在这种情况下,保险公司可以将收取的剩余保费(即在早期无须支付发生的索赔和费用的那一部分保费)用于投资。随着被保险人年龄的增长,保险公司预计每年每组被保险人死亡的索赔次数必将增加,给付金额也必然增大。而借助于均衡保费定价系统,早期剩余保费的大部分加上投资收益就可以用来支付这些索赔。正因为如此,保单的费率能够在整个保险期间保持不变。

保险人按照均衡保费定价方式在保单早期额外征收的"多余"保费是有"用武之地"的。保险人要将其进行投资并建立资产,以便与保险公司为该组保单所提存的责任准备金相匹配。一旦提存了该组保单的责任准备金,保险人就能够将其按照比例分配给该组的各张保单。

保单面值和任何给定保单年度末的责任准备金之间的差额叫作净风险额。它表示保险公司对该保单所承担风险的额度。随着寿险责任准备金的增加,保单的净风险额将不断减少。

举例来说,在某一时点上,一张保额为10 000元的终身寿险保单的责任准备金为3 000元,则保险公司对该保单的净风险额为7 000元。如果此时该保单受理索赔,则保险人支付的3 000元保险金将来自保险公司为该保单提存的责任准备金的对应资产,而另外的7 000元,也即我们上面所说的净风险额,即需要用与保险公司持有的其他保单的责任准备金相对应的资产来弥补。

除此以外,保险公司也必须为期限很短的保单,例如一年期保单提取责任准备金。为建立一年期保单的责任准备金,我们假定保险人在年初收取保费,并在支付索赔前将这笔保费用于投资。在保单年度内,随着保险人对任何已发生的死亡索赔的支付,该保单组的准备金负债也在随之减少。在保单年度末,寿险责任准备金等于零,因为保险公司对这组保单不再负有赔付责任。

二、或然准备金

虽然死亡统计反映了保险公司可以预期的全部死亡率,但在某些特殊情况下,实际死亡率可能会偏离预期水平,保险人的实际投资回报率可能低于预期的投资回报率,实际运营费用也可能高于保险人事先的估计,这些因素都将影响保险公司的经营,使偿付能力受到损害。

为了防止上述问题的出现,保险公司通常在附加保费中再包括一小部分,并以此来建立或然准备金,或然准备金为保险公司提供了一道安全防线。

本章总结 》

1. 人寿保险主要包括定期寿险、终身寿险和两全保险。定期寿险是一种以被保险人在规定期限内发生死亡事故为前提而由保险人负责给付保险金的人寿保险,主要可分为定额定期寿险、递减定期寿险和递增定期寿险三种。终身寿险是不定期的死亡保险,自保单生效日起,被保险人不论何时死亡,保险人都将给付保险金,它主要分为普通终身寿险、限期缴费的终身寿险和趸缴保费的终身寿险等。两全保险是指被保险人不论在保险期限内死亡还是生存,到保险期限届满,保险人都给付保险金额的保险,主要分为普通两全保险、期满双赔两全保险、死亡双赔两全保险和联合两全保险等。

2. 创新型的人寿保险主要有变额人寿保险、可调整的人寿保险、万能人寿保险和变额万能人寿保险几种。与传统产品相比,它们在保费缴纳、保额调整和现金价值积累等方面具有更多的灵活性。

3. 虽然不同国家不同寿险公司寿险保单的设计各有不同,但一般寿险保单都包括本章所介绍的15种标准保单条款。

4. 寿险准备金是保险公司的负债。它反映了保险人预估的、用来履行未来负债所需要的金额。人寿保险公司通常提供多种不同的责任准备金,主要有寿险责任准备金和或然准备金两种。

思考与练习

1. 试分析定期寿险、终身寿险和两全保险有什么不同,它们各自适用于哪些人群。

2. 试计算以下不同情形下各类寿险保单的给付金额:

a. 王先生投保了一份保额为10万元、15年期的定额定期寿险。王先生于投保16年后去世。他可获得多少给付?

b. 王先生投保了一份12年期的家庭收入保险,受益人为其儿子,每月收入保险金为800元。保单规定,如果他在保单生效日起12年内死亡,收入保险金的领取期至少为2年。如果王先生在保单生效8后年死亡,其儿子总共可以获得多少保险金给付?如果王先生在保单生效11后年死亡呢?如果王先生在保单生效15年后死亡呢?

c. 王先生和妻子一起投保了一份20年期联合两全保险,保险金额为20万元。王先生在保单生效25年后去世,而他的妻子则一直健在,他们可能获得保险金给付吗?

d. 周先生以自己为被保险人投保了终身寿险,保险金额为20万元。投保时,周先生将自己的实际年龄40岁虚报为38岁,而当时40岁男性对应的保费为400元,38岁男性对应的保费为380元。若干年后周先生病故,保险公司发现其误告年龄,保险公司是否必须履行其给付的义务?如果答案是肯定的,实际给付的保险金额应当是多少?

3. 万能人寿保险产品与传统寿险产品相比有哪些优势与劣势?

4. 在15种主要的标准寿险保单条款中,哪些对投保人有利?哪些对保险公司有利?哪些对二者都有利?自杀条款规定两年的免责期限有何意义?为什么不将自杀定为除外责任呢?

5. 人寿保险产品的本质是提供经济保障。用来购买人寿保险的资金也可以用于投资,投资收益同样也可以成为经济保障的来源。试比较这两种保障方式的优劣。你倾向于选择哪一种?

第十一章　　年金保险

▎本章概要▎

年金保险是普遍存在的一种人身保险形式。本章将介绍年金保险的特征以及年金保险的不同种类,其中将较详细地介绍固定年金和可变年金的运行原理。本章还将简要介绍年金保险合同的条款。

▎学习目标▎

1. 掌握年金保险合同的特征。
2. 了解年金保险的分类,重点了解固定年金和可变年金的运作原理。
3. 了解年金保险合同的一般条款和附加条款的内容。

引　言

随着生活水平的提高和医疗技术的进步,人类的平均寿命水平日益提高。中华人民共和国成立之初,人口的预期平均寿命为 40 岁左右,而以 2010 年进行的第六次全国人口普查资料计算,我国人口平均预期寿命已达 74.8 岁。长寿是人类追求的目标,生活在现代社会的人都希望能够在退休以后的较长一个时期内过上体面而舒适的生活,但在生活来源没有保障的情况下,长寿,特别是超长存活将可能是一种灾难。从这个意义上来说,目前人类社会对长寿的担忧甚至会超过对死亡的恐惧。问题与解决问题的方法总是并存的,年金保险就可以用来防范由于被保险人寿命延长而导致经济资源耗尽的财务风险。

第一节　年金保险合同及其分类[①]

一、年金保险合同的特征

如前所述,年金保险是指保险金的给付采取年金这种形式的生存保险,而年金是一系列固定金额、固定期限的货币的收支,年金保险合同即以该保险为内容的合同。年金保险合同的当事人包括以下几方:① 签发保单的保险人;② 投保并购买年金保单的合同持有人。

保险人既出售个人年金保险产品,也出售团体年金保险产品。因此,合同持有人既

---

① 这一节主要参阅了 Harriet E. Jones, Dani L. Long,《保险原理:人寿、健康和年金》(第 2 版),LOMA 2001 年版有关部分的内容。

可以是个人,也可以是代表个人购买年金保险的组织。

根据年金保险合同当事人之间的协议,合同持有人向保险人趸缴或分期缴纳保费。保险人将大量合同持有人的保费集中起来加以投资运作,用集中起来的资金及其投资收益支付到期的年金。

由于年金保险以年金领取人的生存为给付条件,能够防范个人因高寿而耗尽财产的风险,因此,健康状况良好、平均余命长的人比健康状况不好的人更倾向于购买年金。这里无疑也有逆选择的问题,但这种逆选择与寿险中的逆选择恰恰相反。在人寿保险中,那些健康状况不好,或者由于种种原因使得平均余命较短的人比健康状况良好的人更乐于购买人寿保险。可见,如果按照寿险生命表来计算终身年金的保费,保险公司将收不抵支。年金费率与寿险费率也不一样,前者随着死亡率的提高而逐渐降低。换句话说,一组年金领取人的死亡率越高,其年金费率就应当越低。

死亡统计表明,女性的平均余命高于男性的平均余命,保险人在给付终身年金时,对女性的给付时间往往会长于男性。因此,同龄女性和男性相比,前者的年金费率通常要高于后者,保险人以此来补偿女性年金领取人较男性为低的死亡风险。[①]

二、年金保险的分类

根据不同的标准,年金保险可划分为不同的种类。

(一) 按照年金保险的购买方式分类,可以分为趸缴年金和分期缴费年金

趸缴年金就是年金保险购买者在购买年金保单时一次性缴清保费。在趸缴年金的场合,保险公司可以在年金购买者缴清保费后很短的时间内给付,也可以在缴清保费多年后开始给付。

分期缴费年金即购买者采用分期缴纳保费的方式购买年金保险,又可以分为均衡缴费年金和浮动缴费年金两种方式。

均衡缴费年金允许保单持有人按照规定的时间间隔(例如月缴或者年缴)缴纳保费,直到合同规定的缴费期间结束为止。浮动缴费年金允许合同持有人在规定期间定期缴纳保费,但各期保费可以在保单规定的范围内变动。例如,保单可以规定,年金持有人每年缴纳的保费可以在 200—1 000 元。合同持有人也可以在某一年份不缴纳任何保费。在北美各国,目前浮动缴费年金的销售已经大大超过定期均衡缴费年金。

无论是趸缴保费还是分期缴纳保费,年金运作的方式是基本相同的。但是,缴费方式影响保险人持有本金并赚取利息的时间长度,保险人持有保费的时间越长,本金所产生的投资收益就越高。

(二) 按照年金保险给付频率的不同分类,可以分为按年给付年金、按季给付年金、按月给付年金等

年金保险给付频率取决于年金期间的长度。年金期间是指相邻两次定期给付的时

[①] 近些年来,在北美,社会舆论不断要求保险人对男性和女性收取相同的费率。立法机构和法院都在研究按性别收取不同年金费率是否为一种非法的性别歧视。有的地方已经颁布法律,要求保险人对某些险种不分性别收取保费。在这种情况下,有些保险人使用不分性别的年金生命表,以便对男性和女性收取相同的终身年金费率。

间间隔。按此定义,按年给付年金是指每年给付一次的年金;按季给付年金是指每个季度给付一次的年金;按月给付年金是指每月给付一次的年金。

(三)按照年金保险给付日期的不同分类,可以分为期初给付年金和期末给付年金

期初给付年金是指保险人在每个给付周期之初给付年金,例如年初、季初、月初;期末给付年金是指保险人在每个给付周期之末给付年金,例如年末、季末、月末。实际业务中大多采取期末给付年金的方法。

(四)按照年金保险给付的不同起始时间分类,可以分为即期年金和延期年金

保险人给付年金的起始日称为年金的满期日或年金到期日。即期年金保险是指,投保人在与保险人订立了年金保险合同,并支付了所有保费以后,立即从保险人那里领取年金的保险。这个"立即"的长度可因给付周期的不同而不同。例如,如果给付周期为半年一次,那么,年金的领取人将在缴纳保险费半年之后领取年金;如果给付周期为一年一次,年金的领取人将在缴纳保险费一年之后领取年金;如果给付周期为一个月一次,则在缴纳保险费一个月之后领取年金。即期年金保险通常采取一次性缴清保费的方式,这类保单又被称为趸缴即期年金。

延期年金保险是指投保人与保险人订立保险合同后,迟延一段时间,比如说 5 年、10 年、20 年以后,或者年金的领取者必须达到合同所规定的某一个年龄,比如说 65 岁时,再从保险人那里领取年金的保险。延期年金保险既可以采取一次性缴清保费的方式,也可以采取分期缴清保费的方式。

理解以下术语有助于我们更好地理解延期年金的运作:

1. 年金累积期间

从合同持有人购买延期年金之日起,到开始领取年金之日的这段时间称为累积期间。由于延期年金有一个累积期间,因此合同持有人既可以选择趸缴保费,也可以选择分期缴纳保费。在延期年金的累积期间,保险人会将保费进行投资,因此,在累积期间,延期年金会形成累积价值。年金的累积价值等于年金购买者缴付的净保费与已赚取的利息之和再减去提现金额,累积价值的增值方式取决于延期年金是固定给付年金还是变额年金。

2. 年金给付期间(又称年金清偿期)

当年金保险满期时,保险就利用累积价值开始定期给付年金,这被称作年金给付期间或年金清偿期。

3. 提现条款

提现条款允许合同持有人在累积期间提取全部或部分的年金累积价值。欧美国家许多公司的年金合同通常都有提现条款,大多数合同允许其持有人每年按累积价值的约定百分比提取现金而不收取费用。如果在一年内提现金额超过其约定的百分比,保险人通常要收取一笔提现手续费。

4. 退保金

许多年金合同都规定,在年金的整个累积期间,合同持有人有权解除合同并领取退保金。如果年金购买者在年金购买后的规定年限内退保,合同持有人必须缴付退保手续费。退保手续费通常随着保单持有时间的增加而减少。

5. 遗嘱给付

延期年金保单通常提供遗嘱给付。如果年金领取人在年金开始给付之前死亡,那么,年金的累积价值将由合同持有人所指定的受益人领取。当累积价值作为遗嘱给付时,保险人不收取退保手续费。

(五)按照年金保险给付的期限分类,可以分为定期年金和终身年金

定期年金是指保险人在约定的期限内给付年金,约定期满给付终止的保险。如果被保险人在约定期内死亡,则自被保险人死亡时终止给付年金。换句话说,年金给付的期限是从开始给付到约定期满或被保险人死亡,两者谁先发生,谁将作为终止给付年金的时间。例如,一个人投保了一份10年期的定期年金保险。假定他从65岁开始领取年金,他可以领到75岁。但如果他在70岁时死亡,保险人也就给付年金到第5年,第6年不再给付。

终身年金是指保险人在指定个人的生存期间定期给付的年金。换句话说,保险人给付年金直至被保险人死亡时为止。在这一点上,终身年金与终身寿险很类似,即它们都是不定期的保险,但两者也有实质性的区别。用一句形象的话来说,在终身年金保险的场合,保险人"担心"被保险人活得太长(因为被保险人活得越长,保险人需要支付年金的时间就越长);在终身寿险的场合,保险人"担心"被保险人死得太早(因为被保险人死得越早,投保人缴纳保费的时间就越短)。

当终身年金的领取人在给付期间死亡后,保险人的附加定期给付义务取决于年金保险的不同类型。常见的终身年金有以下三种:

1. 纯粹终身年金

纯粹终身年金是一种仅在年金领取人生存期间定期给付的年金,保险人在年金领取人死后不负给付责任。由于年金领取人的死亡时间不确定,因此纯粹年金的购买者所缴纳的保费有可能大大超过定期给付总额。许多人不愿意承担这种风险,因此倾向于选择含有更多保证的终身年金。

2. 固定期间终身年金

固定期间终身年金是指不论被保险人生存与否,保险人在规定时期内都需支付的一种年金保险。有的年金保险在约定期间内定期给付,且给付时期的长短与年金领取人的寿命无关。这一规定期间称为固定期间。如果年金领取人在约定期间之后死亡,则给付停止。比如,固定给付期间为10年,但被保险人在第5年不幸逝世。那么,保险人除了已经支付4年的年金,还必须向合同指定的受益人支付余下6年的年金。固定年金可以满足一个人在某一特定时期的收入需求,它也能为领取其他收入(如养老金等)之前的一个特定的时期提供收入。

3. 带返还终身年金

带返还终身年金保证在年金领取人生存期间定期给付,还保证年金给付总额至少等于该年金的购买价格。后一项保证是指,如果年金领取人在给付总额尚小于年金购买价格时死亡,其差额由合同持有人指定的受益人领取。这样,其偿还额就等于年金购买价格与已支付年金的差额。

(六) 按照年金领取人数分类,可以分为个人年金和联合生存年金

个人年金是指只有单个年金领取人,换句话说,以一个被保险人作为年金的领取人的年金保险。联合生存年金是以两个或两个以上的被保险人的生命作为给付年金的条件的年金。这种年金又有两种主要形式:第一种方式是以联合投保人共同生存作为给付条件。如果联合投保人中有一人死亡,年金给付即行停止。例如,夫妻二人联合投保,假如丈夫先死,妻子虽然存活,年金也停止给付。这种方式叫作共同生存年金保险。① 第二种方式是,联合投保人中只要有一人生存,年金就照常给付,并不减少,直到全部被保险人死亡后才停止。同样的例子,丈夫死后,妻子可以得到与以前相同数额的年金,直到死亡。这种方式叫作最后生存者年金保险。很显然,从总体来看,由于联合生存年金要比个人年金支付年金的时间长,它的保费也要比后者高得多。

(七) 按照保费有无返还分类,可以分为无返还年金和返还年金

在实践中我们可以看到这种情况,被保险人刚开始领取年金不久就死亡了。② 而按照年金保险的一般规定,如果被保险人死亡,保险人即停止给付年金,因为年金保险的保险责任是生存,这一年金保险形式称作无返还年金保险。很显然,无返还年金保险对被保险人来说是十分不利的。为了弥补无返还年金保险的这一不足,保险业推出了返还年金保险。返还年金保险即在年金领取人死亡的情况下,保险公司继续向其指定的受益人支付年金的领取人没有用完的年金的保险。返还年金保险又分两种,期限返还年金保险和保费返还年金保险。

期限返还年金保险是指不论被保险人寿命长短,年金给付至约定的保证期届满时为止的保险。也就是说,如果被保险人在保证期内死亡,保险人将继续向被保险人所指定的受益人支付年金,直到期满为止,这一点很像确定年金。举例来说,一个被保险人购买了一份终身加10年期返还年金保险(即终身年金保险再附加一个10年返还期),被保险人在50岁时开始领取年金。如果被保险人刚领取了5年年金就死亡了,他的受益人可以继续领取5年年金,直至第10年返还期满(如果仅仅是终身年金保险,那么,保险人将立即停止支付年金)。如果这个被保险人活到60岁,他就可以自己继续领取年金直至死亡。由此可见,在返还期内,期限返还年金保险起作用;超过返还期,则终身年金保险起作用。与没有返还的年金保险相比,被保险人从期限返还年金保险中所获得的保障较为

---

① 共同生存年金保险有一种修正形式,叫作 joint and one-half annuity。在这种形式下,如果联合投保人中的一人死亡,年金将随之减少一定的百分比(这个百分比是可以任意规定的)。例如,夫妻联合投保共同生存年金保险。在丈夫死后,妻子可以得到,比如 1/2 的年金。妻子死后,保险人停止给付年金。

② 在现实中还有这样一种情况,即年金保险的购买者在支付了一段时期的保费以后就死亡了。在这种情况下,保险人应从年金保险购买者所缴纳的保费中扣除一些费用,再加上相应利息,将其返还给年金的购买者所指定的受益人。

确实可靠。

保费返还年金保险是指，在年金的领取人死亡时，如果他所领取的年金数额不足他所缴纳的保费，其受益人可以领回这个差额的年金保险。

（八）按照年金价值和保费缴纳有无保证或是否可变分类，可以分为固定年金和变额年金

"固定"和"变额"可以从保费缴纳（年金合同的持有人）和年金给付（保险人）两个角度来定义。鉴于此，我们可以将固定年金分为固定保费年金和固定给付年金两种，将变额年金分为变额保费年金和变额给付年金两种。

固定保费年金是指被保险人每期缴纳保费的数量是一样的、没有变化的并且是按时的年金保险。变额保费年金是指被保险人可以根据自己的经济状况改变每次缴纳保费的数量，或停止缴费，或在一段时间以后再恢复缴费的年金。

固定给付年金是指保险人保证对年金购买者所缴付的每一元，至少按月给付某一约定金额的一种年金。大多数固定给付年金均规定，合同自开始给付后其金额不能改变。少数固定年金规定，如果保险人的投资收益超过计算定期给付时的预期水平，给付金额也可以有所增加。如果固定给付年金是即期年金，那么，定期给付金额在保险人签发年金合同时就是已知的，年金购买人一次性付清保费，保险根据所缴纳的保费计算相应的定期给付金额。

如果固定给付年金是延期年金，那么，年金合同就会包含一张类似于表11-1的年金价值表，该表列出了每1 000元累积价值所对应的保证定期给付金额。根据表11-1所示，如果在年金期满日的累积价值为20 000元，年金领取人的年龄为40岁，则保险人就会在年金领取人的剩余生存期间每月给付82.60元（4.13元×20）。当然，保单所列示的金额只是一个最低保证给付金额。在年金满期日，保险人会对过去与现在的投资情况进行评估，如果当前的投资状况高于过去的预期水平，那么，实际计数金额就会高于保证的给付水平。

表11-1 固定给付年金的保证给付金额

领取年龄	只为生存给付（元）	保证给付期间		
		10年	15年	20年
40	4.13	4.12	4.11	4.09
45	4.36	4.34	4.32	4.28
50	4.65	4.62	4.58	4.52
55	5.05	4.99	4.91	4.81
65	5.26	5.45	5.32	5.14
70	6.27	6.07	5.82	5.48
75以上（含75）	8.95	7.89	6.87	5.92

资料来源：Harriet E. Jones, Dani L. Long，《保险原理：人寿、健康和年金》（第2版），LOMA 2001年版，第248页。

固定给付延期年金还规定了保险人对保单累积价值的增值方式。投保人在购买年金后，保险人通常保证至少在约定期间内（一般为1—5年）按规定的利率使累积价值增值。这类年金通常还规定,在约定期间以后,累积价值的增值利率不低于一个规定水平。实际上,在约定期间之后,如果保险人的实际投资收益高于预期水平,则实际的增值利率往往会高于保证的利率水平。通常,保单规定增值利率与某一公开的指数相联系,或者更为常见的是与保险人的总投资收益挂钩。

当年金合同规定了保证利率时,就意味着保险人同意承担保单的投资风险。保险人将资金投放于相对安全的投资渠道,作为一般投资账户的一个组成部分。如果一般投资账户业绩良好,保险人即使按高于保证水平的利率给累积价值计息,也仍能从中获益;如果投资业绩不好,回报率低于保单的保证利率,那么,保险人就会亏损。

变额给付年金是指保单累积价值和每期给付金额随分立账户的业绩上下浮动的年金。由于保险人没有就投资收益或变额年金的给付额做出任何保证,保险人无须承担投资风险。购买变额年金的个人获得所有投资收益并承担可能的投资损失。由于变额年金的投资风险发生了转移,因此,美国的联邦法律将其视为一种证券,保险人必须遵守《联邦证券法》。该法要求保险人向联邦证券交易委员会登记变额寿险和变额年金产品,而且要求销售代理人在销售变额产品之前必须获得注册代理人的执照。将投资风险从保险人转移到年金保险购买人的机制是设置分立账户,它完全独立于保险人的一般投资账户。保险人可以有多个分立账户,不同账户有不同的投资策略。比如说,有的分立账户集中投资于高成长股,有的则集中投资在某些债券上。分立账户的价值随账户的投资业绩上下波动。通常,变额年金的合同持有人不仅可以在各种分立账户中进行选择,而且还可以定期地将资金从一个分立账户转移到另一个分立账户。

变额延期年金的所有人在累积期间通过购买分立账户累积单位的方式将资金分别投向选定的分立账户。累积单位代表被选定账户中的所有权份额数。一定保费所能购买的累积单位取决于年金购买者在缴纳保费时其分立账户的价值。当分立账户基金的投资价值较低时,累积单位的价值也就较低,因此,一定保费在基金投资价值较低时所能购买的累积单位会多于基金投资价值较高时所能购买的累积单位。一般来说,如果年金购买者在累积期间按期缴纳保费,累积单位总数将会逐渐增加。

举例来说,某大学的张教授从佳佳保险公司购买了一份变额延期年金,并选择分立账户 A 作为年金的投资工具。分立账户 A 的累积单位价值在某三个月中的变化如下:

1月:2.00元

2月:3.00元

3月:2.50元

张教授在这三个月中每月缴纳 600 元的保费。1月份时,600 元的保费可以购买 300 个累积单位(600 元/2.00 元=300);2月份,600 元保费可以购买 200 个累积单位(600 元/3.00 元=200);3月份,600 元可以购买 240 个累积单位(600 元/2.5 元=240)。因此,在这三个月中,张教授所缴纳的 1 800 元保费总共可以购买 740 个累积单位(300+200+240)。

在进一步分析之前,我们需要理解一个重要的概念:年金单位。年金单位(annuity unites)又称年金基数,它是与累积单位相对应的一个概念,用来表示在累积期终止时,年金领取人在变额年金账户中资金的份额。

累积单位只是在变额延期年金累积期间用于评估年金的价值。在变额年金的给付期间,定期给付金额要再换算成年金单位。1元保费所能购买的年金单位将取决于多种因素,其中包括分立账户的现实价值和给付期间的长短。不仅如此,给付期间每一年金单位对应的定期给付金额也会随着年金单位现实价值的变化而变化。因此,合同持有人能够领取的定期给付金额取决于已购买的年金单位和给付时每一年金单位的价值。

现在我们继续上面的分析,看积累单位是如何转化为年金单位的。

到该年金的期满给付日,张教授所缴纳的保费共购买了100 000个累积单位,分立账户对应的累积单位当天的价值为3.00元,而年金单位的价值为2.5元。经换算,这100 000个累积单位的价值为300 000元(3.00元/单位×100 000单位)。如果张教授决定以变额年金方式领取定期给付,那么,300 000元累积单位的价值就可以购买120 000个年金单位(300 000元/2.5元=120 000)。

需要注意的是,年金单位总数在整个给付期间保持不变,而年金单位的价值是可变的。保险人必须根据分立账户的投资业绩来定期计算年金单位的价值,然后将年金价值与总的年金单位相乘,由此得到定期给付金额。年金单位的价值会随着分立账户的投资业绩波动,由此,定期给付金额也会随着分立账户的价值而波动。如果投资账户的价值上升,那么,给付金额将会上升;反之则反是。正是主要因为给付金额的不确定性这个因素,大多数变额延期年金的保单持有人在期满给付日都将变额年金转换为固定给付年金。

第二节 年金保险合同条款

一、一般条款

个人年金保险合同在许多方面也类似于个人寿险保单。一般来说,各类个人年金合同均包括以下条款:

(一)免费观望期条款

该条款要求合同持有人在约定的时间内(通常是合同持有人收到保单后的10天之内)检查保单。在此期间,合同持有人可以撤销该保单并如数取回所有已缴纳保费。这一条款与个人寿险保险中的条款基本相同。

(二)完整合同条款

该条款规定,一项完整的合同应由年金合同、附在合同后的投保单以及其他附约构成。该条款与个人寿险保单中的条款基本相同。

(三)年龄或性别误告条款

年龄或性别误告条款通常规定,如果年金领取人的年龄或性别发生误报,那么,年金给付额将根据正确的年龄或性别以及已经缴付的保费重新计算。这里需要强调的是,只有在年金作为一种终身年金给付时,年金领取人的年龄或性别才会影响定期年金的应给付金额。因此,如果在终身年金给付期间,保险人发现年金领取人年龄或性别发生误报,保险人会按正确年龄或性别对以后的年金给付额做出调整。

（四）转让条款

该条款类似于个人寿险保单中的转让条款。它说明了保险人与合同持有人在保单转让时所起的作用。与个人寿险保单年龄或性别误告条款规定不同的是，个人年金合同一般规定，如果合同是特定类型的税收退休计划的一部分，则该合同不能出售、转让、转移，或为了贷款或其他目的向其他人抵押。

（五）年金给付选择权条款

该条款提供了几种可供合同持有人选择的年金给付方式。

（六）不可抗辩条款

该条款允许保险人在约定的期限内（比如说两年），就投保单中的重要不实告知对保单所承诺保障的有效性提出抗辩，但一旦合同生效超过约定期限，保险人将不能对合同的有效性提出抗辩。

二、附加条款

根据年金合同的类型，有些个人年金合同会包含一些附加条款，主要包括延期年金合同和固定保费年金合同。

（一）延期年金合同

除包括上述基本条款以外，延期年金合同还主要包括以下附加条款：

1. 受益人条款

该条款规定合同持有人有权指定受益人。如果年金领取人或合同所有人在年金给付开始前去世，受益人将领取遗嘱给付。

2. 提现条款

该条款规定合同持有人有权在年金累积期间提取全部或部分累积价值。

3. 退保条款

该条款规定合同持有人在累积期间有权解除年金合同以领取退保金。

（二）固定保费年金合同

固定保费年金合同一般包括下列附加条款：

1. 宽限期条款

它允许合同持有人在续期保费日之后的一个规定期限内缴纳续期保费。

2. 复效条款

它允许合同持有人在缴付所有的未缴保费后，有权使保单复效。

专栏 11-1

"以房养老"——老年人住房反向抵押养老保险

2013年国务院发布了《关于加快发展养老服务业的若干意见》（国发〔2013〕35号），将逐步试点开展老年人住房反向抵押养老保险，作为金融养老、以房养老的方式之一。2014年6月，保监会发布了《中国保监会关于开展老年人住房反向抵押养老保险试点的指导意见》（保监发〔2014〕53号），自2014年7月起在北京、上海、广州、武汉试点实施老年人住房反向抵押养老保险。2018年8月8日银保监会发布《中国银保监会关于扩大老年人住房反向抵押养老保险开展范围的通知》（银保监发〔2018〕43号），将老年人住房反向抵押养老保险从此前的试点扩大到全国范围开展。

住房反向抵押养老保险，是将住房抵押与终身年金相结合的创新型养老保险业务，即拥有房屋完全产权的老年人，将其房屋抵押给保险机构，继续拥有房屋占有、使用、收益和经抵押权人同意的处置权，并按照约定条件领取养老年金直至身故；老人身故后，保险公司获得抵押房产处置权，处置所得将优先偿付养老保险相关费用。

保险公司开展反向抵押养老保险，其最大特点在于将反向抵押业务与终身养老年金保险相结合。一方面，保险公司承担长寿风险，依照合同约定定期向老年人支付养老年金直至其身故，确保老人的晚年生活后顾无忧；另一方面，老年人过世后，其房产处置所得在偿还保险公司已支付的养老保险相关费用后，剩余部分依然归法定继承人所有；如果房产处置所得不足以偿付保险公司已支付的养老保险相关费用，保险公司将承担房价不足的风险，不再向老年人的家属追偿。从该业务在我国的发展前景来看，反向抵押养老保险只是通过市场化手段运作的一种补充养老方式，是为已拥有房产的老年人提供一种增加养老资金来源的选择，不会影响老年人的传统养老方式。

资料来源：《国务院关于加快发展现代保险服务业的若干意见》知识读本（新国十条300问），原保监会网站及银保监会网站，有改动。

本章总结

1. 年金保险是指保险金的给付采取年金这种形式的生存保险。健康状况良好、平均余命长的人更倾向于购买年金。一组年金领取人的死亡率越高，他们所面临的年金费率就越低。

2. 按照不同的标准，年金保险可划分为不同的种类。

分类标准	年金种类
购买方式	趸缴年金/分期缴费年金
给付频率	按年/按季/按月给付年金
给付年金的日期	期初/期末给付年金保险
年金给付的起始时间	即期年金/延期年金
给付年金的期限	终身年金/定期年金
年金领取人数	个人年金/联合生存年金
保费有无返还	无返还年金/返还年金
年金价值和保费缴纳有无保证或是否可变	固定年金/变额年金

3. 固定年金是指被保险人每期缴纳保费的数量相同、没有变化并且按时领取的年金。变额年金是指保单累积价值和每期给付金额随分立账户的业绩上下浮动的年金。

4. 年金合同一般包括免费观望期条款、完整合同条款、年龄或性别误告条款、转让条款、年金给付选择权条款和不可抗辩条款。延期年金合同和固定保费年金合同一般会包括一些附加条款。

思考与练习

1. 为什么同龄女性和男性相比,前者的年金费率通常要高于后者?同龄女性和男性相比,定期寿险费率哪个更高一些?

2. 变额缴费年金、延期年金、联合生存年金以及变额给付年金各自有哪些特点?它们分别适用于哪些投保者?

3. 周先生购买了一份变额延期年金,选择分立账户 H 作为投资工具。此分立账户的累积单位价值在某两个月中的变化情况如下:

一月:1.5 元

二月:2.0 元

周先生一月、二月每月都缴纳了 300 元保费,这两个月他总共可以购买多少个累积单位?假定到年金期满给付日,周先生所缴纳的保费共购买了 20 000 个累积单位,当日累积单位价值为 2.5 元,年金单位价值为 2 元,如果周先生以变额年金方式领取定期给付,请问他可以购买多少个年金单位?

4. 一般高额寿险产品常常要求被保险人提供体检证明,而年金产品往往没有这种要求。试说明为什么会有这种区别。

5. 周先生今年 50 岁,预计在 10 年之后退休。由于退休之后没有其他经济来源,周先生想现在购买一份年金保险,以维持退休之后的生活。你觉得哪种产品比较适合他?要为他选择一个合适的年金产品,还有哪些情况是你想要了解的?

第十二章　　健康保险

▎本章概要▎

健康保险与人们的生活紧密相关。在对健康保险进行大致界定、介绍了健康保险的发展历史和发展现状之后,本章阐述了健康保险的主要特征和健康保险的种类。对于保险公司来说,经营健康保险险种要注意风险的控制与管理,本章将介绍几种主要的健康保险经营风险的控制方法。

▎学习目标▎

1. 理解健康保险与其他保险的区别与联系。
2. 了解健康保险的发展历史及其在国内外的发展现状。
3. 掌握健康保险所具有的特征。
4. 了解不同分类方式下健康保险的种类。熟悉常见的健康保险种类。
5. 了解健康保险的经营风险及其影响因素。熟悉健康保险经营风险的控制方法。

引　言

健康是幸福之本,但在人的一生中,疾病风险却始终挥之不去,影响着人们的正常生活。在人类抵御疾病风险、寻求生活保障的过程中,健康保险应运而生,并在人们的生活中扮演着越来越重要的角色。对于消费者来说,了解健康保险的特征和分类,选择适合自己的健康保险产品,具有非常重要的价值和意义。对于保险公司来说,做好健康保险的经营风险控制,是顺利开展健康保险业务的前提和基础。

第一节　健康保险的概念及特点

一、健康保险与其他相关概念的比较

(一) 健康保险的定义

在人的一生中,疾病风险与意外伤害风险是无处不在、无时不在的。人们一旦遇到了疾病或意外事故造成的人身伤害,必然会面临相应的医疗费用和收入损失。医疗费用指用于住院、手术、药品和其他医疗服务的费用,而收入损失是指被保险人因伤残引起的暂时或永久性功能障碍而无法(正常)工作所导致的收入全部或部分损失,这就是健康保险存在的合理性和发展的基础。因此,我们可以将健康保险定义为补偿被保险人在保险有效期间因疾病、分娩或意外伤害而接受治疗时所发生的医疗费用,或者补偿被保险人

因疾病、意外伤害导致伤残或因分娩而无法工作时的收入损失的一类保险。中国银行保险监督管理委员会对健康保险的定义是由保险公司对被保险人因健康原因或者医疗行为的发生给付保险金的保险,主要包括医疗保险、疾病保险、失能收入损失保险、护理保险以及医疗意外保险等。进一步,可以通过健康保险与其他一些相关概念的对比来进一步说明健康保险的本质。

(二) 健康保险与其他相关概念的对比

1. 健康保险与疾病保险

疾病保险是对被保险人因疾病造成的医疗花费和收入损失提供补偿的一类保险。有不少学者将疾病保险等同于健康保险,实际上二者是不同的概念。健康保险的外延比疾病保险要宽一些,疾病保险只是健康保险的一部分。因为健康保险的保险责任不仅包括因疾病造成的医疗花费和收入损失,还包括因分娩和意外伤害造成的医疗花费和收入损失。

2. 健康保险与医疗保险

医疗保险是对被保险人因伤病造成的医疗费用支出提供补偿的一类保险。健康保险包含医疗保险,因为健康保险不仅补偿被保险人因伤病造成的医疗费用支出,还补偿被保险人因伤残所造成的收入损失。但由于目前我国的健康保险市场上主要以医疗费用保险产品为主,因此有时商业医疗保险和商业健康保险这两个概念也在混用。

3. 健康保险与意外伤害保险

意外伤害保险是指被保险人因意外伤害事故造成死亡或伤残时,保险人依照合同约定给付保险金的保险。健康保险也对因意外伤害造成的医疗花费和收入损失提供保障,但健康保险适用的是财产保险中的"补偿原则",即只对实际发生的医疗费用支出和收入损失提供"补偿",这与意外伤害保险中直接按照约定数额给付伤残或死亡保险金有本质区别。

4. 健康保险与生育保险

生育保险是补偿被保险人因怀孕、分娩及其并发症导致的医疗费用支出并为其提供相应收入损失补贴的一类保险,某些商业生育保险险种也对产妇或婴儿的意外死亡或伤残(畸形)提供保障。生育保险和健康保险是两个有交叉的概念。尽管健康保险的保障范围更加宽泛,但却并不能说生育保险是健康保险的一部分,因为生育保险中的某些险种如对产妇或者婴儿的意外死亡或伤残(畸形)提供保障的险种实际上是属于意外伤害保险的范畴。

二、健康保险的起源、发展及其特征

健康保险的起源可以追溯到公元前400年至公元前44年的古罗马时代。当时许多会社和协会就开始为其成员在遭遇工伤事故时提供一定数额的收入补偿了。到了中世纪,英国和意大利的部分行会组织开始向会员提供包括死亡、疾病、抢掠、沉船、火灾等事故的救助,其中对疾病的补偿可以看作是健康保险的雏形。在17世纪的欧洲,还出现了使海员获得疾病保障和士兵获得伤残保障的法律。这些都是现代健康保险产生的条件和基础。[①]

现代意义上的健康保险是在19世纪初各类人寿保险公司产生以后才出现的。早期的健康保险主要是个人健康保险,到了20世纪初,欧美等地的人寿保险公司开始向各类团体提供包括死亡保险、伤残保险和医疗保险在内的团体保险保障。

与人寿保险和意外伤害保险等相比,健康保险除了保险责任完全不同,还具有以下几个特征:

（一）保险期限上的特征

健康保险多以一年期的短期合同为主。特别是医疗费用保险,由于医疗服务成本不断上涨和统计资料相对有限,保险人很难计算出一个长期适用、合理的保险费率,因而一般都采用短期合同。长期或终身型个人健康保险合同只是一种补充形式,所占比例不大。而一般的寿险合同则主要是长期合同,在整个缴费期间可以采用一个均衡的保险费率。这一特征在目前的中国尤为明显。近年来,随着中国健康保险市场的不断发展,开始出现了长期医疗保险,且增加了保证续保的承诺。

（二）保险精算上的特征

健康保险的产品定价和准备金计算与其他人身保险业务特别是寿险业务相比有较大的不同。人寿保险的定价采用寿险精算技术,在制定费率时主要考虑死亡率、费用率和利息率。而健康保险的定价则采用非寿险精算技术,在制定费率时主要考虑疾病发生率、伤残发生率和疾病(伤残)持续时间。此外,健康保险合同中规定的等待期、免责期、免赔额、共付比例和给付方式、给付限额等也会影响最终的费率。就准备金的计算和提取而言,健康保险有点类似于财产保险,以未到期责任准备金为最重要的准备金形式。但健康保险的未决赔款准备金与财产保险和其他责任保险相比也有较大的差异,此外,在长期性的健康保险合同中,也有类似寿险责任准备金的年龄准备金。

（三）给付方式上的特征

人寿保险在被保险人因疾病原因死亡后也会有死亡保险金的给付,人身意外伤害保险在被保险人因意外伤害导致死亡或伤残后也会给付死亡或伤残保险金。但人寿保险和意外伤害保险都是在被保险人发生保险事故时给付事先约定的保险金,而健康保险则主要是补偿性的给付,强调对被保险人因伤病所致的医疗花费或收入损失提供补偿,这种损失补偿的特征是人寿保险和意外伤害保险所不具备的。正是由于健康保险在保险精算和给付方式上的这一特征,也有学者将健康保险划入非寿险的范畴。

（四）经营风险上的特征

健康保险的经营风险主要是医疗费用或医疗成本的不确定性风险。影响医疗费用的因素非常复杂,这使得健康保险在经营风险上呈现出以下三个特点:首先,健康保险的逆选择和道德风险都较寿险严重,这对健康保险的核保和理赔工作提出了更高的要求。

[①] 陈滔编著:《健康保险》。成都:西南财经大学出版社2002年版,第9页。

其次,健康保险的业务管理涉及医学上的专业技术,因此,保险精算人员在进行风险评估和产品定价时必须获得医学专家的帮助。最后,在健康保险的风险控制中,有不少外部因素是很难控制的。由于医疗机构在很大程度上决定着医疗服务的数量和价格,进而决定着医疗费用和医疗成本,因而保险公司要真正做好经营风险的控制,就必须与医疗机构这一第三方进行很好的合作。这些与人寿保险和意外伤害保险的经营有着显著的不同。

(五)合同条款上的特征

健康保险合同的一般条款与寿险合同基本相同,但健康保险合同比人寿保险合同要复杂得多。由于健康保险是补偿给付而非定额给付,理赔认定带有一定的主观性,同时保单有效期间可能会出现多次理赔,索赔金额的差异也较大,因而健康保险合同中有关保险责任部分的条款就显得比较复杂。健康保险合同中有些条款与寿险是一致的,例如宽限期条款、复效条款、不可抗辩条款等;有些条款与寿险相似但不完全一致,如续保条款;还有一些条款是健康保险合同中特有的,包括体格检查和尸体解剖条款、法律行为条款、既往症除外条款、等待期条款、免赔额条款和共保条款等。

第二节 健康保险的主要种类

一、健康保险的分类

(一)按照保障范围分类

根据保障范围的不同,健康保险可以分为医疗费用保险、伤残收入损失保险和长期护理保险。医疗费用保险简称医疗保险,主要补偿被保险人因疾病或意外事故所导致的医疗费用支出,包括医生的门诊费用、药费、住院费用、护理费用、医院杂费、手术费用和各种检查费用等。伤残收入保险又称失能收入保险,主要补偿被保险人因疾病或意外伤害事故所导致的收入损失。收入补偿的给付通常采用按月支付固定津贴的方式,津贴额的高低与被保险人伤残前的收入水平直接相关。长期护理保险是以被保险人失去自理能力后,产生护理需求为给付保险金条件的健康保险。丧失自理能力的原因一般是疾病、意外或年老等。

(二)按照承保对象分类

根据承保对象的不同,健康保险可以分为个人健康保险和团体健康保险两种。个人健康保险是以单个自然人为投保人的健康保险,承保时要求每一个被保险人都必须通过核保,同时在销售时需要借助大量的个人业务代理人。团体健康保险是以团体法人为投保人、以团体成员作为被保险人的健康保险。对于较大的团体,在核保时并不要求其所有的被保险人都符合可保标准。由于团体健康保险在销售和管理方面都较个人健康保险简单,因此在同样的保障内容下,团体健康保险的管理成本要比个人健康保险低。

(三)按照实施形式分类

根据实施形式的不同,健康保险可以分为自愿投保的健康保险和强制实施的健康保险。自愿投保的健康保险是根据自愿原则实施的健康保险，这类健康保险可由保险公司（包括专营的健康保险公司、意外伤害保险公司和人寿保险公司）和各类民间服务性组织（如美国的蓝十字与蓝盾协会、健康维护组织等）经营。强制性健康保险是根据一定的政策法规强制实施的健康保险，这类健康保险一般由政府或政府资助的有关组织开办，但也可以委托商业保险公司进行具体的管理。

（四）按照给付方式分类

根据给付方式的不同，健康保险可以分为定额给付型健康保险、津贴给付型健康保险和费用补偿型健康保险。定额给付型和津贴给付型健康保险是指在合同中规定疾病种类或治疗方式，当被保险人患上合同中规定的疾病，或者采用合同规定的治疗方式时，保险公司向被保险人一次性或分期支付定额补偿。这种保险方式一般不需要提供医疗费用单据，经营风险相对容易控制。费用补偿型健康保险是指被保险人的医疗费用开支可在健康保险合同规定的限额以内由保险公司予以报销补偿，这种保险方式在业务管理和经营风险控制方面都要复杂一些。

二、常见健康保险简介

（一）医疗费用保险

医疗费用保险是提供医疗费用保障的保险，一般简称医疗保险。医疗费用保险可以补偿的医疗费用主要包括门诊费用、药费、住院费用、护理费、医院杂费、手术费用和各种检查治疗费用等。不同的医疗保险产品所保障的费用项目和补偿内容各有不同，常见的医疗保险有以下几种：

1. 普通医疗保险

普通医疗保险又称基本医疗保险，主要补偿被保险人因疾病和意外伤害所导致的直接费用。普通医疗保险一般采用费用补偿方式给付医疗保险金，大多数只对住院期间产生的医疗费用进行补偿，少数团体产品也对门诊医疗费用进行补偿。目前国内健康保险市场上大多数的个人或团体住院医疗保险都属于此种类型。普通医疗保险的保险责任一般包括门诊医疗费用保障（仅限于对被保险人住院前后一段时间内的门诊诊断和治疗费用进行补偿）、住院医疗费用保障和手术医疗费用保障。普通医疗保险对各项医疗费用的补偿一般都规定有非常严格的上限，同时很多医疗费用都被排除在保障范围之外。免赔额的规定在普通医疗保险中也是比较常见的。

2. 综合医疗保险

综合医疗保险是目前国外最常见的医疗费用保险产品。它提供的医疗费用补偿不管在项目范围上还是补偿程度上都远远超过基本医疗保险，能够对疾病和意外伤害导致的大多数医疗费用进行补偿。在美国，这类产品属于大病高额医疗保险，是近年来美国医疗费用保险中的主流产品。

综合医疗保险的保险责任一般包括住院床位费、检查检验费、手术费、诊疗费等。除此之外，综合医疗保险的保险责任还包括对门诊医疗费用和某些康复治疗的费用如假肢、人工关节和轮椅、救护车等费用进行补偿。综合医疗保险的给付限额相对较高，一般不存在医疗服务费用的单项限额，只设置一个总的赔偿限额。此外，综合医疗保险的除外责任也比基本医疗保险要少得多。因而，综合医疗保险可以弥补普通医疗保险对重大疾病或严重伤害所导致的高额医疗费用的补偿的不足。

3. 补充医疗保险

补充医疗保险是对特定的医疗费用提供保障的医疗保险产品，其常见的产品形式包括：

（1）住院津贴保险，指根据住院日数按日给付住院津贴，或根据手术等治疗项目的使用次数按次给付治疗津贴，这是目前中国商业健康保险市场上的主要产品。

（2）补充型高额医疗费用保险，主要为社会医疗保险或其他基本医疗保险支付限额以上的医疗费用提供保障。

（3）特殊疾病医疗保险，指提供特定疾病保障的医疗保险产品，当被保险人患上合同中规定的特殊疾病时，保险人按约定金额给付保险金或对治疗疾病的医疗费用进行补偿。特殊疾病医疗保险可以承保某一种特定疾病或若干种特定疾病，最常见的是癌症保险和重大疾病保险。

4. 特种医疗费用保险

特种医疗费用保险主要包括以下几种产品：

（1）牙病保险，又称牙科保险，能为被保险人对牙齿进行的常规检查和治疗的费用提供补偿，这类费用在一般的基本医疗保险和综合医疗保险中都是作为除外责任的。

（2）处方药保险，指为被保险人购买处方药物的花费提供补偿的一类健康保险业务，此类业务一般是以补充医疗保险的形式附加在一个团体健康保险计划中。

（3）眼科检查和视力矫正保险，指为定期的眼科检查和视力矫正治疗过程中发生的费用提供补偿的一类医疗保险产品。

（4）意外伤害医疗保险，主要保障被保险人因意外伤害所导致的医疗花费。

（二）失能收入保险

失能收入保险，指当被保险人因伤病而全部或部分丧失工作能力时，由保险人定期给付保险金来补偿被保险人收入损失的一种健康保险产品，分为短期失能保险和长期失能保险两种。

失能收入保险一般按月或按周进行给付，被保险人投保时约定的给付金额有一个最高限额，通常确定为被保险人正常税前收入的50%—70%。确定最高给付限额的目的是防止被保险人丧失工作能力时所得保险金的补偿额超过有工作能力时的收入水平。因为当被保险人所得保险金给付额较高时，他可能不愿返回工作岗位或者会故意拖延丧失工作能力的时间，这种道德风险对保险人是非常不利的。失能收入保险的给付一般有三个月或半年的免责期，规定免责期的目的是除外那些因小伤小病短期无法工作的情况。同时，失能收入保险的保险金还有一定的给付期间，同样的保险金给付额，给付期间越长则费率越高。短期失能收入保险的保险金给付期间一般为1—5年，长期失能收入保险则可达5—10年，有部分失能收入保险规定保险金的给付可以持续到被保险人满60岁或65岁时。

近年来，随着消费者对失能收入保险需求的不断增加，失能收入保险业务有了进一步的发展，比如某些失能收入保险在被保险人连续失能90天后可以豁免保费，某些长期失能收入保险补偿的保险金可按物价指数进行调整，某些失能收入保险在特殊情况下如被保险人住院或死亡时可以得到超出平时很多的高额补偿。

（三）长期护理保险

长期护理保险又称老年护理保险，是对被保险人因失能而生活无法自理，需要入住康复中心或需要在家中接受他人护理时的种种费用提供补偿的一种健康保险。

长期护理保险保障的护理项目一般包括照顾被保险人的吃饭、穿衣、入浴、如厕和行动等的护理费用。合同中一般规定有每日最高的保险金数额。大多数长期护理保险都有一定的免责期，此外，保险金的给付也有一定的给付期限，保险金给付期从免责期结束开始，一般到被保险人恢复生活自理能力后的60天为止。

长期护理保险对提供护理服务的人员和机构有严格的规定，同时还规定有严格的除外责任，由投保前就存在的既往症所导致的生活自理能力丧失一般作为除外责任。此外，因精神、神经疾患或情感障碍，酗酒和吸毒以及自杀自伤所导致的生活能力丧失一般也在除外之列。

由于投保人购买长期护理保险时无法准确估计当其需要接受他人照顾时的实际花费会达到何种水平，为了抵御通货膨胀的影响，某些长期护理保险会提供递增的保险金给付，增加的幅度通常按照物价指数的大小确定或者规定一个固定的增加比例。

长期护理保险是相对较新的一种健康保险产品。在欧美等保险业发达的国家或地区，随着人口老龄化趋势的增强和商业健康保险的发展，各类长期护理保险有着非常迅速的发展。随着我国人口老龄化的加剧和对老龄护理需求的日益迫切，近年来，我国政府不断探索和试点长期护理保险制度。2016年6月27日，人力资源社会保障部发布《关于开展长期护理保险制度试点的指导意见》（人社厅发〔2016〕80号），选取河北省承德市、吉林省长春市等15个城市作为试点地区，探索建立适合我国国情的长期护理保险制度。在15个已开展国家试点的城市中，有13个由商业保险公司参与经办。2020年5月6日，国家医疗保障局发布《关于扩大长期护理保险制度试点的指导意见（征求意见稿）》，在此前已经设立15个试点城市的基础上，进一步增加了北京市石景山区、天津市等14个扩大试点城市或地区。

第三节 健康保险的经营风险管理

一、健康保险的经营风险及其影响因素分析

（一）健康保险的经营风险

健康保险的经营风险主要是指医疗费用或医疗成本的不确定性风险，即实际的医疗费用支出和收入损失经常会偏离预期结果，从而使得健康保险的经营充满变数。保险人、被保险人和医疗服务提供者三方在追求各自利益最大化时的冲突是健康保险经营风

险产生的根本原因。健康保险的经营风险控制通常简称为健康保险风险控制，是指利用风险管理的理论与工具，识别、分析各种风险因素对伤病发生率以及伤病发生后经济损失的影响，据此对保险金赔付额进行控制的过程。

要真正做好健康保险经营风险控制，首先要准确识别哪些是影响最终保险金给付的主要因素并定量分析其作用效果。由于健康保险的经营风险控制主要是对医疗费用或医疗成本的控制，因而对医疗费用的影响因素进行分析是进行健康保险风险控制工作的基础和前提。

(二) 医疗费用的影响因素

影响医疗费用的因素十分复杂，但从作用机制上看大体可以分为三类：影响医疗服务利用的因素、影响医疗服务费用的因素及其他影响医疗费用的因素。

1. 影响医疗服务利用的因素

影响医疗服务利用的因素，是指能导致医疗服务利用发生或增加其发生概率（频率）的各种潜在因素。一般认为，年龄是影响医疗服务利用的最重要的因素，成年人年龄越大，发生伤病的机会越大。同时，被保险人的性别也是影响医疗服务利用的一个重要因素，女性通常较男性更多地利用医疗服务。除此之外，被保险人的职业、习惯与嗜好、既往健康状况、经济收入、疾病严重程度、距医疗机构的远近，以及保险计划规定的保障项目、保障程度等都会影响到被保险人对医疗服务的利用。某些保险人还发现，被保险人对健康保险保障档次的选择也是一个非常重要的影响因素，投保高档次的被保险人更加倾向于接受医疗服务。

2. 影响医疗服务费用的因素

影响医疗服务费用的风险因素，是指能导致医疗服务的单项成本和服务数量增加并影响整个医疗服务费用的各种因素。确定医疗服务费用的主要影响因素并对其作用强度和作用机制进行研究，可以为健康保险的理赔工作提供重要的参考依据。一般认为，对医疗服务利用的概率和频率主要取决于被保险人本身的一些风险特征，而发生门诊和住院以后，医疗费用的多少则主要由医生和医院决定。被保险人的年龄、性别和病情等基本情况确实会影响最后的医疗费用，但主要的影响因素还是来自医生和医院，包括医院所在的地区、医院的性质和级别等。最终决定医疗费用的关键因素是医疗服务的治疗过程和治疗方式，包括住院治疗的天数、有无手术治疗、有无昂贵复杂的检查和专科治疗方式等。而病人的治疗方式和治疗过程的选择主要取决于医院和病人主管医生的行为。因此，要有效控制医疗费用，必须在医院和医生的行为控制上下工夫。

3. 其他影响医疗费用的因素

除上述影响因素外，还有一些因素既会影响医疗服务利用，又会影响医疗服务费用，这些因素对健康保险经营风险的影响也是不容忽视的。

（1）医疗技术进步。由于医疗技术水平的不断进步，各种新的诊断方法和治疗技术不断出现。新技术、新方法提高了医疗服务的质量，因而相应增加了人们对这些技术和方法的利用机会。同时，由于新技术、新方法的使用成本十分高昂，因此，医疗技术的进步又进一步促进了整个医疗费用的增长。

(2) 客户对健康保险需求的变化。健康保险客户不仅希望获得最好的健康保险产品,还希望享受到最好的医疗服务,比如在涉及医疗服务时,许多人总是试图寻求当地最好的医生和医院,使用最先进的医疗技术,而且,希望保险公司能够对医疗费用全部予以报销。这对健康保险的经营风险控制提出了严峻的挑战。

(3) 人口老龄化和疾病构成的变化。人类社会正在步入老龄化。随着人群中老龄人口不断增加,相应的医疗服务的需求和服务成本也必然会上升。同时,人群的疾病构成也在发生显著的变化,各类心脑血管疾病和代谢性疾病等慢性病的病程越来越长,恶性肿瘤的发生率不断增加,治疗的花费也越来越高。由于这些疾病都需要长期且费用昂贵的治疗,因而对健康保险业务的经营造成了较大的冲击。

二、健康保险经营风险的控制与管理

(一) 传统的健康保险风险控制方法

1. 产品开发时的风险控制

在进行健康保险产品开发时,可以通过设定免赔额、等待期、比例供付、保额限制以及规定除外责任等方法进行风险控制。

(1) 免赔额。免赔额又称自付额或起付线。免赔额以内的医疗费用由被保险人自付,免赔额以上的医疗费用才由保险公司承担。设置免赔额既可以减少理赔费用,又可以抑制部分被保险人的道德风险,由此降低健康保险的保险金赔付。

(2) 等待期。等待期是指为了消除既往疾病的影响,在保险合同中预先设定的一个期间,在此期间内因疾病导致的保险事故,保险人不予赔付,但意外伤害导致的医疗费用除外。等待期使保险人不必为由被保险人的既往疾病导致的医疗费用支付保险金,即使保险合同已经生效。如此,可以在很大程度上控制逆选择。目前,我国国内住院医疗保险合同中规定的等待期通常为14—30天。

(3) 比例共付。比例共付指保险人按一定比例偿付被保险人的医疗费用,剩余部分由被保险人自付。这种费用分担形式的特点是被保险人和保险公司都要承担一定比例的医疗费用,从而可以有效地降低道德风险。一般认为,自付比例达到25%时,医疗服务的需求即有显著降低(国际上健康保险计划的自付比例通常都在20%—25%)。在健康保险实务中,免赔额和比例共付经常结合起来使用,以防止被保险人滥用卫生资源。

(4) 保额限制。保额限制指对被保险人的医疗花费设定费用或服务量上的限额,限额以内由保险人支付,限额以外由被保险人自付。设置保额限制的方式有分项限额和最高限额两种,分项限额即按服务项目分别设定限额,最高限额即对总的保险金给付设定限额。保额限制条款也可以部分地消除道德风险。

(5) 除外责任。除外责任是重要的风险控制手段之一。健康保险中常见的除外责任包括军事行为或战争导致的损伤、自伤自残、既往疾病的治疗、康复或美容手术、牙科矫形、验光配镜、配助听器、戒毒治疗、精神疾患和各种实验性治疗方式等。

2. 理赔时的风险控制

保险人在理赔时才能对被保险人发生的医疗费用进行审核,因此,一般保险人都十分重视,期望通过理赔时的赔案审查、病人和医生的黑名单、理赔经验分析以及费用审核等措施最大限度地控制道德风险。

(1) 赔案审查。赔案审查就是在理赔时对被保险人提交的索赔文件进行严格的审核,以确定各项花费是否符合合理、必需的要求。对赔案进行认真细致的审核是控制道德风险发生的一项重要手段。

(2) 住院费用的账目审核。住院费用的账目审核是指保险人对医院提供的各项住院费用单据进行审查,确定各项服务收费的合理性。一般需要审核的项目包括住院总费用、每日平均住院费用、住院日数、手术费用、辅助检查费用、药费占总费用的比例等。

(3) 病人和医生(医院)黑名单。病人和医生(医院)黑名单是指保险人通过事后的审核、分析和总结,将那些倾向于过度利用医疗服务的病人和那些倾向于为被保险人提供不必要医疗服务的医生和医院列为重点注意对象。对黑名单上的被保险人,当其再次发生保险事故时,保险人会严格地对其治疗过程进行监控;对黑名单上的医生或医院,保险人也会严格监控其向被保险人提供医疗服务的具体过程。

(4) 理赔经验分析。理赔经验分析是指保险人对以往的理赔经验和理赔资料进行系统的分析,它对于明确风险因素、指导理赔工作、调整核保策略等都具有重要意义,因而是健康保险风险控制中非常重要的一项工作。

(5) 定点医院的建立。为有效控制健康保险经营过程中的逆选择和道德风险,保险人必须与医疗机构进行紧密合作,合作中大都采用与医院签订"定点医院"合同的方式。通过定点医院的设立,可以为被保险人的理赔审核提供便利,同时也为保险人加强对医疗服务过程的控制奠定基础,因此对定点医院的管理已成为保险公司风险控制的重要环节。

(二) 健康保险风险控制方法的新进展

1. 对医疗服务过程的控制

(1) 医疗服务利用审查。医疗服务利用审查是指对被保险人医疗服务利用的必要性进行审查和评估,审查的内容包括确认非急诊住院的必要性并规定其合理的住院期限等。

(2) 第二外科医生手术意见。第二外科医生手术意见是指保险人在审查部分手术治疗的必要性时,要参考第二名外科医生的意见,以确保手术治疗的必要性,这样可以排除不必要的手术而降低保险金的赔付。

(3) 医疗服务使用情况监测。医疗服务使用情况监测是指对被保险人接受的医疗服务进行监测,以保证其获得必要而有效的医疗服务。通常采用的方式有电话、探视或与被保险人的主管医生取得联系等。在国外,保险公司可以利用自己雇用的医生和护士对医疗服务的情况进行监测,也可以聘请独立的医疗服务监督机构或专门的服务组织进行监测。

(4) 医疗服务补偿方式变革。随着医疗费用控制技术的提高,保险公司开始对传统的按医疗费用实际花费进行补偿的后付制进行变革,发展出了按病种预付、按人头预付和按诊断相关分类预付等预付制医疗服务补偿方式。由于这种方式下的支付标准是事先确定的,医疗费用的结余归医院所有,超支部分也由医院承担,因而可以有效地约束医疗机构的行为,控制医疗费用的增长。

2. 无赔款优待等利润分享措施

健康保险中的无赔款优待措施可以对那些没有发生索赔的个人或团体提供一定的保费返还,或将优待款用来向客户提供体检和保健服务等。无赔款优待可以使被保险人更加注重自己的身体健康状况,加强身体锻炼和预防保健,而这些反过来又会减少被保险人索赔的机会。某些保险公司还针对团体健康保险成立专门的风险基金,如门诊或住院治疗基金,保险人、被保险人和医疗机构这三方各自承担相应的风险并分享基金的收益。由于医院和投保团体可以从风险基金中分享好处,因而他们会主动协助保险公司做好费用控制工作。

3. 预防保健和健康教育

(1) 预防保健。目前许多国外的健康保险公司都已认识到,为免疫接种、血糖血脂检查、乳腺 X 射线检查等预防保健措施提供保障有着非常积极的意义。因为及早发现健康问题并进行及时治疗,不但可以提高治愈率,还可以降低整个医疗服务的成本,因而越来越多的保险公司开始为预防保健服务提供费用补偿。

(2) 健康教育。加强健康保健,可以提高人们的健康意识和自我保健能力,有利于维护被保险人的自身健康,减少疾病发生,最终降低保险人的医疗给付。此外,开展健康教育还是商业健康保险机构树立良好形象、提高企业竞争力的重要举措。因而健康教育也是控制健康保险经营风险的一个重要手段。

4. 管理型保健

管理型保健是一个新兴的概念。与传统的事后补偿性健康保险计划相比,管理型保健计划具有明显的特征:一是在管理型保健计划中医疗机构也要承担风险,从而可以有效地控制整体医疗成本;二是通过医疗服务管理,管理型保健可以保证被保险人获得必需、合适、高质量而又最经济的医疗服务。

从发达国家的经验来看,管理型保健中常用的风险控制方法有:

(1) 建立选择性服务网络。这一网络能够保证作为服务提供方的会员得到更多的业务,同时作为服务接受方的被保险人会员得到费用优惠。

(2) 主管医师的"看门人"制度。管理型保健中为每个病人设立主管医师,称为"看门人",他们对于控制医疗服务和医疗成本是十分重要的。

(3) 对服务提供者进行考核与评价。管理型保健组织定期对网络内的医疗机构进行分析与考核,考核结果会对医生和医院的收入产生影响,同时剥夺不合格者提供部分项目服务的权利。

(4) 病历管理。管理型保健组织对某些需要长期住院的慢性病患者和某些特殊疾病的治疗过程进行追踪管理,并定期收集治疗过程中的各种数据信息对医生进行评价和监督。

(5) 风险共担和奖励。管理型保健组织的经营效益通常与网络内医生和医院的经济利益相挂钩,这样就会建立起有效的激励约束机制,从而控制整个医疗成本。

本章总结

1. 健康保险是补偿被保险人在保险有效期间因疾病、分娩或意外伤害而接受治疗时所发生的医疗费用，或补偿被保险人因疾病、意外伤害导致伤残或因分娩而无法工作时的收入损失的一类保险。

2. 健康保险多以一年的短期合同为主，定价主要采用非寿险精算技术，以未到期责任准备金为最重要的准备金形式，主要进行补偿性的给付。健康保险合同条款比一般的人寿合同复杂得多。

3. 根据保障范围、承保对象、实施形式和给付方式的不同可以对健康保险进行不同的分类。常见的健康保险有医疗费用保险、失能收入保险和长期护理保险。

4. 健康保险的经营风险主要是指医疗费用或医疗成本的不确定性。健康保险的风险控制主要是指利用风险管理的理论与工具，识别、分析各种风险因素对伤病发生率以及伤病发生后经济损失的影响，据此对保险金给付额进行控制的过程。

5. 传统的健康保险风险控制主要有产品开发时控制和理赔时控制两种。新型的风险控制方法还包括对医疗服务过程的控制、无赔款优待等利润分享措施、预防保健和健康教育以及管理型保健措施。

思考与练习

1. 为什么健康保险通常采用短期合同，且费率的厘定主要使用非寿险精算技术？通常来说，健康保险面临的道德风险和逆选择都比寿险严重，为什么？健康保险的合同设计可以从哪些方面防止这些情况的频繁发生？

2. 失能收入保险一般设有最高的给付限额和一定的免责期，这些规定的主要作用是什么？你认为还有哪些给付安排在尽量避免保险公司因为被保险人的道德风险而招致不必要的损失的同时，可以使得被保险人得到有效的补偿？

3. 有人认为健康保险的存在会导致医疗费用的上升和不必要的医疗资源的浪费。你是如何看待这个问题的？

4. 健康保险的经营风险主要有哪些？健康保险合同中设置免赔额和等待期的作用分别是什么？

5. 随着人类社会步入老龄化，相应的医疗服务需求和成本必然上升。有人认为应当由政府来取代商业保险公司提供长期护理保险。另外，伴随着经济、社会发展所带来的环境恶化，灾难性疾病发生的频率也越来越高。比如疯牛病、艾滋病、禽流感等涉及范围广泛，暴发的后果十分严重。有人认为经营健康保险的公司在未来必然会遭遇支付危机。你是怎样看待这些问题的？

第四篇　保险的基本类别Ⅱ：财产保险

第十三章　　财产保险引论

▍本章概要▍

从本章开始我们由人身保险转入财产保险。本章作为财产保险的引论部分，主要介绍财产保险的标的及其特征、财产保险的基本赔偿原则和分摊原则、准备金的种类和提留方式。免赔、共保、分摊原则和未到期责任准备金的提留方式是本章较为详细介绍的部分。

▍学习目标▍

1. 了解财产保险标的的分类和特征。
2. 掌握财产保险的基本原则，重点掌握赔偿原则与分摊原则的运用。
3. 熟悉财产保险准备金的种类，理解准备金的提留方式。

引　　言

财产保险通常又称为损害保险。如果按照保险标的来分类，财产保险可以分为三类：① 以有形物质财产为标的的财产保险；② 以与物质财产有关的利益为标的的财产保险，即利益保险；③ 以损害赔偿责任为标的的财产保险，即责任保险。如果所称的"财产保险"包括上述三种标的在内，则是一种广义的财产保险；如果只包括有形的物质财产，则是狭义的财产保险。

第一节　财产标的分类及其特征

我们可以用多种方式对财产进行划分，比如财产的流动性、使用价值和所有权。之所以做出这种区分，是因为这些不同的特征将影响到财产的潜在损失，后者又影响到投保人决定选择哪些最有效的风险管理技术。

一、有形财产

在一般情况下，财产保险所承保的是有形财产。有形财产可以分为不动产和动产两种。不动产是指永久性的建筑（房地产）以及与之相连的用具、栅栏和其他的物品。动产是指流动性的有形财产。机动车、家具、企业存货、衣物和类似财产均包括在这一类别中。

为什么要对财产进行这种区分呢？这主要有以下两个原因：第一，不同的财产所面临的风险事故的可能性是不一样的。当洪水危及一个人的房屋时，保全房屋的机会是有限的,然而,如果洪水危及流动财产时,在洪水威胁还不是很大的情况下,人们就有可能通过移动财产远离洪水来避免损失。例如,你可以将汽车开出遭遇风险的地区。第二,动产和不动产的估价机制是不同的。在现实生活中,由于道德风险的存在,保险人可能更倾向于以实际现金价值来估计被保险人的动产;而对不动产来说,除了要考虑道德风险因素,还需要考虑折旧率、市场价值、区位等因素。

二、间接损失

当有形财产发生损失或者灭失时,还有可能产生一种被称为间接损失的情况,又可以叫作继发性损失,它是与不能使用财产相联系的。不论是企业还是家庭,都有可能发生这种情况,我们以下分别来进行讨论:

(一)企业财产

当一家企业因意外事件发生而不能生产产品来进行销售,或者一家商店不能销售它的产品和服务时,我们就可以说它发生了营业中断损失。比如说,一家商店不幸遭受火灾,这不仅迫使该商店关闭了很长时间,而且还使得它必然减少对其产品供应商的订购单。在这种情况下,虽然供应商自己的财产并没有因为这场大火而遭受损失,但却因为商店的火灾而造成了意外营业中断损失。

可能还有另外一种情况,那就是在财产损毁之后,一些组织选择继续营业。这时,这些组织就不可避免地要发生一些额外的费用。比如说,它们要暂时租借临时办公室,要有一些必要的开销,例如继续支付一些雇员的工资等。这些额外费用无疑会减少企业的利润。很多服务机构,比如会计师、保险代理人、银行家都宁愿承担这样的费用,为的是保持它们的可靠信誉。如果必须关闭,即使是暂时的,也会严重地损坏这些机构的信誉[1],影响今后的生意。

(二)家庭财产

个人和家庭同样也会遭受与使用损失相联系的费用。如果一个人的房屋受损了,他可能需要寻找临时的房屋安家落户,支付临时房屋的租金,承担与居住有关的一些费用,例如饮食、娱乐、电话等类似的便利设施。如果一个人的汽车被盗或损毁了,他必须另外租用一辆车,或者即使不专门租用车辆,也由于必须使用其他交通工具而不得不花费时间和金钱。

第二节 财产保险赔偿的基本原则

一、赔偿原则

赔偿原则可以做如下表述:在财产保险中,保险人按照被保险人所遭受的实际损失进行赔偿,被保险人不能通过赔偿而额外获利。

---

[1] 〔美〕特瑞斯·普雷切特等著,孙祁祥等译:《风险管理与保险》。北京:中国社会科学出版社1998年版,第91页。

（一）赔偿原则适用的前提

被保险人具有保险利益的保险标的遭受了保险责任范围内的损失,这是赔偿原则适用的前提。这一前提主要包括以下两个方面的含义：

(1) 在损失发生的时候,被保险人对保险标的具有保险利益,才有可能获得赔偿。

(2) 被保险人所遭受的是保险责任范围内的损失。如果被保险人保险标的损失的近因,不是保险责任范围以内的灾害事故,那就不属于保险责任,保险人将不予赔偿。

（二）保险人可以选择的赔偿方式

一般来说,保险人可以选择的赔偿方式有三种：货币赔偿、置换和恢复原状。

1. 货币赔偿

这是赔偿中最常见的一种方式。由于财产保险中的损失都可以用一定的价值来衡量,保险人可根据损失的金额,支付相应数量的货币。货币的种类应是双方事先约定的。

2. 置换

保险人还给被保险人一个与被损毁标的的规格、型号、新旧程度、性能等相同或相近的标的。

3. 恢复原状

在物质标的遭受损坏后,保险人出资把损坏部分修好,使标的恢复到损坏前的状态。

（三）赔偿原则的运用

我们在第五章已经指出过,保险实践证明,与财产本身的价值相比较,大部分的直接财产损失数额是较小的。因此,保险人和被保险人可以使用免赔条款和共同保险条款（以下简称"共保"）来达到降低保费的目的。

1. 免赔

在实践中,主要有绝对免赔、相对免赔两种方式：

(1) 绝对免赔。绝对免赔是指,在保险事故发生后,如果损失额小于合同中所规定的起赔限额,被保险人承担全部的损失。例如,被保险人购买了一份汽车保险,该保单的碰撞责任的免赔额是 200 元。如果保险事故发生后,损失没有超过 200 元,则该被保险人自己承担这 200 元。如果损失额为 800 元,则被保险人支付 200 元,保险公司支付其余的 600 元。

(2) 相对免赔。相对免赔即规定一个免赔率,一旦损失额等于这个免赔率,保险人将支付所有的损失。例如,保单规定,如果损失额不足保险金额的 5%,则被保险人承担所有的损失；而如果大于或等于 5%,则保险人支付所有的赔偿。

很显然,从保险人的角度来看,相对免赔方式具有一种鼓励被保险人提高损失额的倾向。我们来设想一种情形：合同规定起赔限额为保险金额的 5%,而某次损失额仅为 4%,那么会是一种什么样的情况呢？被保险人可能一分钱的赔款都得不到；而一旦损失额达到 5%,被保险人就可以得到全部赔偿,这无疑使得被保险人有扩大损失额的强烈动机。正因为如此,相对免赔在实践中运用得并不普遍,它主要用在海洋运输和农作物保险中,因为在这些情形中,被保险人能够影响损失额的可能性相对较小。

2. 共保

共保是赔偿原则的又一个具体运用,即保险人和被保险人共同承担损失份额。这一原则不仅适用于财产保险领域,而且也广泛运用于健康保险领域。

(1) 为什么规定共保?资料显示,大多数财产损失都是小额的。美国消防局的统计资料表明,在所有的火灾损失中,大约85%的火灾所造成的损失低于其财产价值的20%,只有大约5%的火灾损失大于财产价值的50%。① 财产损失的这一性质无疑导致被保险人不愿购买足额保险。

比如,一位投保人为了省钱,仅购买了50%的财产保险,如果保险人对他收取的费率和另一位购买全额保险的人的费率相同,这显然是不公平的。这是因为,当一给定的财产的价值越低时,保险人为索赔每一保险单位所承担的成本就越高。使用共保规定就是为了避免类似的不公平。我们从表13-1中可以更清楚地看到为什么需要共保。

表 13-1 潜在费率不公解释②

假定有5万个保单持有人,每人拥有一幢价值为100万元的建筑物(总价值500亿元),对于这5万个保单持有人来说,保险公司预期的两年的损失如下:

5幢建筑物发生全损	500万元
95幢建筑物发生部分损失(平均15万元)	1 425万元
共计	1 925万元

纯费率等于每标的单位的预期损失。一般来说,财产保险标的价值以100元为单位,因此,如果5万个被保险人全部购买足额保险,则

$$纯费率 = \frac{1\ 925}{50\ 000} = 0.038\ 5$$

(或者说,每100元保险金额缴纳大约4分钱的保费)

如果相反,5万个被保险人仅购买财产价值50%的保险,则

$$纯费率 = \frac{1\ 675}{25\ 000} = 0.067 ③$$

(或者说,每100元保险金额缴纳大约7分钱的保费)

从表13-1可以看到,如果被保险人购买足额保险,他应当仅支付0.04%左右的费率,而如果他仅购买财产价值50%的保险,那么,他应当支付0.07%左右的费率。如果被保险人不论是购买足额保险还是购买非足额保险都支付相同的费率,那么,这对于购买足额保险的被保险人来说,显然是不公平的。

正是这样一种实践和哲学观,导致了共保原则的产生:如果被保险人是足额投保的话,在得到保险人的赔偿后,他可以使该标的恢复到损毁前的状态,或者能够保全其应得的经济利益;但如果不是足额投保,保险人就只能按照被保险人的实际保险金额与保单

---

① James L. Athearn, S. Travis Pritchett, and Joan T. Schmit, *Risk and Insurance* (6th Edition). West Publishing Company, 1989, p. 393.
② Ibid., p. 394.
③ 此处假设投保的保险金额为50万元,若房屋全损,赔偿全部损失金额的一半(25万元);若发生部分损失,则将部分损失15万元全部赔偿给被保险人。此处为了推导出共保原则,因此假设低于保险金额的部分损失全部赔偿给被保险人。

所规定的保险金额之比来进行赔偿,其余部分由被保险人自己负责。

(2) 共保的计算。共保的计算公式如下:

$$赔偿金额 = \frac{实际保险金额}{规定保险金额} \times 损失金额$$

上式中的实际保险金额是指被保险人实际购买的保险金额;规定保险金额是指共同保险条款要求被保险人应当购买的保险金额,它是共同保险条款所规定的百分比与保险事故发生时保险标的的实际价值之乘积。

二、分摊原则

分摊原则又称重复保险的分摊原则,它是从赔偿原则中分离出来的,是赔偿原则的具体应用。

(一) 重复保险

重复保险是指投保人就同一保险标的、同一保险利益、同一保险事故与两个或两个以上的保险人分别订立保险合同。在重复保险的情况下,被保险人可能就同一标的的损失从不同的保险人那里得到赔偿,由此通过损失赔偿而额外获利,这无疑违背了保险的赔偿原则。有鉴于此,各国保险立法均规定,在保险赔偿涉及两个或两个以上保险人的情况下,保险人之间运用分摊原则来进行赔偿。①

(二) 分摊原则的运用

较常用的比例分摊方式有以下几种:

1. 比例责任

这一方法是,将每家保险公司的保险金额除以各家保险公司的保险金额之和,由此得出每家应分摊的比例,然后按此比例分摊损失金额。计算公式如下:

$$某保险人分摊保险赔款额 = \frac{某保险人承保保险金额}{各保险人承保保险金额总和} \times 损失金额$$

2. 限额责任

这一方式规定,各保险人的损失分摊额并不以其保险金额为基础,而是按照在没有其他保险人重复保险的情况下,单独应负的赔偿额来分摊赔款。它与比例责任的共同点是,各保险人都是按照比例来分担赔款的;与比例责任的不同点是,计算比例的基础不同。比例责任方式的计算基础是保险金额,限额责任方式的计算基础是赔款额。它的计算公式如下:

$$某保险人赔款额 = \frac{某保险人赔款限额}{各保险人赔偿限额总和} \times 损失金额$$

3. 顺序责任

这一方法规定,由先出单的保险公司首先负责赔偿,第二家保险公司只有在第一家承保的限额用完时,才承担超出的部分。如果仍有超出部分,依次由第三家、第四家进行

---

① 如果是恶意的重复保险,保险合同将无效。

赔偿。

现举例来说明上述三种计算方法。某投保人分别与甲、乙、丙三家保险公司签订了一份火灾保险合同。甲公司承保金额 50 000 元,乙公司承保金额 100 000 元,丙公司承保金额 150 000 元。投保人因发生火灾损失 100 000 元。赔偿情况如表 13-2 所示:

表 13-2　甲、乙、丙三公司承担的赔偿额　　　　　　　　　　　（单位:元)

	比例责任	限额责任	顺序责任
甲公司	16 667	20 000	50 000
乙公司	33 333	40 000	50 000
丙公司	50 000	40 000	0

第三节　财产保险的准备金

一、准备金的种类

为了保证对被保险人及时履行经济补偿的义务、确保公司的赔偿能力,保险人在每年年终决算时,应从保费收入中提存准备金。这样才能保证保险人赔偿时有足够的资金来源。

因补偿内容的不同,准备金可以分为赔款准备金、未到期责任准备金和总准备金三种。

(一) 赔款准备金

赔款准备金是财产保险人的一种法定准备金,它是衡量保险人某一时期赔偿责任及理赔费用的估计金额。它又包括未决赔款准备金和已发生未报告(Incurred but not reported,IBNR)赔款准备金。

在每个会计年度内发生的赔案中,总有一部分未能在当年结案。这主要包括以下两种情况:

(1) 被保险人已经提出索赔,但被保险人与保险人之间尚未对这些案件是否属于保险责任范围以内、保险赔付额应当为多少等事项达成协议。这类赔案称为未决赔案。

(2) 保险事故是在年内发生的,但索赔要到下一年才可能提出。这类赔案称为已发生未报告赔案。

保险人需对第一种赔案提取未决赔款准备金,对第二种情况提取 IBNR 赔款准备金。

(二) 未到期责任准备金

未到期责任准备金也是财产保险法定准备金的一种,它是保险人为未到期的保险责任所提留的准备金。

由于财产保险合同大多为一年期限的保险,当年签发的保单不可能全部从 1 月 1 日起生效,12 月 31 日期满。换句话说,除当年第一天签发的保单外,其余保单均不能在当年内到期,而要转入第二年。因此,有一部分保单的生效期必然横跨两个年度。在这情况下,保险人需要从当年所征收的承保保费中留出一部分来,用于下一个会计年度保险责任的支付。也就是说,保险人当年的承保保费需要依据保险期限在两个会计年度中所占的比例进行分配。留在当年的部分属于当年的收入,称为已赚保费;跨入第二年度的部分属于下一年度的收入,称为未赚保费。与未赚保费相对应的即保险人在下一个会计年度内需要继续承担的保险责任。针对这部分保险责任,保险人需建立起相应的责任准备金,即未到期责任准备金。

(三) 总准备金

总准备金是为了应付发生巨额赔款而提留的一种法定财产准备金,它主要用于巨灾风险的赔付,因而又被称为巨灾风险准备金或特别风险准备金。它是指保险企业从每一会计年度决算后的利润中按照一定比例提取并逐年累积,用以应付巨额赔款的资金,它是保险企业的自有资金。由于总准备金不用于平时的小额赔付,而是只在发生巨灾时动用,因此,在正常情况下,总准备金是不断积累的,其数量相当可观,是适合保险公司进行投资的一项重要资金来源。

二、准备金的提留

准备金的数额直接影响到保险人赔偿责任的履行和经营效果。准备金数额太大,势必会影响当前的赔付,造成当前责任的履行和未来责任的履行之间的不平衡;准备金数额太小,则会影响未来的赔付。此外,在保费收入和支付赔款一定的条件下,三种准备金之间也存在此消彼长的关系。因此,如何使每种准备金的规模适当,涉及准备金的提留问题。各种准备金的提留方式是不同的,现分别说明如下:

(一) 赔款准备金的提留

前面已经讲过,赔款准备金包括已发生未报告赔款准备金和未决赔款准备金两大类。对已发生未报告的赔款,由于其数额已定,只需要留出相应的保费就行,不需要预计;而对于未决赔款,因其数额未知,只有准确地估计出未决赔款数额,才能提留适当规模的准备金。因此,提留准备金的关键是估计未决赔款数额。

1. 对已报告但尚未理赔的赔款的估计

一般有三种方法:

(1) 逐案估计法。按照这一方法,理赔人员逐一估计每起索赔案件的赔款额,然后记入理赔档案。到了一定时间,再把这些估计的数字进行汇总,并加以修正,据以提留准备金。这种方法简单,但工作量大,适用于索赔金额确定、索赔数大小相差悬殊、难以估算平均赔付额的财产险业务,比如火灾保险等。

(2) 平均值估计法。这一方法是根据保险公司以往的损失数据计算出一个平均值,并根据对将来赔付金额变动趋势的预测来加以修正。然后将这一平均值乘以已报告赔案数目就能得出未决赔款额。这一方法适用于索赔案多,但索赔金额相对来说并不大的业务。

(3) 赔付率法。这一方法即选择某一个时期的赔付率来估计某类业务的最终赔付数额,从估计的最终赔付额中扣除已支付的赔款和理算费用,即未决赔款额。这种方法简便易行,但有时假定赔付率与实际赔付率可能会有很大出入。

2. 对已发生但尚未报告的赔款的估计

这种未决赔款估计方法较前者复杂,它需要同时估计尚未报告的索赔数目及金额,因此,不可能使用逐案估计法。在实践中,一般需要以过去的经验数据为基础,然后根据各种因素的变化进行修正。如出险单位索赔次数、金额、理赔费用的增减、索赔程序的变更等。这种索赔估计需要非常熟悉和精通业务的管理人员进行准确判断。对于一个新开业的保险公司来说,由于没有过去的经验资料作为根据,因此很难做出准确的估计。一般来说,作为起点,IBNR 赔款准备金可以定为赔款准备金的 10%。[1]

由于赔款准备金包括赔款额和理赔费用两个部分,因此,应当将这两个部分分别提留。

(二) 未到期责任准备金的提留

最原始的未到期责任准备金的提留方法是,先计算出每份保单的未到期责任,按未到期责任的比重,求出应提留的准备金。这种方法比较简单,但工作量大,往往不易做到。根据 2005 年 1 月 15 日施行的《保险公司非寿险业务准备金管理办法(试行)》(保监会令〔2004〕第 13 号),未到期责任准备金的提留可以采用以下三种办法:

1. 二十四分之一法

也即月平均估算法。这种方法假设本月承保时保单在当月内的有效期天数都是 15 天,即半个月,于是,可以将 1 年分为 24 个半月。计算公式如下:

$$未到期责任准备金 = (签发保单月份 \times 2 - 1) \div 24 \times 保费收入$$

月平均估算法比年平均估算法精确,它适用于每月内开出的保单份数与保额大致相同,但月与月之间差异较大的业务。

2. 二百六十五分之一法

也即日平均估算法。这一方法是根据每张保单的第二年有效天数,计算未到期责任准备金,其计算公式如下:

$$未到期责任准备金 = 第二年有效天数 \div 保险期天数 \times 保费收入$$

3. 其他方法

对于某些特殊险种,根据其风险分布状况可以谨慎采用其他更为合理的方法。

值得一提的是,未到期责任准备金的提取方法一经确定,不得随意更改。

(三) 总准备金的提留

由于巨灾发生的周期长,损失规模很不确定,因此,难以准确估计总准备金的需求数量。各国对巨灾保险承保方式不同,总准备金的提留方法也不一样。一般来说,总准备金是按会计年度,在年终结算时,从年度利润中提存的。

---

[1] 潘履孚主编:《保险学概率》。北京:中国经济出版社 1995 年版,第 256 页。

本章总结

1. 一般情况下财产保险所承保的是有形财产,当有形财产发生损失或者灭失时,还有可能产生间接损失,这些损失同样也可以成为财产保险的标的。

2. 财产保险赔偿的基本原则有赔偿原则和分摊原则。赔偿原则是指保险人按照被保险人所遭受的实际损失进行赔偿,被保险人不能通过赔偿而额外获利。赔偿原则的运用主要有免赔和共保。分摊原则是赔偿原则的具体应用。较常见的分摊原则的应用有比例责任、限额责任和顺序责任。

3. 为了保障对被保险人及时履行经济补偿的义务、确保公司的偿付能力,保险准备金的提存十分必要。依补偿内容的不同,准备金可以分为赔款准备金、未到期责任准备金和总准备金三种。准备金的提留方式依据准备金的不同而不同。

思考与练习

1. 在大型超市的周围通常会有许多小规模的商店并存,它们一般是依靠大超市带来的客流生存并获取利润的。假定某一大型超市突然遭遇炸弹袭击,店面和货品严重损毁,必须关闭2个月整修,在此期间,它必须按合约继续付给员工工资,并且要支付受伤员工的医疗费。此次爆炸事故波及超市周围的商店,这些小店的财产也受到了不同程度的部分损失。试分析此事件导致的超市及其周围商店所遭受的间接损失。

2. 周先生拥有一处公寓,在2016年投保时价值为100万元。假定他购买了一份保额为90万元的保单,该保单有一个90%的共保条款。2017年,该公寓不幸发生火灾,损失达100万元,但此时该房屋的市场价格上升到110万元。周先生向保险公司索赔,保险公司应给予他多少赔偿?

3. 周先生以同一车辆为保险标的,与A、B、C三家保险公司分别签订了财产保险合同。A公司承保金额为2万元,B公司承保金额为2万元,C公司承保金额为3万元。半年后,周先生的车辆因发生事故,损失了5万元。试分析在比例责任、限额责任以及顺序责任下各公司分别应当承担多少赔偿金额。

4. 财产保险中免赔额的设置有哪几种方式?免赔主要有什么作用?

第十四章　　财产损失保险

┃本章概要┃

本章在狭义基础上讨论财产保险,即保险标的仅指有形财产的财产损失保险。这类财产保险主要包括海上保险、货物运输保险、火灾保险、运输工具保险、工程保险和农业保险等。本章将对这六大保险类别进行基本介绍。

┃学习目标┃

1. 了解海上保险中推定全损、委付、单独海损、共同海损等概念。了解海上保险的主要险种。
2. 了解货物运输保险的主要特点和主要险种。
3. 了解火灾保险的发展过程和我国主要的火灾保险类型。
4. 了解运输工具保险的主要类型。
5. 了解工程保险的主要类型。
6. 了解农业保险的主要特点和主要险种。

引　言

在上一章中我们了解了广义的财产保险,其保险标的包括有形财产、无形的潜在收益及责任等。当保险标的仅指有形财产时,我们称这种保险为财产损失保险,即狭义的财产保险。

第一节　海上保险

海上保险是以海上财产,比如船舶、货物以及与之有关的利益,如租金、运费等作为保险标的的保险。它是财产保险中最古老的一个品种。海上保险是以保险标的发生风险的地域来命名的。换句话说,财产风险发生在海上,故被命名为海上保险。

一、海上保险中的几个重要概念

在海上保险中按保险标的所受损失程度不同,可以导致全损或部分损失。

(一) 全损

全损主要有实际全损和推定全损之分。实际全损即保险财产在物质形式或经济价值上已完全灭失。

1. 推定全损

保险标的因实际全损不可避免,或出现为免遭实际全损而须付出超过其本身价值的费用时,即可构成推定全损。也就是说,虽然保险标的目前没有完全损失,但是如果不进行施救则全损不可避免,而施救费用又超过了保险标的的残存价值,这时可以按推定全损索赔。

2. 委付

委付是指被保险人将保险标的物的一切权利转移给保险人,由此请求其支付全部保险金额的一种行为。它是海上保险中的特殊规定之一。被保险人在获悉可靠的受损情报后,在适当的期限内向保险人发出口头的或书面的委付通知书,声明愿意将保险标的全部权利转移给保险人,并要求保险人按全部损失赔偿。委付须经保险人的同意接受才有效。

(二)部分损失

海上任何损失不是全部损失时即为部分损失。部分损失又可按性质不同分为单独海损和共同海损。

1. 单独海损

单独海损是保险标的因所保风险引起的非共同海损的部分损失。也就是说,单独海损是由属于保险范围内的风险所引起的,是在不可预料的情况下发生的,是某一标的单独遭受的损失,由该财产的所有人单独承担。

2. 共同海损

共同海损是为了使船舶和船上货物避免共同风险,有意且合理地做出特殊牺牲或支付特殊费用。例如在海洋中航行的船只遭遇暴风浪,随时有倾覆的风险,为了保护大多数人的生命和货物,船长决定主动抛弃部分货物,以减轻船只负担,渡过困境。部分被抛弃的货物就属于共同海损。共同海损所采取的各项措施称为共同海损行为,是一种非常措施。构成共同海损一般要求满足下列条件:

(1)在实施共同海损行为时,确实存在危及船货共同安全的风险,任何因主观臆测可能发生风险而采取的措施不能视作共同海损。

(2)牺牲和费用必须是特殊性质的,而不是根据运输合同应由船东负责的。

(3)牺牲和费用必须是有意做出的,即人为的、有意识的,而不是海上风险造成的意外损失。

(4)特殊的牺牲和费用是合理的、符合当时实际情况需要的。

(5)损失必须是共同海损行为所造成的直接后果,不包括间接损失。

(6)牺牲和费用支出必须保全了处于共同风险的财产,或使一部分财产获救,否则共同海损无法分摊。

共同海损成立后,为了船舶、货物等的共同安全所做的共同海损牺牲和费用必须由各受益方按照获救的价值,共同按比例分摊。

专栏 14-1

共同海损分摊案

2001年,海南华联轮船公司所属"琴海108"号轮运载经贸公司的货物自马来西亚驶往中国北海港,途中船舶主机发生故障,无法自行修复而雇请拖轮拖至北海。拖轮费等有关费用是为船货的共同安全而额外支出的,构成共同海损,按规定应由受益的船货方分摊。广西人保在海南华联轮船公司宣布共同海损后为货方经贸公司出具担保,保证向海南华联轮船公司支付经理算确认的应由货方承担的共同海损分摊额。经理算,经贸公司应分摊共同海损费用158 622.20美元。海南华联轮船公司多次催讨,经贸公司拒不履行分摊义务,海南华联轮船公司故请求法院判决由经贸公司分摊该共同海损费用,广西人保承担连带责任。

注:图中的怪物是海蛇,在希腊神话中,海蛇的出现往往预示着海难的发生。

经贸公司和广西人保认为,海南华联轮船公司没有从事国际海上运输经营资格,无管理国际海运船舶的能力,故船舶开始就不适航。他们同时认为,海南华联轮船公司所称的共同海损事故,是作为承运人的海南华联轮船公司不可免责的过失造成的,货方有权拒绝分摊,请求法院驳回海南华联轮船公司的诉讼请求。

北海海事法院审理后认为,"琴海108"轮自启运港马来西亚槟城港离港后,4个主机缸头漏水严重,不得不在锚地进行了约8天的修理。主机9个缸中,其密封环全部失去弹性,全部老化、不气密,这是船舶正常检验中应该发现的,并非经谨慎处理而不能发现的船舶潜在缺陷。由此引发的主机故障,属于船舶不适航,从而导致的共同海损损失承运人不能免除赔偿责任。另外,海南华联轮船公司核准的经营范围是海南至华南沿海各港口间的货物运输,表明其无资质从事国际海运,亦无能力管理国际海运船舶。

据此,北海海事法院判决驳回海南华联轮船公司对经贸公司、广西人保的诉讼请求。

资料来源:根据http://online.cri.com.cn的相关资料改写。

二、海上保险的主要险种

随着现代国际贸易和海洋运输业的发展,海上保险的种类和范围也在不断扩大,主要包括以下险种:

(一)海洋货物运输保险

海洋货物运输保险是以海上运输工具运载的货物为保险标的,保险人承担整个运输过程,包括内河、内陆运输保险标的遭受自然灾害和意外事故的损失。在目前的国际贸易中,买卖双方以投保海洋货物运输保险作为必要条件,通过海洋货物运输保险来获得经济保障已成为国际惯例。

（二）海洋船舶保险

它是以远洋船舶为保险标的，当保险责任范围内的灾害事故导致船舶本身发生损失，与船舶有关的利益发生损失，以及出现了应由船主承担的经济赔偿责任时，由保险人进行赔付的保险。这种保险可附加船舶战争险，以承保海上发生战争或类似战争行为造成的船舶的损失。

（三）海上石油开发保险

它是以海上石油开发过程中的各类财产、利益、责任和费用等为保险标的的保险。主要包括海上移动性钻井设备的保险，平台钻井机的保险，控制井喷费用保险，油田建设工程保险，溢油、污染及费用保险，第三者责任保险，各种工作船保险，租金保险，重钻费用保险，战争与政治风险的保险，平台保险和油管保险等。这是一种综合性的保险。

第二节 货物运输保险

货物运输保险是以运输途中的货物作为保险标的，保险人对由自然灾害和意外事故造成的货物损失负赔偿责任的保险。

一、货物运输保险的主要特点

货物运输保险主要具有以下几个特点：
（1）保险期限的起讫一般以航程划分，从出发地上路开始，到达目的地后结束。
（2）货物运输保险的保险金额一般以货物的购进价格加上运杂费、税款、保费等费用，以及货物在运输途中所必须支付的费用为依据。
（3）货物运输保险的保险费率制定比较复杂。
货物运输保险通常要考虑下列因素：
（1）运输方式。由于各种运输工具的种类、结构、性能和新旧程度不同，造成对货物在运输途中受损的不同影响，因此应该采取差别费率。
（2）运输途径。货物运输所经过的路线长短不等，风险性大小也不同，因此运输途径是影响货物损失程度的主要因素。
（3）货物性质。不同货物本身的物理性质和化学性质不同，在运输途中遭受损失的可能性也就不同。

二、货物运输保险的主要险种

根据货物的运输方式不同，它又分为以下不同的类别：

1. 海洋货物运输保险

这一保险与上面提到的海洋货物运输保险是相同的。

2. 陆上货物运输保险

它是以陆上运输工具，包括火车、汽车等运载的货物为保险标的的保险。包括陆上货物运输保险和陆上货物运输一切险。

3. 航空货物运输保险

它是以航空运输的货物为保险标的的保险。包括航空货物运输险和航空货物运输一切险。

第三节　火　灾　保　险

火灾保险是以各种不动产和动产，比如房屋、厂房、机器设备、家具等作为保险标的的一种保险。从17世纪至今的三百多年中，火灾保险经历了一个长期的发展过程。

一、火灾保险的发展

从保险标的来看，从早期的只承保不动产，逐步扩大到动产，再发展到与动产或不动产标的有关的利益，如预期利益和租金收入等。

从承保风险来看，早期的火灾保险只承保单一的火灾风险，并且只承保火灾风险所造成的直接损失，后来逐步扩展到与火灾相关的爆炸、闪电及雷击。进入现代社会以后，火灾保险的承保风险又扩展到包括火灾在内的各种自然灾害和意外事故。保险人既可以以附加保单的形式承保地震、地陷、洪水、台风、雪崩、泥石流等风险，也可以承保盗窃、机损等风险；不仅可以承保直接损失，也可以承保间接损失，比如营业中断损失、租金损失等。

从赔偿范围来看，早期的火灾保险一般只负责赔偿保险标的的损失，而现在的赔偿范围通常都包括施救费用等在内。

从保单形式来看，早期各个保险人均使用自己的保单。自美国马萨诸塞州和纽约州分别于1873年和1876年通过法律要求使用标准保单，并推出了标准火险保单（SFP）以后[1]，美国的其他州和其他国家也纷纷效仿，由此减少了损失理赔的麻烦和法院解释的困难。目前的火灾保险通常都使用标准保单形式承保。

二、我国保险公司开办的火灾保险

我国保险公司开办的火灾保险业务主要有以下几种：

（一）企业财产保险

企业财产保险是以投保人存放在固定地点的财产物资为保险对象的保险业务。它是我国财产保险业务中的主要险种之一。企业财产保险的适用范围很广泛。一切工商、建筑、交通运输、饮食服务行业、国家机关、人民团体等均可投保企业财产保险。凡是由投保人所有或代替他人保管或者与他人共有而由投保人负责的财产，都可以列入投保财产范围以内。企业财产保险还可以承保附加险，比如附加盗窃险、营业中断险、橱窗玻璃意外险等。

---

[1] S. Travis Pritchett, Joan T. Schmit et al., *Risk Management and Insurance* (7th Edition). West Publishing Company, 1996, p.126.

（二）机器设备损坏保险

机器设备损坏保险承保各种各样的工厂和机器设备，它是从企业财产保险演变而来的又一种独立业务。机器设备损坏保险承保的主要是保险标的本身所固有的风险，即承保工厂、机器内部本身的损失。

（三）家庭财产保险

家庭财产保险是以城乡居民等个人及其家庭成员的自有财产、代他人保管的财产或与他人所共有的财产作为保险对象的保险。附加险有盗窃险、家用电器维修险等。

值得一提的是，家庭财产保险的赔偿一般采用第一危险赔偿方式，即在保险金额范围内的损失全部由保险人承担，超出部分才由被保险人自己承担，即使被保险人没有足额投保。这一点与企业财产保险不同。

第四节 运输工具保险

运输工具保险是以各类运输工具，比如汽车、飞机、船舶、铁路车辆等为保险标的的保险。

一、汽车保险

汽车保险始于 20 世纪初，目前已发展成为最重要的险种之一。在这一保险中，保险人负责赔偿被保险人因自然灾害和意外事故而蒙受的汽车车辆损失，以及对第三者应承担的经济责任。汽车保险通常分为车身险、医疗险、第三者责任险等。

二、飞机保险

飞机保险是随着飞机制造业的发展，在海运险和人身意外伤害险的基础上发展起来的一个新险种。在这一保险中，保险人负责赔偿被保险人因飞机本身的损失、旅客意外伤害和对第三者应负的赔偿责任。飞机保险有许多种险别，主要包括机身保险（即飞机损失或损坏保险）、第三者责任保险、旅客意外伤害保险等三个险别。

三、船舶保险

船舶保险包括远洋船舶保险和国内船舶保险。远洋船舶保险如前所述。国内船舶保险的保险标的是各种机动船舶和非机动船舶，包括建造和修理中的船舶、适航船舶、特种专用船舶、具备航行能力的船舶以及油轮、渔轮和海轮。保险人主要承保因自然灾害和意外事故造成船舶本身的损失以及由此支出的合理费用、船舶的碰撞损失、共同海损的分摊额等。

四、铁路车辆保险

保险人承保铁路机车的损失以及因铁路车辆对第三者人身伤亡或财产损失应承担的经济赔偿责任。

第五节 工程保险

工程保险包括建筑工程保险和安装工程保险两种,它是以建筑工程和安装工程中的各种财产和第三者的经济赔偿责任为保险标的的保险。保险人主要承保由各种自然灾害、意外事故以及因"突然""不可预测"的外来原因和工厂、技术人员缺乏经验、疏忽、恶意行为等造成的物质损失和费用。

一、建筑工程保险

建筑工程保险与其他财产保险,比如火险、运输险等相比较,有一个突出的特点,这就是,保险公司可以在一份保单内对所有参加该项工程的有关各方面都给予其所需要的保障。换句话说,凡是在工程进行期间,对这项工程承担一定风险的有关各方,均可作为被保险人。因此,建筑工程保险的被保险人可以包括以下各方:业主或工程所有人,首席承包商或次承包商,业主或工程所有人雇用的建筑师、工程师、顾问等。

为了避免各个被保险人之间的相互追偿,保险公司一般都附加一个共保责任交叉条款,对每一个被保险人的被保范围做出明确规定。如果这些被保险人之间互相发生责任事故,均由保险公司进行赔偿,他们之间不用相互追偿。

建筑工程保险一般都同时承保建筑工程第三者责任保险。所谓建筑工程第三者责任险是指,该工程在保险期限内,因发生意外事故所造成的依法应由被保险人负责的工地上及邻近地区的第三者的人身伤亡、疾病、财产损失,以及被保险人因此而支出的费用。洪水、地震、台风、雷电、火灾、爆炸、盗窃等导致的损失,一般均在赔偿之列。

二、安装工程保险

安装工程保险主要适用于安装各种工厂用的机器、设备、起重机、吊车、钢结构工程等内容的保险,其基本内容与建筑工程保险相似。

第六节 农业保险

农业保险的保险标的是农业种植业中的各种农作物,比如水稻、小麦、棉花、烟叶;养殖业中的各种牲畜、家禽,比如牛、羊、鸡、鸭。保险人对农作物因水灾、旱灾、台风、霜冻、冰雹、病虫害等自然灾害而导致的减产或绝收承担赔偿责任;对各种牲畜、家禽因疾病或意外事故而死亡或伤残承担赔偿责任。

一、农业保险的主要特点

农业保险标的的种类繁多,出险责任不易划分,投保人的逆选择严重。往往是出险率高的地区、出险率高的险种,人们争着投保;而出险率低的地区或险种,人们则不愿参加保险。正是由于这些特点,农业保险一般赔付率较高,保险公司经常出现亏损。为了扶持农业保险的发展,不少国家和地区对农业保险均采取由政府补贴的办法。我国是农业大国,农业经济的发展是整体国民经济发展的基础,而农业保险在为农民解决后顾之忧、提高农民的农业生产积极性方面,起着非常重要的作用,因此应该大力发展农业保险,对此我们还有很多工作要做。

二、农业保险的主要险种

(一)种植业保险

1. 农作物保险

农作物保险以稻、麦等粮食作物和棉花、烟叶等经济作物为对象,以各种作物在生长期间因自然灾害或者意外事故使收获量价值或生产费用遭受损失为承保责任的保险。

2. 收获期保险

收获期保险是针对粮食作物或经济作物收割后,处于晾晒、脱粒、烘烤等初级加工阶段时的一种短期保险。

3. 森林保险

森林保险是以在林场中的林木生长期间,因自然灾害和意外事故、病虫害造成林木价值或生产费用损失为承保责任的保险。

4. 经济林、园林苗圃保险

经济林、园林苗圃保险是对生长期内的各种经济林种及其产品、商品性名贵树木树苗由于自然灾害和意外事故、病虫害所造成的损失进行补偿的保险。

(二)养殖业保险

1. 牲畜保险

牲畜保险以役用、乳用、肉用、种用的大牲畜为承保对象,保险人承保在饲养使役期,因牲畜疾病或意外灾害造成的死亡、伤残以及因流行病而强制屠宰、掩埋所造成的经济损失。

2. 家畜、家禽保险

以商品性生产的家畜家禽为保险标的,承保在饲养期间的死亡损失。

3. 水产养殖保险

承保在养殖过程中,因疫病、中毒、盗窃和自然灾害造成的水产品收获损失或养殖成本损失。

4. 其他养殖保险

针对养殖鹿、貂、狐等经济动物和养蜂、养蚕等提供的保险产品。

专栏 14-2

巨 灾 保 险

我国是世界上自然灾害最严重的国家之一,灾害种类多、发生频率高、分布地域广。巨灾是指突发、难以避免且造成损失巨大的自然灾害,具有发生概率低、造成损失巨大、对国民经济和人民生命财产安全造成重要影响的特点,比如特别严重的地震、洪水、台风、泥石流、干旱等。巨灾保险即是对巨灾风险造成的巨大财产损失和严重人员伤亡提供保险保障的产品。

由于社会制度、经济发展水平、保险市场发育程度、灾害救助体制、国家或地区的地理环境等不同的原因,各国巨灾保险制度的具体设计也不尽相同。从国际上来看,巨灾保险制度主要有三种模式,各自拥有其特点。第一类是以美国和新西兰为典型代表的巨灾保险模式,其特点是政府承担主要责任来对巨灾保险制度进行运作。具体包括美国加州地震保险制度、美国洪水计划、新西兰地震保险制度。第二类是以英国为典型代表的巨灾保险模式,其特点是以市场运作为主。具体有英国洪水保险制度。第三类是以日本、法国、土耳其以及中国台湾等国家和地区为典型代表的巨灾保险模式,其特点是政府和市场共同参与。具体有日本农业保险制度、日本地震保险制度、法国自然灾害巨灾保险制度、土耳其巨灾保险制度、中国台湾地区地震保险制度等。

我国灾害种类繁多,地区差异显著,不同的地区都有其各自的风险特点和不同的经济发展水平。因此,我国鼓励各地因地制宜,根据其自身的风险特点,积极探索对其主要风险灾害的专项保障模式。比如,云南省开展地震保险试点,海南省运用气象指数保险帮助橡胶企业应对台风,这些提供的主要是单一特定灾害风险保障。又如,一些城市由政府出资为居民投保自然灾害公众责任保险,提供的则是相对全面的灾害风险保障。

资料来源:《国务院关于加快发展现代保险服务业的若干意见》知识读本(新国十条300问),有改动。

本章总结 》

1. 海上保险是以海上财产,比如船舶、货物以及与之有关的利益如租金、运费等作为保险标的的保险。海上保险标的可能遭受全损或者部分损失,依据海损的不同情况可分为单独海损和共同海损,被保险人也可根据受损情况决定是否采取委付行为。海上保险主要包括海洋货物运输保险、海洋船舶保险和海上石油开发保险等。

2. 货物运输保险是以运输途中的货物作为保险标的,保险人对由自然灾害和意外事故造成的货物损失负责赔偿责任的保险。货物运输保险的主要险种包括海洋货物运输保险、陆上货物运输保险和航空货物运输保险。

3. 火灾保险经历了从承保不动产到承保动产,再到承保与动产或不动产有关的利益的发展过程。目前我国保险公司开办的火灾保险业务主要有企业财产保险、机器设备损坏保险、家庭财产保险等。

4. 运输工具保险主要包括汽车保险、飞机保险、船舶保险和铁路车辆保险等。

5. 工程保险包括建筑工程保险和安装工程保险,它是以建筑工程和安装工程中的各种财产与第三者的经济赔偿责任为保险标的的保险。

6. 农业保险的标的主要是农业种植业中的各种农作物,主要分为种植业保险和养殖业保险。由于标的种类繁多、出险责任不易划分、投保人逆选择严重,导致农业保险的赔付率较高,保险公司经常出现亏损。由于农业保险的特殊性,其发展往往需要政府的扶持。

思考与练习

1. 试解释海上保险中推定全损、委付的概念。

2. A公司与B公司签订了购买面粉的合同。A公司为这批货物投保了水渍险。载货船只途经某运河时意外起火,造成部分面粉损毁。船长在命令救火过程中又造成部分面粉湿毁。途经运河时因火灾损毁的面粉损失属于什么损失?应当由谁承担责任?途中湿毁的面粉损失属于什么损失?应当由谁承担责任?试解释原因。

3. 与其他财产保险相比,建筑工程保险的突出特点是什么?这种制度安排有什么优势?

4. 为什么保险公司的农业保险业务经常出现亏损?查找相关资料,了解我国农业保险市场的情况。分析和研究政府可以在防范农业风险、促进农业保险市场发展方面起到什么样的作用。

第十五章 责任保险

▌本章概要▐

本章主要对责任保险进行系统的介绍。本章将阐述责任保险的本质和特点、它与财产保险和民事损害赔偿的关系、责任保险的承保方式和赔偿方式。责任保险包括的范围十分广泛,本章将主要介绍四种责任保险的特性、适用范围、赔偿方式和产品特点。

▌学习目标▐

1. 理解责任保险的概念和特点。了解责任保险与财产保险和民事损害赔偿的关系。
2. 了解责任保险的承保方式和赔偿过程的重要事项。
3. 了解责任保险的主要种类和各个种类的适用范围与产品特点。

引　言

责任保险是当今社会一个十分重要的险种。责任保险产生的基础不仅在于民事责任风险的客观存在,而且在于人类社会的进步所带来的法律制度的不断完善。从内容上来看,责任保险主要包括公众责任保险、产品责任保险、雇主责任保险和职业责任保险等类型,它们各自有不同的承保方式和赔偿方式。

第一节　责任保险概述

一、责任保险的概念

责任保险是在被保险人依法应负损害赔偿责任时,由保险人承担其赔偿责任的保险。这种保险以被保险人依法应承担的责任为保险标的,以第三人请求被保险人赔偿为保险事故,其保险金额即被保险人向第三人所赔偿的损失价值。

由死亡、伤残、火灾、洪灾等原因引起的损失都是自然风险。换句话说,这样的损失是由自然的或物理方面的原因所引致的。而责任风险则是完全不同的另一类风险,它纯粹属于一种法律的创造。[①] 正是由于人们在现代经济社会中的活动都是在一定的法律范

[①] 责任保险作为一种自成体系的保险业务,始于19世纪的欧美国家,成熟于20世纪70年代以后。在责任保险的发展之初,国际上曾出现过激烈的争议。一些人认为责任保险替致害人承担赔偿责任,不符合社会公共道德准则,因此,它是有害而无利的;有人甚至认为责任保险是在鼓励人们犯罪。19世纪中叶,西方国家工人阶级为了获得人身和经济的保障而与资本家进行了坚决的斗争,从而迫使各国资产阶级政府先后制定了劳工法律。从此,责任保险才有了基本的法律条件,并得以缓慢发展。

围之内进行的,因此才可能出现因违犯法律而造成他人的损伤或他物的损害,并由此而承担经济上赔偿责任的问题。例如,如果没有环境污染防治法,造成污染的人就不会对受害者承担赔偿责任;没有食品卫生法,损害消费者权益的单位和个人也不会有所谓的法律责任。只有存在对某种行为以法律形式确认为应负经济上的赔偿责任时,有关单位和个人才会有通过保险来转嫁这种风险的需求,责任保险的必要性和重要性才会为人们所认识和接受。

二、责任保险的特点

从实践来看,责任保险的发展与一国经济的发展水平、法律制度的完善程度是有密切联系的。事实上,在当今世界,责任保险最发达的国家,也是各种民事责任法律最完备、最健全的国家。责任保险的基础是健全的法律制度,尤其是民法与各种专门的民事责任法律和法规。① 我们可以通过与财产保险和民事损害赔偿的比较来认识责任保险的特点。

(一)责任保险与财产保险的关系

虽然责任保险属于广义财产保险的范畴,但在本质上还是具有与一般财产保险不同的特点:

1. 从保险标的来看

责任保险的标的是被保险人对于第三人依法应承担的损害赔偿责任。因为它不是实体财产,故没有保险价值可言。因此,其赔偿限额的多少,是由当事人依照需要约定的,没有超额保险之说。

2. 从保险事故来看

责任保险的保险事故,一方面需要被保险人对第三者依法应负赔偿责任,另一方面又需要被保险人收到赔偿请求,两者缺一不可。因此,责任保险虽以被保险人对第三者的损害赔偿责任为标的,但如果该项赔偿责任虽已发生,第三者却并没有向被保险人提出赔偿请求,则被保险人仍无损失可言,保险人也不必对此负赔偿责任。换句话说,只有在被保险人收到第三者的赔偿请求时,保险人才可能对被保险人负赔偿责任。

3. 从保险目的来看

在狭义的财产保险中,保险人所补偿的是被保险人自己的经济损失,即赔偿前提只是被保险人的保险财产遭受损失,赔款也直接支付给被保险人,并归被保险人所有;而责任保险的目的主要在于补偿被保险人于法律上对第三者履行损害赔偿责任的损失,而不是补偿由保险事故所导致的被保险人自己的财物所遭受的损失。因此,在责任保险中,保险人直接保障的是被保险人的利益,间接保障的是第三者的利益。

---

① 但任何事情都应当有个限度。美国的民事法律是非常完备的,但许多人(包括保险学专家)也批评美国的责任保险在有些方面走得太远。美国联邦法院的一位前任大法官沃伦·伯格就曾抱怨:"目前,公众有一种可以说是很荒谬,或者说疯狂的倾向,那就是将诉讼看作解决所有问题的唯一办法。"David Lauter, "Report Says Litigation Explosion is a Myth", *National Law Journal*, April 28, 1986, p.46.

（二）责任保险与民事损害赔偿的关系

责任保险所承保的对象主要是致害人依法应负的对受害人的民事赔偿责任，即法律责任。所谓责任，是指由于当事人某种侵权或违约行为的发生而需依法承担的一定的义务。这种义务的特点在于，它的产生必须以一定的义务之存在而又被背弃为前提。它是由某种义务派生出来的新义务，一般可分为刑事责任、民事责任和行政责任。而责任保险所承保的法律责任则主要是民事责任。民事责任主要包括过失责任和绝对责任两种。

1. 过失责任

过失责任是指被保险人因任何疏忽或过失而违反法律规定的应尽义务，或者违背社会公共生活准则而致他人人身伤亡或财产损毁时，对受害人应承担的赔偿责任。过失责任可因"作为"而导致，也可因"不作为"而导致。换句话说，你做了一件你不应当做的事情，或者没有做一件你应当做的事情，由此造成他人人身伤亡或财产损毁。例如，你吃完西瓜以后将西瓜皮随地乱扔，导致路人摔伤并损坏其刚从商店购买的一台电视机，这是"作为"（你不应当随地乱扔西瓜皮，但是你这样做了）。再比如，你在骑自行车时，不做任何示意而突然转弯，由此撞倒正常行走的路人，这是"不作为"（你应当向行人示意你要转弯，但你没有这样做）。两者均应对所构成的过失负法律赔偿责任。过失的直接后果往往是使无辜的他人受到损害。在这种情况下，受损害的一方有权向致害方提出损害赔偿的要求，这种要求也应当为法律所保障。因此，过失责任是责任保险所承保的主要责任风险。[①]

2. 绝对责任

绝对责任是指不论行为人有无过失，根据法律规定均须对他人受到的损害负赔偿的责任。在这里，损害后果或事实是确定民事责任的决定性因素。换句话说，在一起民事损害事故中，只要不是受害人自己故意所致，其人身损伤或财产损害就必须由行为人承担赔偿责任，而不问行为人是否存在过失。例如，许多国家的法律规定，雇员在工作时受到意外伤害，不论雇主有无过失，均应承担赔偿责任；有些国家的法律规定，消费者因使用某种产品造成伤害，即使未能证明产品的生产者有过失，后者也要对这种伤害负绝对责任；宠物的拥有者对其所拥有的宠物对他人所造成的伤害负有绝对责任；等等。法学上的这一原则实际上是为了使公众得到更充分的完全保障，它显然与一般的民事损害赔偿原则（以过失为条件）有本质的区别。

总之，责任保险一方面剔除了故意行为所致的民事损害赔偿责任，将故意行为列为除外责任，因而缩小了致害人转嫁民事损害赔偿责任的范围；另一方面，它又可以扩展无过失责任的承保，超越了民法中一般民事损害赔偿责任的范围。因此，责任保险的承保对象不能等同于一般民事损害赔偿责任。

[①] 西方国家的责任保险大都规定，责任的产生也可能建立在合同或保证的基础之上。例如，如果汽车企业在销售其汽车时向买主保证，这辆车的情况很好，而事实上并不是像它所说的那样，那么，企业就可能因为自己违反了保证而承担车辆毁坏的责任。这就是为什么在西方许多国家，销售者在出售商品时尽量避免使用该产品将"保证怎样怎样"的字样的原因。

第二节 责任保险的承保方式及赔偿

一、责任保险的承保方式

（一）作为财产保险的基本责任或附加责任予以承保

在这种方式下，有关的责任风险成了基本保单的基本责任，或者成了基本保单之外的附加责任。它的特点是，责任保险与财产保险紧密相结合，投保人必须投保财产基本险，才能使责任风险得到保险保障。如船舶的责任风险一般是作为碰撞责任列入基本保单保险责任范围之内的。只要投保船舶保险，其责任风险就同时得到了保障；再如建筑工程、安装工程的第三者责任险，一般都是作为附加责任给予扩展，即投保人只有在投保建筑工程和安装工程基本险的基础上，才能投保附加第三者责任保险。

（二）作为与财产保险相联系的险种独立承保

在这种方式下，投保人可以只投保财产保险或只投保责任保险，也可以两者均投保。责任保险属于一种独立的险种。它与第一种方式有以下显著区别：① 第一种方式的责任保险不具备独立的条件，而这种方式的责任保险是独立的险种；② 第一种方式的责任保险与财产保险必须由同一保险人来承保，而这种方式的责任保险与财产保险是分开的，投保人可以分别向两家保险人投保。当然，一般来说，这种责任保险也与特定的物有特定的联系，因而在习惯上常常将其并入有关财产的保险条款中，由同一保险人来承保。比如机动车辆第三者责任保险、飞机第三者责任保险等。

（三）作为完全独立的责任保险单独承保

在这种方式下，保险人签发专门的责任保险单，因此它与特定的物体就没有保险意义上的直接联系了。比如产品责任保险、公众责任保险、职业责任保险、雇主责任保险等。

二、责任保险的赔偿

我们在第七章所讨论过的保险的索赔和理赔的一些基本要点，在这里都是适用的。但由于责任保险这一险种自身的一些特点，也使其索赔和理赔表现出一些特殊性。

（一）出险后被保险人的注意事项

在任何意外事故发生后，被保险人应当注意以下事项：
(1) 不论受害方损害程度如何，被保险人均应积极组织抢救，尽量控制受害人的财产损失，保障受害人脱险和康复。
(2) 必须尽快通知保险人，以使保险人能够迅速调查事实真相，为处理索赔事件奠定基础。
(3) 及时写出关于出险原因、损害后果、施救措施和费用等内容的报告，并尽快送交保险人。

(4) 在受到赔偿请求或被控告时,需将所收通知、传票或其他文件迅速转给保险人,并与保险人密切合作,从事抗辩、应诉、作证、邀请证人等工作,以便法院正确裁决和处理。

(二) 出险查勘

保险人在接到被保险人关于责任事故发生的通知后,应迅速派人赶到出险现场进行查勘。查勘内容主要包括如下几点:

(1) 调查了解出险原因,判断是否属于保险责任范围内的事故。
(2) 了解受害人的姓名、住址及工作单位。
(3) 掌握受害人的财产损失或人身伤害的程度,并进行必要的拍照备查。
(4) 及时和当地有关执法机关取得联系,反映情况,请执法机关对事故进行责任裁决。

(三) 保险人的参与权和赔偿条件

在责任保险中,由于被保险人的赔偿责任已通过保险关系的建立转移到了保险人身上,被保险人与第三者就其责任的承认、和解、否定以及赔偿金额的多寡等问题所达成的事项,均与保险人的利益密切相关。因此,大多数国家的法律通常都规定,保险人拥有处理责任事故的参与权。

责任保险的赔偿条件不仅取决于是否属于保险责任范畴,而且取决于被保险人是否受到第三者的赔偿请求。在发生责任事故时,致害人与受害人是当时的民事关系主体。致害人依法承担民事责任,而保险人在此时与受害人并无直接关系。如果责任事故已经发生,第三者亦受到了损害,然而,第三者并没有向被保险人请求赔偿,被保险人就无利益损失发生,保险人也就不必对被保险人负责。我们在前面已经指出过,只有在损害事故发生后,被保险人收到第三者的赔偿请求,且保险人得到了被保险人的通知和请求,保险人才对被保险人的经济损失承担赔偿责任。可见,一方面,责任保险虽然在客观上保障了受害人的利益,但责任保险合同却只存在于保险人与被保险人之间。如果被保险人不通知保险人并请求经济补偿,受害人不得直接向保险人有所主张或索赔;另一方面,如果被保险人没有受到第三者的赔偿请求,也就不具备向保险人索赔的基础。

(四) 责任保险的赔偿限额与免赔额

责任保险承保的是被保险人的赔偿责任,而非有固定价值的标的,且赔偿责任因损害责任事故的大小而异:有的可能为数十元,有的也可能为数百万元。这在事先是无法预料的。如果不在保单上确定一个赔偿的限额,保险人自身的经营就会陷入很大的不确定性之中。正因为如此,不论何种责任保险,都要规定一个赔偿限额作为保险人承担赔偿责任的最高限。超过赔偿限额的索赔由被保险人自行承担。赔偿限额的高低由保险合同的当事人双方约定。

一般来说,责任保险通常规定以下几种赔偿限额:

(1) 每次责任事故或由同一原因所引起的一系列责任事故的赔偿限额。它又分为财产损失赔偿限额和人身伤亡赔偿限额两项。

（2）保险期限内累计的赔偿限额。它分为累计的财产损失赔偿限额和累计的人身伤亡赔偿限额。

（3）在有些情况下，保险人也将财产损失和人身伤亡两者合成一个限额，或者只规定每次事故和由同一原因所引起的一系列责任事故的赔偿限额，而不规定累计赔偿限额。

除赔偿限额的规定以外，责任保险一般还有免赔额的规定，它的目的在于促使被保险人小心谨慎，防止发生事故和减少小额、零星赔款支出。责任保险的免赔额通常是绝对免赔额，即无论受害方的财产是否发生全损或受害人是否死亡，免赔额以内的赔款均由被保险人自己负责。

在处理各种责任保险赔案时，保险人在赔偿限额限度内履行赔付的义务，并需扣除免赔额。

第三节 责任保险的主要种类

责任保险所包括的范围是十分广泛的，主要有公众责任保险、产品责任保险、雇主责任保险和职业责任保险等几个大类。现在我们分述如下：

一、公众责任保险

公众责任保险又称普通责任保险。它主要承保被保险人在各个固定场所或地点、运输途中进行生产、经营或其他活动时，因发生意外事故而造成的他人人身伤亡或财产损失，依法应由被保险人承担的经济赔偿责任。投保人可就工厂、办公楼、旅馆、住宅、商店、医院、学校、影剧院、展览馆等各种公众活动的场所投保公众责任保险。不同场所的责任保险，可以有不同的内容和条件。保险人在公众责任保险中主要承担两部分责任：一是在被保险人造成他人人身伤害或财产损失时，依法应承担的经济赔偿责任；二是在责任事故发生后，如果引起法律诉讼，由被保险人承担的相关的诉讼费支付责任。但保险人的最高赔偿责任不超过保单上所规定的每次事故的赔偿限额或累计赔偿的限额。

公众责任保险适用的范围非常广泛，其业务复杂、险种众多。它主要包括综合公众责任保险、场所责任保险、承包人责任保险、承运人责任保险和个人责任保险等。

（一）综合公共责任保险

综合公共责任保险是一种综合性的责任保险，它承保被保险人因非故意行为或活动所造成的他人人身伤亡或财产损失，依法所应承担的经济赔偿责任。保险人承担的综合责任有以下几种：

1. 合同责任

该责任指因合同规定而使合同一方承担某些情况下所引起的经济赔偿责任。

2. 产品责任

该责任指被保险人放弃其制造、贩卖、处理或分配的货物的所有权后，在被保险人处所以外的地方发生意外事故而产生的经济赔偿责任。

3. 业主及工程承包人的预防责任

该责任指工程进行期间或完工之后由于施工方对工程的疏忽或工程缺陷而引发的

意外事故所导致的经济赔偿责任。

4. 完工责任

该责任指一项工程在完工或放弃之后,在被保险人处所所发生的意外事故所导致的经济赔偿责任。

5. 个人伤害责任

该责任承保被保险人由于某些特定理由而造成他人肉体伤害以外的损失的经济赔偿责任。它包括错误的拘禁、扣留,恶意诽谤、中伤,或非法闯入、逐出,或侵犯隐私等行为需要以经济方式予以补偿的。

(二)场所责任保险

场所责任保险是公众责任保险中业务量最大的一个险别,它是公众责任保险的主要业务来源。根据场所的不同,它又可以进一步分为旅馆责任保险、电梯责任保险、车库责任保险、展览会责任保险、娱乐场合责任保险(如公园、动物园、影剧院、溜冰场、游乐场、青少年宫、俱乐部等)、商店责任保险、办公楼责任保险、学校责任保险、工厂责任保险、机场责任保险等若干具体险种。场所责任保险的承保方式通常是在普通公众责任保险保单的基础上,加列场所责任保险条款独立承保,但也可以设计专门的场所责任保险单予以承保。

(三)承包人责任保险

承包人责任保险即保险人承保各种建筑工程、安装工程、装卸作业和各类加工的承包人在进行承包合同项下的工程或其他作业时所造成的损害赔偿责任。承包人是指承包各种建筑工程、安装工程、装卸作业以及承揽加工、定做、修缮、修理、印刷、设计、测绘、测试、广告等业务的法人或自然人。承包人责任的特点在于,责任产生于承包人从事受托工作即为他人工作的过程中。虽然行为人是承包人,但与之相联系的却是发包人或委托人的工程项目或加工作业等活动。因此,承包人有转嫁损害赔偿责任风险的必要。承包人责任保险的主要险种有建筑工程承包人责任保险和修船责任保险等。

(四)承运人责任保险

承运人责任保险是指承运人根据运输合同、规章或提货单等与发货人或乘客建立承运、客运关系,在承担客、货运输任务过程中,对旅客、乘客或托运人所发生的责任事故,依法负有损害赔偿责任。这些责任就是承运人责任保险的承保对象。由于运输工具种类繁多,运输对象分为客、货两大类,运输方式又有直接运输和联合运输之分。因此,承运人责任保险也只能根据不同的运输方式和运输对象来进行设计。较常见的承运人责任保险有旅客责任保险、承运货物责任保险、运送人员意外责任保险等。

(五)个人责任保险

个人责任保险主要承保私人住宅及个人在日常生活中所造成的损害赔偿责任。任何个人或家庭都可以将自己或自己的所有物(动物或静物)可能造成损害他人利益的责任风险通过投保个人责任险而转移给保险人。主要的个人责任保险有住宅责任保险、综合个人保险和个人职业保险等。

二、产品责任保险

产品责任保险是指承保产品制造者、销售者因产品缺陷而致他人人身伤害或财产损失而依法应由其承担的经济赔偿责任的保险。

早期的产品责任保险主要承保一些直接与人体健康有关的产品,比如食品、饮料、药品和化妆品等。后来,随着商品经济的发展和科技在社会生活中的广泛应用,保险人承保的范围也日益扩大。从各种日用、轻纺、机械、石油、化工、电子工业产品,到大型飞机、船舶、成套设备、钻井船、核电站、卫星等,均可投保产品责任保险。

(一)产品责任保险的主要特点

1. 产品责任保险强调以产品责任法为基础

因为一般来说,受害者(用户、消费者或其他人)与致害者(生产者、销售者或修理者)既没有合同关系,也不一定有直接联系。如果没有一定的法律规定,受害者的索赔将没有依据,产品责任也不易划分。

2. 产品责任保险虽然不承担产品本身的损失[①],但它与产品有着内在的联系

产品质量越好,产品责任的风险就越小,反之亦然;产品种类越多,产品种类的风险就越复杂,反之亦然;产品销售量越大,产品责任的风险就越广泛,反之亦然。

3. 与其他种类的责任保险相比,产品责任保险的承保区域范围十分广泛

例如,公众责任保险一般承保被保险人在固定场所之内的责任风险;职业责任保险承保的风险责任通常规定必须发生在职业场所内,雇主责任保险的区域范围大都规定在雇主的工作场所内;而产品责任保险的范围可以规定为产品生产国或出口国,乃至全世界各个地方。

(二)产品责任保险的责任范围

产品责任保险包括保险责任和除外责任两大项,同时还需要规定赔偿限额和保险期限。

1. 保险责任

保险责任分为以下两项:

(1)在保险期限内,被保险人生产、销售、分配或修理的产品发生意外或偶然事故,由此造成使用、消费或操作该产品的人或者其他任何人的人身伤害、疾病、死亡或财产损失,依法应由被保险人承担的损害赔偿责任,保险人在保单规定的赔偿限额内予以赔偿。承保这项责任的条件是,该产品责任事故须发生在制造、销售场所范围之外的地点。

(2)被保险人为产品责任事故所支付的法律费用及其他经保险人事先同意支付的合

---

① 产品本身的损失是指具有产品缺陷所引起的产品本身的直接损失和费用。例如,由于高压锅本身质量的问题引起高压锅爆炸的损失,比如说 200 元,这就是产品本身的损失问题。由于高压锅的爆炸导致家庭主妇受伤,这是产品的责任风险问题。产品责任保险不承保产品本身的损失,即不负责赔偿高压锅本身的损失,而只是负责承担该家庭主妇受伤的责任赔偿费用。

理费用,保险人也负责赔偿。产品责任事故发生后,是否由被保险人承担经济赔偿责任以及赔偿数额的高低,原则上应通过法院来裁定。由此而产生的诉讼费用(抗辩费用、律师费用、取证费用)等,保险人应予负责。但是如果因法律费用很高,保险人为了避免或减少这项支出,对一些索赔金额不大、责任比较明确的案件,通常与受害人协商解决或通融赔付。此外,有些产品制造者、销售者和修理者为了避免在法院诉讼影响其对外声誉,也愿意和受害人私下协商解决索赔问题,在不损害保险人利益并取得保险人同意的情况下,保险人亦可承担有关费用的补偿责任。

2. 除外责任

保险人对于由于下列原因导致的产品责任一般不予承保:

(1) 根据合同或协议应由被保险人承担的其他确定的责任。产品责任保险承担的是被保险人的法律赔偿责任,因此,对被保险人按合同或协议规定应承担的确定的责任是不负责的。

(2) 根据劳工法或雇主责任法应由被保险人承担的对其雇员及有关人员的损害赔偿责任。这一责任应由劳工保险或雇主责任保险承保。

(3) 对由被保险人所有、照管或控制的财产的损失除外不保。这种损失应通过有形财产保险获得保障。

(4) 对产品仍在制造或销售场所,其所有权尚未转移至用户或消费者手中时的责任事故除外不保。这种责任属于公众责任保险的承保范围。

(5) 对由被保险人故意违法生产、出售或分配的产品,比如生产假冒产品、出售变质食品等,所造成的人身伤亡或财产损失除外不保。

(6) 对被保险产品本身的损失及被保险人因收回有缺陷产品造成的费用及损失不保。

(7) 对被保险人事先所能意料的产品责任事故所造成的损害赔偿责任,保险人不予负责。

(8) 对消费者或使用者不按照被保险产品的说明去安装、使用,或在非正常状态下使用时造成的损害事故,保险人不予负责。

3. 赔偿限额和保险期限

赔偿限额和保险期限的约定,均是为了明确和限制保险人所承担的产品责任风险范围的需要。一般来说,被保险人因产品责任事故对受害人应赔偿的金额大小,由法院判决或双方协商确定。但保险人不可能承担无限责任,它只能在赔付限额内赔付。超过保单赔偿限额的部分就只能由被保险人自己承担。

产品责任保险的保险期限通常都是 1 年,但强调按时续保,以保持其连续性。对于使用年限较长的产品,也可投保 3 年、5 年期的产品责任保险。

(三) 影响产品责任保险费率厘定的因素

一般来说,影响产品责任保险费率的因素有以下几个:

1. 产品的特点和可能对人体或财产造成损害的风险大小

风险程度越高,费率相应也就越高。例如药品对人体造成损害的风险要高于服装,波及面也很广,其使用必须非常谨慎,因此费率应当比服装要高。

2. 产品数量和产品价格

对于同类产品的投保数量大、价格高,销售额也高,保费收入绝对额较大,因此,费率可相对降低;反之亦然。

3. 承保的地区范围,即承保产品的销售地区范围的大小

一方面,承保的地区范围大,风险也大,产品责任保险费率亦高。比如世界范围或出口销售的产品就比国内销售的产品责任风险要大。另一方面,承保销往产品责任严格的国家和地区,比销往产品责任不那么严格的国家或地区风险要大,因为前者的索赔金额高,且大都实行绝对责任制原则,故费率也较高。

4. 产品制造者的技术水平和质量管理情况

产品制造者的技术水平高,质量管理好,产品检测严,其产品的合格率就高。优良的产品本身就是避免或减少产品责任事故风险的关键,因此,其费率也应当低一些;反之亦然。

5. 赔偿限额的高低

在产品的其他条件相同的情况下,赔偿限额越高,费率越高,因为高限额意味着承担着高风险。但费率与限额之间并非成比例增长。

三、雇主责任保险[①]

雇主责任保险所承保的是被保险人(雇主)的雇员在受雇期间从事工作时,因遭意外而导致伤、残、死亡,或患有与职业有关的职业性疾病而依法或根据雇佣合同应由被保险人承担的经济赔偿责任。雇主所承担的这种责任包括过失行为乃至无过失行为所致的雇员人身伤害赔偿责任。保险人为了控制风险,并保障保险的目标与社会公共道德准则相一致,均将被保险人的故意行为列为除外责任。

(一) 雇主责任保险与人身意外伤害保险

雇主责任保险与人身意外伤害保险承保的虽然都是自然人的身体和生命,但两者有着本质的不同。

1. 性质不同

雇主责任保险所承担的是雇主的民事损害赔偿责任或法律赔偿责任。它是一种无形的利益标的,属于责任保险范畴;而人身意外伤害保险承保的是被保险人自己的身体和生命,是一种有形的实体标的,它属于人身保险的范畴。

2. 保险责任不同

雇主责任保险仅负责赔偿雇员在工作时及工作场所内所遭受的意外伤害,人身意外伤害保险则对被保险人不论是否在工作期间及工作场所内所遭受的伤害均予负责。

---

① 雇主责任保险始于19世纪80年代初期,是责任保险中最早兴起并最早法定强制实施的一个险种。自20世纪60年代以来,投保雇主责任保险已成为许多国家的雇主必须履行的法定义务。

3. 责任范围不同

雇主责任保险负责赔偿雇员因职业性疾病而引起的伤残或死亡及医疗费用,而人身意外伤害保险不负此项责任。

4. 承保条件不同

雇主责任保险需要以民法和雇主责任法或雇主与雇员之间的雇佣合同作为承保条件;而在人身意外伤害保险中,只要是自然人均可向保险人投保。

5. 保障效果不同

雇主责任保险的被保险人是雇主,但在客观上却是直接保障雇员(第三者)权益的,保险人与被保险人的雇员之间并不存在保险关系;而人身意外伤害保险的保险对象是被保险人,直接保障的也是被保险人,保险人与被保险人之间是直接的保险合同关系。

6. 计费与赔偿的依据不同

雇主责任保险的保费与赔款均以被保险人的雇员的若干个月工资收入作为计算基础,而人身意外伤害保险则是按照保险双方约定的保险金额(最高赔偿标准)来计算保费和赔款的。

专栏 15-1

雇主责任如何判定

与雇佣关系有关的伤害赔偿,其索赔定案虽然在具体的判断标准上受制于法官以及理赔人员的尺度,但总是围绕"发生于工作地点"和"因工作而起"两点进行。雇主的责任范围还有不断扩大化的倾向。相比之下,"责任"的概念被淡化,强调的是"相关"的概念。法官似乎更加相信雇主和雇员的这种雇佣关系对雇员的影响可以是各方面的,乃至作为引起事故发生的关键因素看待,以至于原本来源于个人习惯和疏忽造成的伤害,或者是一般性存在的风险引起的伤害,只要是发生在工作时间、工作地点——换句话说,"与工作有关"——就可能被认定为雇主责任。以此看来,雇主责任险的概念越来越倾向于是一种与工作"相关"的"意外"险,这使得在劳动保险高度普及的国家,雇主险的投保比例与赔付率都非常高。阅读以下案例能够清晰地感觉到理赔定案尺度的这种倾向性偏移。

- 案例一:有一名索赔人受雇于一贵重金属经销商,工作中经常去银行为雇主存现金。一次被武装匪徒抢劫并打伤。法庭裁决是,该雇员的工作性质使其要面对更高的抢劫风险,所遭受的伤害由工作而起,因而裁定其应该获得赔偿。
- 案例二:索赔人是一家农业公司的副主管,工作时间在一块空旷、平坦的田地里被雷击中。法庭裁定该雇员的工作比其他的工作更容易造成"上帝旨意"下的风险,认定赔偿。
- 案例三:一名矿工得到指示去雇主的办公室归还灯具,结果在结冰的路上滑倒摔伤。法庭判决是雇主要求索赔人在路上行走,因此导致的事故应该由雇主承担,索赔有效。

- 案例四：一名61岁的汽车推销员因为客户被欺骗的事情与汽车代售点的服务主管争执。之后，该索赔人患上了"视力模糊"的毛病，身体有癫痫。第二天他去了医院，医生诊断他得了中风，走路和说话的能力受到永久性损伤。该索赔人得到了终身的全额机能丧失赔偿。医生的检测表明，没有其他实质性的原因导致他的中风，也就是说，中风由工作而起。
- 案例五：当事人因为使用大型工业用烤炉加热罐头馅饼而严重受伤。法院驳回了他的索赔，因为索赔人是出于个人目的，在自愿的情况下承受了无缘由、无必要的风险，同时雇主对其行为毫不知情。
- 案例六：当事人的丈夫是她所受雇公司的主席，有一次当事人陪同她的丈夫参加商务旅行，旅行日程包含去黄石国家公园的休假计划。在离开公园去参加商务会议的途中，当事人被杀害。法庭裁决这次旅行属私人行为，没有任何理由表明陪同丈夫参加商务活动是必需的。
- 案例七：由于工作中的失误被工头训斥，当事人向工头喷洒颜料，工头反击了他，造成伤害。法庭认为当事人的防御属挑衅行为，属不正确的动因所致，因而驳回了索赔请求。

资料来源：根据"中国保险家网"（www.china-insurer.com）论坛中的有关资料整理。

（二）雇主责任保险的保费与赔偿限额的计算

1. 保费的计算

雇主责任保险一般采用预收保费制。保费是按不同工种雇员的适用费率乘以该类雇员年度工资总额计算出来的，原则上规定在签发保单时一次缴清。雇主责任保险的费率一般按不同行业和不同工种的雇员分别计算。有的同一行业基本上适用同一个费率，有些工作性质比较复杂、工种较多的行业，则还需规定每一个工种的适用费率。

厘定雇主责任保险费率的另一个依据是赔偿限额，即看保险人代雇主承担其对雇员伤残、死亡责任的多少个月工资额的赔偿责任。在同一工种条件下，限额越高，费率越高，但不一定成比例增长。

雇主责任保险保费的计算公式为：

应收保费 ＝ 年工资总额 × 费率（A 工种）＋ 年工资总额 × 费率（B 工种）＋ …

如用符号表示，则有：

$$\sum x_i f_i = x_1 f_1 + x_2 f_2 + \cdots + x_n f_n$$

在上式中，$\sum x_i f_i$ 代表各工种应收保费之和，x 代表年工资总额，f 代表该工种适用费率，下角标 i 代表工种。

年工资总额(x) ＝ 该工种人数 × 月平均工资收入 × 12

如果有附加责任，还应另行计算，一并相加，即为该笔保险业务的全额保费收入。

2. 赔偿限额

赔偿限额是雇主责任保险人承担赔偿责任的最高额。它以雇员工资收入为依据，由保险双方当事人在签订保险合同时确定并载入保险合同。雇主责任保险赔偿限额的特点在于：保单上仅规定以若干个月的工资收入为限，具体的赔付金额还需通过计算每个雇员的月平均工资收入及伤害程度才能获得。赔偿限额的计算公式为：

$$赔偿限额 = 雇员月均工资收入 \times 规定月数$$

确定赔偿限额时，需要考虑以下因素：

(1) 每个雇员的工种及月工资数。

(2) 死亡赔偿限额，应为每一雇员若干个月的工资额之和。具体以多少个月工资额为宜，保险人可规定若干个档次由被保险人做出选择；也可以根据有关法律、法规，或由保险双方来协商确定。一般而言，死亡赔偿限额低于永久性伤残的赔偿限额。

(3) 伤残赔偿限额。确定方式与死亡赔偿限额相同，但要考虑其养老伤残抚养的生活保障，其最高限额应超过死亡赔偿限额。

3. 重复保险分摊

若雇主责任保险构成重复保险，即同一雇主向两家或两家以上的保险人投保雇员的雇主责任保险时，保险人一般仅承担比例责任。在不超过赔偿限额的条件下，按自己承保金额占全体保险人总承保金额的比例计算赔偿金额。如果重复保险的索赔仅涉及一个雇员，就以该雇员的赔偿限额作为保险人承担责任的赔偿限额参与分摊；如果涉及若干人，就以该若干人的赔偿限额之和作为保险人承担责任的赔偿限额参与分摊。重复保险比例分摊公式如下：

$$应付赔款 = \frac{本保单项下相应的赔偿限额}{全部保单项下赔偿限额之和} \times 索赔金额$$

四、职业责任保险

职业责任保险是指承保各种专业技术人员因工作上的疏忽或过失所造成合同一方或者他人的人身伤害或财产损失的经济赔偿责任的保险。

(一) 职业责任保险的必要性

在从事专业技术工作中，不论工作人员如何恪尽职守，损害赔偿责任事故都是不可能绝对避免的，其原因如下：

1. 原材料或产品有缺陷

如药品大多数具有副作用；补药也只能适度并根据具体对象使用；少数西药过敏性明显，有的甚至会损伤肌体或人体器官等。

2. 人们自身的知识、技术和经验的局限

人类认识客观世界的活动虽然在不断地发展，但由于生命、时间和精力等有限，决定了人们自身的不足有时也是难以避免的。而由各种专业技术工作的本质所决定，专业技术人员需要不断创新并应用新技术。在这种情况下，工作本身的职业责任风险也就不可避免地会存在。

3. 主观上的疏忽或过失

无论什么人，无论工作怎样尽心尽力，有时也难免在工作上出现失误。比如设计师在绘图时可能出现细微偏差,药剂师在配药和取药时可能误拿药品等。虽然这种事情发生的概率很低,但一旦发生,所产生的后果有时将是非常严重的。

由此可见,职业责任风险的存在不以人们的主观意志为转移(故意或恶意行为除外)。它虽然由人为原因所致,但与自然灾害等风险一样,也有着存在的客观性、发生的偶然性特征。人们对于职业责任风险,除采取各种预防措施进行积极防范并加强工作责任心以外,还应当采取某些善后措施(如职业责任保险)以转嫁或分散、控制风险,避免纠纷和利益损失,以保障受害方的经济权益不受损害。

(二) 职业责任保险费率的厘定

保险费率的确定是职业责任保险中一个非常复杂而且十分重要的问题。各种职业都有其自身的风险与特点,因此也需要有不同的费率。一般来说,厘定责任保险的费率或收取职业责任保险的保费,应着重考虑下列因素:

(1) 职业种类。它是指投保人或被保险人及其雇员所从事的专业技术工作。
(2) 工作场所。它是指投保人或被保险人从事专业技术工作的所在地区,比如医院所在地区、律师事务所所在地区等。
(3) 业务数量。它是指投保人或被保险人每年提供专业技术服务的数量、服务对象的多寡等。
(4) 被保险人及其雇员的专业技术水平。
(5) 被保险人及其雇员的工作责任心和个人品质。
(6) 被保险人职业责任事故的历史统计资料及索赔、处理情况。
(7) 赔偿限额、免赔额和其他承保条件。

在综合考虑上述因素以后,保险人制定出标准不一的保险费率,以适应各类专业技术人员投保不同的职业责任保险的需要。

(三) 职业责任保险的赔偿

由职业责任事故导致的索赔发生后,保险人应进行严格审查。如果确属保险人应当承担的责任事故损失,保险人应当按照合同迅速办理。一般而言,保险人承担的赔偿责任有赔偿金和法律费用两项。在赔偿金方面,保险人或者采取规定一个累计的赔偿限额,而不是规定每次事故的赔偿限额的办法;或者采取规定每次索赔或每次事故赔偿限额而不规定累计限额的办法。法律诉讼费用则在赔偿限额之外另行计算。如果被保险人最终赔偿金额超过了保险赔偿限额,则保险人只能按比例分担法律费用,其计算公式如下:

$$应付法律费用 = 实际支付的法律费用总额 \times \frac{保险赔偿限额}{被保险人最终赔偿金额}$$

举例来说,某设计院投保以事故发生为基础的设计师责任保险。保单注明每次赔偿限额为 20 万元。在保险期内,一在建工程倒塌,建筑单位向该设计院提出索赔,理由是设计图纸有错误。经法院判决,该设计院应赔偿建筑单位损失 40 万元,法律费用 2 000 元亦由设计院承担。

按赔偿限额规定,保险人支付保险赔偿金 20 万元,余下的 20 万元应由被保险人(设计院)自己承担。对于法律费用,则两家按比例分摊。

$$应付法律费用 = 2\,000 \times \frac{200\,000}{400\,000} = 1\,000(元)$$

在该案中,保险人共计应赔付被保险人职业责任损失20.1万元。

(四) 职业责任保险的主要种类

职业责任保险的划分有不同的方式。它可以以投保人、承保方式、被保险人所从事的职业为依据。

(1) 以投保人为依据,可以分为普通职业责任保险和个人职业责任保险两类。普通职业责任保险多以单位为投保人,以在投保单位工作的个人为被保险人;个人职业责任保险多以个人为投保人和被保险人,保障的也是投保人自己的职业责任风险。

(2) 以承保方式为依据,可以分为以事故发生为基础的发生式责任保险和以索赔为基础的期内索赔式责任保险。

① 以事故发生为基础的责任保险叫作发生式责任保险。它是指保险公司仅对保单有效期内发生的事故所引起的损失负责,而不论原告是否在保险有效期内提出了索赔。采用这种方式一个最大的问题是,保险公司在该保单项下承担的赔偿责任,往往要拖很长时间才能确定,而且由于通货膨胀等因素,最终索赔的数额可能大大超过当时疏忽行为发生时的水平。在这种情况下,如果索赔数额超过保单的赔偿限额,超过部分应由被保险人自行负责。

② 以索赔为基础的责任保险叫作期内索赔式责任保险。它是指保险公司仅对保单有效期内提出的索赔负责,而不论导致该索赔的事故是否发生在该保单有效期内。从发生职业上的疏忽行为到受害方提出索赔,常常可能间隔一个很长的期限,例如一年、五年,甚至更长的时间。因此,如果不对时间做出限制,保险公司所承担的风险将非常大。为了避免这一问题的出现,保单一般均规定一个追溯时期,保险公司仅对从该追溯日期开始后发生的疏忽行为,并在保单有效期内对其提出的索赔负责。[①]

(3) 以被保险人所从事的职业为依据,可以分为医疗责任保险、律师责任保险、会计师责任保险、建筑师责任保险、设计师责任保险、兽医责任保险、教师责任保险等众多业务种类。这种划分是保险人确定承保条件和保险费率的主要依据。

① 医疗责任保险。医疗责任保险也叫医生失职保险,它承保医务人员由于医疗事故而致病人死亡或伤残、病情加剧、痛苦增加等,受害人或其家属要求赔偿的责任风险。这是职业责任保险中占主要地位的险种。

② 律师责任保险。律师责任保险承保被保险人作为一个律师在自己的能力范围内、在职业服务中所发生的一切疏忽、错误或遗漏过失行为。它包括一切侮辱、诽谤,以及赔偿被保险人在工作中发生的,或造成的对第三者的人身伤害或财产损失。

律师责任保险的承保基础可以以事故发生或索赔为依据来确定。它通常采用主保单——法律过失责任保险和额外责任保险——与扩展限额相结合的承保办法。此外,还有免赔额的规定。其除外责任一般包括被保险人的不诚实、欺诈犯罪、居心不良的行为

---

① 西方国家早先实行发生式索赔的责任保险,但由于保险人承担的风险太大(时间相当长),以后逐渐出现了期内索赔式责任保险,即将保险人的责任限制在一定的时间内。但被保险人认为这种保险对保户是不负责的,许多人不愿接受这种保单。

责任。

③ 建筑工程技术人员责任保险。由于新型建筑材料和建筑技术的应用,建筑工程项目面临越来越大的风险。建筑工程事故的发生,既可能对合同对方造成损害,也可能损害其他没有合同关系的自然人和法人的利益。建筑工程技术人员责任保险以索赔为基础进行承保。

④ 会计师责任保险。会计师责任保险承保由于被保险人违反会计业务上应尽的责任和义务,而使得他人遭受损害,依法应负的赔偿责任。这种赔偿责任仅仅限于金钱损害,不包括身体伤害、死亡及实质财产的损毁。

⑤ 代理人及经纪人责任保险。该保险承保由于各种代理人、经纪人(股票、债券、保险等)业务上的错误、遗漏、疏忽或其他过失行为,致使他人遭受损害的经济赔偿责任。这项责任保险还可扩展承保保险代理人、经纪人对其保险人的责任,即由于其未能依照授权或指示所引起的保险人的损失。

此外,还有一些诸如美容师责任保险、教育工作者责任保险、情报处理者责任保险、退休人员责任保险等。

本章总结 》》

1. 责任保险是在被保险人依法应负损害赔偿责任时,由保险人承担其赔偿责任的保险。责任保险的基础是健全的法律制度。责任保险的标的是被保险人对于第三者依法应当承担的损害赔偿责任,只有在被保险人受到第三者的赔偿请求时,保险人才对被保险人负有赔偿责任。责任保险所承保的法律责任主要是过失责任和绝对责任。

2. 责任风险的承保方式可以有:作为财产保险的基本责任或附加责任承保;作为与财产保险相联系的险种独立承保;作为完全独立的责任保险单独承保。责任保险通常会规定一定的赔偿限额和免赔额。

3. 责任保险主要包括公众责任保险、产品责任保险、雇主责任保险和职业责任保险等几大类。

4. 公众责任保险主要承保被保险人在各个固定场所或地点、运输途中进行生产、经营或其他活动过程中,因发生意外事故而造成的他人人身伤亡或财产损失时,依法应由被保险人承担的经济赔偿责任。公众责任保险主要包括综合公共责任保险、场所责任保险、承包人责任保险、承运人责任保险和个人责任保险等。

5. 产品责任保险是指承保产品制造者、销售者因产品缺陷而致他人人身伤害或财产损失而依法应由其承担的经济赔偿责任的保险。它以产品责任法为基础,承保范围十分广泛。影响产品责任保险费率制定的因素主要有产品的特点、产品数量与价格、承保地区范围、生产者安全等级以及赔偿限额的高低。

6. 雇主责任保险承保的是被保险人(雇主)的雇员在受雇期间从事工作时,因遭意外而导致的伤、残、死亡,或雇患与职业有关的疾病而依法或根据雇佣合同应由被保险人承担的经济赔偿责任。雇主责任保险一般采用预收保费制,并设有赔偿限额,如果构成重复保险,保险人一般只承担比例责任。雇主责任保险与人身意外伤害保险有本质的不同。

7. 职业责任保险是指承保各种专业技术人员因工作上的疏忽或过失所造成合同一方或他人的人身伤害或财产损失的经济赔偿责任的保险。各种职业有其自身的风险与特点,因此具有不同的费率。保险人承担的赔偿责任一般有赔偿金和法律费用两项。

思考与练习

1. 法律对于责任保险的意义是什么?
2. 为什么责任保险要规定赔偿限额和免赔额?
3. 产品责任保险的除外责任主要有哪些?你认为规定这些除外责任的原因是什么?
4. 你认为雇主责任保险的存在对于协调雇主与雇员的关系有何益处?
5. 为迎接2022年冬奥会,北京市延庆和河北省张家口在各奥运比赛场馆的兴建过程中,必然需要设计者、承建公司以及建筑工人的共同努力。试逐项分析一下在建设过程中可能涉及的责任保险的类型。
6. 继续考虑上题中的情境。假定奥运会主会场——国家体育场旁边一辅助建筑的设计者投保了设计师责任保险,保单注明累计赔偿限额为1 000万元。保险期内,该建筑连续两次产生倾斜事故,经查明都是由于设计师的图纸错误引致的。法院判决该设计院第一次应赔偿建筑单位200万元的经济损失,第二次应当赔偿900万元损失,相关法律费用为50 000元,由设计院负担。则该案中保险公司应赔付被保险人的职业责任损失为多少?

第十六章 信用保险与保证保险[①]

▌本章概要▌

本章将分别介绍信用保险与保证保险。在介绍信用保险产生的过程和作用的基础上,本章主要介绍不同种类信用保险的各自功能,并重点讲解出口信用保险的特点和运作方式。保证保险主要包括忠诚保证保险和履约保证保险,本章用具体事例说明它们的基本运作原理。

▌学习目标▌

1. 掌握信用保险的作用和分类。
2. 熟悉国内信用保险和出口信用保险的特点及基本类型。
3. 了解保证保险的含义、特点和种类。

引 言

信用保险和保证保险都是随着商业信用和银行信用的普遍化以及道德风险的频发而发展起来的。它们一方面反映出一个社会市场经济的成熟程度;另一方面则对促进一个国家的国内和国际贸易活动,保障以信用经济为其主要特征之一的市场经济的正常秩序起到了重要的作用。

第一节 信用保险

一、信用保险概述

信用保险是以在商品赊销和信用放款中的债务人的信用作为保险标的,在债务人未能如约履行债务清偿而使债权人招致损失时,由保险人向被保险人即债权人提供风险保障的一种保险。

(一)信用保险的产生

信用是商品买卖中的延期付款或货币的借贷行为,它表现为以偿还为条件的商品和货币的让渡形式,即债权人用这种形式赊销商品或贷出货币,债务人则按规定日期支付欠款或偿还贷款,并支付利息。

[①] 有人认为,信用保险和保证保险属于担保业务,而不是真正意义上的保险,但国内外大多数教科书都将信用保险和保证保险列在财产与责任保险的范畴内,将其与保险相提并论(虽然它们有其自身的特点)。笔者亦是持这一观点的。

信用保险是在这种借贷活动中，商品赊销方（卖方）赊销商品后不能得到相应的偿付，即赊购方（买方）出现信誉危机后产生的。商品运动过程中使用价值的让渡和价值实现的分离是信用危机产生的必要条件，商品生产的盲目性则是信用危机产生的充分条件。信用危机的出现，在客观上要求建立一种经济补偿机制以弥补债权人所遭受的损失，从而能够充分发挥信用制度对商品生产的促进作用。可见，信用保险正是随着信用制度的发展应运而生的。

（二）信用保险的作用

信用保险的作用主要体现在以下几个方面：

1. 有利于保证企业生产经营活动的稳定发展

企业一旦采用信用收款方式，其占用在应收账款上的资金就必然会增加，而坏账的风险也随之增大，这无疑会大幅增加企业从银行获得贷款的难度；但是，信用收款方式及其相关利率、期限等条件却往往是企业参与市场竞争的前提条件，特别是涉及的项目交易价值大、期限长的时候，这些条件的必要性和重要性更为突出。信用保险在保障企业安全收回应收账款、保证其持续稳定经营的同时，还会大幅提高企业的信用风险管理能力，更为企业融资提供便利。

首先，信用保险能够有效地保证企业持续经营。通过投保信用保险，企业可以把违约风险降低到自身可以承担的程度。一旦发生损失，企业只需负担总损失金额的很小一部分，绝大部分的应收账款都可以从信用保险机构得到补偿。这种补偿机制的建立使得企业能够通过保险赔偿及时收取应收账款和稳定其收入流，既有利于贸易企业周转资金，及时组织货源，也有利于生产商及时购买原材料，组织生产。因此，信用保险的损失补偿机制能够有效地保证企业的持续、稳定经营。

其次，投保信用保险有利于帮助企业提高自身的风险管理能力。在投保前，信用保险机构要对买方进行详细的资信调查，充分了解其支付能力，并根据其掌握的综合信息对业务的风险及风险程度做出准确的判断，从而有效地把可能面临的损失控制在可承受的水平以内；投保后，保险机构还能及时跟踪债务方的经营状况，一旦债务方出现支付风险或者信用风险，便及时向出口企业提出建议，将风险控制在萌芽阶段，而且保险机构一般都会具备完整的催收应收账款的服务，能进一步减少经济损失；保险期限结束后，保险机构还可以帮助企业建立较完备的客户档案，为企业总结经验提供数据，协助将风险管理纳入企业的日常管理，这些都有助于增强企业的风险防范意识、提高企业的整体管理水平。总体来看，投保企业一方面转移了自己本应承担的信用风险，另一方面又获得了完备的信用风险管理服务，提高了自身的风险管理能力。

最后，信用保险为企业融资提供了便利。企业投保了信用保险以后，就可以通过转让或抵押应收账款收取保障权益的方式，使银行得到收回贷款的可靠保证，解除银行发放贷款的后顾之忧；同时，在信用保险的保障下，银行贷款的风险也能被限定在可控范围内，从而也提高了银行提供信贷的积极性。可见，信用保险的介入，使企业较容易得到银行贷款，这对于缓解企业资金短缺压力、促进生产经营的发展均有举足轻重的作用。

2. 有利于促进商品交易的健康发展

在商品交易中，当事人能否按时履行供货合同，销售货款能否按期收回，一般受到多种因素的影响,而商品的转移又与生产者、批发商、零售商及消费者有着连锁关系。一旦商品交易中的一道环节出现信用危机,不仅会造成债权人自身的损失,而且常常会引起连锁反应,使商品交易关系中断,最终阻滞商品经济的健康发展。有了信用保险,无论在何种交易中出现信用危机,均有保险人提供风险保障。因此,即使一道环节出了问题,也能及时得到弥补。进一步,由于有信用保险的保障,商品交易双方可以采用更为灵活的付款方式,其结果必然会大大增加商品成交的机会,发展新客户,开拓新市场,促进商品贸易的发展。特别值得一提的是,由于有出口信用保险的保障,出口企业的市场开拓能力和国际竞争力亦会大大提高。

3. 有利于促进出口产业政策的有效实施

出口信用保险在帮助实施一个国家出口产业政策方面发挥着巨大而独特的作用。利用差别费率和政府对保费补贴力度的不同,政府可以有效地引导资金和各类社会资源投向对本国发展最为有利的部分出口产业领域,为本国产业的崛起和占领世界市场提供重要的支持。由于出口信用保险所体现的是政府对其所鼓励发展的产业领域,特别是出口产业领域的过高风险的消解,而不是由政府直接投入资金或近乎强制性地将各类资源(特别是金融资源)配置到政府指定的产业领域,因此对市场资源配置的扭曲程度很小。借助于出口信用保险这一手段,各类市场主体的自愿性和积极性得以保持,政府引导的目的性和市场配置资源的效率性能够很好地结合,从而保证一国的出口产业政策有效实施。

特别值得注意的是,出口信用保险是目前为国际规则所认可的为数不多的外贸政策工具之一。对于官方支持的出口信用保险业务,世界贸易组织(World Trade Organization,WTO)的最新协议(《反补贴协议》附件一)中规定,"政府或政府控制的特殊机构提供的出口信贷担保或保险计划、针对出口产品成本增加或外汇风险计划的保险或担保计划,保险费率不足以弥补长期营业成本和计划的亏损"属于出口补贴。这一规定意味着,只要出口信用保险机构能够在一定时期内保持盈亏平衡,出口信用保险就不属于出口补贴。因此,出口信用保险不仅能够促进一国出口产业政策的有效实施,而且有利于规避未来的各种贸易冲突。

(三)信用保险的分类

信用保险有两种基本的分类方法:

(1)根据保险标的性质的不同,可以将信用保险分为商业信用保险、银行信用保险和投资保险。

如果保险标的是商品的赊购方(买方),这种信用保险称作商业信用保险;如果保险标的是借款银行,这种信用保险称作银行信用保险;如果保险标的是海外投资方,这种保险称作投资保险。

(2)根据保险标的所处地理位置的不同,可以将信用保险分为国内信用保险和出口信用保险。

如果保险标的是国内商人的信用,这种信用保险称作国内信用保险;如果保险标的是他国商人的信用,这种信用保险称作出口信用保险。

二、国内信用保险

国内信用保险是以国内贸易中赊购方的买方信用、接受预付款的卖方信用、借贷活动中的借方信用等为保险标的的信用保险。它包括以下几个基本类型：

（一）贷款信用保险

贷款信用保险是保险人对银行或其他金融机构与企业之间的借贷合同进行担保，以承保借款人信誉风险的保险。在市场经济较为发达的国家，贷款信用保险是很常见的信用保险业务，它是银行转嫁贷款信用风险的重要手段。在商品经济条件下，由于企业经营管理不善或决策失误以及自然灾害和意外事故等因素的存在，贷款不能及时偿还或受损的风险是客观存在的。因此，有必要建立起相应的贷款信用保险制度以维护正常的金融秩序。

在贷款信用保险中，贷款方（即债权人）是投保人。当保单签发后，贷款方即成为被保险人。银行对贷出的款项具有全额可保利益。当企业无法归还贷款时，债权人可以从保险人那里获得补偿。贷款人在获得保险人的补偿后，必须将债权转让给保险人，由保险人履行代位追偿权。贷款信用保险的目的是保证银行信贷资金的安全性。

贷款信用保险的承保金额应是银行贷出的全部款项，保险人在厘定保险费率时，应与银行利率相联系，并着重考虑下列因素：① 企业的资信情况；② 企业的经营管理水平与市场竞争力；③ 贷款项目的期限和用途；④ 不同的经济地区等。

（二）赊销信用保险

赊销是商业信用的一种形式。它是指卖者先向买者交付货物，经过一定时期以后再收取货款的交易方法。它有一次收款和分期收款两种形式。赊销信用保险就是为国内商业贸易（批发）中延期付款或分期付款行为提供信用担保的一种信用保险业务。在这种业务中，投保人（被保险人）是制造商或供应商，保险人所承保的是买方的信用风险。赊销信用保险的目的在于保证被保险人即债权人能按时收回赊销货款，以保障商业贸易的顺利进行。

赊销保险一般适用于一些以分期付款方式销售的耐用商品，比如汽车、船舶、住宅等。这类商业贸易往往数额较多、金额较大，一旦买方无力偿付分期支付的贷款，就会造成制造商或供应商的经济损失。

赊销保险的特点是期限较长、风险比较分散、承保业务手续也较为复杂。因此，保险人必须在仔细考察买方资信情况的条件下才能决定是否承保。

（三）预付信用保险

预付也是商业信用的一种形式。它是指购买者先向卖者交付货款，经过一定时期以后才取得货物的一种交易方式。预付信用保险是保险人为卖者交付货物提供信用担保的一种信用保险业务。在这种业务中，投保人（被保险人）是商品的买方，保险人所承保的是卖者的信用风险。

（四）个人贷款信用保险

个人贷款信用保险是以在金融机构对自然人进行贷款时，债务人的信用作为保险标的的信用保险，它所承保的是金融机构由于债务人的违约而招致的风险。贷款信用保险是保险人面向个人的一种特别的业务。由于个人情况千差万别，且居住分散，风险大小不一，保险人在开办这种业务时，必须对贷款人贷款的用途、经营情况、信誉、私有财产物等做全面的调查了解，必要时还应当要求贷款人提供反担保或私人财产的抵押。

三、出口信用保险

出口信用保险是以出口贸易中外国买方的信用为保险标的，或海外投资中借款人的信用为保险标的的信用保险。它是在国内信用保险的基础上发展起来的，目前已经成为信用保险中的一个重要险种。

（一）出口信用保险的产生

出口信用保险最早出现于19世纪中期，起源于欧洲几个国家，尤其是法国、英国、德国和瑞士的国内信用保险业务。第一次世界大战以后，为了适应国际贸易发展的需要，欧美一些国家中的少数私营保险公司开始办理出口信用保险。1919年，英国政府发布了第一个官方的出口信用计划，目的是鼓励向东欧等地区国家的出口。

20世纪30年代资本主义大危机以后，许多西方国家为了重振出口贸易，先后成立了由政府直接经营或由政府授权的官方或半官方性质的出口信用保险机构经办出口信用保险，为本国出口商提供收汇风险的保障。进入70年代以后，随着国际贸易竞争的加剧，不少国家为了鼓励出口，纷纷举办出口信用保险，为出口商提供收汇风险保障。

出口信用保险虽然起源于进出口贸易，但出口信用保险的发展并不是出口贸易发展的结果，相反，它是出口贸易发展的一个重要条件。出口信用保险目前是国际上公认的贸易促销手段，它不仅是出口商获取银行贷款的前提条件，也是出口商开拓新市场、扩大出口的安全保障。

（二）出口信用保险的特点

出口信用保险不同于一般的商业性保险，它的主要特点是：

1. 不以营利作为经营的主要目标

出口信用保险产生的直接原因是出口贸易发展的需要。因此，在政府的支持下，各开办出口信用保险业务的机构均开诚布公地宣称其经营目标是保护本国出口商的利益，为出口商扩大出口提供安全保障，以实现国家整体经济利益的要求。但是，不以营利为经营目标并不意味着出口信用保险机构不讲究经济效益。相反，出口信用活动中的高风险要求出口信用保险机构严格控制风险，加强管理，力求以最小的成本换取最大的收益。

2. 风险高，控制难度大

出口信用保险承保的是出口商的收汇风险。造成出口商不能安全收汇的风险主要是政治风险和商业风险。政治风险通常包括：买方所在国实行外汇管制，禁止或限制汇兑；买方所在国实行进口管制，买方的许可证被撤销；买方所在国或有关的第三国颁布延期支付命令；买方国发生战争、骚乱、暴动或非常事件等。商业风险通常包括：买方无力偿还债务或买方破产；买方收货后拖欠货款；货物出运后买方违约拒绝收货或拒绝付款等。除了上述的政治风险和商业风险，由于出口商所在国与买方所在国分属不同的国家，彼此在政治、经济、外交、法律以及经营作风、贸易习俗等方面相差甚大，由此造成买方违约的原因非常复杂。正因为如此，出口信用保险业务不仅出险概率大，而且很难控制。

3. 政府参与的程度高

以上两个特点决定了出口信用保险是由政府支持和参与的一项政策性很强的险种。政府对出口信用保险的支持和参与主要体现在以下几个方面：第一，财政上鼎力相助。为了充分发挥出口信用保险对国家出口的促进作用，各国政府通过贷款、设立赔款准备金、票据贴现和再保险等方式，向出口信用保险注入大量的资金。第二，规范经营和管理。许多国家在出口信用保险业务开办伊始或办理过程中，会颁布专门的法律或有关政令，对办理出口信用保险的宗旨、经营目标、方针政策、财务核算办法、机构和人员的设置及归属等都有明确规定，以便使出口信用保险的经营符合本国利益，达到支持出口的目的。第三，参与重大经营决策。许多国家政府专门设立由有关政府部门，比如外交、工业、贸易、中央银行、财政等官员参加的部际委员会（或咨询委员会、顾问委员会），委员会定期召开会议，批准出口信用保险的承保方针、地区政策和进行重大经营项目的决策。有一些国家的出口信用保险机构还需向国会提交年度财务报告并通过议会审批。第四，提供各项优惠政策。为了扶持出口信用保险业务的开展，几乎所有国家的政府都为此项业务提供了优惠政策，如免征一切税赋、赋予保险人较大的资金运用权限等。

（三）出口信用保险的种类

经过一百多年的发展，出口信用保险已成为品种齐全、覆盖面广、运作灵活的保险险种。根据出口标的的性质、信用期限的长短、保险责任起讫以及承保方式等的不同需要，各国保险人对出口信用保险设计了不同的险种。最常见的有以下几种：

（1）根据卖方向买方提供信用期限的长短，可以分为短期出口信用保险和中长期出口信用保险。

短期出口信用保险是指支付货款信用期不超过180天的出口贸易的保险。它一般适用于大批量、重复性出口的初级产品和消费性工业制成品。短期出口信用保险是国际上出口信用保险适用面最广、承保量最大的一个险种。在实践中，短期出口信用保险通常强调被保险人必须在本国注册，按全部营业额投保，及时向保险人申报出口情况等。经出口公司与保险人协商，保险人有时也可承保货款信用期延长至365天的出口贸易。

中长期出口信用保险是指承保信用期在一年以上的出口贸易的保险。它一般适用于大型资本性货物，比如飞机、船舶、成套设备等的出口。中长期出口信用保险也可以承保海外工程承包和技术服务项目的费用结算的收汇风险。

（2）根据保险责任的起讫时间的不同，可以分为出运前出口信用保险和出运后出口信用保险。

出运前出口信用保险主要承保出口贸易合同签字后，出口商在支付了产品设计、制造、运输及其他费用以后，由于国外买方的政治风险和商业风险所致损失的风险。它开始于贸易合同生效之日,终止于货物出运之时。

出运后出口信用保险主要承保在商品出运后,由于国外买方的政治风险和商业风险所导致的出口商的货款不能及时收回的风险。它开始于货物出运日,止于保险合同终止之时。

(3) 根据贸易活动项下使用银行融资方式的不同,可以分为买方出口信贷保险和卖方出口信贷保险。

买方出口信贷保险适用于买方使用银行贷款项下的出口合同。它是对卖方在向使用银行贷款的买方出口资本性货物时,由于买方所在国的商业风险和政治风险所致损失的保险。

卖方出口信贷保险适用于卖方使用银行贷款项下的出口合同。它所承保的是在卖方信贷项下,卖方向买方出口资本品或半资本品时,由于买方所在国的商业风险和政治风险而使卖方招致损失的风险。

(4) 根据承保方式的不同,可以分为综合保单出口信用保险、特别保单出口信用保险和选择保单出口信用保险。

综合保单出口信用保险一般适用于大宗货物多批次、全方位的出口合同。它所承保的是出口商在一定期间出口全部商品后,由于买方所在国的政治风险和商业风险而使卖方招致损失的风险。

特别保单出口信用保险适用于逐笔交易的资本性货物的出口合同。它是保险人对某一资本性货物进口国的政治风险和商业风险的承保。

选择保单出口信用保险是保险人有选择性地规定一些承保范围:比如只承保买方国某种或某几种政治风险、某种或某几种商业风险。出口商可根据自己的需要进行投保选择。

(5) 根据保障风险的不同,可以分为只保商业风险的出口信用保险、只保政治风险的出口信用保险、既保商业风险又保政治风险的出口信用保险,以及保汇率风险的出口信用保险。

(6) 根据出口合同标的的不同,可以分为服务保单出口信用保险、银行担保出口信用保险、保函支持出口信用保险、贸易展览会出口信用保险等。

服务保单出口信用保险即保险人对出口商在向国外客户提供服务后,由于客户所在国政治风险和商业风险所致损失的保险。

银行担保出口信用保险即保险人对银行在向出口商提供贷款后,由于买方国的政治风险和商业风险所导致的贷款不能按时收回所造成损失的保险。

保函支持出口信用保险即在国际经济活动,特别是项目招标、国际租赁、工程承包中,出口信用保险机构应投标人(或承租人、承包人)的申请,向开立保函的银行出具反担保,以承保保函项下招标人(或招租人、发包人)的任何不公平索赔所造成的损失的保险。

贸易展览会出口信用保险即对本国出口商参加国外贸易展览会时,由于国外政治风险和商业风险所致损失的保险等。

(四) 出口信用保险的经营模式

由于各个国家和地区在政治、经济、法律制度以及办理出口信用保险历史沿革上的

差异,所采用的出口信用保险的经营模式亦有所不同。归纳起来,主要有以下几种:

1. 政府直接办理

政府直接办理的模式是指政府以其财力作保证,成立直属政府管辖的出口信用保险部门,管理并经营本国政策性出口信用保险,以英国、日本、比利时、丹麦、卢森堡、挪威、瑞典、瑞士、塞浦路斯等为代表。该模式的特点是,办理出口信用保险业务的机构本身就是政府的职能部门,其业务收入与赔款支出是直接纳入国家预算的。下面以英国和日本为例。

英国是世界上最早建立出口信用保险制度的国家,其出口信用保险机构——出口信用担保局(Export Credits Guarantee Department,ECGD)成立于1919年,是世界上最早的官方出口信用保险体系,也是技术最全面、影响最大的出口信用保险机构之一。ECGD是一个独立的政府机构,根据1991年《出口和投资担保法》开展业务,向贸工部大臣负责,目前只办理中长期信用保险、担保和海外投资保险以及短期信用险再保险(如果私人市场不能满足短期险的再保险要求),其宗旨之一就是与私营出口信用保险公司形成互补关系。ECGD设有两个经营账户:商业账户和国家利益账户。前者是在不亏损的基础上经营的,而后者的亏损全部由中央财政予以补贴,补偿基金由贸工部负责,纳入国家预算。

日本的出口信用保险经历了从政府直接经营到独立行政法人的发展过程。在2001年4月以前,日本贸易保险一直属于由政府经营的特殊业务。它由日本通产省负责,该部门下设贸易经济协力局及贸易保险课,负责制定贸易保险制度及具体承保、核保和理赔业务,而且代表政府负责协调交易双方的关系并与国外债务国进行交涉。2001年,日本政府出资1 000亿日元,成立了一个独立的管理贸易保险的行政机构——日本贸易保险公司(Nippon Export and Investment Insurance,NEXI),使贸易保险完全从政府的直接经营中脱离出来。NEXI自主经营,按章纳税,并向日本经济产业省进行再保险,其保费收入的70%交政府,30%自留;发生赔案后,政府负责95%的赔付,NEXI负责5%[①];如果NEXI接受了政府的政策性业务,则该项业务的全部风险由政府承担。根据这样的风险分担机制,通产省只需负责制定保险政策并由贸易经济协力局负责再保险业务,既实现了真正的管理者的职能,又弥补了市场缺陷,担保了NEXI的风险。

2. 政府全资公司经营模式

政府全资公司经营是指政府依照国家法律或政府命令由财政出资组建全资国有公司,专门经营出口信用保险业务,政府只负责制定经营政策和方针,并提供资金上的支持,但不具体经营,以加拿大、澳大利亚、印度、意大利、韩国、莱索托、马来西亚、斯里兰卡、以色列、印度尼西亚、中国香港、中国内地等国家和地区为代表。该模式的特点是,政府只负责制定经营政策和方针并提供资金支持,并不具体进行经营。

以加拿大为例。加拿大出口发展公司(Export Development Canada,EDC)是加拿大唯一一家提供出口信用保险的机构,依照《出口发展法》成立于1969年,是一家在自负盈亏基础上提供贸易金融服务、支持加拿大出口和投资的皇家金融机构。EDC向活跃在

[①] 闫奕荣:《中国出口信用保险分析及国际比较》,载《金融与保险》,2003年第10期,原载《国际贸易问题》,2003年第6期,第49—52页。

200多个国际市场(130多个在发展中国家)上的加拿大出口商和投资者提供服务,其中90%的客户都是中小企业。① EDC实行公司账户和国家账户分离的经营方式,国家账户按照商业模式运营,但是风险由政府承担;EDC在开展国家账户业务时,需征得国际贸易部和财政部的同意。

中国出口信用保险公司(China Export & Credit Insurance Corporation)是由财政部和中央汇金投资有限责任公司出资设立、支持中国对外经济贸易发展与合作、具有独立法人地位的国有政策性保险公司。公司于2001年12月18日正式挂牌运营,服务网络覆盖全国。主要产品及服务包括:中长期出口信用保险、海外投资保险、短期出口信用保险、国内信用保险、与出口信用保险相关的信用担保和再保险、应收账款管理、商账追收、信息咨询等出口信用保险服务。截至2019年年末,中国出口信用保险公司累计支持的国内外贸易和投资规模超过4.6万亿美元,为超过16万家企业提供了信用保险及相关服务,累计向企业支付赔款141.6亿美元,累计带动200多家银行为出口企业融资超过3.6万亿元人民币。根据伯尔尼协会统计,2015年以来,中国出口信用保险公司业务总规模连续在全球官方出口信用保险机构中排名第一。②

3. 政府控股公司经营模式

政府控股公司经营模式是指经营出口信用保险业务的是一家股份公司,政府部门或其他公共机构占有该公司超半数以上的股份,作为最大的股东控制公司经营,代表模式是新加坡、西班牙、波兰、秘鲁、塞内加尔。下面以新加坡为例。

新加坡出口信用保险公司(Export Credit Insurance Corporation of Singapore,ECICS)成立于1975年,1976年开始营业,资本额为3亿新加坡元,是新加坡唯一的出口信贷保险公司,50%股份归国家所有,50%股份属于银行和其他保险机构,这些机构有的本身也是部分国有,这就有效保证了国家对ECICS的控制。目前,政府持股已转给政府投资设立的淡马锡控股公司(Temasek Holdings (Private) Ltd.)掌握。1986年以来,ECICS扩大业务范围,成为集团公司,并成立了ECICS信用保险公司及ECICS信用和担保公司两个全资子公司。ECICS对保险业务经营采取自给自足的方式,不依靠政府的任何津贴或补助,赔款支出全部依赖保费收入和投资收益,采用完全的商业化方式运营。

4. 政府委托私人机构办理模式

国家委托私人机构经营模式是指政府制定政策、私人机构办理,对于超过其偿付能力的信用风险损失由国家提供金融风险担保的方式,代表国家是法国、德国、荷兰、葡萄牙、希腊、新西兰、阿根廷、南非、巴巴多斯、津巴布韦。该模式最主要的特点是由国家最终承担风险。下面以法国为例。

法国是一个既有政策性出口信用保险机构,又有商业出口信用保险机构的国家,但是以政策性出口信用保险公司为主。法国的政策性出口信用保险公司是法国对外贸易保险公司(COFACE),是法国唯一一家可以作为政府代理人的保险人,也是全球最大的

---

① 摘自《加拿大出口促进体系》,中华人民共和国驻加拿大大使馆经济商务参赞处网站/首页/政策法规(http://ca.mofcom.gov.cn/column/ddfg.xm/)。
② 中国出口信用保险公司官网。

出口信用保险公司之一，通过控股、参股、分支机构和合作等方式，在全球56个国家和地区设立了业务网络，为91个国家提供统一的服务，其出口信用保险业务涉及的出口金额占法国全年出口额的20%以上。COFACE实行划分账户管理，国家账户委托管理，财政预算承担风险。它开设国家账户和商业账户，制定了分开记账、独立核算的财务制度，风险大的业务计入国家账户，风险小的短期业务和一些政治风险业务计入商业账户，而国家账户的一切风险由国家承担，国家每年编制预算时都要列支出口信用保险费用。

5. 进出口银行兼营模式

进出口银行兼营出口信用保险业务的特点是既可提供出口信用保险及担保，又可提供出口信贷融资。代表国家和地区是美国、土耳其、泰国、牙买加、埃及、毛里求斯、中国台湾。下面以美国为例。

美国出口信用保险业务的市场是开放的，既包括政策性机构，又包括私人机构。美国进出口银行(Export and Import Bank of USA，EIB)是美国兼营出口信用保险业务的机构，它是由国会立法设立的独立机构。EIB主要是以保险及担保的方式为出口商提供政策性担保和保险，只经营商业不可保的出口信用保险和再保险业务，其出口信用政策明显偏向发展中国家，中国、墨西哥、巴西和土耳其等是美国进出口银行风险承担余额最高的国家。同时，EIB高度重视扶持中小企业出口。EIB的亏损由联邦财政补偿，但其贷款余额与表外或有负债的总和在任何情况下不得超过750亿美元，这样政府对信用风险可以从总量上加以控制。

(五) 出口信用保险的经营原则

出口信用保险的经营既要遵循保险经营的一般原则，又要符合出口信用保险业务自身的特点。因此，除适用于任何险种的可保利益原则、最大诚信原则、风险分担原则外，出口信用保险还以其险种自身的特点强调遵循以下原则：

1. 买方信用限额申请原则

买方信用限额申请原则是出口信用保险经营的特有原则。它是指出口商根据保险条款的规定，为其对特定国外买家的信用销售向出口信用保险公司申请买方信用限额。买方信用限额具有以下特性：第一，买方信用限额是保险人向出口商支付赔款的最高限额。如果出口商因国外买方违约而向出口信用保险机构提出索赔要求，保险机构支付赔款的上限不超过此买方信用限额。第二，买方使用限额可循环使用。出口商为某一海外买方申请的买方信用限额，经保险人批复，可以循环使用。该信用限额不受时间、出口商品性质的限制，除非保险人书面通知被保险人更改或终止此信用限额。需要指出的是，在买方信用限额中，有一个由被保险人自行掌握的信用限额，这个信用限额是在出口商投保出口信用保险时由保险人核定的。在该信用限额以内，如果发生买方违约等保险合同项下的风险损失，保险人将负责赔付。被保险人自行掌握的信用限额适用于任何国家中的任何买方。保险人批复被保险人自行掌握的信用限额的依据是被保险人的经营历史、经营规模、盈利水平和经营作风等。

2. 买方风险控制原则

买方风险控制原则是指出口信用保险人控制损失的原则。在出口信用保险特别是短期出口信用保险中,出口商的风险主要来自买方信用。而不同的买方违约对保险人所造成的损失是不同的。那么,什么样的买方对被保险人造成的损失最大呢?这实际上需要回答"信用风险控制的重点"在哪里这个问题。英国经济学家迪克·布雷格(Dick Briggs)和波特·爱德华(Burt Edwards)在他们所设计的"风险金字塔"中就探讨了这一问题。①

"风险金字塔"理论认为,处在Ⅰ区的 10 个买家如有 1 个违约,对被保险人将造成重大损失;处在Ⅱ区的 10 个买家如有 1 个违约,对被保险人将造成较大损失;处在Ⅲ区的买家违约所造成的损失较为次要;处在Ⅳ区的买家违约造成的损失则是小量损失。因此,被保险人和保险人的主要风险来自Ⅰ区,Ⅰ区应当成为保险人信用控制的重点(见图 16-1)。

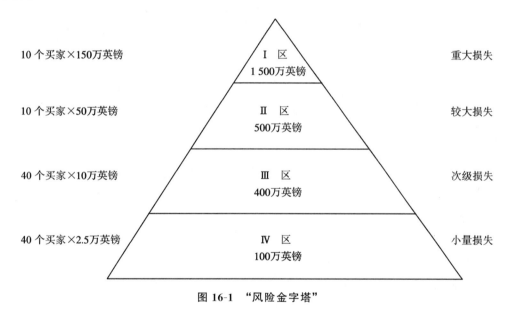

图 16-1 "风险金字塔"

3. 赔款等待期原则

该原则是出口信用保险定损核赔所应遵循的主要原则之一。它的主要内容是,在被保险人提出索赔申请,并按照保险条款的规定提交有关损失已经发生的证明文件后,保险人不立即定损核赔,而是等待一段时间后再作处理。出口信用保险实行赔款等待期原则的意义主要在于:第一,承保标的的风险已经发生,但出口商的货款仍有收回的可能性;第二,使出口商有动力协助保险人追讨债务人的欠款,从而减小损失;第三,有的国家法律对拖欠违约有不同的释义。

各国出口信用保险机构对赔款等待期的具体规定不同,一般为 4—6 个月,但对出口信用保险中能立即定损核赔的风险,如买家破产等,则不需要规定等待期。因为在此类情况下的任何延误,均会增加保险人和被保险人的损失。

---

① 转引自杨学进著:《出口信用保险规范与运作》。北京:中共中央党校出版社 1995 年版,第 27—28 页。

第二节 保证保险

一、保证保险的特点

保证保险是在被保证人的行为或不行为致使被保险人(权利人)遭受经济损失时,由保险人来承担经济赔偿责任的保险。

保证保险是随着道德风险的频发而发展起来的。在有些国家,一些企事业单位和团体在招收就业人员时,要求应聘人员必须提供企事业单位和团体认可的保证人才能就业。在就业期间,如果由于被保证人的营私舞弊行为而使得雇主受损时,保证人要承担赔偿责任。

与一般的商业保险相比较,保证保险有如下特点[①]:

(1) 在一般商业保险中,保险关系是建立在预期"将发生损失"的基础之上的,即有损失才有保险关系存在的必要性。而在保证保险中,保险人是在"没有损失"的预期下提供服务的,换句话说,如果保险人预期将发生损失,它将不向被保证人提供保险。

(2) 一般保险的当事人只有两者:保险人与投保人,而保证保险却涉及三方面当事人的关系:保险人(保证人)、权利人(被保险人或受益人)、义务人(被保证人)。例如,承包商向一家房地产公司保证,他将按照设计说明书来建造一所大楼;市府官员向该市的人民许诺,他将忠实地履行自己的职责;监护人向法院保证,他将小心地看管未成年人的财产,并且仅仅为了他的利益而使用钱财;雇员在接受工作时向雇主保证,他将忠实地履行自己的各项义务。在上述场合,承包商、市府官员、监护人和雇员都是被保证人,他们是保证保险中可能给权利人造成损失的一方;房地产公司、城市居民、未成年人和雇主是被保险人(即权利人);保证人即保险公司。

(3) 在被保证人未能依照合同或协议的要求履行自己的义务,由此给权利人带来损失,而被保证人不能补偿这一损失时,由保险人(保证人)代为赔偿。然后,保险人有权向被保证人追回这笔赔付。为了保证日后能够做到这一点,保险人在提供保证时,可以要求被保证人提供反担保。

(4) 一般的保险合同是在投保人和保险人之间确定的。变更和终止民事权利义务关系的协议,通常不涉及第三方。但由于保证保险涉及保险人、权利人和义务人三方面的关系,因此,变更和终止民事权利义务关系的协议,也自然涉及这三者。

保证保险的业务种类有很多,并且划分标准也不一样。我们这里主要介绍两类,即忠诚保证保险和履约保证保险。

二、忠诚保证保险

忠诚保证保险是一种权利人因被保证人的不诚实行为而遭受经济损失时,由保险人作为保证人承担赔偿责任的保险。[②] 例如,当雇员由于偷盗、侵占、伪造、私用、非法挪用、

[①] 信用保险也具有类似的特点。
[②] 忠诚保证保险在一些国家是一个很重要的险种。例如,据美国 1990 年的统计,仅由雇员不诚实所引起的损失这一项就高达 400 亿美元,而 1991 年的火灾损失也才 105 亿美元。参见 James Trieschmann, *Commercial Property Insurance and Risk Management* (4th Edition). American Institute for CPCU, 1994, p. 43.

故意误用等不诚实行为造成雇主受损时,保险人负责赔偿。忠诚保证保险主要包括个人忠诚保证保险、指名忠诚保证保险、职位忠诚保证保险和总括忠诚保证保险等。

(一) 个人忠诚保证保险

个人忠诚保证保险是以某一特定雇员为被保证人的忠诚保证保险。该雇员的名字列在保单上。如果该雇员离开了公司,这一保险将终止。它并不适用任何接替该雇员的人,除非保单上做了特定的说明。

(二) 指名忠诚保证保险

指名忠诚保证保险是以特定的正式雇员为被保证人的忠诚保证保险。在雇主遭受由被保证人所造成的损失时,由保险人负责赔偿。它与个人忠诚保证保险的不同之处在于,它是对几个而不是某一个雇员的保险。同个人保证保险一样,每一个雇员的名字都必须列在保单上,并做出相应的保证金额规定。例如,

李四,出纳员……………………30 000 元
王五,簿记员……………………10 000 元

指名忠诚保证保险虽然要求被保险人指明所保证的每一个雇员的职位,例如,像上例所示,李四所做的是出纳员的工作,王五所做的是簿记员的工作。但是,这种形式的保证保险是对人而言,而不是对职位而言的。换句话说,如果李四不做出纳工作而改做簿记员的工作,指名忠诚保证保险对他仍然适用。但在这种被保证人变动工作的情况下,指名忠诚保证保险通常要求被保险人通知保险公司,如果该职位的风险较前一种为大的话,被保险人还需要缴纳额外的保费。

(三) 职位忠诚保证保险

职位忠诚保证保险是以各种职位及其人数作为被保证人的忠诚保险。它与指名忠诚保证保险的不同之处在于,它不列出被保证人的姓名,而只是列出各级职位及其人数。每一个职位都有规定的保证金额。例如,

1 个簿记员……………………15 000 元
2 个出纳员……………………24 000 元
5 个销售员……………………20 000 元

上例中,每个簿记员职位的忠诚保证保险是 15 000 元,每个出纳员职位的忠诚保证保险是 24 000 元,每个销售员职位的忠诚保证保险是 20 000 元。

如果被保险人只投保某一特定职位中的若干被保证人,那么,只要在此职位的人,即属于被保证人,而不论何人在此职位。这是一种单职位的忠诚保证保险。如果被保险人在同一保证保险合同中承保了多个不同职位,并且每一个职位都有各自确定的保证金额,则为多职位忠诚保证保险。

如果某一职位中的雇员人数超过了职位忠诚保证保险中规定的人数,保险公司对于这一职位的责任就相应减少了。在这种情况下,它只承担保单上所规定的责任的一个部分。

例如,一个被保险人购买了如下的职位忠诚保证保险:

2个簿记员……………………15 000元
2个出纳员……………………24 000元
1个会计………………………20 000元

现在,假定被保险人在出纳员这个职位上增加了1个人,即共有3个出纳员,但是没有通知保险公司。这时,如果由于出纳员的过失造成了损失,保险公司的责任被限定为每人16 000元。它的计算如下:

$$\frac{\text{保单中规定的出纳员人数}}{\text{该职位实际雇用的出纳员人数}} \times \text{该职位的保险金额} = \frac{2}{3} \times 24\,000\,\text{元} = 16\,000\,\text{元}$$

(四)总括忠诚保证保险

总括忠诚保证保险是以全部在册正式雇员为被保证人,保证合同中不列姓名、职位,而是分别按人数的多少来计算保费的忠诚保证保险。

三、履约保证保险

履约保证保险是在被保证人不按约定履行义务,从而造成权利方受损时,由保险人负责赔偿的一种保险。

在实践中,履约保证保险主要有以下四种形式:

(一)合同履约保证保险

合同履约保证保险是为了保证被保证人能够履行他与权利人签订的合同。比如建筑工程合同保证保险是承保被保证人(工程中标人、承包人等)按照所签订的建筑合同的规定,完成工程的一种保证保险。如果承包人没有按照合同规定完成工程,应由保证人(保险人)会同招标人安排其他承包人继续完成,或由保证人承担因未履行合同而导致的损失的赔偿。

(二)司法履约保证保险

在司法程序中,原告或被告向司法部门提出某项要求时,司法部门根据具体情况,要求其提供保证。这时,法院面临原告或被告违约的风险。司法履约保证保险是指对这种风险进行承保的一种保证保险。如保险人保证经由法院命令为他人利益管理财产的人能够忠实尽责。如有违反,由保证人来承担责任。司法履约保证保险主要包括两大类:信托保证保险和诉讼保证保险。

1. 信托保证保险

信托是指当事人为特定人的利益管理或处分其财产的一种法律制度。设立信托关系的人为委托人,经他人委托承担管理或处分信托财产的人为受托人。享受信托利益的人为信托受益人。信托的成立须具备以下条件:① 以一定的财产存在为前提;② 须有委托人将财产权利转移给受托人管理或处分;③ 根据一定的目的,由受托人来管理或处分信托财产。

一般来说,信托保证保险是由法院所指定的个人或企业来占有、控制或管理其他人的财产。像遗嘱执行人、财产管理人、遗产管理人、监护人、清算人等都属于受托人。受托人必须忠实地履行自己的职责。如果委托给他的财产出现了损失,受托人应当承担责任。

信托担保的财产主要有以下几种类型:死亡人的遗产、未成年人的财产、无民事行为能力人的财产、破产或清算的财产等。

2. 诉讼保证保险

诉讼保证保险主要有保释保证保险与上诉保证保险两种。保释保证保险是保证人保证被保释人在规定时间内出庭受审。如果未能履约,保证人将缴纳罚款。上诉保证保险是指当上诉法院维持下一级法院的判决时,保证人要保证上诉人支付原判决金额及其利息和诉讼费用。

(三)特许履约保证保险

特许履约保证保险是一种担保从事经营活动的领照人遵守法规或义务的保证保险。即保证人保证领照人(被保证人)能够按照规定履行其义务。要求从事某种经营活动的人在向政府申请执照或许可证时,必须提供这种保证。如果被保证人的行为违反政府法令或有损于国家利益和社会公共利益,由此造成损害时,由保证人承担其责任。

(四)公职人员履约保证保险

公职人员履约保证保险是一种保证人为政府公职人员提供的保证保险。其内容主要包括对由于公职人员的不诚实或欺诈等造成的损失,在职人员未能恪尽职守,以致损害国家利益造成的损失承担赔偿责任。

忠诚保证保险和履约保证保险虽然都属于保证保险,但两者有着显著的不同:

(1)忠诚保证保险一般是雇员对雇主的保证,它只涉及雇主与被雇员工之间的关系;而履约保证保险则在工商业和社会活动等各个方面都广泛使用。

(2)忠诚保证保险所承保的风险是被雇员工的不诚实或欺诈,所以人们有时也称之为不诚实保证保险;而履约保证保险所承保的风险是被保证人履行一定义务的能力或意愿,与诚实或欺诈没有很大关系。

(3)忠诚保证保险可由被保证人投保,也可由权利人(被保险人)投保;而履约保证保险则必须由被保证人本人投保。

本章总结 》

1. 信用保险是以在商品赊销和信用放款中的债务人的信用作为保险标的,在债务人未能如约履行债务清偿而使债权人招致损失时,由保险人向被保险人即债权人提供风险保障的一种保险。信用保险可分为国内信用保险和出口信用保险。

2. 国内信用保险可分为贷款信用保险、赊销信用保险、预付信用保险和个人贷款信用保险。出口信用保险具有不以营利为目的、风险高、控制难度大以及政府参与程度高等特点。根据不同的分类标准,出口信用保险可以分为多种类型。由于各国在政治、经济、法律制度以及办理出口信用保险方式历史沿革上的差异,出口信用保险的经营模式也有所不同。

3. 保证保险是在被保证人的行为或不行为致使被保险人(权利人)遭受经济损

失时,由保险人来承担经济赔偿责任的保险。保证保险在"没有损失"的预期下提供服务,涉及保险人、权利人、义务人三方当事人的关系。忠诚保证保险和履约保证保险是两种重要的保证保险。

4. 忠诚保证保险是一种在权利人因被保证人的不诚实行为而遭受经济损失时,由保险人作为保证人承担赔偿责任的保险,它主要包括个人忠诚保证保险、指名忠诚保证保险、职位忠诚保证保险和总括忠诚保证保险等。履约保证保险是在被保证人不按约定履行义务,从而造成权利方受损时,由保险人负责赔偿的一种保险。在实践中,履约保证保险主要有合同履约保证保险、司法履约保证保险、特许履约保证保险和公职人员履约保证保险等。

思考与练习

1. 试阐述什么是信用保险,什么是保证保险。它们各自被运用于哪些领域?

2. 出口信用保险的种类主要有哪些?假设在出口商品贸易中没有采取出口信用保险作为防范风险的手段,可能会产生哪些后果?为什么说出口信用保险是一种政策性很强的险种?

3. 公职人员履约保证保险主要是为公职人员失职造成的损失承担赔偿责任。有人担心这种保险的存在会降低公职人员恪尽职守的积极性,从而给国家利益带来更大的损害。与此相关的一个问题是:有人说,保险公司应当设计一个腐败保险来承保由腐败所造成的损失。你怎样看待这两个问题?

4. 目前,我国由中国出口信用保险公司独家提供出口信用保险产品与服务,该公司由政府全资拥有。试探讨这种制度安排与我国国情的关系。

第五篇 保险公司的经营管理

第十七章　　保险产品定价

▰本章概要▰

本章主要阐明保险产品定价所依据的数学原理。随机事件和概率的概念被应用于计算损失概率和纯费率；随机事件的概率分布、数学期望值的概念被用于计算期望损失，而大数定律则为求得近似损失值提供了理论依据。本章在介绍了相应的数学工具之后阐明了保险费率的计算原则，并且初步介绍了财产保险和人寿保险产品费率厘定的方式。

▰学习目标▰

1. 结合所学过的数学知识理解随机事件和概率等数理工具在计算保险损失方面的应用。
2. 掌握确定预期损失的方法。了解大数定律在这一过程中的作用。
3. 了解保费的确定方式。了解费率及其计算原则。
4. 掌握财产保险中损失率的确定方式。了解财产保险的费率构成。
5. 了解决定寿险产品价格的三个主要因素和定价因素的改变会带来的影响。

引　言

保险产品的价格是体现供求关系的一个重要方面。对投保人来说，他所关心的是能否以相对来说尽可能低的价格购买一份保险；而保险人所关心的则是能否以保证预期利润的价格来出售一份保险。这里谈论的价格就是保险费率。对于财产保险来说，确定某类保险标的的损失率，进而确定损失期望值，是制定纯费率的先决条件；对人身保险来说，确定纯费率之前需要的是预计其死亡率、发病率、意外伤害率以及利率的波动等。而要确切估计上述因素，需要运用概率论与数理统计的知识。可见，保险离不开数学和统计学，或者可以这样说，保险学是在数理基础上建立起来的一门学科。

第一节　随机事件与概率

一、随机事件

在讨论这个问题之前，我们先来观察一个人们经常做的实验：将一枚硬币向空中抛掷，然后观察其落在地面时出现正反面的情况。在外部条件不变的情况下，如果我们连续进行长时间的、大量的抛掷，便会得到一系列的结果。毫无疑问，在这些结果中，硬币有的时候是正面朝上，有的时候是反面朝上。在现实生活中，类似这样的现象还有很多。

它们时而会出现这种结果,时而会出现那种结果,即呈现出一种偶然性现象,我们将这种偶然性现象叫作随机现象。

所谓随机现象是指在一定的条件下,某一实验结果或观察结果可能发生,也可能不发生;可能这样发生,也可能那样发生。例如,观察新生婴儿的性别,可能是男,也可能是女;在相同的积累率下,国民生产总值可能上升,也可能下降……对于这些随机现象,我们通常关心的是,在实验或观察中,我们所关心的某个结果是否出现,这个结果被称为随机事件。仍以上述例子为例。抛掷硬币1 000次,我们所关心的是,正面朝上的次数有多少。很显然,正面朝上的次数可能是0—1 000的任何一个数字。

二、概率的概念

当我们抛掷一枚硬币时,硬币落在地上,可能出现正面,也可能出现反面。如果任意抛掷一次,出现正面还是反面的结果我们是不知道的。但是,随着抛掷次数的增加,出现正面与反面的机会也会越来越趋同。历史上曾经有不少人做过这方面的实验。在抛掷硬币4 040次的时候,正面朝上的次数为2 048;在抛掷12 000次的时候,正面朝上的次数为6 019;在抛掷24 000次的时候,正面朝上的次数为12 012。当我们计算硬币朝上的次数占抛掷硬币次数的百分比时,就会发现,它们分别为50.69%、50.16%和50.05%。由此可见,当实验次数越多时,其结果越接近我们的直观判断,即出现正面的次数为总数的一半。如前所述,出现正面朝上这一结果是一个随机事件。在此,这一随机事件发生的可能性为50%。由此我们可知,经过长时间的观察,某一随机事件在实验中发生的次数与实验总次数的比率几乎为一定值。这一定值,就是随机事件发生的可能性的大小。我们称之为随机事件的概率。

在古典模型[①]中,如果某随机事件重复实验$X+Y$次,其中发生X次,则此随机事件发生的概率可以用以下的公式来计算:

$$P = \frac{X}{Y+X}$$

如果概率为0,则此随机事件将不可能发生;概率为1,事件必然发生。利用这一公式来求概率,必须要有多种等可能的结果。其中一定的分数代表着某一特定结果发生的概率。例如抛掷硬币,出现正面的概率为50%,因为抛掷硬币有两个等可能的结果——正面或反面,并且正面出现为其结果之一。

三、损失概率与纯费率

在保险经营中,随机事件往往是指某种风险或损失。因此,随机事件的概率,在保险经营中就是指损失概率。例如,某一居民小区的50幢楼房中,明年有1幢遭受火灾损失的概率就是指损失概率。当我们把保险经营中的各种损失结果都抽象成随机事件后,求相应的损失概率就转化为求某一随机事件的概率了。

保费中的纯保费是在保险事故发生时,保险人赔偿被保险人的那部分金额,即纯保费总额=未来赔偿金现值总额,从理论上来说,在完全损失条件下纯费率应当等于损失概率。由此可见,损失概率对于保险人制定纯费率具有决定性的作用。

---

① 即在某一随机现象中所出现的基本结果(称为基本事件)是有限的,并且是等可能的。

正像概率论中所讨论的许多概率一样,损失概率有时并不是某一单个事件的概率,这就给损失概率的确定带来了困难。为了解决求损失概率的方法,我们需要弄清互不相容事件和复合事件等概念。

(一) 互不相容事件

不可能同时发生的事件,称为互不相容事件。例如,"李四在35岁死亡"和"李四在36岁死亡"就是互不相容事件。

按照客观概率理论,两项或两项以上两两互不相容的事件集合中,任何一件事情发生的概率,等于各件事情分别发生的概率的总和。很显然,所有两两互不相容事件发生的概率的总和必等于1。因为在所有这些互不相容事件的集合中,必有一事件是确定要发生的。例如,李四如果不在35岁死亡的话,他必然在35岁是活着的。这个结论在保险和风险管理中非常重要。如果已知无损失的概率,那么,用1减去这个概率,就可求出损失的概率。例如,一所仓库今年发生火灾或不发生火灾这两个互不相容事件发生的概率的总和为1,因此,如果仓库不发生火灾的概率为9/10,则发生火灾的概率就为$1-9/10=1/10$。

(二) 复合事件

在概率分析中,有的事件是由两个基本事件复合而成的,或者两个基本事件是一并发生的,这种事件叫作复合事件。例如,抛掷两枚硬币,然后观察它们正面朝上的结果。复合事件在保险经营中也是经常出现的。例如,设甲、乙两人分别为40岁和50岁,求他们在明年死亡的概率。这里就是指"甲在明年死亡"和"乙在明年死亡"一并发生的结果。

复合事件概率的决定,与两个事件是否独立有关。而两个事件的独立,则是指其中一个事件的发生,不影响另一事件发生的概率。复合事件的概率等于各项独立事件概率的乘积。例如,在上述的硬币例子中,两枚硬币正面同时朝上的概率为$1/4(1/2×1/2)$。

复合事件概率可以解决保险中许多损失概率估计的问题。例如,汽车在甲地发生碰撞损失的概率为1/10,在乙地发生碰撞损失的概率为1/5。假设甲乙两地相距遥远,则汽车在甲地发生碰撞这一事件的发生,并不影响汽车在乙地发生碰撞的概率;同样,汽车在乙地发生碰撞这一事件,也并不影响汽车在甲地发生碰撞的概率。因此,汽车在两地都发生碰撞的概率为$1/10×1/5=1/50$。

我们还可以同时运用复合概率理论与互不相容事件的概率理论,来计算另外三种复合概率。例如,甲乙两地的车辆发生碰撞与否的各种概率如下:

甲地发生碰撞,乙地不发生碰撞的概率为:$1/10×(1-1/5)=4/50$

甲地不发生碰撞,乙地发生碰撞的概率为:$(1-1/10)×1/5=9/50$

甲乙两地皆不发生碰撞的概率为:$(1-1/10)×(1-1/5)=36/50$

这三种结果的概率与甲乙两地均发生碰撞的概率之和为:

$$1/50+4/50+9/50+36/50=1$$

求相互独立事件的复合事件的概率方法是很简单的。但是,并不是所有事件都是相互独立的。例如有甲乙两间相邻的房屋,"甲房发生火灾"与"乙房发生火灾"这两个事件就不是相互独立的,因为其中一间房屋发生火灾会使邻近的另一间房屋发生火灾的可能性增大。根据概率分析的结果,两项非独立事件的复合,其概率等于其中一个事件发生的概率,乘以该事件发生后,另一事件发生的条件概率。例如,假设有甲乙两所房屋,每一所房屋发生火灾的概率为 1/50。在相互独立的条件下,两所房屋均发生火灾的概率为 $1/50 \times 1/50 = 1/2500$。在非独立的条件下,假设甲房屋发生火灾,使得乙房屋发生火灾的概率上升为 1/2,乙房屋发生火灾,使得甲房屋发生火灾的概率上升为 1/2,则甲房屋发生火灾引起乙房屋也发生火灾的概率为 $1/50 \times 1/2 = 1/100$。

(三)选择性结果

有些概率所显示的是在一个给定的时期内的选择性结果,即两个或两个以上事件中至少有一个事件将要发生。这种概率在互不相容事件的概率那一部分中已经谈到过。如果这些事件是互不相容的,则选择性结果至少有一个事件发生的概率是所有选择性结果概率的总和。但如果事件不是互不相容的,那么,结论就不是那样简单了。在许多情况下,我们需要考虑的事情是:两个事件中的一个事件发生的概率。概率分析的结果告诉我们,在两个事件中,至少一个事件发生的概率为这两个事件各自发生的概率之和减去它们同时发生的概率。

例如,A、B 两个仓库发生火灾的概率均为 1/50,假设"A 发生火灾"与"B 发生火灾"这两个事件是相互独立的,则 A 或 B 至少有一个发生火灾的概率为:$1/50 + 1/50 - 1/50 \times 1/50 = 99/2500$。我们也可以把这个结果看作是由下面三个互不相容的事件发生的概率的和而求得的:

A、B 均发生火灾的概率:$1/50 \times 1/50 = 1/2500$

A 发生而 B 不发生火灾的概率:$1/50 \times (1 - 1/50) = 49/2500$

B 发生而 A 不发生火灾的概率:$1/50 \times (1 - 1/50) = 49/2500$

如果"A 发生火灾"与"B 发生火灾"不是相互独立的,而是相互联系的,例如,其中一个仓库发生火灾,使另一个仓库发生火灾的概率上升到 1/2,则 A 或者 B 中只有一个发生火灾的概率为:$1/50 \times 1/2 + 1/50 \times 1/2 = 1/50$。

选择性结果的概率可以从 1 中减去不发生损失的概率。例如,在相互独立的条件下,两者均不发生火灾的概率为:

$$(1 - 1/50) \times (1 - 1/50) = 2401/2500$$

则至少有一个发生火灾的概率为 $1 - 2401/2500 = 99/2500$。

第二节 概率分布与预期损失

在概率论中,有一种被称为随机变量的变量,它因实验结果的不同而取值不同。在保险经营上,这种随机变量常常是指取值为各种损失结果的变量。对于我们的讨论来说,重要的问题不是这些结果是否发生,而是这些结果以什么样的概率发生,换句话说,变量据以取值的这些结果的概率是多少。

一、概率分布

概率分布是用来描述各种结果及其对应概率的。在概率分析中,常用分布列来表示：

$$\begin{array}{cccc} X_1 & X_2 & \cdots & X_n & \cdots \\ P(X_1) & P(X_2) & \cdots & P(X_n) & \cdots \end{array}$$

在上面的分布列中，第一行 $X_1, X_2, \cdots, X_n, \cdots$ 为随机变量的各个取值；第二行 $P(X_1), P(X_2), \cdots, P(X_n), \cdots$ 分别为 X 取值 $X_1, X_2, \cdots, X_n, \cdots$ 的概率。从分布列上，我们可以一目了然地看出事件发生某一结果及其对应的概率。

在保险经营中，由于变量一般都取有限个值，故概率分布也可通过基本上互不相容的事件及其对应的概率，按顺序排列起来，用表或者图来说明它。

例如，某企业每年损失金额及概率分布可用表 17-1 来表示：

表 17-1 假定损失金额的概率分布

损失金额（元）	损失概率
0	0.200
1 000	0.230
5 000	0.200
25 000	0.130
100 000	0.100
300 000	0.070
500 000	0.040
1 000 000	0.020
5 000 000	0.008
10 000 000	0.002

如果要想知道 100 000 元以上的损失发生的概率有多大，只要将 0.100、0.070、0.040、0.020、0.008、0.002 相加即可，也就是说，100 000 元以上损失发生的概率为 0.24。

二、数学期望值与损失期望值

一个随机变量的数学期望值是它所能取到的各个数值与其概率乘积的总和。

我们设 X 为某一变量，它的取值为 $X_1, X_2, \cdots, X_n$，这些值的概率分别为 $P_1, P_2, \cdots, P_n$。如果我们用 $E(X)$ 代表数学期望值，则变量 X 的数学期望值为：

$$E(X) = P_1 X_1 + P_2 X_2 + \cdots + P_n X_n$$

在保险经营中，常常会涉及损失期望值的概念。损失期望值即损失的不确定性数额与损失概率的乘积的总和。那么，数学期望值与损失期望值之间是什么样的关系呢？如果我们将损失的各种不同数额当作某一变量取值的话，则此时的损失期望值就是该变量的数学期望值。

如何确定损失概率，对于确定纯费率是至关重要的。同样，如何确定损失期望值，对于确定纯费率也是至关重要的。当然，要知道损失期望值，必须先知道各种损失的概率。对于保险人来说，只有知道了损失期望值，才能知道预期损失的总额。因为保费的收取，正是以补偿其损失为基础的。对投保人来说，他也要把预期损失的金额与保费相比较，然后才能做出是否购买保险的决定。

三、大数定律

大数定律是统计学中的一个重要定律，它不仅对于保险，而且对于风险管理来说都是非常重要的。根据大数定律，随着样本数量的不断增加，实际观察结果与客观存在的结果之间的差异将越来越小，这个差异最终将趋向于零。因此，随着样本数量的增加，估计也会越来越精确。大数定律在保险经营中的运用可用下述公式来表示：

$$\left(\frac{x}{n} - p\right) \to 0, \quad n \to \infty$$

在此，n 表示保险标的的数额；x 表示实际观察到的损失；x/n 代表实际损失率；p 代表客观存在的损失率。在实际观察到的损失和客观存在的损失之间的差额将趋向于零。因此，要估计 p，只需要选择尽可能多的样本 n，然后就可以用 x/n 来估计 p。如果知道 p，也可以用 $n \times p$ 来求得 x。

现在，我们举一个简单的例子来说明怎样运用大数定律。我们选择两个组进行观察，一个组包括 1 000 个保险标的，另一个组包括 4 000 个保险标的，每个组客观存在的损失率都是 10%。如果这个估计准确的话，那么，第一组将发生 100 起左右的损失，第二组将发生 400 起左右的损失。这个例子是一个二项分布，即每一次观察都只有两种可能的结果存在：或者损失，或者无损失。一个二项分布的平均数等于样本数量乘以"成功"①的概率。在这里，我们用"成功"表示损失的发生。

$n =$ 样本数

$p =$ 损失的概率

$q =$ 无损失的概率，即 $1 - p$

$n \times p =$ 均值

第一组的均值，即损失个数为 100；第二组的均值，即损失个数为 400。

样本集合的标准差说明的是集合中所有样本与均值的偏离程度、损失的离散程度。对于一个二项分布来说，标准差等于

$$\sqrt{n \times p \times q}$$

在我们这个例子中，第一组的标准差是 9.5，第二组的标准差是 19。

小组 1：$\sqrt{1\,000 \times 0.1 \times 0.9} \approx 9.5$

小组 2：$\sqrt{4\,000 \times 0.1 \times 0.9} \approx 19$

从上式中我们可以看到，当均值，或者说当一个样本集合的损失个数是另一个样本集合的损失个数的 4 倍时，标准差只是它的 2 倍。这就说明，随着样本数量的增加，实际观察结果和客观结果之间的差异是越来越小的，相对离散程度是减小的。我们通常用离散系数（标准差/均值）来表示风险的相对离散程度。离散程度越大，表明可能存在的风险越大；离散程度越小，表明可能存在的风险越小。在上面这个例子中，第一组的离散系数是 0.095(9.5/100)；第二组的离散系数是 0.047 5(19/400)。显然，第二组的风险相对较小。由于费率是反映风险的一个重要指标，因此，第一组的每一个成员需要比第二组

---

① 每一次实验都有两种可能的结果："成功"或"失败"。在二项分布中，"成功"和"失败"是广义的。"成功"表示我们所希望的结果，"失败"表示我们不希望得到的结果。例如投掷硬币，我们可以用"成功"表示出现正面，用"失败"表示出现反面。

的成员支付更高的风险费用。

对于保险来说,大数定律不仅适用于保险标的的数量方面,而且也适用于时间方面。例如,在火灾保险中,某保险人承保了 100 000 幢楼房,预计其中的一部分将遭受不同程度的损失。然而,火灾发生的次数及房屋的受损程度,在任何一个星期、任何一个月、任何一年,都是不一样的。但经过较长时间的观察,仍可根据大数定律来求得一个正确的估计,得到一定时期的近似损失值。

第三节 保险费与费率

一、保险费

保险费简称保费,是投保人向保险人购买保险所支付的金额。保费的多少是由保险金额的大小和保险费率的高低这两个因素来决定的。

保费在经济上应当具有可行性,这包括两个方面的含义。一方面,对于一般的风险回避者而言,购买保险产品所支付的保费应当低于该产品带来的预期价值。假如前者高于后者,消费者必然采取其他成本相对较低的风险管理手段来转移或化解风险。另一方面,对于商业保险人而言,保费应能保证一个合理的经济回报,使其在行业竞争中至少能维持营业利润。

这两个方面的要求确定了保费的大致范围,但在实际中,保费的确定仍然受大量市场因素的影响。例如,保险市场上的竞争程度、相关替代或互补产品的价格变化、市场的监管模式等。与此同时,消费者的市场谈判能力和风险态度也是影响保费上限的重要因素。

从保险公司的角度来说,它们所赔偿或给付的保险金并不具有救济性质;从投保人的角度来说,他们所缴纳的保费也并不是一种慈善性的捐款,因此,保险人与投保人之间应当存在一种"赔偿给付与缴纳相等原则",即纯保费总额等于未来赔偿或给付保险金总额。用公式来表示,则为:纯保费总额=赔付保险金的现值之和。

纯保费即保险人用于支付预期损失的那一部分保费。保险人在办理保险业务时,还需要支付其雇员的工资开支、代理人的佣金、防灾补助以及其他一些营业费用。保险人根据这些经营费用计算出来的保费,再加上预期利润就是附加保费。纯保费与附加保费之和构成毛保费。

在保险定价中,纯保费的估算过程与事物的不确定性紧密相连,但在寿险与非寿险领域中,不确定性的含义又有一定的差别。在非寿险领域,不确定性主要体现在实物标的发生风险事故的不确定性上,且风险时限较短,因而非寿险定价一直将损失发生频率、损失发生的规模以及对损失的控制作为其研究重心。而在寿险领域,不确定性则主要体现在人的生命或身体机能发生风险事故的不确定性上,且风险时限较长,因而利率和死亡率的测算是确定寿险成本的两个基本问题。

二、费率及其计算原则

保险费率简称费率,它是保险人按照单位保险金额,向投保人收取保费的标准。就像其他商品的成本一样,费率也是一种产品的成本。但不同的是,其他商品在出售时,其成本是已知的,而保险产品的成本在出售时是不知道的。只有到以后的某一个时期,也就是当保单到期时,人们才知道成本究竟是多少。因此,保险产品和其他产品之间一个最基本的差异就是,前者的价格是建立在预测的基础之上的;保险人对未来的损失和未来的费用进行预测,然后,将这些费用在不同的被保险人之间进行分配,这一过程就叫作费率的制定。不同的保险类别,费率通常是不一样的。在人寿保险中,费率通常按每1000元保额来计算;在财产保险中,费率通常按每100元保额来计算。

保费率与保费之间存在如下关系:$P=wQ$,其中 P 代表保费,Q 代表保险金额,w 代表费率。

费率的计算原则主要有以下几个:

(一) 适当性

费率的制定主要需要考虑,能够补偿因损失的发生保险人需要进行的偿付以及营业上所需的各种费用。如果费率定得过高,将增加投保人的负担,也使保险人在竞争中处于不利地位;但如果定得过低,又将使保险人的收支不平衡,致使营业发生困难,甚至无法保证其偿付能力。

(二) 公正性

费率的制定必须服从于政府的法规。因为保险被认为是建立在公共利益基础之上的一种活动。投保人所缴纳的保费与保险人对保险事故所承担的责任,应当彼此相当、公正。为了做到这一点,保险人应事先认真统计各种风险数据,然后将各个保险标的编入相应的风险类型中,计算出各种风险类型的基本费率,即不同的风险类型所适用的不同的费率。在实际应用时,保险人再根据基本费率,对不同的保险标的的风险因素予以增减,以计算出个别保费来。

(三) 稳定性

费率订立以后,在短期内不宜经常变动。因为不稳定的费率,将使投保人难以确定保费的预算,增加他们的反感,由此可能导致保险人业务量的减少。为了做到费率的相对稳定,保险人必须将过去多年的损失及费用经验进行平均,并预计未来多年的发展趋势。但需要注意的是,在保持费率稳定性的同时,也要注意费率的灵活性。稳定应当是相对而言的,因为现实情况在不断地发生变化。如果费率完全固定不动,既不利于保险人的经营,也有可能损害投保人的利益。

(四) 损失预防的鼓励性

预防损失、排除风险虽然不是保险业的固有任务,但近代保险业对此已经十分重视。因此,在保费的构造中,通常有鼓励被保险人从事保护保险标的及减免损失活动的因素。例如,在盗窃保险中,可因装置警铃而降低保费;在财产保险中,可因未发生保险事故而降低费率。

(五) 合理性

费率的合理与否,需要实施一段时期以后,才能根据历年的平均损失经验来求之。

一般而言,测定费率是否合理,只需将一段时期(通常为 5 年)内的平均实际损失率与该类风险的标准损失率即预期损失率进行比较,从而计算出原定费率应作何种程度的调整或修正。费率的修正计算公式如下:

$$M = \frac{A}{E} M - 1 = 调整率$$

上式中,M 为修正费率,A 代表实际损失率,E 代表预期损失率。

举例来说,预期损失率为 55%,实际损失率为 60%。依照上述公式计算,应调整 9%,即

$$M = \frac{60\%}{55\%} = 109\%$$
$$109\% - 1 = 9\%$$

关于费率的调整或修正,除了应考虑过去实际平均损失率,还应当对将来的各种趋势因素进行分析,慎重做出决定,以免未来发生经营上的困难。修正费率时应主要考虑以下各种因素:① 统计方面的因素,即过去承保与理赔的统计资料。② 经验方面的因素,主要包括实际风险的分析及新的风险因素的有无增减或产生、大数定律的运用情况、各项损失预防措施的采取情况。③ 经济方面的因素,主要包括预期通货膨胀、经济发展的动向、国民收入的增减、工商业发展的动向、外汇政策的动向等。

第四节 财产保险的费率厘定

一、损失率

损失率是指保险财产价值遭受损失的比率。它是计算纯费率的关键。在讨论财产保险费率厘定这个问题时,首先要研究损失率。它的推算公式为:

$$损失率 = \frac{保险赔偿}{保险金额}$$

影响损失率的因素主要有以下四种:

1. 保险事故的发生频率

保险事故的发生频率是指发生保险事故的次数与保险标的件数的比率。这个比率表示每百件保险标的有多少次保险事故发生。

2. 保险事故的损毁率

保险事故的损毁率是指受损保险标的件数与发生保险事故次数的比率。该比率表示每一次保险事故损毁多少件保险标的。

3. 保险标的的损毁程度

保险标的的损毁程度是指总赔款额与受损保险标的的保险金额的比率。该比率表示受损保险标的的价值减少的百分比。

4. 受损保险标的的平均保额与总平均保额的比率

该比率表示受损保险标的的平均价值与总保险标的的平均价值之间的比例关系。

以上这四个因素实际上包含六个基本项目,它们分别是:

A——保险标的的件数

B——总保险金额

C——保险事故次数

D——受损保险标的的件数

E——受损保险标的的保险金额

F——总赔偿金额

将各字母代入上述四个因素中,则有:

(1) 保险事故的发生频率 $=\dfrac{C}{A}$

(2) 保险事故的损毁率 $=\dfrac{D}{C}$

(3) 保险标的的损毁程度 $=\dfrac{F}{E}$

(4) 受损保险标的的平均保额与总平均保额的比率 $=\dfrac{E}{D}\times\dfrac{A}{B}$

上述各因素相乘之积即为损失率。如果以 F/B 代表损失率,则有,

$$\dfrac{F}{B}=\dfrac{C}{A}\times\dfrac{D}{C}\times\dfrac{F}{E}\times\dfrac{E}{D}\times\dfrac{A}{B}$$

在这里,赔偿多少反映损失状况,保险金额反映财产价值,损失率即说明了保险财产价值受到了多大损失。

需要指出的是,损失率是计算财产保险纯费率的基础,但损失率不能以一次或某一时期保险事故中的赔款来确定。若这样的话,由此制定的保险费率就只能反映保险损失赔偿的偶然性,而不具有客观规律性。在实际业务中,保险人一般选取业务相对稳定的一些年份,分别计算每年的保额损失率,然后求其均值,得到平均保额损失率,再加上一定程度的安全加成就可以作为纯费率了。

二、费率的构成

以上我们从一般的角度讨论了费率的问题。现在我们需要强调一下毛费率的特点。大家已经知道,纯费率加附加费率构成毛费率,但这种毛费率只是财产险中某一大类险种的毛费率,它没有特别考虑分项业务的需要,因此在实践中,还必须根据级差费率对分项业务的费率进行调整。级差费率是指在同类风险范围内,保险人用于核算不同风险程度和损失率的差别费率。例如,房屋建筑有不同的结构,可以分为一等建筑、二等建筑和三等建筑等;货物运输有不同的运输工具、不同的航线和不同的货物等,它们的风险程度都各不相同。保险人在承保业务时,应当运用级差费率对之进行适当调整,使风险大的业务费率高一些,风险小的业务费率低一些。这样做,一方面能够适应各分项业务的客观实际需要;另一方面,也使投保人有很大的选择性,由此体现公平合理的原则。

第五节 寿险产品的定价

一、决定寿险产品价格的三个因素

寿险产品的定价是一个复杂的过程,它是由精算师按照充足、适当、无不公平的歧视

等原则,依据以下三个主要因素来进行的:① 死亡率,它是指一组被保险人的预计死亡率。② 投资收益,它是指保险公司经由投资而可能赚取的收益。③ 费用,它是指保险公司签发保单的所有费用和保险公司的运营成本。

(一) 死亡率

为确定未来需要多少资金来支付索赔,保险公司必须能够精确估计发生索赔的次数和时间。因此,在对寿险产品进行定价时,保险公司需要预测出一组被保险人中每年将发生的死亡人数。需要指出的是,精算师所关心的是给定一组被保险人中发生的死亡人数,而并不关心张三或者李四哪一位被保险人将死亡。

寿险公司将相同年龄、相同性别和相同风险等级的被保险人划为同一保单组。精算师在计算费率时,必须确定该保单组包括哪些保单,例如是定期寿险保单,还是终身寿险保单,抑或是两全保单。在大多数情况下,保险公司以 1 000 元保额为单位计算一组保单的费率。换句话说,寿险费率通常表示为每 1 000 元保额的保费。例如,一张保额为100 000 元的两全保单,其年缴保费为 5 000 元,每 1 000 元保额的保费为 50 元。

确定死亡率的重要基础是生命表。寿险保险人利用生命表可以看作是确定一组寿险保单价格的首要步骤。生命表又称死亡表,保险公司可以借助它较为合理地预测某一特定被保险人团体在给定年龄组的死亡(生存)状况,也即预测在特定年度内每一年龄组中可能有多少人死亡。在现实中,实际发生的死亡率可能因组而异,有的组可能高于预期水平,有的组可能低于预期水平,因此,这些差异将可能相互抵消。

经验表明,男性和女性的死亡率不同,吸烟者和不吸烟者的死亡率不同,因此,保险人用以计算保费的生命表也可以分为男性非吸烟者和男性吸烟者生命表,女性非吸烟者和女性吸烟者生命表。此外,经验还表明,购买年金的被保险人其经济情形及身体状况通常较购买死亡保险的被保险人为好,前者的死亡率通常低于后者,故生命表也有寿险生命表和年金生命表之区分。

(二) 投资收益

保险公司在确定保单价格时应考虑的第二个因素是投资收益。显然,保费收入是用以支付寿险理赔资金的主要来源。因为保费的收取与赔偿给付在时间上存在差异性,这种时间差使保险企业在资本金和公积金之外,还有相当数量的资金在较长时间内处于相对闲置状态,因此,保险人可以在此期间将其进行投资。

国际经验表明,寿险公司可以通过许多渠道进行投资,如投资于政府债券、公司债券、公司股票、抵押贷款、保单贷款、房地产等。我们将在保险投资一章中对此进行详细介绍。

(三) 费用

公司的运营成本是寿险产品定价必须考虑的第三个因素。运营成本包括销售和佣金成本、建立和维持总公司及分支机构的费用、雇员薪金、税收、股东分红(如果是股份公司)等。为了补偿上述这些运营成本及获得预期利润,保险公司必须在净保费的基础上加收一笔保费,这一保费被称为附加保费。净保费与附加保费之和称为毛保费,它是保险人销售保单时向投保人收取的总保费。

以上我们简要讨论了保险人在计算寿险保单时必须考虑的三个因素:死亡率、投资收益和费用。需要指出的是,保险人用以表述保单成本的方式将随保单类型的变化而有所不同。有些保单成本,比如万能寿险保单分别规定了保险人补偿死亡费用和经营费用所需的金额,以及用于计算保费的投资回报率;而其他一些保单,比如定期寿险和终身寿险保单则仅笼统地规定了保险人对保单收取的毛保费。

二、定价因素的改变

对于像万能寿险这样的分别列出定价因素的保单来说,保险公司通常会对各个因素做出一个最高水平或者最低水平的保证。例如,保单规定其储蓄价值至少按照4%的年利率累积生息。如果市场条件不好,保险公司的实际投资收益低于预期收益率,保险公司也必须对保单持有人支付4%的收益率;如果市场条件趋好,保险公司的实际投资收益率高于预期收益率,则保险人将支付高于4%的利率。同样,此种类型的保单也规定了保险人预期死亡率。如果实际死亡率比预期死亡率低,对于保险公司而言就形成了死差益,相反则形成死差损。

本章总结 》

1. 随机事件的概率在保险经营中指损失概率。损失概率对于保险人制定纯费率具有决定性的作用。在计算损失概率的过程中,很多时候需要运用互不相容事件、复合事件、选择性结果等概念。

2. 保险经营中的损失期望值可通过将损失的数额看作具有某一概率分布的随机变量,然后求其数学期望值得出。大数定律表明,随着保险标的的数量增加,实际发生损失的值将越来越接近估计损失值。

3. 保险费简称保费,它是投保人向保险人购买保险所支付的价格。保费的多少是由保险金额的大小和保险费率的高低这两个因素来决定的。在实际运行中,保费的确定还要考虑大量市场因素和运营成本的影响。保险费率简称费率,它是保险人按照单位保险金额,向投保人收取保费的标准。费率的计算应遵循适当性、公正性、稳定性、鼓励性以及合理性的原则。

4. 损失率是指保险财产价值遭受损失的比率。损失率等于保险赔偿额除以保险金额。在实际业务中,保险人一般选取业务相对稳定的一些年份分别计算每年的保额损失率,然后求其均值,由此得到平均保额损失率,再加上一定程度的安全加成就可作为纯费率。在实践中,通常还需要根据级差费率对分项业务的费率进行调整,得到最终的保险费率。

5. 死亡率、投资收益和费用是决定寿险产品价格的三个主要因素。寿险定价是一个复杂的过程,对于万能寿险等分别列出定价因素的产品来说,还需要考虑定价因素的改变。

思考与练习 》

1. 试计算以下损失的期望值。

损失额	损失发生的概率
3 000 元	0.2
20 000 元	0.3
100 000 元	0.5
200 000 元	0.0

2. 对于一家保险公司而言,扩大市场份额可以说是从精算角度保证公司正常运营的要求。试用大数定律对此进行解释。

3. 影响保险费率的因素主要有哪些?制定保险费率需要考虑哪些原则?

4. 寿险产品定价主要考虑的因素有哪些?实际死亡率可能高于也可能低于生命表中的死亡率,为什么寿险公司依然采用生命表作为计算保费的依据?

5. 为什么在财产保险实践中需要考虑级差费率对分项业务进行调整?

第十八章　　保险核保

■本章概要■

对保险公司来说，核保是保障经营安全、保证公司利润增长的关键业务环节。本章将介绍核保人的主要职能、核保过程的关键步骤、核保的管理以及续保的主要过程。

■学习目标■

1. 了解核保人的主要职能以及各项职能所对应的考察对象。
2. 掌握核保过程的关键步骤。
3. 理解保险公司核保管理的主要任务和作用。
4. 熟悉续保条件和应当注意的主要问题。

引　　言

虽然在大多数场合，我们可以说保险市场总是类似于一种买方市场，但这并不等于说，只要投保人或被保险人需要某种保险，他们就能够得到。实际上，即使保险中介人不遗余力地劝说投保人购买保险，后者在很多情况下也要受到保险人严格的检查和筛选，只有符合一定条件的投保人和被保险人才能被保险公司接受为其顾客。从保险公司的角度来说，这个过程就是核保。

第一节　核保人的主要职能

公元17世纪，英国的商人和贸易者冒险航行到所谓的"新世界"和远东地区，从那里换取到在欧洲有很大需求的商品。这种航行获利虽然非常丰厚，但风险也相当大。于是，这些17世纪的船主和商人聚集在伦敦爱德华·劳埃德的咖啡馆里，寻找那些愿意给他们提供补偿合同（最初的保单）的人，即潜在的"核保人"。这些"核保人"在做出承保决定之前，需要了解船长的个人情况、船只本身的情况、计划航线、航行的时间和理由以及运载的货物。如果认为这个风险是可以接受的，那么，他们就可以商议起草一份补偿合同，在这份合同之下，每一个保险人签署上自己的名字，以及他愿意承担的风险的数量（这就是 underwriter 的由来）。然后，每一个核保人从船主那里按照他们各自承担风险的比例收取一些费用，这些费用被称作保费。如果航行中的某些风险损毁了船只和货物，这些"核保人"将同船主或商人来共同分担这个损失。

在二百多年以后的今天，保险业已发展得越来越复杂，也越来越机构化了。但是，核保人的工作性质并没有发生根本性的变化。

核保员即在保险合同上签署自己的名字,对风险做出接受、拒绝、部分接受等各种抉择的人。核保的总目标是选择和保持能够使公司的利润迅速增长的业务。围绕着这样一个总目标,核保员的职能主要包括确定供需规模、确定价格、确定保单条件和核保条件分析等四项内容。

一、确定供需规模

保险公司可能每天都要收到许多投保申请,那么,是不是核保员将接受所有的投保申请并发售保单呢?在现实中,由于逆选择和公司的承保能力这两个因素的存在,保险公司不可能接受所有的申请者。[①]

(一)被保险人

在现实中,由于逆选择的存在,保险人必须特别谨慎地对被保险人做出选择。逆选择首先是一个经济学概念。经济学家很早就认识到了逆选择对市场有效运行的干扰。[②] 逆选择通常是与信息的非对称相联系的。从投保人的角度来说,那些有很大可能遭受风险损失的人要比一般的人更希望购买保险。例如,一个身患癌症的人就比一个健康的人对保险的需求更强烈;一个经常出车祸的人也比驾驶车辆非常小心谨慎的人更希望购买保险。这对于投保人个人来说是有利的选择,对于保险公司来说,显然是一种很不利的选择。这种情况即被称作保险中的逆选择。正是由于逆选择的存在,保险公司才必须通过严格筛选申请者以避免由逆选择所带来的不利影响。如果保险公司不能有效地区分不同被保险人的风险级别并且针对风险级别定价,那么高风险者就会从购买保险中受益,从而积极购买保险;相反,低风险者由于保费高于其预期损失,从而会退出保险。这样,由于预期损失提高,保险公司又进一步提高费率,如此下去,会使保险市场形成一种恶性循环,不利于保险市场的发展。在西方成熟的保险市场上,由于相对充分的竞争和保险公司之间的信息共享等已使道德风险和逆选择问题得到了较好的控制,但是仍然没有彻底消除。

(二)公司的承保能力

承保能力是指基于公司净资产规模基础之上的公司的业务总量。它是通过净承保保费对公司净资产的比率,即业务容量比率来衡量的。保险人在一个给定的时期内(通常为一个会计年度内)所出售的所有有效保单的保费之和为总核保保费。它既包括原保险保费,也包括再保险保费。而净承保保费是指只包括原保险保费,但不包括再保险保费在内的保费总和。

[①] 我们在第三章已经指出过,投保人与被保险人的本质特征是不同的。在本章以下的内容中,我们只是为行文的方便,假定投保人与被保险人总是为同一人,而没有使用被保险人的概念。因此,读者需要注意这一点。

[②] 对这一问题的现代理论研究始于乔治·阿克洛夫(George Akerlof)的论文"The Market for Lemons Quality Uncertainty and the Market Mechanism",*The Quarterly Journal of Economics*,Vol. 84,No. 3(Aug.,1970),pp. 488—500。

计算业务容量比率的公式为①:

$$业务容量比率 = \frac{净承保保费}{净资产}$$

承保能力成为限制公司接受新业务的理由在于:第一,保费实际上是保险人对投保人(被保险人)的负债。保险人接受的保单越多,其负债越大。同时,发售新保单还意味着保险人要支付新的费用,像保单的制作、代理人的佣金、展业成本等。这在短期内必然会减少公司的净资产。第二,如果公司接受的业务太多,损失和费用又超过了净承保保费,公司就必须动用以前的盈余来偿还债务。这两种情况无疑都将增大保险人的经营风险,使被保险人面临不能按时得到赔偿和给付的风险。因此,保险公司必须在其业务容量允许的范围内保持业务的增长,以便维持公司经营的稳定。

当然,从长期来看,如果公司经营得好,发售新保单所带来的保费收入能够超过其支出,那么,接受新的业务也会提高保险人的盈余水平。可见,保险人应当通过稳定的、持续的业务增长来达到扩大承保能力的目的。一般来说,保险人可以通过以下三种方法来保护和扩大他们的承保能力,即风险的分散、现有资源的最佳利用、运用再保险。

1. 风险的分散

由于每一个保险人的承保能力都是受到一定限制的,因此,保险公司要尽可能在这个范围以内有效地分配这种能力。对于保险公司而言,"不将所有的鸡蛋都放在一个篮子里"也是一句至理名言。只有通过在不同类型的业务、不同的市场、不同的地区来分散自己的业务,保险公司才可以减少那种集中发生在一个地区或一种保险标的上的损失,由此提高盈利率。

保险公司还可以通过对任何一种保险业务设定限额的方式来分配承保能力。一般来说,有的保险业务的限额规定要严格一些,有些则可以宽松一些。严格还是宽松主要取决于这些业务所反映的风险的性质。例如,保险公司可以对坐落在乡村的、几乎没有防火设施的房屋保险设定一个很严格的限额,而对坐落在城市、有着良好的公共和私人防火设施的房屋设定一个宽松的限额。

2. 现有资源的最佳利用

除了财务资源,每一个保险公司还要依赖于其他的一些有效资源,例如像办公室和机器设备之类的有形资源,以及包括代理人或经纪人、精算师、核保员、投资分析员、风险管理人员、理赔员和律师等在内的人力资源。

对于任何一家保险公司来说,一个重要的原则是,不要贸然承保你自己不熟悉的业务。换句话说,你在哪一险种上最具优势,你就优先发展和承保哪一类业务,发挥自己的比较优势。

3. 运用再保险

简要来说,再保险即原保险人和另一个保险人,即再保险人分享保费和损失的一种保险。再保险人收取一定比例的保费,在损失发生的时候,承担一定的损失。原保险人

---

① 西方国家的业务容量比率一般以2为宜,即净承保保费一般不超过净资产的2倍。我国的《保险法》规定,经营财产保险业务的保险公司当年自留保险费,不得超过其实有资本金加公积金的4倍。自留保险费是指保险人核保、收取保险费后,除去因分保而支付的再保险费所剩余的保险费。读者需要注意,这两个比率中的分子、分母的内涵是不完全相同的。

所能保留业务规模的大小通常是受其承保能力限制的。如果能够得到再保险,原保险人就可以通过向再保险人转移部分保费和潜在的损失来扩展新业务。可见,再保险的可能性也影响到保险人的业务承保能力。

二、确定价格

价格职能是指根据风险的不同性质和程度来收取保费。价格职能包括两方面的内容:首先,对被保险人做出适当的分类。对被保险人的分类主要是根据年龄、性别、职业、生活习惯等因素的不同,将其归入不同的类别中。其次,针对不同的保险标的和风险单位确定适当的费率。风险单位是指发生一次保险事故可能造成保险标的损失的范围。它是保险人确定其能够承担的最高保险责任的计算基础。风险单位在不同的场合有不同的含义。例如,在工伤保险中,通常工资单上的每 100 元为一个风险单位;在车辆保险中,每一辆车为一个风险单位。

由于风险的特征和风险因素是在不断变化的,费率也必须得到修正以反映这些变化。虽然费率是由精算师确定的,但核保员的工作也是定价过程中的一个非常重要的部分。事实上,对一些罕见的风险和损失标的来说,其费率就是由核保员根据以往的经验来决定的。从这个意义上来看,核保员也是一个费率的制定者。

三、确定保单条件

一般来说,大多数被保险人都适合于使用标准保单。在西方国家,标准保单通常是由一个权威机构制定的。从这一点来看,不同的公司所销售的同一险种的保单可以说没有太大区别。但是,各公司也可以根据自己的情况,使用所谓的非标准保单,即公司自己制定的保单。非标准保单在总体上与标准保单没有很大的区别,只是在某些方面作了一些改变。各保险公司可以自己决定是完全遵照标准保单的形式,还是作某种程度的修改。有些类型的险种没有标准保单,因此,不同的公司就必须制作自己的非标准保单。

在有些场合,保单条件的决定是很简单的,即核保人只是向投保人提供一个他所需要的保单,并不修改附加条款;但在另一些场合,核保人与投保人可能要就险种、保险条件、具体要求、免赔数额、除外责任和附加条款等进行进一步的协商。协商的最后结果与标准保单相比可能有很大的不同。

四、核保条件分析

核保的实质是审核某一风险单位的风险是否与现行费率相匹配。核保人要定期地检查风险因素、损失状况和被保险人的其他情况,以便观察这些条件和因素是否发生了重大改变。由于核保决定涉及对潜在损失的评估,因此,核保人必须定期对风险因素和其他的条件进行回顾、检查和分析。

如果一个被保险人的风险因素增加了,那么,核保人就要对他进行重新归类。例如,从可接受的被保险人的类中转到不可接受的被保险人的类中。假定一个被保险人将他的停车地点改到了一处生产有毒气体的实验室附近,那么,核保人就可能需要提高他的保费,以反映风险因素的增加这一客观事实;或者不接受该投保人的续保。

核保分析实际上是在保费额和损失率之间进行比较和取舍。一份非常严格,即选择标准很高的保单可能降低损失率(这是有利的结果),但同时也可能会减少保费额(这是不利的结果),而保费额本身又是获取投资收益和支付损失即费用开支的基础。但一份选择标准很低的保单将提高损失率,有时候,甚至额外增加的保费也并不足以支付额外的损失和费用。因此,对于核保人来说,他需要在保费额和损失率之间进行审慎的选择。在很多情况下,他可以运用经济学中的成本与收益比较的思路和方法。

第二节 核保的过程

核保决定是在每一份保险申请、续订保单和附加条款的基础上做出的。核保过程主要包括信息的收集与整理、风险的识别与分析、承保的抉择与实施等步骤。

在有些场合,核保的某些过程是用计算机程序化了的,这种情况通常运用在数量很大的保险标的的场合,像汽车和家庭财产保险等。它的做法是,由计算机来筛选申请者:如果申请人满足了所有的条件,则接受申请人为被保险人;如果没有满足这些条件,则拒绝接受其为被保险人。如果接受或者拒绝的理由并不是那么明显,则将此份申请交由核保员来做出具体的评价。因此,在许多场合,特别是在商业保险的场合,可以说,核保在很大程度上是一个加入了个人判断因素在内的过程。

一、信息的搜集与整理

(一) 信息的作用

核保员是在综合各种信息和个人判断的基础上做出有关核保决定的。此外,信息对核保人的作用还在于它能使核保人改进决策的制定。为了做出决策,核保员需要从各个方面得到各种信息,以便分析每个申请者所具有的潜在的损失。

(二) 信息的来源

在保险业发达的国家,信息的来源主要有:

1. 中介人

中介人包括保险代理人、保险经纪人等。中介人通常能够提供一些并不包括在申请表上的信息,例如对申请者的个人评价。

2. 消费者调查报告

一些独立的消费者服务机构将调查和提供有关未来或潜在的被保险人的背景材料和信息。

3. 体检报告

这主要是用于人寿与健康保险的场合。[①] 报告的内容包括身高、体重、腰围、胸围、血型、心肺和神经系统等。一般说来,投保数额越大,体检的项目就越详细。[②]

[①] 美国有专门的医疗信息机构(Medical Information Bureau)向保险公司提供诸如此类的信息。美国所有的寿险公司都是其会员。

[②] 在美国,由于艾滋病患者和吸毒者人数的上升,近些年来,进行血检和尿检的被保险人的人数急剧增加。另外一个引起广泛争议和研究的问题是遗传基因的检测。

4. 地区销售经理

许多保险公司都有地区销售经理,这些人通常长期与保险代理人或经纪人打交道,了解情况,因此,他们经常能够提供一些与投保人有关的有用的信息。

5. 中介人的经营业绩

在评价投保申请时,核保员通常十分重视代理人和经纪人的经营业绩。如果保险人或代理人的业绩一直非常优良,那么,在有的情况下,即使他们交来的投保人的投保申请并没有满足所有的核保条件,核保人可能也会接受。

6. 相关单据

有的时候,保险公司也可以从投保人或被保险人所保存的一些单据中获得某些信息,例如珠宝鉴定的复印件、购买货物的账单等。对于一家企业来说,说明公司经营状况和未来计划的年度报告,以及财务报表也可以提供许多有用的信息。

二、风险的识别与分析

对于核保员来说,一旦得到了所需的信息,他就必须识别和分析投保人所具有的或呈现出的一些风险因素。换句话说,他必须确定那些会提高损失发生的不确定性和严重性的事件和条件。例如,一个车主的汽车刹车有问题,这一事件很显然会增加损失发生的不确定性和严重性。生产者如果在产品的生产中使用一些危险的化学物质,例如铅,会很容易导致工人铅中毒,导致工伤事故赔款。核保人一旦确定了这些风险因素以后,他就必须做出分析,这种物质的毒性有多大,可以采用什么方法避免它,可以采取什么措施来防止它产生过度的危害。除此之外,核保员还必须对投保人的所有情况进行总体评估,然后决定,这些风险因素综合在一起是否加大了损失发生的不确定性和严重性,从而使得保险人无法接受这一风险。因此,核保员必须进行多方面的比较,例如,将这个风险因素和其他的风险因素进行比较,将生产某一产品的生产者与另外的生产者进行比较。这种比较将决定有关的风险程度是高于平均水平还是低于平均水平,平均水平即核保员可以接受的风险的基准。

风险因素的识别和分析主要有以下几个方面:

(一)有形风险

我们在第一章已经指出过,有形风险因素即提高损失发生的可能性和严重性的个人、财产和经营的物质方面的特征。例如,在审查是否接受一个火灾保险的投保人的申请的时候,核保人必须考虑他的房屋结构、居住情况、保护措施和外部环境。如果有一间办公室,其隔壁就是一家没有任何有效的防火措施的饭店;另一间办公室则坐落在有着非常现代化防火措施的大楼里,那么,很显然,后一种场合的风险因素要比前一种场合小得多。

(二)道德风险和行为风险

这两种风险我们也都已经在第一章中涉及过,它们都属于一种无形风险。道德风险即人们以不诚实、不良企图或欺诈行为故意促使保险事故发生,或扩大已发生的风险事故所造成的损失,以便从中获利;而行为风险则是指由于人们行为上的粗心大意和漠不关心,以致增加了风险事故发生的机会或扩大了损失的程度。相对于有形风险来说,无形风险较难识别,但核保员还是可以通过一些线索和指标观察和了解到,比如投保的个人或单位的财务状况、投保人的生活习惯和个性等。

(三)法律风险

法律风险通常有以下几种情况:主管当局强制保险人使用一种过低的保费标准;要求保险人提供补偿范围广泛的保险;限制保险人使用撤销保单和不续保的权利等。法律风险还可能包括法院的判决,比如说,法院以一种并不是保险人本意的语言来解释保单。举例来说,商业责任保险所提供的环境污染保险要求损失必须是突发的或意外的。然而,在法院判决的案例中,保险人认为,污染很明显不是突发或意外的,而是逐渐发生的,因此不予理赔;但法院则判决这是一种突发的或意外发生的污染。在这种情况下,保险人就要承担这种由法院的判决所引起的法律风险。

除了风险因素本身,核保人还应当审查投保人在风险控制和防范方面所做的一些积极有效的工作。例如,如果一个投保人采取了损失控制的方法,他的财政实力很强,声誉也不错,这说明他的投保条件优于标准水平。相反,如果另一个投保人没有采取任何损失防范的措施,在过去的五年中经营情况也不好,那么这个投保人的投保条件就劣于标准水平。可见,如果某一投保人的风险低于平均水平,说明他的投保条件优于核保人的标准水平,这个风险就是可以接受的,保险人也是有利可图的;而如果风险高于平均水平,说明他的投保条件低于标准水平,核保员就必须认真做出选择决定。

因此,一般说来,如果一个投保人的风险因素大于正常的风险因素,那么,保险公司不可能在标准保单的条件下接受其为被保险人,除非这种风险因素能够被消除、控制,或者可以通过大幅提高保费而抵消。如果一个投保人的风险因素相当于正常的风险因素或者小于正常的风险因素,从保险公司的角度来说,那他当然是非常理想的投保人。

三、承保的抉择与实施

(一)做出承保抉择

对核保员来说,他经常面临如下三种抉择:接受投保;拒绝投保;接受投保,但要做出一些变动。第三种情况最需要核保员的创造性活动。当要做出选择时,核保员必须同时考虑风险单位、风险因素、保单期限和条件以及保费等各种条件。通常来说,核保人不应当孤立地考虑某一个因素,除非在一些极端的场合,某一个因素极端地糟糕,以致不论投保人其他的条件怎样好,核保员也不愿接受他。但我们不能由此得出相反的结论,即不论其他的条件多么坏,只要有一个条件非常好,核保员就可以接受这个投保人。通常来说,一个投保人在最初申请保险的时候,可能由于某种原因而遭到了拒绝,但如果做出一些变通的话,就可能被接受为被保险人。最常见的情况是,投保人同意采取并实施一些防范和控制损失发生的措施。

核保抉择有两个非常重要的作用:第一,避免投保人的逆选择,减少公司不必要的损失;第二,通过对不同地理位置、不同类型业务的选择,扩大业务量,最大限度地获取利润。这种分散业务的方式有助于保险人避免特大灾难,并使得其产品能够在很大的市场范围内销售。

（二）实施抉择

一般来说,每一个核保员都是有自己的业务范围和授权范围的。在此范围内,核保员可以拒绝或接受投保单,然后再将此转至下一个部门。但如果投保单超出了核保员的授权范围或业务范围,他就只有向上一级主管部门或经理的建议权而没有批准权。通常来说,上一级主管或经理可以对核保员的建议做出三种决断:批准、否定、将投保单转至更专业的核保员或高级核保员来受理。

第三节 核保管理

保险公司的核保管理有四个主要任务:第一,建立经营目标,以补充或支持公司的总目标;第二,管理人员应当告诉核保员怎样完成这些特定的目标;第三,管理人员必须定期检查核保员的工作,以便判断他们是否按照公司制定的核保指南的要求去做了,是否满足了核保的目标;第四,核保管理者必须不断地修改核保指南,以适应客观情况的变化。

对于核保管理来说,其任务不仅仅是制定核保指南和检查核保的决策。核保管理工作最重要的方面是将公司的总目标转换成保单的具体要求和实践。随着内部和外部客观条件的变化,公司也要不断修改自己的核保规则和标准。可以说,核保管理正是实施这些变革的一个重要中介。

一、参与公司管理

在一个保险公司中,高层管理小组通常包括负责核保、市场销售、理赔、财务、精算和其他职能的官员。在这个层次上做出的决策要决定:开发什么新险种;哪些险种应当优先发展;使用什么样的市场销售体系;等等。在这里,核保管理人员的主要责任就是将公司的这些总目标变成核保的具体目标和经营实践。

二、安排再保险

核保管理的第二个职能是安排再保险。我们将在第二十二章详细讨论再保险。

三、制定和实施核保指南

核保管理的第三个职能是制定核保指南。一份好的公司核保指南能够使得核保员做出最优的决策,并满足公司的核保目标。

核保指南通常需要列出核保员对每一险种应当考虑的一些因素;与这些因素相关的投保申请者的各种好的和不好的特征;公司对这些投保申请者的态度;等等。在这个基础上,核保员对每一份申请做出评价,然后决定怎样处理这些申请;怎样实施这些决定。

在做出了核保管理决定之后,有必要检查它的结果,以判定其结果是否令人满意。检查形式通常有两种:第一,各个核保员是否执行了核保指南。如果没有,这就很难说核保指南是有效的。一般来说,核保管理部门应当定期派遣核保检查小组去各个分公司,以检查核保指南的执行情况。第二,如果各核保人的确执行了核保指南,那么,效果怎么样,其结果是否令人满意。

影响公司经营的因素有许多,核保的管理是其中一项很重要的内容。只有实施有效的核保管理,才能够在需要的时候,迅速地对保单做出修改,以适应客观情况的变动。

第四节 续 保

续保是在一个保险合同即将期满时,投保人向保险人提出申请,要求延长该保险合同的期限,保险人根据投保人当时的实际情况,对原合同条件稍加修改而继续对投保人签约核保的行为。

续保是以特定的合同和特定的投保人为对象的。不论是对保险人还是对被投保人来说,续保都有一定的优越性。从保险方来看,续保不仅可以稳定公司的业务量,而且利用与老客户间业已建立起来的老关系,公司还可以减少许多展业工作量和费用。对投保方来说,通过及时续保,不仅可以从保险人那里得到连续不断的、可靠的保险保障与服务,而且作为公司的老客户,也可以在核保体检、服务项目及费率等方面得到公司的通融和优惠。通常来说,续保比初次核保的手续和程序都要简便一些。

在展业中与已订约的投保人保持经常的联系,稳定公司与投保人的关系,是增强投保人对公司的信心、提高续保率、保持公司业务量稳定增长的关键。对于保险人来说,续保应当注意以下问题:第一,及时做好对保险标的的再审核等工作,以避免保期的中断;第二,在保险标的的风险程度增加或减少时,应对费率进行适当的调整;第三,保险人应根据上一年经营和赔付的情况,对承保条件与费率进行适当调整;第四,保险人应考虑通货膨胀因素,使投保金额能够随生活费用指数的变化而做出调整。

本章总结

1. 核保人即在保险合同上签署自己的名字,对风险做出接收、拒绝、部分接收等各种抉择的人。核保的总目标是选择和保持能够使公司的利润增长的业务。核保人的职能主要包括确定供需规模、确定价格、确定保单条件和核保条件分析等四项内容。

2. 确定供需规模需要谨慎地选择被保险人,详细考察保险公司的承保能力。保险公司可以通过风险的分散、现有资源的最佳利用以及运用再保险来扩大其承保能力。

3. 核保的过程主要包括:信息的搜集与整理、风险的识别与分析、承保的抉择与实施。从很大程度上来说,核保是加入了个人主观判断因素在内的过程。

4. 保险公司的核保管理有四项主要任务,分别是建立经营目标、指导核保人员完成这些特定的目标、监督核保人员的工作和适时调整核保指南。有效的核保管理是公司管理的重要组成部分,安排再保险、制定和实施核保指南也是核保管理的重要职能。

5. 续保是指一个保险合同期满时,投保人向保险人提出申请,要求延长该保险合同期限,保险人根据实际情况做出调整后继续对投保人签约核保的行为。无论对投保人还是对保险人而言,续保都具有一定的优越性。

思考与练习

1. 如果没有核保这一业务环节,可能会给保险公司带来什么样的后果?
2. 如何衡量保险公司的承保能力?保险公司如何扩大其承保能力?
3. 核保员的职能主要有哪些?一般而言,核保员在做出核保决定之前,需要搜集哪些方面的资料?随着计算机技术的发展,使用计算机程序参与核保过程越来越普遍,但在很大程度上来说,它仍然不能代替核保人员的作用,为什么?
4. 什么是法律风险?除了文中提到的风险因素,你还能想到哪些风险要素也会成为核保人员必须考虑的因素?
5. 为什么说续保对保险公司和投保人都具有一定的优越性?

第十九章　　保险理赔

▍本章概要▍

在发生保险事故以后,索赔与理赔成为最关键的步骤。被保险人通过这个过程行使风险转移的权利,而保险人则通过这个过程履行补偿给付的义务。本章将给出索赔与理赔的定义,叙述索赔和理赔的基本程序。本章的最后将介绍委付的概念、实行条件和其效力。

▍学习目标▍

1. 了解索赔、理赔的含义及各自理赔的程序。
2. 掌握近因原则及其运用。
3. 了解估计财产损失金额的办法。
4. 理解损余处理和代位追偿的各自含义和实际应用。
5. 了解委付的概念、委付的条件和委付的效力。

引　言

消费者购买保险的主要目的就是在发生保险事故的时候得到保险的保障。因此,发生保险事故以后,保险人应当及时履行赔偿、给付保险金的责任。这一过程需要经过特定的程序,这就是索赔与理赔。索赔与理赔是一个问题的两个方面,它们直接体现了保险的职能以及保险合同当事人的具体权利与义务。

第一节　索赔与理赔概述

一、索赔与理赔的定义

索赔是指被保险人在保险标的遭受损失后,按照保单有关条款的规定,向保险人要求赔偿损失的行为。它是被保险人实现其保险权益的具体体现。

理赔是指被保险人在保险事故发生并提出索赔的要求以后,保险人根据保险合同的规定,对事故的原因和损失情况进行调查并予以赔偿的行为。

二、理赔人员

在保险业务中,专门从事理赔工作的人叫作理赔员。在财产与责任保险中,主要有理赔代理人、公司理赔员、独立理赔员和公众理赔员等。

理赔代理人具有公司所授予的理赔权利,但代理人的权利通常只以小额损失为限;

如果是数额较大的损失,他们也可以向公司提出重要建议。理赔代理人一般对被保险人的情况较为熟悉,而且离损失地点也较近,因此他能够迅速得知损失的情况和原因,使用保险人和被保险人都相对比较满意的解决办法。一般来说,理赔代理人有两种类型:一种是没有核赔权的,即保险公司没有给其开出信用证。代理人对审核赔案提出意见后,将赔案卷宗寄给保险公司出单机构。保险公司核定后如同意赔付,则将赔款汇给代理人,并由他们转交给收款人。另一种是具有核赔权的理赔代理人。即保险公司开给代理人一定数额的银行信用证,授权代理人在一定金额以内,凭规定的单证从当地银行支取赔款,付给收款人。授权金额的大小根据业务需要和代理人的资信能力等条件而有所不同。

公司理赔员属于公司的雇员,专门负责处理公司的理赔事务。独立理赔员不是公司的雇员,他们依据合同的要求同时为几家保险公司工作。公众理赔员是与独立理赔员不同的。他们所代表的是被保险人,而不是保险公司。公众理赔员通常从保险公司赔付给被保险人的保险金中收取一定比例的费用作为其服务费。

三、索赔的程序

索赔主要包括以下步骤:出险通知;采取合理的施救、整理措施;接受检验;提供索赔单证;领取保险金;开具权益转让书。

(1) 出险通知。保险事故发生后,被保险人或受益人应将事故发生的时间、地点、原因及其他有关情况,以最快的方式通知保险公司,并提出索赔请求。索赔是有时效规定的。时效有取得时效和消灭时效两种。保险索赔时效主要是消灭时效。它是指索赔超过合同所规定的请求权存在的期限时,请求权即因逾越时效期而消灭。不同的保险险种通常对时效有不同的具体规定。

(2) 采取合理的施救、整理措施。

(3) 接受检验。被保险人要保护出险现场,并提供检验上的方便,使保险公司能正确、迅速地进行核赔。

(4) 提供索赔单证。这些单证包括:保险单、账册、收据、发票、装箱单等保险标的的原始单据;出险调查报告、出险证明书、损失鉴定证明;受损财产损失清单和施救整理费用的原始单证等。

(5) 领取保险金。

(6) 开具权益转让书。这不是必经程序,只有在涉及第三者责任时,被保险人在领取赔款后才需要开具权益转让书,表明损失已得到赔偿,保险公司由此享有被保险人转移过来的权益,即代位追偿权。

第二节 理赔的程序

保险的理赔通常需要经过确定理赔责任、确定损失原因、勘查损失事实、赔偿给付、损余处理、代位追偿等程序。

一、确定理赔责任

当保险人收到出险通知以后,应当先来研究以下问题,以便确定理赔责任:

(1) 保单是否仍有效力；
(2) 被保险人提供的单证是否齐全和真实；
(3) 损失是否由所保风险所引起；
(4) 已遭损毁的财产，是否为所承保的财产；
(5) 保险事故发生的地点，是否在承保范围之内；
(6) 保险事故发生的结果，是否构成要求赔偿的要件；
(7) 请求赔偿的人，是否有权提出赔偿请求；
(8) 损失发生时，投保人或被保险人是否对于保险标的具有保险利益。

在人身保险的场合，保险人除了需要考虑以上有关问题，还要特别调查清楚以下问题，以确定是否给付保险金：
(1) 索赔是否有欺诈或误告；
(2) 死亡的原因是什么，是属于正常死亡，还是自杀，抑或是意外事故；
(3) 被保险人的年龄或性别是否有误述；
(4) 如果被保险人失踪了，能否确定失踪地点；
(5) 领取死亡津贴的受益人是否为指定的受益人；
(6) 索赔人的伤残是否真正符合合同规定的要求；
(7) 医生是否提供了超额费用的账单；
(8) 伤残开始的确切日期是哪一天。

这里需要特别强调一下保险利益的问题。在财产保险中，保险利益不仅关系到哪些人能够成为投保人的问题，而且直接关系到哪些人享有赔偿请求权的问题。对保险标的已无保险利益的人，是不能获得保险人的赔偿的；虽有保险利益，但所能获得赔偿的数额，亦不能超过投保人或被保险人的保险利益。

人身保险合同不同于财产保险合同，有两点差别需要特别指出：第一，人身保险的保险标的（人的生命和健康）是不能以价值来衡量的，故保险事故发生后所造成的损失也无法以货币来衡量。因此，人身保险合同的保险金额主要是依据投保人（被保险人）的经济状况和身体条件等来决定[①]；而在财产保险合同中，被保险标的的保险金额一般是不能超过其实际价值的[②]。第二，从原则上来说，人身保险合同不必经保险人的同意可以自由转让；而财产保险合同非经保险人的同意不得随意转让。由于这两个原因的存在，在人身保险的场合，虽然要求在订立保险合同的时候必须要有保险利益的存在，但在发生保险事故的时候，并不要求享有保险金请求权的人对被保险标的具有保险利益。因此，财产保险中的损失赔偿原则在这里并不适用。[③]

二、确定损失原因

在保险事故中，造成损失的原因有时是多方面的。如在海上货物运输中，出现货物

[①] 不过，这里也有例外。如在债权人以债务人的生命为标的而与保险人订立合同的场合。这类合同只能以债务的数额及相关的费用作为衡量保险利益，并签订合同的标准。因此，投保人（即债权人）获得的赔偿金额就不得超过其对债务人所具有的保险利益。
[②] 请读者回忆一下我们在第三章所讨论过的超额保险合同。看在什么情况下，保险金额可能超过保险财产的价值。
[③] 例如，公司为其一关键雇员购买一份人寿保险。一年以后，该雇员离开公司。在这种情况下，应当说，公司对该雇员已不具有可保利益了。但如果该雇员死亡，作为保单所有者的公司仍然可以据此获得保险金。

腐烂现象,由此造成损失。这就要具体分析导致损失的原因是什么。它是由恶劣气候导致海水浸泡而成,还是在装船前,由货物本身的湿度过高所引起的。如果是属于保险人承保的保险责任,保险人应当承担赔偿责任,但如果不属于保险人承保的保险责任,则保险人就不应当承担赔偿责任。可见,确定损失原因是理赔工作的一个重要环节。

保险理赔中所遵循的一个基本原则叫作近因原则。近因并不一定就是一项结果的直接原因,而是一项结果的主要的或有效的原因。按照这一原则,如果有两个以上造成损失的原因,并且各原因之间的因果链未中断,那么,最先发生并造成一连串事故的原因,即可被认为是损失的近因。当然,从理论上来说,这种定义似乎是很清楚的,但在实际中,当招致损失的原因不止一个时,在众多的原因中,哪一个为远因,哪一个为近因,分析起来有时却是一件非常复杂的事情。

在实践中,近因原则的运用有以下几种情况:

(一) 单一原因造成的损失

这是一种较常见而又较单纯的方式。造成损失的风险事故只有一种。如果这一风险责任在承保范围内,则由保险人承担赔偿责任;反之则不赔偿。例如,货物在运输途中遭受雨淋而受损。如被保险人在水渍险的基础上加保了淡水雨淋险,保险人应负赔偿责任。如果被保险人只投了水渍险,则保险人不负赔偿责任。

(二) 多数原因造成的损失

多数原因的出现又有几种情况:多数原因同时发生、多数原因连续发生和多数原因间断发生。不同的场合,保险人的责任范围和大小也不同。

1. 多数原因同时发生

造成损失的风险事故,有时为一个以上并同时出现的原因所致,而且这些原因对保险标的的损失均有直接的、实质性的影响。这样,多种原因全部属于导致损失的主要原因。如果它们全部属于承保范围,保险人应全部负责;反之亦然。但如果在这多种原因中,有些是在承保范围之内,一些则属于除外责任,那么,保险公司的责任就要根据损失是否可以划分来决定。能够划分开的,保险人将承担所保风险导致的损失部分;不能划分开的,则保险公司可与被保险人协商赔付。

2. 多数原因连续发生

如果损失的发生为两个以上的原因所致,并且各原因之间的因果链未中断,其最先发生并造成一连串事故的原因,即为近因。在这一场合,保险人的责任,通常依据以下四种情况来定:

(1) 前因及后因均在承保责任范围以内,保险人应负全部损失的赔偿责任。

(2) 前因不在保险责任范围以内,但后因在保险责任范围以内,而后因是前因导致的必然结果,则保险人不负赔偿责任。

例如,花生含水量过高,在运输途中发生霉变。投保人虽投保了一切险,霉变属于保险责任,但近因是花生含水量过高,不在保险责任范围以内。因此,保险人不负赔偿责任。

(3) 前因在保险责任范围以内,后因不在保险责任范围以内,但后因是前因导致的必然结果,则保险人应负全部损失的赔偿责任。

例如,包装食品投保了水渍险,在运输途中被海水浸湿。食品的外包装受潮后导致食品发生霉变损失,霉变是海水打湿外包装导致水汽侵入所造成的结果。因此,保险人应负赔偿责任。

(4) 前因及后因均为除外风险,保险人一概不负赔偿责任。

3. 多数原因间断发生

如果造成损失的原因有两个以上,但前因与后因不相关联,即后来发生的风险是另一个新出现而又完全独立的原因,不是前因的直接或自然的结果,那么,保险人的责任视以下两种不同的情况而定:

(1) 如果新出现而又完全独立的原因为承保风险,则即使它发生在除外风险之后,其由承保风险所导致的损失,保险人仍应负赔偿责任。

(2) 如果新出现而又完全独立的原因为除外风险,则即使它发生在承保风险之后,其由除外风险所导致的损失,保险人也不负赔偿责任。

运用近因原则的目的在于保障保险双方的合法利益,明确保险人的赔偿范围。在实践中,如果在运用该原则时出现争执和纠纷,保险当事人应本着实事求是的精神,通过协商来解决。

三、勘查损失事实

在保险理赔责任被确定以后,如果确系由保险人负责赔偿,需要再作深入调查,以便估计损失金额。这一步骤主要包括以下一些项目:

(一) 确定损失状况

在人身保险方面,主要是确定人的死亡、疾病、伤残等情况;在财产保险方面,主要是确定损失的种类、发生时间以及损失程度,并应查明保险标的物的使用情况、保险事故的发生经过及其原因、有无其他保险等。

(二) 认定求偿权利

一般来说,保险合同中都规定有若干投保人或被保险人应当遵守的事项。如果投保人或被保险人违背了这些事项,保险人可以以此为由拒绝赔偿,换句话说,被保险人将被认定丧失其求偿的权利。例如,在保险标的物的使用性质或其本身的风险性质有所改变,因而增加了所保风险发生可能性的情况下,投保人或被保险人对此是否履行了通知义务,或是否获得了保险人的同意?投保人或被保险人是否在保险事故发生时尽力采取了适当的保全措施,以避免或减轻损害?对于损失发生后的现场,投保人或被保险人是否擅自加以了变更?等等。这些项目都足以使被保险人或受益人丧失索赔的权利。

(三) 估计损失金额

所有的财产保险合同事先都已规定,在被保险的财产发生损失的时候,保险人采取什么方法进行赔偿。在保险实践中,人们主要使用以下几种方法:实际现金价值法、重置价值法和约定价值法。

(1) 实际现金价值是指重置成本减去折旧或自然磨损等之后的余额,而不是指该保险标的在发生保险事故前本身所具有的价值。

折旧的通常做法是:规定有折旧率的,按照折旧率计算;无折旧率的,则根据保险标的在使用过程中由于退化、过时所造成的实际贬值情况计算。

(2) 重置价值即按照当时的市场价格所购商品的价值。它与现金价值的区别在于,折旧不包括在内。

(3) 约定价值即按照保险合同双方在签订合同时所约定的财产价值进行赔偿给付的价值,定值保单通常采取这一方法。

由于人寿保险属于定值保险,保险金额已事先确定,故不存在事后估价的问题。但在财产保险方面,则必须根据被保险人或受益人所提供的索赔文件或证物,以上述三种价值估算法为基础,确定赔偿金额。货物本身的损失、施救和整理费用、检验费用等也应一一核实。

四、赔偿给付

保险事故发生后,经调查属实并估定赔偿金额后,保险人应立即赔付。保险合同规定有期限的,保险人应在约定期限内赔付;没有约定的,也应尽快做出赔付。赔偿给付形式通常以货币为限。但如果保险合同有特别约定,保险人于必要时,也可以选择货币以外的方式。例如火灾保险的回复原状、汽车保险的修复、玻璃保险的重置、伤害与疾病保险的负责医疗等。

五、损余处理、代位求偿

(一) 损余处理

在财产保险中,受灾的财物有时还有一定价值,保险公司在全部赔付后,有权处理损失物资。保险人也可将损余物资折价给被保险人,以充抵保险金。如果损失原因属于第三者责任,保险人赔偿后即可行使代位权向第三者追偿。

(二) 代位求偿

代位权是指原债权人将所有各种利益转让给第三人,第三人在其转让的范围内行使其债权。保险人的代位求偿权是债权的代位权在保险关系中的运用。它是各国保险法共同承认的债权转移制度。实行代位求偿权的依据是:保险合同为损失补偿合同,被保险人所得赔偿不得超过其保险利益,不能因保险关系而取得额外的利益。当保险标的因发生保险事故而遭受损失时,如事故是由第三人的行为所致,则被保险人既可以因第三人的侵权或违约行为向其提出赔偿请求,同时又可从保险人方面获得赔偿金。如果是这样,被保险人就可取得双倍于损失的补偿。这与保险合同的补偿原则是相悖的。因此,被保险人如果从保险人处取得补偿后,应将赔偿请求权转移给保险人。但是,在被保险人获得保险人的赔偿后,如果让有过失的第三者逃避他在法律上应负的赔偿责任,这又违反了社会公平的原则。为了既遵循保险的补偿原则,又体现社会公平的原则,各国法律均对代位求偿做出了规定。需要特别指出的是,保险人的代位求偿权仅适用于补偿型保险,给付型保险中不存在代位权。

代位求偿权的成立有两个要件,它们是:

1. 被保险人因保险事故对第三人有损失赔偿请求权

它的要点是:第一,如发生的事故并非保险事故,与保险人无关,也就不存在所谓保险人代位行使权利的问题;第二,保险事故的发生与第三人的过错有直接的关系,正因为如此,才存在被保险人对第三人的损失赔偿请求权,被保险人也才可能将此权利转移给保险人;第三,被保险人虽然对于第三人有赔偿请求权,但如果他事先放弃了该权利,保险人也无法代位行使被保险人已经没有的权利。因此,法律要求被保险人在保险人代位前不得损害保险人的代位求偿的权益。不仅如此,被保险人在保险人代位求偿的过程中还应当积极协助保险人。如果保险人发现被保险人损害了其代位求偿的利益,它可以拒绝赔偿。

2. 代位权的产生必须是在保险人给付赔偿金之后

在保险实践中,较通常的做法是,发生保险事故后,应当先由被保险人向负有责任的第三者提出赔偿要求。被保险人依法从第三者处取得赔偿后,即免去了保险人的赔偿义务。然而,被保险人为了节约时间和精力,一般都直接向保险人提出赔偿要求。在这种情况下,保险人应先进行赔偿,然后再依法行使代位求偿权。因此,求偿权是在保险人支付保险金之后自动转移的。被保险人依法从第三者处获得赔偿后,保险人如果在不知情的情况下又向其支付了赔偿金,则保险人有权要求被保险人返还。保险人向第三者追索的金额以不超过其所赔偿的保险金额为限,如有多余的应归还被保险人。

在行使代位求偿权时,是用保险人的名义还是用被保险人的名义,各国的做法不一。我国习惯上用被保险人的名义行使求偿权。

第三节 委　　付

一、委付的概念

委付是指投保人或被保险人将保险标的物的一切权利转移给保险人,由此请求其支付全部保险金额的一种行为。委付主要是海上保险的特殊规定之一,大多数财产保险是禁止使用这一行为的。

在海上保险中,委付常常作为处理保险标的损失的一种手段。按照委付制度,当保险标的虽未达到全部损失,但有全部损失的可能,或其修复费用将超过保险财产本身价值,或者确为全部损失但又无法证明时,被保险人可以将其残余利益或标的物上的一切权利转移给保险人。委付时,被保险人必须向保险人发出委付的通知,保险人接受后委付才能生效。

二、委付的条件

（一）委付应以推定全损为条件

凡海上保险标的,或因全部损失不可避免,或因保险标的虽未全损,但回复时所需的费用,将超过回复后的价值者,即为推定全损。按照《英国海上保险法》第六十条的规定,

除合同另有规定外,被保险人因下列情节以保险标的物委付给保险人时,应视为推定全损:

(1) 保险标的物的实际全损似无法避免;
(2) 如不支出大于保险标的物价值的费用,实际全损将不可避免;
(3) 被保险人丧失船舶或货物,似不可回复;
(4) 被保险人丧失船舶或货物,其回复时所需的费用,将超过船舶或货物在回复后的价值;
(5) 船舶损坏后,其修理费用将超过修理后的价值;
(6) 货物损坏后,其修理及继续运往目的地所需的费用,将超过货物到达时的价值。

需要注意的是,如果保险标的物确属全部灭失,就没有什么权利可以转移,保险人也就自然应当赔偿全部损失。

(二) 委付不能附有条件

在提出委付请求的时候,又附上条件,这必然使保险双方关系复杂化。例如船舶失踪,被保险人提出委付时,又附上条件:要求日后船舶有着落时返还其船舶,同时向保险人返还受领的保险金。这是不被允许的,因为这样做必然影响到保险人的权益。一般来说,保险人在接受委付前,都要慎重地调查、了解,查明损失是否在保险责任以内,是否有扩大或超过赔偿的可能。

(三) 委付须经承诺方为有效

被保险人提出委付后,保险人可以承诺,也可以拒绝。保险人如拒绝委付,不影响被保险人的索赔权利。保险人如接受委付,委付即有效成立。保险人可从被保险人手中取得标的物的剩余部分及一切权利,被保险人即可从保险人手中取得全部保险金额的赔偿。

有些国家的法律规定,委付为单独行为,一方意思表示即可发生法律效力。而我国则采取承诺有效的原则,委付一经成立,即不得撤销,也不能因其他原因而反悔。

三、委付的效力

委付成立后,委付的标的物的权利自发生委付的条件出现之日起开始转移。保险人对保险标的物的所有权、利益和义务必须同时接受。如委付的标的物——船舶在发生事故时或事故后应收的运费,均为保险人所有,但应当扣除其中发生的费用。如船舶因沉没而影响航道,需要清除,清除费用也应由保险人承担。由于标的物的所有权已经转移,保险人在处理标的物时,如所得到的利益超过所赔偿的保险金,超过部分也应当归保险人所有。同时,如对第三人有损害赔偿请求权,其索赔金额超过其赔偿保险金的部分,也同样归保险人所有。这一点与代位求偿权是有所不同的。

本章总结

1. 索赔是指被保险人在保单承诺的保险事件发生后,按照保单有关条款的规定,向保险人要求赔偿损失和保险金给付的行为。索赔的程序主要包括:出险通知;

采取合理施救、整理措施；接受检验；提供索赔单证；领取保险金；开具权益转让书等。

2. 理赔是指在保险事故发生，被保险人提出索赔要求后，保险人根据保险合同的规定，对事故的原因和损失的情况进行调查并予以赔偿给付的行为。理赔通常需要经过确定理赔责任，确定损失原因，勘查损失事实，赔偿给付，损余处理，代位追偿等程序。在财产保险中，理赔遵循的基本原则之一是近因原则。估计损失金额时可采用实际现金价值法、重置价值法和约定价值法，针对不同的财物有不同的估价方式。若受灾的财物还有一定价值，保险公司在全部赔付之后有权处理损失物资；如果损失原因属于第三者责任，保险人赔偿后可行使代位权向第三者追偿。

3. 委付是指投保人或被保险人将保险标的物的一切权利转移给保险人，由此请求其支付全部保险金额的一种行为。委付主要是海上保险处理保险标的的手段，大多数财产保险禁止使用这一行为。

思考与练习》

1. 阐述索赔的主要程序。一般保险合同中都会规定被保险人有保护出险现场、提供检验勘查上的便利的义务。试说明为什么要有这样的要求。

2. 在财产保险中，一般规定在事故发生时对保险标的具有保险利益的人才可以获得保险人的赔偿。而在人寿保险中，并不要求在事故发生时，享有保险金请求权的人必须对保险标的具有保险利益。试说明为什么会有这种区别。

3. 什么是近因原则？判断以下情况是否在保险范围之内：

a. 一批罐头投保了水渍险。运输途中船只受到台风侵袭，罐头包装箱破裂，导致一批罐头丢失。

b. 一批罐头投保了水渍险。运输途中包装箱不慎进水导致罐头损毁、不能食用。

c. 一批罐头投保了一切险，由于罐头封装不合格导致运输途中罐头发生变质。

4. 在财产保险中，人们通常采取哪几种方法来估计损失金额？这几种方法分别适用于哪些财产保险对象？

5. 什么是代位求偿权？代位求偿权成立的条件是什么？

6. 什么是委付？委付的条件是什么？在海上保险中，委付通常被作为处理保险标的的损失的一种手段。委付的存在可以为处理损失纠纷提供哪些便利？

第二十章　保险投资

本章概要

对于保险公司而言,通过资金运作在资本市场上获得收益,使公司自身的资产得到有效的保值增值,是在激烈的市场竞争中取得优势的重要手段。本章将从介绍保险投资的客观必然性入手,阐述保险资金运作对保险公司和资本市场的重要作用、用于保险投资的资金来源、保险投资中较为重要的几种投资工具以及保险公司在保险投资中必须遵循的基本原则。

学习目标

1. 了解保险投资产生的客观必然性。
2. 了解保险投资对于保险公司和资本市场的重要意义。
3. 了解保险投资的主要资金来源。掌握保险投资运用的主要投资工具。
4. 重点理解资产负债管理理论和资产负债管理中的投资政策。

引　言

保险投资是现代保险业得以生存和发展的重要支柱。一国的保险投资状况同该国保险业的偿付能力以及保险经营的稳定性呈现高度的相关性。在市场竞争异常激烈的今天,保费收入自身已越来越不足以保证保险公司的生存和发展,因此,保险公司必须依靠投资收益来弥补承保损失并获取利润。

第一节　保险投资的客观必然性

一、保险投资的含义

保险投资是指保险企业在经营过程中,将积聚的各种保险资金加以运用,使其保值增值的活动。在许多情况下,人们将保险投资与保险资金的运用相互混用,但从严格意义上说,这两个概念是有区别的。在会计上,资金运用专指企业资金占用和使用的情况,它既包括企业拥有的各种财产,也包括企业的各种债权。而保险投资是指增加企业债权或金融资产的活动,它只是资金运用的一种主要形式,因而其范围要小于保险资金运用。

从投资形式看,保险投资分为直接投资和间接投资两大类。直接投资就是将资金投向生产经营过程,参与生产经营活动,其主要形式有合资入股、直接经商办厂、购置不动产等。间接投资就是购买政府、银行、企业等发行的债券和股票以及向企业、个人发放贷款,其投资收益的形式是利息、股息等。由于间接投资方式的流动性、收益性较高,保公司一般都非常注重间接投资。随着商品经济、信用制度的高度发展,证券市场的不断完善,保险投资出现了证券化趋势,证券市场也成为保险投资的主要场所,这是因为证券市场上的投资工具更符合保险经营的特点。

由于寿险业务的经营特点和资金来源结构与财险业务的不同,寿险公司的投资比重要大于财险公司。此外,由于各种投资方式的风险、收益、安全性不同以及政府的法律规定不同,寿险公司与财险公司的投资结构也有所差异。

二、保险投资的可能性

保险投资的可能性基于保险公司负债经营的特点。在保险经营过程中,由于保险责任范围内的自然灾害和意外事故的发生具有随机性和损失程度不同等特点,从某一时点看,保费的收取与赔偿或给付,在时间上和数量上将产生差异。也就是说,保险公司收到的保费不会立即全部用于支付赔偿或给付。这种时间差和数量差,导致保险公司的一部分资金沉淀下来,变成暂时闲置资金,同时也就成为保险投资的资金来源。在保险公司的资产负债表上,这部分资金表现为负债项目的各种准备金。

三、保险投资的必要性

(一)保险投资是保险资金保值和增值的内在要求

为了承担保险事故所引起的保险责任,保险应具有各种形式的责任准备金。由于收取保费和公司赔付之间的时滞和在此期间可能发生的通货膨胀,原有资金在数量上很可能不足以用来支付赔偿或给付。尤其是人身保险中长期储蓄性的寿险业务,合同期限长,有的长达三四十年,保险基金最终都要返还给被保险人。如果不进行投资的话,这类业务就很难经营。

(二)保险投资是保险公司面对日趋激烈的市场竞争的重要盈利手段

无论是在国际保险市场,还是在国内保险市场,保险竞争的主要手段都是降低费率,以争取保户投保。保险费率是根据实际损失率计算所得。在其他条件不变的情况下,费率下降,保险人自然难以足额支付赔款。因此,为了在市场竞争中处于不败之地,保险人必须进行投资,以弥补费率降低后的业务损失,同时扩大承保业务,增加保费收入,促进投资业务发展,从而使保险在良性循环的轨道发展。

四、成熟的资本市场对保险公司业务发展的作用

在保险公司的经营过程中,由于保费和准备金是根据精算的方法预先估计的,因此,保险公司在从吸收保费到最后赔付这一漫长的过程中面临两大风险:首先是负债风险,这主要是由准备金估计不足而导致的不能履行以前所做的保险承诺。准备金的估计不足可能是由以下一些因素造成的:第一,人口统计因素存在误差;第二,随着时代的发展,人的平均寿命延长,导致预测时所用的生命表与实际死亡情况之间存在较大的偏差;第三,高估了利率因素,导致费率偏低;第四,经营管理不善,造成营业费用过高;等等。其次是资产风险,这里主要包括资产贬值和资产清算两大风险。资产贬值风险主要是由利率的变动带来的。例如,在市场利率上升的情况下,证券价格将下跌。此时,如果保险公

司不得不将证券转卖出去的话,必然遭受资本损失。资本清算风险是指保险公司在想转让或购入证券时,交易能否实现的风险。如在股市大熊市的情况下,保险公司大量抛售股票,可能会有部分股票无人购买,从而使交易没法实现。

但是,如果资本市场比较成熟和完善,则可大大降低保险公司所面临的负债风险和资产风险。首先,资本市场的成熟意味着投机性减弱,资本资产价格短期内相对稳定,能够真实反映其发行公司的经营状况,因此,成熟的资本市场利率波动幅度不大,且在很大程度上可作合理预期;其次,资本市场规模大,交易中介机构设施完善,资产清算风险相对较小;最后,由于可对利率波动做较准确的预期,因此负债风险也相应减小,从而有利于保险公司经济效益的提高和规模的扩展。

同时,如果资本市场成熟,保险公司投资业务做得好,那么,在其他条件不变的条件下,保险公司还可降低新老保单的价格,提高股份分红或对老保单给予预先未担保的其他收益。由此,保险公司可大大增强在保费价格上的竞争力,抢占更大的市场份额,提高投保人的信心,增加寿险业务量。此外,该保险公司发行的股票、债券会存在强劲的需求,导致其价格上升,从而不断积聚起更多的自有资本金,充实准备金,扩大整体业务规模。

五、保险投资对资本市场的作用

从西方国家资本市场发展历史来看,保险公司特别是寿险公司是最重要的机构投资者之一。庞大的、不断增加的保险基金必然会对资本市场的发育和成熟起到巨大的作用,主要表现在以下几个方面:

(一)有效地促进资本市场规模的扩大

保险公司在其经营过程中,经过精确的预测,将沉淀下来的闲置的资本金以及大部分准备金等进行合理的期限安排和资产重组后,可以投资于资本市场,从而大量增加资本市场的供给,刺激并满足当时市场需求主体的筹资需求。

(二)促进资本市场主体的发育、成熟和经济效率的提高

在资本市场上,存在众多的供求主体,比如工商企业、商业银行、中央银行、保险公司、共同基金等。保险公司的投资从以下三个方面对促进资本市场的发育、成熟和经济效率的提高起到了重要作用:第一,通过购买公司股票和债券,成为企业的股东或债权人,并将其稳健的经营思想和专业管理经验带到新的企业中,促进其产权结构的调整,提高企业的经营效率。第二,当政府发行政府债券或央行进行公开市场业务操作时,保险公司可以通过大量买卖政府债券的形式影响到政府财政收支平衡和央行货币政策的效果。第三,保险公司可通过投资于其他金融机构,比如创立或加入共同基金、金融咨询公司、不动产信托投资公司等,促进资本市场组织更加完善。

(三)增加资本市场的金融工具,促进金融深化

由于保险公司对其可投资基金拥有极大的信用责任,它的任务就是在寻求更高可能收益的竞争中采取适当措施以应付结构性支付。因此,不论其本身对风险的偏好如何,

一般都必须采取严格的方法来进行风险管理。众所周知,每一种资本资产的风险都不仅取决于它自身的风险因素,而且取决于它与其他资产的相互关系。按照资本资产定价模式理论,每一种证券都具有系统性风险和非系统性风险。前者是整个市场都具有的风险,这种风险是投资者无法避免的;后者是从某种证券所具有的特性所派生出来的。证券的种类不同,非系统性风险也不同,而非系统性风险是可以通过资产组合的方式得到降低的。因此,为了追求降低非系统性风险和收益最大化的目标,保险公司必然要求投资的广泛性,选择一种在收益率一定的情况下使风险能够降低到最低限度的资产组合。在避免风险的同时追求最大收益的需求,无疑将刺激资本市场金融工具的创新和深化。

(四)有利于改善资本市场结构

规模庞大的保险公司的投资决策往往还会直接影响到资本资产的价格,导致资本资产收益率的上升或下降。保险公司大量投资资金对资本市场的注入,可大大提高资本的流动性,由此活跃二级市场,并因此提高投资者在一级市场上购买各种新股票、新债券的积极性,刺激一级市场证券的发行,从而改变一、二级市场结构,促进两者协调发展。与此同时,由于保险公司需要根据情况变化经常调整自己的资产组合,以期在风险一定的情况下收益最大化,从而也有利于改善资本市场上各种资本资产的结构比例(如股票—债券比例),使其在动态调整中趋于合理,实现资源的最优配置。

(五)促进资本市场机制的有效运行

保险公司参与资本交易,将对资本市场的价格机制、竞争机制和供求机制产生重要影响。首先,如果保险公司大量购买一种证券,将使该证券的需求大幅上升,由此导致该证券的价格上升,从而对该种证券的发行起到鼓励作用;反之则会产生抑制作用。因此,保险公司的资本交易能够强化价格机制的影响,促使社会资金随价格的流动达到最优配置,提高资金的使用效率,有利于产业结构的优化。其次,由于保险公司属于资本市场上的长期投资者,其投资主要遵循安全性原则,因此能够在很大程度上削减大量纯粹投资者所带来的市场大幅波动的风险和不良后果。

第二节 保险投资的资金来源与投资工具

一、保险投资的资金来源

(一)资本金

保险公司的资本金是公司的开业资金,各国政府一般都对保险公司的开业资本金规定一定的最低限额,这一最低限额必须是实缴货币资本。

保险资本金也属于一种备用资金。当发生特大自然灾害、各种准备金不足以支付时,保险公司即可动用资本金来承担保险责任。

(二)准备金

准备金是保险公司根据精算原理,按照一定的比例从保费中提留的资金。与资本金的性质不同,准备金是保险公司的负债,它是公司将于未来某一时期对被保险人进行赔偿和给付的资金。

从保险投资活动的角度分析,保险公司可运用的准备金包括财产保险的各种准备金,比如赔款准备金、未到期责任准备金和总准备金,人身保险的各种准备金以及其他可运用资金。

二、保险投资工具

从国际经验来看,保险投资工具主要包括国债、金融债券、企业债券、股票、投资基金、抵押贷款、保单贷款、房地产、银行存款、金融衍生产品等几大类。以下我们逐一考察各种投资工具的情况。

(一) 国债

国债又称政府债券,它是国家为筹措资金、按照有偿原则而向投资者出具的、承诺在一定时期内支付利息和到期还本的债务凭证。国债以国家信用为支撑,几乎不存在违约风险,整体风险水平在各种投资工具中处于最低等级。与之对应,其收益水平也比较低。截至2019年上半年,我国保险公司资金运用余额17.37万亿元,其中债券为5.98万亿元,占34.43%。OECD国家保险公司的投资结构中也以固定收益债券(国债、金融债和企业债)为主,一般占到20%—40%。美国更是如此,在其一般账户中,固定收益债券通常占到70%左右。

(二) 金融债券

金融债券是由银行等金融机构为筹集资金而发行的金融工具,风险较国债高,但比企业债券低,相对应地,收益率也介于两者之间。对于保险资金来说,金融债券是一种相对而言较理想的投资工具,但目前我国的金融债券,尤其是长期金融债券的规模仍不能满足保险资金的投资需要。因此,如果要进一步拓宽在金融债券方面的投资,或者说要使理论上的投资比例不受市场供给的限制,还需等待各金融机构发行新的券种。

(三) 企业债券

企业债券是企业依照法定程序发行、约定在一定期限内还本付息的有价证券。在西方保险公司资金投资组合中,投资高等级的企业债券一般占有较大的比率。但在我国,由于企业整体经济效益不佳、缺乏有效的信用制度、企业债券种类过于单一等原因,企业债券市场的发展大大滞后于股票市场的发展,而且风险较大。

(四) 股票

股票投资是一种高风险高收益的投资手段。在国外保险资金的运用中,股票投资一般都占有相当的投资比例,在部分国家,例如英国,甚至是其主要的投资手段。2004年10月,保监会和证监会联合发布《保险机构投资者股票投资管理暂行办法》(保监会令2004年第12号),允许保险资金在一定条件下直接投资于股票市场。2013年1月,中国保险资金被允许投资创业板上市公司股票。2014年10月,中国保险资金被允许直接或委托投资优先股。2016年9月，中国保险资金被允许参与"沪港通"业务。

（五）投资基金

投资基金具有专家经营、组合投资、分散风险、流动性高、品种多等优点，其投资收益水平一般远高出于债券投资，而风险水平较之直接股票投资为低。1999年10月，中国保险资金获准进入基金市场。2014年12月，中国保险资金被允许投资创业投资基金。2015年9月，中国保险资金被允许投资私募基金。截至2019年上半年，中国保险公司资金运用余额中，股票和证券投资基金为2.19万亿元，占比12.61%。

（六）抵押贷款

抵押贷款是指保险公司作为非银行金融机构向社会提供的贷款，贷款的对象可以是企业、个人、公共团体、政府有关机构等；贷款的方式可分为不动产抵押贷款、有价证券抵押贷款、信用保证贷款等。

（七）保单贷款

保单贷款是指保险公司以保险合同为依据向保单持有人的贷款，也可称保单质押贷款。在西方成熟的保险市场中，贷款也是保险公司一个重要的投资手段。

（八）房地产

房地产业是一个资金投入量大、资金周转期长的行业，而保险资金，尤其是寿险资金，也具有稳定性强、数额巨大、运用周期长的特点，十分适合投资于房地产领域。在美国，保险公司和养老基金公司同为房地产市场尤其是房地产长期投资市场的重要投资机构。房地产作为投资品时，其收益主要表现于地价的升值。正因为如此，传统的房地产经济学十分强调区位的决定性，它所隐含的理论假设是：房地产产品由于其耐久性的特点，其功能变化十分缓慢。2015年4月修订的《保险法》第一百零六条，允许保险公司投资不动产。

（九）银行存款

银行存款是指保险公司将暂时闲置的资金存放于银行等金融机构。银行存款具有良好的流动性和安全性，但相比其他投资工具来说其收益率最低。正因为如此，保险公司主要运用银行存款作为正常赔付或寿险保单期满给付的支付准备，而不作为获取投资收益的投资对象。1987年之前，中国保险投资几乎都是以协议存款的形式存入商业银行。截至2019年上半年，中国保险公司资金运用余额中银行存款为2.6万亿元，占比15.16%。

（十）金融衍生产品

金融衍生产品，也称金融衍生工具，是指建立在基础金融产品或低一级的金融衍生产品之上的派生金融产品，其价格随着基础金融产品或低一级的金融衍生产品的价格的变动而变动。基础金融产品包括银行定期存款、债券、股票等初级的现货金融产品，也包括利率、汇率、通货膨胀率等各类指数。2012年10月，中国保险资金被允许以风险管理为目的，参与股指期货和其他金融衍生工具交易。

第三节 保险投资三原则的具体运用

各国保险公司共同遵守和普遍采用的投资原则包括流动性原则、安全性原则和收益性原则。在具体的投资实践中,各国的保险公司都普遍运用资产组合原理、资产负债管理(ALM)、现金流测试(CFT)和风险管理等专业方法。以下我们着重介绍资产负债管理理论和资产负债管理中的投资政策。

一、资产负债管理理论

资产负债管理的理论是根据保险公司投资的原则——安全性、流动性和收益性来展开的。它以资产负债表各科目之间的"对称原则"为基础,以缓解流动性、盈利性和安全性之间的矛盾。所谓对称原则,主要是指资产与负债之间期限和利率的对称,按照期限对称和利率对称的要求来不断调整其资产结构和负债结构,以谋求经营上风险的最小化和收益的最大化。资产负债管理理论对发展和完善保险企业资金运用起到了积极的作用,已为世界各国的保险企业广泛采用。

具体来说,资产负债管理包括以下内容:

(一)规模对称原理

这是指资产规模与负债规模的相互对称,统一平衡,这种对称并非是简单的对等,而是一种建立在合理经济增长基础上的动态平衡。

(二)结构对称原理

这是指动态资产结构与负债结构的相互对称与统一平衡。长期负债用于长期资产,短期负债一般用于短期资产,其中的长期稳定部分亦可用于长期资产。

(三)速度对称原理

又叫偿还期对称原理。保险企业资金的运用应当根据资金来源的流通速度来决定,也就是说,保险企业资产和负债的偿还期应保持一定程度的对称关系。这种原理有一个相应的计算方法,即平均流动率法。用资产的平均到期日和负债的平均到期日相比,得出平均流动率。若平均流动率大于1,表示资产运用过度;反之,则表示资产运用不足。

(四)目标互补原理

该原理认为,资产安全性、流动性和盈利性的均衡不是绝对的平衡,而是可以互相补充的。一般来说,流动性和安全性的降低可通过盈利性的提高来补偿,而盈利性的提高一般要以流动性或安全性的降低为代价。因此,在经营实践中,不能单纯根据某一目标(如利润)来考虑资产分配,而应将安全性、流动性和盈利性结合起来进行综合平衡,以保证保险企业经营目标的实现,从而达到总效用最大化。

(五)资产分散化原理

资产分散化是避免信用风险、减少大量坏账损失的有效手段,资产负债综合管理的目标与任务主要有以下几个方面:通过有效地管理资产与负债,抑制各种经营风险,以谋求收益的稳定增长;对收益性的评价基准是注重考察资产收益率(ROA)与净资产收益率(ROE);维持适当的流动性,并明确规定自有资本的比例。

二、资产负债管理中的投资政策

投资政策是指在管理一个保险公司的投资策略中必须考虑的目标与约束条件。一个有效的投资政策强调投资与负债之间的联系。[①] 投资政策一方面要使负债管理者了解投资目标及其约束,另一方面还要使投资管理者了解赔付的情况。

投资政策只能产生于各相关部门之间的有效合作。对于保险公司而言,营销、精算、财务和投资的部门必须深入地参与,与此同时,高级管理人员强有力的支持也很关键。通常来说,一项投资政策主要包括以下内容[②]:

(一)经营目标

公司应当根据特定组合管理风格和投资资产的目标及约束来制定经营目标。这一目标既可以是有形的,比如说,作为盈利尺度的投资收益,也可以定性化为整体的经营稳定。基金的目标可以根据实际收益超过一个最低标准,比如超过消费者物价指数 4% 来定。

(二)负债说明

负债说明通常包括预期业务的短期和长期增长。一般以保费收入、赔付和支出的可预见性和规模来描述负债的现金流动特征。此外,负债说明应该包括其对通货膨胀水平和利率变动、被保险人的选择权、定价水平和利息成本的敏感度。

(三)风险容忍度

对一个组织的风险容忍度进行量化是很困难的。但我们可以通过方案分析来理解和把握该组织的风险容忍度,这有助于人们更好地理解某一险种所承担的信用、市场、汇率和利率等方面的风险程度。

(四)变现性要求

理解被保险人可能产生的现金需求很关键,因为它将决定保险人投资的变现性需要。因此,应当知道保单持有人提取现金的需要和成本,后者要么是根据市场价值计算,要么是根据账面价值计算,抑或是两者的结合。在现实中,经常会出现要求满足变现性的情况:未预见的退保、大额的死亡给付、保单持有人的红利给付。

把各险种结合起来,确保总的投资组合没有持有过量的现金或短期投资是很重要的,否则,保险投资人将失去潜在的收益。

---

① Canadian Institute of Actuaries Guidance Notes, *An Overview of an Investment Policy Statement in an Asset/Liability Management Context*, March 1994.
② 陈文辉:《保险投资》,载孙祁祥等著:《中国保险业:矛盾、挑战与对策》。北京:中国金融出版社 2000 年版,第 122—124 页。

（五）资产结构目标

对于投资者来说，主要应设立下列目标：流动性（基于流动性测量的目的）、资产结构（包括投资期限——短期的或长期的）、基于所采用的资产/负债管理技术的匹配度量、信用风险和对保险公司的资本与盈余要求。资产结构目标可以通过包括均值、方差和相关系数的随机模型的应用来达到。

这些模型在范围上很广泛，包括从很简单的到非常复杂的。然而，像所有模型一样，其结果不仅依赖于模型程序本身，而且依赖于所输入的变量。例如，用不动产投资和新兴市场的数据预测未来收益、方差和相关性的基础时，就有很大的局限性。

（六）投资组合管理

投资组合的管理包括每种资产类型的目标、质量约束以及组合管理风格。

本章总结

1. 保险投资是指保险企业在经营过程中，将积聚的各种保险资金加以运用，使其保值增值的活动。保险投资可分为直接投资和间接投资两大类。证券市场是保险公司投资的主要场所。由于业务性质的不同，寿险公司的投资比例要大于财险公司。

2. 保险公司负债经营的特点使得保险投资成为可能。保险投资既是保险资金保值增值的内在要求，也是保险公司面对激烈的市场竞争所采取的重要盈利手段。一方面，资本市场的成熟程度对保险公司投资收益具有重要影响；另一方面，保险资金也是资本市场发育和成熟的重要推动力量。

3. 保险投资资金的主要来源是保险公司的资本金和保险公司的准备金。保险投资的主要工具包括债券、基金、股票、贷款和房地产等。

4. 流动性原则、安全性原则和收益性原则是保险投资普遍遵循的原则。在具体投资实践中，各国保险公司均普遍运用资产组合原理、资产负债管理、现金流测试和风险管理等专业方法。

5. 资产负债管理主要包括规模对称原理、结构对称原理、速度对称原理、目标互补原理和资产分散化原理。资产负债管理中的投资政策主要包括经营目标、负债说明、风险容忍度、变现性要求、资产结构目标和投资组合管理等内容。

思考与练习

1. 为什么保险投资对于保险公司来说非常重要？
2. 保险投资对于资本市场而言的重要意义是什么？
3. 保险投资的资金来源是什么？可以选择的主要工具有哪些？
4. 试阐述资产负债管理理论的主要内容。为什么对于保险公司来说，了解被保险人可能会产生的现金需求十分关键？
5. 了解各国保险投资理念的差异。你认为中国在目前的经济发展水平下，政府对于保险投资的监管应当遵循什么样的理念？
6. 影响保险投资效果的因素主要有哪些？了解我国保险公司的投资收益情况。谈谈你对提高我国保险投资水平的看法。

第二十一章　　保险公司财务管理

▌本章概要▐

保险公司在市场运作的过程中面临诸多风险,而财务稳健性是保险公司抵御经营风险能力的重要保证。本章在简要介绍保险公司面临的经营风险的基础上,分别说明了保险公司收入、成本、损益的计算内容,阐述了保险公司的偿付能力分析方式,最后介绍了保险公司财务报表的结构以及财务指标分析的主要内容。

▌学习目标▐

1. 了解保险公司经营过程中的主要风险。
2. 掌握保险公司收入、成本和损益分析的主要内容。
3. 了解保险公司偿付能力分析的主要内容。
4. 熟悉保险公司损益表和资产负债表的主要内容。
5. 熟悉保险公司采用的主要财务指标的具体含义和计算方法。

引　言

像其他所有提供金融服务的企业一样,保险公司也必须要有完善的财务体系、稳健的财务状况。如果在被保险人发生保险事故时保险公司不能及时保证提供赔偿和给付,那么这样的保险对于被保险人来说是毫无价值可言的。保险公司财务状况的好坏主要从两个方面体现出来:一个是公司的获利性,即公司能否获取足够的利润来获得生存和发展;另一个是它的偿付能力,即公司是否有足够的资本来满足所有的负债。获利大,说明公司的财务状况好,偿付能力就强;反之则反是。

第一节　保险公司的经营风险

保险公司是从事风险经营的企业,但它在经营过程中自身也面临许多风险。从精算的角度来看,保险公司通常将其将面临的风险分为资产风险、定价风险、利率风险和其他风险。

一、资产风险

资产风险指的是资产贬值风险。引起资产贬值的原因主要有两方面:一是保险基金的借款人到期未履行偿还义务,二是保险公司投资资产的市场价值下降[①]。资产风险对

[①] 这里不包括因利率变动引起的资产价值的下降,利率引起的下降归入利率风险。

保险公司经营的影响是显而易见的,在负债不变的情况下,资产价值的降低会引起公司资本价值的等值下降,而且由于杠杆作用,这种下降还具有乘数效应。例如,如果一家保险公司的资本占总资产的20%,则资产价值10%的下降会引起资本价值50%的下降。

二、定价风险

定价风险指的是定价不足风险,即负债超过资产的风险。我们知道,保单定价是依赖于一系列预定的精算假设的,如果实际发生的情况与预定的假设存在偏差,则可能增加定价风险。一方面,如果实际的死亡率、费用率高于预定值,就会引起负债的上升;另一方面,如果实际的投资收益率低于预定利率,也会引起负债的相对上升。这两种情况的发生都将增加定价风险。

三、利率风险

利率风险指的是利率变动对资产、负债价值造成负面影响的风险。当利率上升时,资产、负债的价值都会下降,此时的利率风险指的是资产价值下降超过负债价值下降的风险。不仅如此,在利率上升时,可能会有更多的保单所有人退保或进行保单贷款,从而迫使保险公司不得不折价销售部分资产,由此增加风险程度。当利率下降时,资产、负债价值都会上升,此时的利率风险指的是负债价值上升超过资产价值上升的风险。不仅如此,在利率下降时,更多的保单所有人可能会通过保单赋予的各种选择权增加对保单的资金投入,例如购买额外的保险、提高保险金额等,由此使得保险公司不得不购入更多的资产,而此时资产的价格通常是较高的。资产、负债不匹配的结果,会造成"流动性短缺"问题,这是一个结构性问题,即使在总资产大于总负债的情况下也可能发生。

四、其他风险

其他风险包括社会、法律、政治、技术及其他方面的风险,例如产品过时、税法及监管法规发生变化、保单所有人对保险公司失去信心等。

对于不同类型的经营风险,保险公司采取的管理手段应该是不同的。对于资产风险,应该主要考虑如何进行有效的信用分析和投资分析,如何进行投资组合,提高资产管理水平。对于定价风险,主要考虑在产品设计时应如何科学定价,在经营中如何加强核保管理,节约费用开支,提高价格厘定水平。对于利率风险,保险公司应采用一定的策略对资产负债的匹配问题进行管理。

第二节 盈利性分析

盈利性分析是对保险公司的收入、成本、损益的分析。

一、收入

保险公司的收入主要来自两个渠道:一个是出售保单,从这个渠道产生了我们称之为保费收入的收入;另一个渠道是投资,从这个渠道产生了我们称之为投资收入的收入。也有一些保险公司还可以从其他渠道来获取收入,但主要是这两个渠道。

（一）保费收入

在进行盈利性分析的时候，承保保费、已赚保费及未赚保费是三个非常重要的概念。我们在此以产险为例做一个说明。

例如，某投保人在某年的7月1日缴纳了一年期保费600元。在从7月1日到12月31日的这段时间里，只有300元可以叫作已赚保费，而另外的300元只能叫作未赚保费。到了第二个日历年度，即从1月1日到6月30日，上一年未赚的这一部分保费才成为已赚保费。然而，在从上一年的7月1日到这一年的6月30日这个日历年度里，整个600元都可以叫作承保保费。

我们用以下例子来表示，则更为清楚：

例1 一年有效期的保单，保费600元，保单生效期7月1日。

在第一个日历年度末：

承保保费：600元

已赚保费：300元

未赚保费：300元

在第二个日历年度末（假定保单没有续保）：

承保保费：0

已赚保费：300元

未赚保费：0

例2 一年有效期的保单，保费600元，保单生效期12月1日。

在第一个日历年度末：

承保保费：600元

已赚保费：50元

未赚保费：550元

在第二个日历年度末：

承保保费：0

已赚保费：550元

未赚保费：0

（二）投资收入

保险公司从投保人那里得到了一大笔保费，因此可以管理很大一笔数量的资金，它可以利用这笔资金进行投资，取得额外的收益。

保险公司的投资部门要精心地选择股票、债券（包括国债、企业债券、金融债券）和其他投资品种进行投资。它的目的是从谨慎的投资中获取可能的、最高的回报，同时又要能够随时满足公司支付赔偿和给付的需要。因此，公司必须选择高质量的、有安全保障的、能迅速变现的投资产品。关于投资问题，我们在保险投资一章中有较详细的论述。

二、成本

保险公司的主要成本即对发生了保险事故的被保险人所进行的赔偿和给付。除此之外，还有公司为了提供保险产品所需花费的费用。公司要想获利，它的保费收入和投资收入必须超过它的损失和营业费用。

（一）赔偿和给付

保险事故的赔偿和给付是保险公司最主要的成本。对于大多数财产和责任保险来说，损失赔付一般占到公司总成本的70%—80%，但损失赔付发生的时间可能是不同的：有的时候，保险事故发生以后，损失并没有立即报告给保险公司；有些损失可能是一年前发生的，但理赔却可能发生在今年；在给定的年份里，有的时候，公司只知道到目前为止所支付的损失费用，但并不确切知道最终需要赔付的数量。因此，为了比较收入和成本，保险公司有必要对于一个时期的损失做出估计。以财产保险为例，保险人的赔偿包括已付赔款和未付赔款。

1. 已付赔款

已付赔款是指保险公司已经对保险事故做出了赔偿的费用。由于已经发生了赔偿，这就是一笔很明确的数量。

2. 未付赔款

未付赔款包括以下三种情况：

（1）未决赔款。它是指被保险人已经提出索赔，但被保险人与保险人之间尚未就这些案件是否属于保险责任范围以内、保险赔付额应当为多少等事项达成协议。

（2）已决未付赔款。它是指保险人对索赔案件已经理算完毕，应赔付金额也已经确定，但尚未赔付，或尚未支付全部款项。

（3）已发生未报告赔款。它是指保险事故已在年内发生，但索赔要到下一年才可能提出的赔款。例如，某地发生特大洪灾，保险公司知道损失已经发生，但被保险人还未通知其保险公司。

（二）费用

除了实际损失，保险人的成本还包括数量很大的各种费用。一般说来，这些费用包括投资费用、损失评估费用、展业成本、一般费用和税收。

1. 投资费用

投资费用主要包括公司投资部门雇员的工资以及与投资部门有关的各种费用。

2. 损失评估费用

依据保险合同的规定，保险人应当调查保险事故的发生以便确定赔偿或给付的数量。这一调查和确定理赔的过程就叫作损失评估。除此之外，不论被保险人是否对损失负有主要责任，保险人都需要承担与被保险人有关的诉讼费用。

3. 展业成本

展业成本包括保险代理人、经纪人的佣金；保单的直接销售人员的工资；市场销售管理人员的工资；广告费；销售保险本身的成本，例如保单的制作、发售、保费的收缴和必要信息的存档等费用。

上述费用表明的是展业和售后服务所需的花费。对于一些财产和责任保险保险公司来说,展业成本有时是很高的,在有的公司可能占到管理费用的一半以上。

4. 一般费用和税收

与其他的工商企业一样,保险公司在它们的运营中也有一些杂项开支。虽然这些开支并不直接与市场、承保和理赔等业务直接相联系,但是它们对公司的经营也是非常重要的。这些杂项开支包括工资、雇员津贴、工资税、办公室、电话和其他的办公设施。此外,保险公司还必须支付所得税和保费税等其他税收项目。

三、损益

保险公司的承保收益或损失是在同一个时期中,保费收入和损失及费用之间的差额。如果再将投资的结果加进去,就构成了保险企业总的经营收益或损失。损益分析主要包括税前净收益和纯经营收益。

(一) 税前净收益

保险公司的税前净收益是指它的总保费收入和投资收入减去同期总的损失和费用。

(二) 纯经营收益

在税前净收益的基础上,公司支付了所得税以后,剩下的就是纯经营收益。这个经营收益是属于所有者的。如果是股份保险公司,股东就应当以红利的形式得到纯经营收益的一部分;剩余的部分成为公司的盈余,公司可以利用它来扩大其经营规模。

第三节 偿付能力分析

如果我们比较一家公司某一年的收益和成本,虽然可以看出这家公司是否有经营收益或损失,但这是不够的,我们还必须分析公司的资产、负债和盈余等指标。公司的整个财务状况就是通过这些指标来反映的。资产是公司拥有的各种财产和债权以及各种权利。它以货币来表现公司目前和未来营业的经济资源,由它所获得的利益归属于公司。负债是指公司所负的各种债务或义务,必须在将来的一定时间内以现金或其他资产进行清偿,它反映投保人对公司资产的享有权。

一、资产

在有的国家,保险公司的资产被分为两个部分:认可资产和非认可资产。这种区分是按照保险监管机构的要求做出的。每家保险公司在向政府保险监管机构提交年度报表时,资产负债表上的资产必须是易变现的认可资产。做出这一区分的主要目的是保护被保险人的利益。

(一) 认可资产

认可资产是监管机构允许保险公司列在财务报表上的那部分易变现财产。如果保险公司被清算或出售,这部分资产能够按照财产的市场价值迅速转换成现金。认可资产一般包括股票、债券、抵押借款、不动产、数据处理设备和低于 3 个月的到期保费等。

(二) 非认可资产

非认可资产包括办公设备、器具与供应品以及超过 3 个月的到期保费。监管机构不允许保险公司将非认可资产作为资产项列在提交给监管机构的财务报表上,这是因为,如果保险公司被迫清偿的话,这部分财产不能以确定的价格很快得到变现。

二、负债

如果是财产和责任保险公司,财务报表上所显示的负债项目一般主要包括未决赔款准备金和未到期责任准备金两项。请读者阅读第十三章"财产保险引论"中关于"财产保险的准备金"部分的有关内容。

如果是人寿保险公司,其负债项目主要包括寿险责任准备金和或然准备金两种。我们已在人寿保险一章中讨论过这个问题。

三、盈余

保险公司的盈余包括已缴股本和留存收益,它的数量等于公司的资产减去负债。保险公司的盈余有两个主要用途:一是弥补由于保费计算上可能的误差而给赔款和给付造成的不足。例如,预计损失为 100 万元,按此收缴的纯保费也为 100 万元,但实际发生损失 120 万元。在这种情况下,就需要动用盈余来弥补这 20 万元的亏空。盈余的第二个主要用途是扩展公司业务。总之,盈余的数量是衡量一个保险公司财务状况好坏的一个重要指标。

第四节 财务状况的监管

保险公司必须按时公布公司的财务情况,以便保单所有人、保险代理人、保险经纪人、股东等能够利用这些资料和信息来分析公司的经营情况,评估公司的地位。保险公司财务状况的监管主要是通过财务报表的分析来进行的。

一、财务报表

公司的财务报表最主要的是损益表和资产负债表,它们集中概括地反映了公司的盈利能力和财务状况。这两种报表为公司管理者、投资人、投保人、债权人、银行、政府部门等提供了必要的财务资料。

(一) 损益表

保险公司的损益表显示公司在一个特定的时期,比如说一年中的收入、支出和净收益的情况。我们以 G 公司的损益表为例来做出说明(见表 21-1):

表 21-1　2019 年度 G 公司的损益表　　　　　　　　　　　（单位：元）

已赚保费	1 000 000
营业费用	1 080 000
其中：已决赔款	750 000
展业成本	220 000
一般费用	90 000
税收	20 000
净承保收益	−80 000
净投资收益	100 000
净营业收益	20 000

在这一年中，该公司的已赚保费为 1 000 000 元；与此同时，它的营业费用是 1 080 000 元。这些费用包括已决赔款、展业成本、一般费用和税收。由于营业成本超过了已赚保费，该公司的净承保损失是 80 000 元。但是，公司在这一年中获得了 100 000 元的净投资收益，因此，公司的净营业收益是 20 000 元。

（二）资产负债表①

资产负债表显示公司在一个时点上的财务状况。我们仍以 G 公司为例来做出说明（见表 21-2）：

表 21-2　G 公司的资产负债表　　　　　　　　　　　　　（单位：元）

认可资产		负债	
现　　金	50 000	损失准备金	650 000
债　　券	1 100 000	未到期责任准备金	350 000
普通股票	350 000	负债总额	1 000 000
		盈余	500 000
资产总额	1 500 000	负债和盈余总额	1 500 000

需要说明的是，公司的财务状况是不断发生变化的。一旦保险公司收到了保费，未到期责任准备金就建立起来了；而随着时间的推移，这部分准备金也在逐渐下降。发售新保单、老保单到期或续保、保险公司买卖证券、获取投资收益等都会改变资产和负债的内容。而资产负债表只是反映了某一个确定时点的财务状况。

二、财务指标分析

比较和测量公司的收益、费用、资产、负债和盈余使人们能够分析公司的经营状况的具体情况。两个参数进行比较所构成的比率能够最好地反映公司的财务方面的情况。在保险界，有一些财务指标是被广泛使用的。

---

① 此处资产负债表是按照法定会计准则（或监管会计准则）编制的，而不是按照通用会计准则编制的。

不同类型的人使用这些比率有不同的目的。公司的管理人员使用这些比率来确定公司在经营过程中的实力和弱点;投资者利用这些比率来分析公司是否具有投资吸引力;监管人员检查这些比率以确定公司是否有足够的偿付能力;保险代理人和保险经纪人分析这些比率,以决定与谁做生意。在有些国家,如果保险公司最终不能够承担保险责任,保险代理人或经纪人有可能因为在选择保险人方面的失误而受到投保人的起诉,进而要对被保险人所受到的损失负责。

(一) 盈利率

盈利率主要包括赔付率、费用率、综合比率、投资收益率和综合经营率。

1. 赔付率

赔付率是已发生赔付和已赚保费之比,它的计算公式如下:

$$赔付率 = \frac{已决赔款}{已赚保费}$$

通过衡量这个百分比,公司的经理人员、政府管理人员和投资者能够确定实际损失与预期损失之间的关系有多紧密。例如,年初的时候,经理人员预期下一年的目标是损失比率为75%,这样的话,经理人员将逐月计算赔付率,看是否满足了75%的目标。

2. 费用率

费用率是已发生费用与承保保费之比,它的计算公式如下:

$$费用率 = \frac{已发生费用}{承保保费}$$

费用率反映的是保险人所收的承保保费中有多大的比例用于支付展业成本、一般营业费用和税收。它主要是用来显示保险人经营的效率如何。经理人员必须谨慎地注意观察这一指标,并试图不断降低这一比率以便达到更为有效的经营。

3. 综合比率

综合比率是将赔付率和费用率联合在一起,以便为公司的资金流程提供一个比较。它的计算公式如下:

$$综合比率 = 赔付率 + 费用率$$

综合比率没有考虑投资情况,因此,这一比率并没有衡量公司总的经营状况。

4. 投资收益率

投资收益率是净投资收益和已赚保费之比,它的计算公式如下:

$$投资收益率 = \frac{净投资收益}{已赚保费}$$

净投资收益是投资收益减去任何与投资有关的费用。投资收益率反映保险公司投资活动的实绩。

5. 综合经营率

如果将赔付率、费用率和投资率联合在一起,就可以提供一个公司在一个特定时期内经营的实际结果情况。经营比率的计算公式如下:

$$综合经营率 = 综合比率 - 投资收益率$$

我们现在仍以 G 公司为例,来说明各种比率的计算及其指标的实际意义(见

表 21-3):

表 21-3　2019 年度 G 公司的损益表　　　　　　　　（单位：元）

已赚保费	1 000 000
承保保费	1 100 000
经营成本	330 000
发生损失	750 000
投资收益	100 000

$$费用率 = \frac{已发生费用}{承保保费} = \frac{330\,000}{1\,100\,000} = 0.30(30\%)$$

$$赔付率 = \frac{已决赔款}{已赚保费} = \frac{750\,000}{1\,000\,000} = 0.75(75\%)$$

$$综合比率 = 费用率 + 赔付率 = 0.3 + 0.75 = 1.05(105\%)$$

$$投资收益率 = \frac{净投资收益}{已赚保费} = \frac{100\,000}{1\,000\,000} = 0.10(10\%)$$

$$综合经营率 = 综合比率 - 投资收益率 = 1.05 - 0.10 = 0.95(95\%)$$

如果保险公司的综合经营率是 100%，那么，它就是收支相抵的，公司的所有收入等于费用加已发生损失；如果比率低于 100%，那就表明有净经营收益，因为收入大于支出；如果比率大于 100%，那就表明支出超过了收入。

需要指出的是，虽然这些比率都是反映公司盈利性状况的指标，但是公司应当非常谨慎地使用它们，并经常检查这些指标。损失率所包括的发生损失项是一个关键的因素。因为发生损失在一年当中是不断变化的，所以，损失率也要随时进行修正。而由于损失率又是综合比率和综合经营率的一个部分，这两个比率同样也会发生变化。

(二) 业务容量比率

除了盈利率，保险公司关心的另一个重要问题是公司承保新业务的容量。衡量保险公司业务容量的一个重要指标是业务容量比率，它的计算公式如下：

$$业务容量比率 = \frac{净承保保费}{盈余}$$

分子中的净承保保费即在扣除了再保险保费之后的保费。如果损失和费用超过了净承保保费，保险公司必须使用它的盈余来偿还其债务。在这种情况下，保险公司就必须限制其业务的增长，以便维持公司的稳定。

举例来说，G 公司去年的净承保保费为 1 100 000 元，盈余为 500 000 元，业务容量比率计算如下：

$$业务容量比率 = \frac{净承保保费}{盈余} = \frac{1\,100\,000}{500\,000} = 2.2$$

国际经验表明，保险公司的业务容量比率一般在 2 左右。按照这一指标，G 公司的经营基本上还在正常范围之内。但如果业务容量比率超过 3，就说明公司正面临财政困难。

本章总结

1. 保险公司面临的经营风险主要是资产风险、定价风险、利率风险和社会、法律、政治、技术等其他方面的风险。

2. 保险公司的盈利性分析涉及保险公司的收入、成本和损益的分析。保险公司的收入主要来自保单销售收入和投资。保险公司的主要成本包括对被保险人的赔偿给付以及公司提供保险产品所支出的各项费用。保险公司的承保收益或损失是在同一时期中保费收入和损失赔付及费用之间的差额。保险公司要想获利,保费收入与投资收入之和必须超过公司的损失赔付及营业费用。

3. 保险公司的整体财务状况可通过对公司资产、负债和盈余情况的分析加以评判。保险公司的资产主要可以分为认可资产和非认可资产,财产保险公司的负债主要包括未决赔款准备金和未到期责任准备金两项,而人寿保险公司的负债主要包括寿险责任准备金和或然准备金两种。保险公司的盈余包括已缴股本和留存收益,等于公司的资产减去负债。

4. 保险公司财务状况的监管主要通过财务报表的分析来进行。财务报表主要是损益表和资产负债表。保险公司也使用盈利率和业务容量比率等财务指标衡量其财务状况。

思考与练习

1. 保险公司在经营过程中遇到的主要风险有哪些?利率上升会对保险公司带来什么样的影响?

2. 在财产保险中,为什么会产生已付赔款和未付赔款的区别?保险公司的损失赔付一般占到公司总成本的70%—80%,公司其余的成本主要包括哪些?

3. 保险公司的非认可资产主要包括哪些项目?根据法定会计准则,保险公司的资产负债表上的资产应是易变现的认可资产,这是为什么?

第二十二章　再保险

▍本章概要▍

本章系统地介绍了再保险的概念、发展历史、作用及其与原保险的关系,阐述了再保险合同的主要形式和再保险的主要业务方式。再保险可分为法定再保险和自愿再保险,本章简要介绍了它们各自的内涵,最后介绍了世界主要再保险市场的情况以及再保险的最新发展。

▍学习目标▍

1. 理解再保险的含义以及再保险的产生和发展趋势。
2. 理解再保险的作用及其与原保险的关系。
3. 熟悉三种再保险合同的基本形式及其各自的优点和适用范围。
4. 掌握再保险主要的业务方式及其各自的适用范围。
5. 了解世界主要再保险市场的情况以及再保险产品的最新发展。

引　言

保险公司是经营风险的机构,但任何一家保险公司都不可能无限度地承担所有风险。此外,由于费率、保险金额、业务量的不同以及巨灾发生的可能性等因素的存在,保险经营本身也会出现风险增大的局面。因此,保险公司自身也需要有一种机制来分散和转移风险,换句话说,它也需要有人来为其"保险",这就是再保险。

第一节　再保险概述

一、再保险的概念

再保险又叫分保,它是保险人将自己承保的风险责任一部分或全部向其他保险人再进行投保的行为。简单来说,再保险就是对保险人的保险。

根据险种的不同,再保险可以分为财产险再保险和人身险再保险;根据责任限制,再保险可以分为比例再保险和非比例再保险;根据分保合同形式,再保险又可分为临时再保险、合同再保险和预约再保险三类。

在再保险业务中,将自己承担的保险责任转让出去的保险人叫原保险人(公司)、分出人(公司)、直接保险公司;与此相对应,接受转让责任的保险人叫再保险人(公司)、分入人(公司)或分保接受人。如果分保接受人将所接受的业务再分给另一个保险人,这种做法叫作转分保,双方当事人分别称为转分保分出人(公司)和转分保接受人(公司)。

原保险人的风险转移,可以是一部分,也可以是全部。前者称为部分再保险,后者称为全部再保险。部分再保险即原保险人须自留一部分所承保的业务,它的目的是加强再保险人与原保险人之间的利害与共的关系。现实中的再保险业务大都为部分再保险。全部再保险即原保险人将承担的保险业务全部进行再保险。在这种情况下,原保险人无任何责任可负,他仅仅是赚取再保险佣金或手续费,类似于经纪人。

在再保险关系中,分出人要向分入人转嫁风险和责任,因此需要相应地支付一部分保费给分入人,这种保费叫作分保保费;分出人承保业务需要费用,因此,它也要向分入人收取一定的费用,这种费用被称为分保手续费或分保佣金。

再保险可以在本国范围内进行,也可以在世界范围内进行。对于大额业务,在超过国内保险市场的承受能力时,可以跨越国界,在世界范围内进行分保,这叫作国际再保险。

在再保险市场上,承保人的组织形式有许多种,其中主要包括兼营再保险公司、专营再保险公司、再保险集团等。

兼营再保险公司可以说是再保险承保人最早的组织形式。在再保险业务尚不发达的时候,通常都是由直接承保公司兼营再保险业务的。随着再保险业务的发展,这类保险公司在经营直接保险业务的同时,偶尔也以互惠交换业务的方式获得一些再保险业务。它们在再保险市场上既是分出公司,也是分入公司。

专营再保险公司也称专业再保险公司。它本身不直接承保业务,而是专门接受原保险人分出的业务,同时也将其接受的再保险业务的一部分转分给别的再保险人。

再保险集团是由许多保险公司经共同协议联合组成的再保险组织。这种再保险集团有一个国家的,也有地区性的、跨区域性的。其组织形式也各不相同。再保险集团的通常做法是,集团中的每一个成员将其所承保的业务的全部或一部分放入集团,然后由各成员再按事先商定的固定比例分担每一成员放入集团的业务。集团章程一般都定有承保限额,对超过限额的集团责任也向外进行再保险。

二、再保险的产生与发展趋势

与原保险一样,再保险也是从海上业务开始的。[①] 随着社会经济和海上贸易的发展,原保险业务有了一定程度的发展。一些保险人对保险金额较大的业务因自己承担不起而与几个保险人共保。但共保又产生了保险人之间相互竞争的问题,由此影响了业务的发展。在这种情况下,出现了临时再保险,即由一个保险人直接承保全部业务后,再将超过自己能力的部分分给其他的保险人。由于临时再保险在一定程度上克服了共保的缺点,因此它逐渐发展起来了。

然而,随着18世纪工业革命所带来的工商业的繁荣,临时再保险越来越不能有效地适应保险业日益增长的需要了。这是因为,临时再保险需要逐笔签订每项再保险合同,手续十分复杂。于是,在这种情况下,出现了固定再保险,即保险人之间事先签订分保合同,规定分出人和分入人。对于商定的业务,分出人和分入人分别有分出和接受的义务。

---

① 据考证,最早的一张类似再保险合同的保单是1370年由意大利商人签订的。这份保单所承保的全程是从意大利的热那亚到荷兰的斯卢丝。原保险人将从加的兹到斯卢丝的这段有较大风险的航程的责任转移了出去,而将经由地中海的这段较为安全的航程的责任自留了下来。

这样做大大简化了手续,促进了保险业务的发展。

随着再保险业务的进一步发展,19世纪出现了专门经营再保险业务的专业再保险公司。1846年在德国成立的科隆再保险公司是世界上第一家再保险公司。这之后,瑞士在1863年成立了瑞士再保险公司;德国于1880年创建了慕尼黑再保险公司;美国于1890年成立了美国再保险公司;英国于1907年成立了商业再保险公司。专业再保险公司的出现进一步推动了再保险业务的发展。

进入20世纪80年代以来,国际再保险市场呈现出以下六大特征:① 国际性再保险集团市场份额扩大;② 欧美再保险市场继续巩固其国际霸主地位;③ 专属自营再保险公司兴起;④ 发展中国家再保险需求上升;⑤ 国际再保险集团战略东移;⑥ 金融再保险产品及再保险衍生产品的兴起。[①]

三、再保险的作用

由于费率、保险金额、业务量以及巨灾风险发生的可能性等因素的影响,保险业务的经营有时会出现不稳定的局面。再保险的发展历史已经充分表明,通过再保险,可以分散风险,减轻巨额风险对保险人的压力;扩大承保能力,保证保险业务的稳定发展。

(一)分散风险

从理论上来说,根据可保风险条件的要求,保险人在其经营过程中,应当尽量做到保险标的在数量上尽可能地多,并且保险标的具有同质性。但在现实中,财产标的在实物形态上千差万别,在价值量上也大小不等。既有价值量较小但风险单位数量较多的家庭财产等,也有价值量较大而风险单位数量较少的航空、核电站等。如果过分拘泥于可保风险条件的要求,就有可能使保险人丧失许多业务。但如果承保了许多不具有可保风险条件的标的,又可能使保险人的经营面临极大的风险。这是一个矛盾,而再保险正是解决这一矛盾的一种较好的方式。通过再保险,可以将巨额风险转为小额风险,分散给其他的保险人,从而由多家保险人来共同承担风险。

(二)限制责任

在保险业务的经营中,构成保险成本的主体是赔款,而赔款的多少又取决于保险人对风险所承担的责任。因此,要控制成本,就必须限制责任,而再保险就正具有限制责任的作用。

1. 限制每一风险单位的责任

保险人在制订分保计划时,首先应当确定每个风险单位的自留额,以规定自己对该风险单位所承担的最高责任限额。超出部分再通过再保险的方式分散出去。

2. 限制一次巨灾事故的责任积累

通过上面这种方式,可以将每个风险单位的责任限制在一个固定的范围内,但有的巨灾风险,比如地震、洪水、台风等可能同时造成众多风险单位的损失。这就产生了自留额的责任积累问题。如某一保险人对火灾保险规定了每个风险单位的自留额是10万

[①] 孙祁祥等著:《中国保险业:矛盾、挑战与对策》。北京:中国金融出版社2000年版,第188—197页。

元。若在一次火灾中,有10个风险单位同时受损,保险人的责任就可累积到100万元,这就有可能导致支付危机。在这种情况下,保险人可将自己的责任控制在80万元以内,将超过80万元的20万元的损失责任通过再保险的方式转移出去。

3. 限制全年的责任积累

以上所述的险位限制和事故责任限制这两种方法无法限制一年内的赔款。保险人要将一年内发生的赔款控制在一定的限度内,还必须安排超额损失再保险,以解决全年的责任积累问题。

(三)扩大承保能力

根据大数定律的要求,保险人必须集合尽可能多的风险单位,接受尽可能多的投保人的投保。但这一要求有时又会受到保险人承保能力的限制,而后者主要受其自身财务状况的限制。在财力不足的情况下承保金额较大的保险标的,对保险人来说是一种冒险行为;而对被保险人来说,则可能意味着得不到补偿。正因为如此,不少国家的法令规定,保险公司必须保持业务量与其资本额的一定比例,也就是说,必须满足监管部门规定的最低要求的偿付能力。由于保险公司业务量的计算不包括再保费,因此,通过再保险,就可以达到在不增加资本的情况下增加业务量的目的。

(四)促进保险业的竞争

再保险的存在和发展使得小型保险公司得以生存,由此促进了保险业的竞争。保险产业与其他许多工业产业的一个不同之处在于:小企业所提供的产品与大企业所提供的产品往往是同质的。如一家拥有500亿元资产的人寿保险公司提供各类寿险产品,而一家只有1亿元资产的人寿保险公司也可能提供许多不同的寿险产品。如果没有再保险,这家小公司是很难与大公司抗衡并在保险业中生存下去的。而如果没有竞争,由大公司完全垄断和操纵市场,最终受到损害的将是消费者。

(五)形成巨额联合保险基金

通过再保险,可以将各个独立的、为数较少的保险基金联合起来,形成巨额保险基金。虽然这种联合并不是以正式明文规定的形式将多家保险公司的基金合并起来,但通过再保险的分出、分入业务,将超过自身能够承担的风险责任相互转移和分散,这实际上就是起到了一种联合保险基金的作用。目前,随着科学技术的发展和广泛应用,社会财富日益增加,巨额保险标的显著增多,风险也相应集中。如一颗人造卫星发射失败,一艘十万吨级的巨轮沉没,一座核电站爆炸,一架大型客机坠毁,其损失都是以数亿元计。在没有再保险的情况下,任何一个保险人,不论其资金如何雄厚,都是无法承受这一巨额损失的。而通过再保险,各自独立经营保险业务的保险人就可以联合起来,由此形成一笔巨大的联合保险基金。

四、再保险与原保险的关系

再保险是一种独立的保险业务。再保险关系的建立是以原保险业务为基础,通过原保险人与再保险人签订再保险合同来实现的。在再保险合同中,原保险人的权利是在特定条件下,向再保险人分摊赔款,其义务是向再保险人缴纳分保保费;而再保险人的权利则是收取分保保费,义务是在发生保单所规定的保险事故时承担分保责任。可见,再保险合同只对原保险人和再保险人具有约束力,而与原保险业务中的被保险人无关。也就是说,被保险人无权向再保险人索赔,再保险人也无权向被保险人收取保费。原保险人不能因再保险人未履行分保责任的义务而对被保险人不履行赔偿义务。

（一）再保险与原保险的联系

从合同的关系上来看,再保险是以原保险合同的存在为前提的,因此,这两者之间有着密切的联系:

(1) 再保险人的责任以原保险人的责任为限。再保险的保险金额不得超过原保险合同的保险金额;再保险合同的有效期限也不得超过原保险合同的有效期限。

(2) 原保险合同因故失效时,再保险合同也同时失效。

(3) 在订立再保险合同时,根据最大诚信原则,原保险人应将原保险合同中的投保人（被保险人）的声明及保证的内容如实转告再保险人。如果原保险人有故意或过失遗漏、误报、隐瞒有关风险的重要事实,再保险人可以以此为由解除再保险合同。

当然,以上再保险合同中的权利义务关系也可因当事人的约定而改变。

（二）再保险与原保险的区别

但是,再保险又是脱离原保险合同而独立存在的合同,并非原保险合同的从合同,二者之间有着明显的区别:

1. 合同的当事人不同

原保险合同的当事人是保险人和投保人,而再保险合同的当事人都是保险人。虽然原保险合同中的保险人就是再保险合同中的原保险人,但它在不同的合同中扮演着不同的角色,履行着不同的权利和义务:在原保险合同中,原保险人享有向投保人收取保费的权利,承担着向发生保险事故的被保险人支付赔款的义务;在再保险合同中,原保险人承担着支付分保保费的义务,享有摊回赔款的权利。

2. 合同的性质不同

原保险合同具有补偿性或给付性,即在财产保险合同上表现为补偿性,在人身保险合同上表现为给付性。而再保险合同是再保险人对原保险人承担分保责任,因而不论是财产保险还是人身保险的再保险,都表现为分摊性合同。

第二节 再保险的合同形式

再保险同原保险一样,也是通过合同来明确原保险人和再保险人之间的权利和义务关系的。合同的主要内容包括再保险项目、条件、期限和手续费等。再保险合同主要有以下三种形式:

一、临时再保险合同

临时再保险合同即原保险人和再保险人为了进行临时再保险而签订的合同。它的特点是,对于临时分保的业务,分出公司和分入公司均可自由选择。换句话说,对于某一风险,是否要安排再保险,再保险额是多少,完全是根据保险人本身所承受风险的情况以及自留额的多少来决定的。再保险人是否接受,接受多少,是否需要调整再保险条件等,都可以由分出人和分入人根据风险的性质、本身的承受能力等因素来临时商定。

临时再保险合同是再保险的初级形式。在商品经济发展的初期,生产力的发展水平很低,人们对保险标的的风险性质、风险程度、出险频率等都没有掌握其规律性,因此很难把握。在这种情况下,再保险合同一般都是临时约定的。

临时再保险合同签订的过程一般是这样的:先由分出公司或其经纪人向其选定的分入公司提出分保建议,简要说明有关情况,包括保险标的的性质、保险期限、费率、险别、保险金额等,并且标明原保险人的自留额以及分出的数额;如果是火险则要说明防灾设备等情况;如果是大的工程项目则还要介绍周围环境,并附送图纸。临时分保的建议可以电话、电报、电传或信件的形式来通知对方。对于较大的项目,通常的做法是递送一个详细的说明图样、照片和其他资料。分入公司收到建议以后,对有关内容,包括保险利益,所保风险,双方的权利和义务,分出人的自留额、分保额等进行审查。如果同意,则由分入公司签署一式两份再保险单,一份退给分出公司。只要分入公司签发了再保险单或正式用函电或文书对分出公司所提出的分保建议表示了接受,临时再保险合同即告成立。

临时再保险的优点在于:不论是分出公司还是分入公司都具有灵活性,选择余地大。但这种分保形式也有很明显的缺点:① 由于分保业务必须得到分保接受人的同意,因此,只有在全部临时分保业务安排完毕后,原保险人才可能对保户承保,这样有可能失去机会,影响业务的开展。② 由于必须逐笔安排业务以及到期续保,手续繁杂,容易增加营业费用的开支。

正是由于这些特点,临时再保险一般适合于那些新开办的或不稳定的业务、合同分保中规定除外的或不愿放入合同的业务、超过合同分保限额或需要超赔保障的业务。

二、固定再保险合同

固定再保险合同就是为进行固定分保而签订的合同。它是用事先签订合同的方式来使分出公司和分入公司自动履行再保险合同的权利和义务,因此,又被称作合同再保险或强制性的再保险。

凡属固定再保险合同规定范围内的业务,分出公司必须按照合同规定的条件向分入公司办理分保;而分入公司则必须接受分保,承担保险责任,不得拒绝。可见,固定分保合同对于分出公司和分入公司都有"强制性"。

固定再保险合同通常要规定分保的业务范围、地区范围、除外责任、分保手续费、自留额、合同最高限额、账单编制和付费形式等各种分保条件,明确双方的权利和义务。合同一经签订就具有法律效力,双方必须遵守。一般来说,固定分保合同没有期限规定,属于长期性合同。但合同的双方也有终止合同的权利。如果一方需要终止合同,必须在终止前的三个月向对方发出注销合同的通知。但在特殊情况下,比如任何一方的破产、所在国发生战争等,任何一方都有权通知对方立即终止合同。在合同终止后,双方在合同终止前拥有的权利继续有效,双方应该履行的义务和承担的保险责任不变。

在固定再保险合同下,分出公司不必向再保险人逐笔通知承保业务,分入公司可以自由接受业务,处理赔款。只要没有发现重大的疏忽和过失,分入公司可以不加干预。因此,这种分保方式可以使得再保险人获得大量的业务。此外,合同双方的当事人有着更密切的共同利害关系。正因为如此,固定分保合同在当今国际保险市场上十分流行。

三、预约再保险合同

预约再保险合同是介于临时再保险合同与固定再保险合同之间的一种合同。这种合同的通常做法是,对分出公司来说,在合同内订明的业务种类与范围中的各项业务是否分出、分出多少可以自由决定。从这一点来看,它具有临时再保险的性质;而对分入公司来说,对于分出公司分出的业务只有接受的义务,不能拒绝。从这一点来看,又与临时再保险的性质完全不同,而与固定再保险相近。[①]

预约再保险主要适用于某些有特殊性风险的业务,或者因某种原因必须与其他业务分开的业务。例如火险中某个地区、一年当中某一季节特别严重的火灾的保险;又如运输险中某一段特别危险的航线、从事某一特殊性质贸易的船舶的保险等。

预约再保险对分出人和分入人的影响是不一样的。对于分出人来说,在遇有超过固定再保险限额的大宗业务时,可安排预约再保险,而无须与分入人逐笔联系。这样,不仅有利于分出人对超过固定合同限额业务的自动安排,增加分出人的承保能力,也有利于经纪人迅速安排业务。而对于分入人来说,其不易掌握业务质量,稳定性较差,且具有强制性。因此,此类合同较受分出人欢迎而不太受分入人欢迎。

第三节 再保险的业务方式

再保险实际上是原保险人为稳定业务经营把已承担的责任限制在一定范围内,将超出部分的责任转让出去。限制和转让责任可以以保险金额为基础,也可以以赔款为基础。以此为前提,我们可以将再保险分为比例再保险和非比例再保险。每一种再保险合同都可以使用比例再保险方式或者使用非比例再保险方式。

一、比例再保险

比例再保险是原保险人与再保险人以保险金额为基础,计算比例分担保险责任限额的再保险。它主要包括成数再保险和溢额再保险两种方式。

(一)成数再保险

成数再保险是分出人以保险金额为基础,将每一风险单位划出一个固定比例即一定成数作为自留额,然后把其余的一定成数转让给分保接受人。保费和保险赔款按同一比例分摊。

例如,分出公司制订某一成数分保计划,将每一风险单位的保险金额,规定自留额比例为60%,分保比例为40%。若某分入公司接受40%的分保额,则相应收取40%的分保

[①] 在实践中,也有相反的情况,即对分出公司来说,各项业务是否分出、分出多少是有约束的;而对于分入公司来说,是否接受分出公司分出的业务、接受多少,则是没有义务的。

费,并承担 40% 的分保赔款。

成数再保险的优点是,保费和赔款的计算等手续较简单;分出人和分入人具有共同的利害关系。对某一笔业务,分出公司有盈余或亏损,分入公司也相应有盈余或亏损。因此这种分保具有合伙经营的性质。它的主要缺点是,对于保额较小的业务,分出人虽然有能力自留,但按照合同规定必须分出,从而会损失一部分保费收入。成数再保险适用于小公司、新公司和新业务,特别受分入公司的欢迎。此外,一些特种业务,比如牲畜险和建工险等也使用这种形式。

(二) 溢额再保险

溢额再保险是分出公司以保险金额为基础,规定每个风险单位的一定额度作为自留额,并将超过自留额即溢额的部分转给分入公司。分入公司按照所承担的溢额占总保险金额的比例收取分保费,摊付分保赔款。

自留额是分出公司的责任限额。自留额的大小是分出公司按业务质量的好坏和自己承担责任的能力,在订立溢额再保险合同时确定的,它通常以固定数额表示。分出公司对自留额以内的保险责任不分保,而只是对超过自留额的责任进行分保。溢额再保险的分入人不是无限度地接受分出公司的溢额责任,而是通常以自留额的一定"线"数即倍数为限。一"线"相当于分出公司的自留额,如自留额为 100 万元,分保额为二"线",则分入公司最多接受 200 万元的分入责任;如果分保额为三"线",则分入公司最多接受 300 万元的分入责任;以此类推。当分出公司承保巨额业务时,可签订多个溢额再保险合同。按照合同签订的顺序,有第一溢额再保险、第二溢额再保险、第三溢额再保险等。第一溢额再保险是将超过自留额的第一个固定数额的溢额即第一溢额分给分入公司;第二溢额再保险是将超过自留额和第一溢额的溢额即第二溢额分给分入公司;第三溢额再保险是将超过自留额、第一溢额和第二溢额的溢额分给分入公司。第二溢额和第三溢额再保险必须在保险金额分别超过第一溢额和第二溢额再保险的分保额时才能办理。

溢额再保险合同中的分出人可以根据业务的质量确立不同的自留额,对于每一风险单位的责任以自留额为限,因此有利于发挥大数定律的作用;此外,分出公司对自留额以内的业务可全部自留,从而可以减少保费的支出。但这种再保险的保费及赔款的计算较成数再保险烦琐。

溢额再保险适用于各种保险业务,特别是火险与船舶险等。因为这种分保可根据风险程度的不同而规定不同的自留额。此外,与成数再保险一样,它也可以用作交换业务及由分入人提供保费准备金,从而起到增强公司财务信用的作用。

二、非比例再保险

非比例再保险又称超额损失再保险。它是一种以赔款为基础,计算自赔限额和分保责任限额的再保险。在这一再保险业务形式中,保险费率不按原费率计算,而是按协议费率计算。由于分出人的保费、保险赔款与保险金额之间没有固定的比例,故称之为非比例再保险。

非比例再保险有以下几个作用:① 扩大保险人对每一风险单位的承保能力。② 限制保险人的自负责任。如在有些国家和地区,汽车第三者责任险是没有限额规定的。分出人可运用这种分保方式限制自己的责任,超出部分由分保接受人负责。③ 使原保险人对每一风险单位或每一次事故所负的责任,特别是对巨灾自留额部分的累积责任获得保障,由此保证财务稳定。[①] ④ 由于再保险免赔额以内大量的小额赔款由原保险人自负,它所支付的再保费只占总保费的很小一部分,因此,非比例再保险能够使原保险人减少再保费的支出,增加实际收入。

非比例再保险主要有锁定损失超赔再保险、巨灾事故超赔再保险和累积超赔再保险三种方式。

(一) 锁定损失超赔再保险

锁定损失超赔再保险是以每一风险单位的赔款为基础,确定分出公司自负赔款责任的限额即自赔额;超过自赔额以上的赔款,由分入公司负责,责任以内的由分出公司自己负责(即将损失"锁定"在某一个范围以内)的再保险。例如,某一分出公司的自赔额为500万元,分入公司接受450万元的分入责任。若实际赔款为900万元,则分出公司自赔500万元,分入公司赔付400万元;若实际赔款为400万元,则全部由分出公司自赔。

(二) 巨灾事故超赔再保险

巨灾事故超赔再保险是以一次巨灾事故中多数风险单位的累积赔款为基础计算赔款额的再保险。它可以被看作是锁定损失超赔再保险在空间上的扩展。举例来说,假定分出公司一次事故的自赔额为500万元,分保额为450万元。若在某次事故中有三个风险单位受损,其损失金额分别为100万元、190万元和500万元,总计损失为790万元,则分出公司自赔500万元,分入公司赔付290万元。

在锁定损失超赔再保险和巨灾事故超赔再保险中,分入公司可以接受分出公司的全部分出责任,也可只接受其中的一部分。如果是后一种情况,则超出分出额的另一部分责任,仍将由分出公司负责。例如,在巨灾事故超赔再保险中,分出公司的自赔额为500万元,分入公司接受的责任限额为400万元。若实际损失为1 000万元,则分出公司除了负责赔款500万元,还要负责赔付超过分入公司赔付的400万元以后的100万元。因此,在原保险人对于巨额风险要求保障的数额特别高时,可进行分层次的超赔分保。比如,可以在巨灾事故超赔再保险合同中规定:分出公司自赔额为500万元,甲分入公司负责赔付超过500万元以后的200万元,乙分入公司负责赔付超过700万元以后的300万元。若在一次火灾事故中,累积责任为900万元,则分出公司赔付500万元,甲分入公司赔付200万元,乙分入公司赔付200万元。

(三) 累积超赔再保险

累积超赔再保险又称赔付率超赔,它是以一定的时期(如一年)责任的累积为基础来计算赔款的一种再保险。当赔款总额过高致使其赔付率超过规定的赔付率时,超过部分由分入人负责。累积超赔再保险可以被看作是锁定损失超赔再保险在时间上的延伸。

在累积超赔再保险中,只有在分出公司因赔付率太高而受损时,分入公司才负责赔

[①] 我国《保险法》第一百零四条规定,保险公司对危险单位的划分方法和巨灾风险安排方案,应当报国务院保险监督管理机构备案。

偿。因此在这里，正确确定赔付率限额是极为重要的。

赔付率是指已决赔款与已赚保险的比率。已决赔款是指保险公司已经支付或确定要支付给被保险人的赔款。已赚保费是指保险人所预收的保费中已经履行了保险责任，因此可以作为保险人收入的保费，它是净承保保费中的一个部分。净承保保费中的另一部分为未赚保费，它是指保险合同的责任尚未期满，保险人还将履行其保险责任的那一部分保费。

第四节　法定再保险与自愿再保险

法定再保险是由法律法规规定必须进行的再保险，这种再保险也被称作强制再保险。例如，一国的保险法律有关法定分保的规定、关于保险公司承担每一保险标的责任限额的规定、关于优先在国内办理分保的规定等都属于强制再保险。政府推行法定再保险的目的在于以下几个方面：

一、保障保险业的偿付能力，维护保险当事人的利益

保险业具有极强的公众性和社会性，如果一家保险公司因承保大量保险标的，导致风险过于集中，或者由于经营不善而导致破产，将不仅祸及保险公司自身，而且危及人们的生产、生活和社会的安定。通过法定再保险，可以最大限度地分散风险，从而保障有关保险当事人的利益，起到稳定社会的作用。

强制再保险要求某种保险的全部业务必须按照规定分出一部分给再保险公司，这就为所有经营此种业务的保险公司提供了最基本的再保险保障。这一规定不仅可以利用大数定律最大限度地扩大承保标的的数量，充分发挥保险的保障功能，而且可以在正常年景积累资金，增强整个保险业的偿付能力，以应付较大的自然灾害。

二、保护本国保险业

通过法定再保险，特别是法定分保而对本国保险市场实施保护，是世界各国特别是发展中国家较为常用的一种手段。经验表明，办理法定再保险对扩大本国保险市场的承保能力、减少对外国保险公司的再保险依赖、控制分保费外流都具有重要的意义。

我国的法定分保业务开始于1985年。国务院于1985年颁布的《保险企业管理暂行条例》要求各保险公司必须向中国人民保险公司办理30%的法定分保业务。1995年颁布的《保险法》第一百零一条规定"除人寿保险业务外，保险公司应当将其承保的每笔保险业务的20%按照国家有关规定办理再保险"。中国人民保险公司体制改革后，中国人民银行授权中保再保险公司履行法定分保职能。1996年中保集团撤销后，保监会批准中国再保险公司履行法定分保职能。1999年，中国保监会制定下发了新的法定分保条件，主要对法定分保业务范围、条款、计费基数与比例、申报规定等方面做了规定。

中国于2001年12月加入世界贸易组织（WTO）以后，有关法定分保方面的情况发生了重大的改变。中国政府的"入世"承诺规定：中外直接保险公司目前向中国再保险公司进行20%法定分保的比例，在中国加入WTO时不变，加入后一年降至15%；加入后两年降至10%；加入后三年降至5%；加入后四年取消比例法定保险。这一规定无疑对中国

再保险公司的经营构成了极大的挑战。为遵守"入世"承诺,2002年10月30日九届全国人大常委会第三十次会议通过了关于修改《中华人民共和国保险法》的决定,决定将原法中"除人寿保险业务外,保险公司应当将其承保的每笔保险业务的20%按照国家有关规定办理再保险"的条款修改为"保险公司应当按照保险监督管理机构的有关规定办理再保险"。2015年修订通过的《保险法》中第一百零五条进一步指出:"保险公司应当按照国务院保险监督管理机构的规定办理再保险,并审慎选择再保险接受人。"

自愿再保险是强制再保险的对称,它是由分出公司与分入公司双方协议自愿签订再保险合同的一种再保险方式。对于再保险的分出公司来说,自愿意味着在整个购买再保险的过程中拥有完全的自主权,这一自主权表现在以下几个方面:第一,风险责任的自留还是分出;第二,对自留额大小的确定以及对分出业务量大小的确定;第三,对于采用何种分保方式及分保安排方式的确定;第四,选择哪一家保险公司或再保险公司作为分保接受公司;第五,有关分保条件的商定。从再保险的接受公司来说,"自愿"意味着不仅可以自主选择客户,而且在上述相关方面也是自主的。

第五节 再保险市场

再保险市场是指从事各种再保险业务的再保险交换关系的总和。它可以有许多买方和卖方自由进出,在保险和再保险商品的价格、条件和可用性上自由讨价还价。再保险市场的形成必须具备以下基本条件:发达的原保险市场,完善的现代化的通信设备和信息网络,知识和经验丰富的律师、会计师和精算师等专业人员,灵活的汇率制度,较为稳定的政局。

按照区域划分,再保险市场可以分为国内再保险市场、区域性再保险市场和国际再保险市场;按照再保险责任限制划分,再保险市场可以分为比例再保险市场和非比例再保险市场。目前,世界上公认的国际再保险市场主要有伦敦、美国和欧洲的再保险市场。

一、伦敦再保险市场

经过近百年的发展,英国已经形成了立法严格、组织机构严密、网络发达、承保能力巨大、专业技术人才集中的保险及再保险市场。伦敦再保险市场主要包括劳合社再保险市场、伦敦保险协会再保险市场、伦敦再保险联营组织(集团)、伦敦保险与再保险市场协会等,它是世界再保险中心之一。在世界保险市场上,60%以上的航空航天保险及海事等保险的承保能力集中在伦敦再保险市场上。

二、美国再保险市场

美国保险市场,其保费收入占全球保费收入的1/4以上。随着直接保险业的发展,再保险市场的地位也越来越重要,其中最著名的是纽约再保险市场。

再保险交易主要有三种方式:第一种是互惠交换业务;第二种是专业再保险公司直接与分出公司交易;第三种是通过再保险经纪人。其业务主要来源于北美洲、南美洲和伦敦市场。

三、欧洲再保险市场

欧洲再保险市场主要由专业再保险公司构成,其中心在德国、瑞士和法国。欧洲再保险市场的特点是:完全自由化、商业化、竞争非常激烈。2020年,在国际上最大的10家经营再保险业务的保险公司和再保险公司中,欧洲市场占了7家。

欧洲大陆最大的再保险中心是德国。德国的再保险市场在很大程度上是由专业再保险公司控制的,直接由保险公司开展的再保险业务量非常有限。

第六节　再保险的最新发展

随着直接保险公司投融资功能的日益加强,为了满足其多方面的财务要求,再保险公司开始推出脱离传统意义上再保险产品的兼有风险转移与融资功能的金融再保险合同。这类创新型再保险产品一般具有以下四个方面的特征:① 分保双方均考虑了保费与保额的时间价值,即特别指明了再保费及保额投资收入的分配;② 再保险人仅承担有限责任;③ 实行普遍的共保原则,分出人必须有相当份额的风险自留;④ 以多年期合同代替一年期合同。

分出人购买此类金融再保险合同的主要目的是得到在某一时点上包括偿付能力在内的综合资金实力,同时也为了减少由于国际再保险市场周期性波动所带来的影响。这类金融再保险产品一经推出,便引起了直接保险公司的广泛关注,在欧美市场上掀起了一股不小的浪潮。

另外,一些主要的国际再保险集团正在加紧开发一系列与证券市场直接挂钩的巨灾债券、巨灾期货、巨灾期权等衍生再保险产品。1992年12月芝加哥商品交易所首次推出了四个标准美国巨灾风险期货和期权合同;1994年推出了巨灾债券,通过发行收益与指定的承保损失相连接的债券,将保险公司部分承保风险转移给债券投资者;1996年又推出了第二代合同"PCS巨灾保险买卖特权",市场反应良好。这类产品的基本原理是,保险人在购买保险期货合同后,一旦由于巨灾而发生高于预期的赔款损失,可以期货合同低买高卖所得来冲抵自身的赔款损失。可以预计,在不久的将来,这类大大增强了资本流动性的金融再保险产品及其他再保险衍生产品在国际再保险市场中所占的份额将会越来越大。

此外,为应对各类巨灾风险,近年来天气指数保险、洪水指数保险、价格指数保险等应运而生。指数保险(Index Insurance)是指基于自然巨灾事件的物理参数或参数组合而触发赔付的保险产品。从这个意义上讲,指数保险不是以被保险人的实际损失作为赔偿标准,而是根据事先设定的外在参数是否达到触发水平来确定赔付水平。指数保险作为一种有效可行的方案在巨灾风险管理中发挥着越来越广泛的应用。

本章总结

1. 再保险又称为分保,它是指保险人将自己承保的风险责任的一部分或全部向其他保险人再进行投保的行为。依据不同的标准,再保险可以分为不同的类型。保险公司可以选择分出全部风险,也可以选择只分出一部分。再保险可以在本国内进行,也可以在世界范围内进行。再保险市场上的承保人主要包括兼营再保险公司、专营再保险公司以及再保险集团。

2. 再保险的主要作用是:分散风险和限制责任,减轻巨额风险对保险人的压力;扩大承保能力,保证保险业务的稳定发展;促进保险业竞争;形成巨额联合保险基金。再保险与原保险既有密切联系,又有明显区别。

3. 再保险合同主要有临时再保险合同、固定再保险合同和预约再保险合同三种。

4. 再保险业务方式主要可以分为比例再保险和非比例再保险。比例再保险是原保险人与再保险人以保险金额为基础,计算比例分担保险责任限额的再保险,主要有成数再保险和溢额再保险两种方式。非比例再保险是以赔款为基础,计算自赔限额和分保责任限额的再保险。其主要有锁定损失超赔再保险、巨灾事故超赔再保险以及累积超赔再保险三种方式。

5. 法定再保险是由法律法规规定必须进行的再保险。政府推行法定再保险的目的在于保障保险业的偿付能力、维护保险当事人的利益以及保护本国保险业。自愿再保险是由分出公司与分入公司双方协议自愿签订再保险合同的一种再保险方式,分出公司在多方面具有自主权。

6. 再保险市场是指从事各种再保险业务的再保险交换关系的总和。再保险市场可以按不同的标准划分为不同的类型。世界上公认的国际再保险市场主要有伦敦、美国和欧洲的再保险市场。

7. 随着直接保险公司投融资功能的加强,再保险公司开始推出兼具风险转移与融资功能的金融再保险合同。与证券市场直接挂钩的衍生再保险产品也是市场的热点。

思考与练习

1. 再保险对于保险公司和投保人都有什么样的重要意义?再保险对于保险业发展有什么样的意义?

2. 比较三种再保险合同的优劣。它们分别适合哪些情形下的分保要求?

3. Z保险公司的承保金额为800万元,保费20万元,作为分出公司它选择了100万元的自留额。Z公司与分入公司甲签订了六"线"的第一溢额再保险合同,与乙公司签订了一个一"线"的第二溢额再保险合同。假定发生赔款200万元,请计算分出公司自留保费和自负赔款以及分入公司分入保险金额和应付赔款。

4. 非比例再保险有什么作用?在锁定损失超赔再保险中,若某分出公司的自赔额为30万元,分入公司接受20万元的分入责任,实际赔款为45万元,则分出、分入公司各承担多少?

5. 在巨灾事故超赔再保险中,假设有分入公司A与分出公司B,B自留额为900万元,分保额为550万元。若在一次事故中有4个风险单位受损,损失金额分别为200万元、500万元、300万元和750万元。则分出公司应当赔付多少?分入公司应当赔付多少?

6. 为什么再保险有时会是国家的强制要求?试搜集资料了解我国再保险业的发展。

第六篇　社会保险

第二十三章　社会保险引论

■本章概要■

本书前五篇叙述的重点主要是商业保险。本篇将引入与商业保险不同的另一类特殊形式的保险——社会保险。本章首先介绍社会保险的产生原因及其与商业保险的区别，然后阐述社会保险的功能、实施原则、保费负担方式以及保费计算原则。本章还将介绍社会保险基金的基本情况。

■学习目标■

1. 了解社会保险产生的客观条件以及社会保险和商业保险的区别。
2. 掌握社会保险的功能和实施原则。
3. 了解社会保险费的负担比例与负担方式。
4. 了解社会保险费的计算方式。
5. 了解社会保险基金的概念及其运用方式。

引　言

我们在第一章已经指出过，在现实经济生活中，有一些损失是由基本风险所引致的。基本风险是非个人性的，或至少是个人所不能承担的风险，它们不是仅仅影响某一个很小的群体或一个团体，而是影响到很大的一组人群，甚至整个社会。由于基本风险主要不在个人的控制之下，因此，应当由社会而不是个人来应付它们，这就产生了社会保险的必要性。

第一节　社会保险的产生及其特点

社会保险是指通过国家立法的形式，以劳动者为保障对象，以劳动者的年老、疾病、伤残、失业、死亡、生育等特殊事件为保障内容，以政府强制实施为特点的一种保障制度。

一、社会保险产生的客观条件

（一）社会保险的产生及发展

社会保险起源于19世纪80年代德国的《疾病保险法》《工伤保险法》和《养老、伤残、死亡保险法》等法令的颁布与实施。当时，由于种种社会原因，德国的工人和资本家的矛盾激化，德国国会由此制定了一个压制工人的法案，不允许工人结社和罢工。此法案的出台使本来已经激化的阶级矛盾发展到了一触即发的状态。在这种情况下，德国首相俾斯麦深为恐惧。于是,他废止了国会的法案,随后制定了社会保险法送交国会。该法提出,在国民及家属生活遇到困难或不幸时,可以领取保险金。其目的在于稳定劳工情绪,缓和阶级矛盾。

从20世纪初开始,德国的社会保险为西欧各国所效仿,并在40年代迅速发展,80年代后得到逐渐扩展。目前,社会保险已经在世界上160多个国家和地区普及。从社会保险的产生来看,它是在资本主义发展过程中,随着社会化大生产和商品经济的发展而逐渐发展并完善起来的。

(二) 社会保险产生的客观条件

社会化大生产的发展从以下五个方面为社会保险的产生提供了客观条件:

(1) 随着社会化大生产的发展,大量的小生产者从农村涌入城市,从手工作坊进入大生产企业,成为除劳动力以外几乎一无所有的雇佣劳动者。他们一旦失去劳动能力或工作机会,其生存将面临严重的威胁。在短期内,这种情况也许可以通过亲友接济、同事扶助或社会慈善机构的救助来得到缓解,但长此以往是不可能的。

(2) 在社会化大生产中,技术与设备不断更新,市场环境不断变化,企业生产规模随之经常变动,产品与产业结构也会经常调整,由此,会导致非自愿失业人口的增加。在没有重新就业获取经济收入之前,这些人的生活难免会陷入困境。

(3) 在社会化大生产中,随着高科技、新工艺的运用,机械化操作越来越普遍,劳动节奏大大加快,操作难度也在加大,这就使得劳动过程中的风险因素和发生意外事故的可能性也随之增加了。为保护劳动者的身心健康,要求政府提供特定险种项目的呼声也日益高涨起来。

(4) 社会化大生产的发展带来了家庭结构和人际关系的变化。家庭结构的小型化、家庭功能的简单化越来越成为当代家庭发展的趋势。随着越来越多的妇女走向社会、成为职业妇女,原先在传统社会中家庭所具有的对老、弱、病、残、生、死、孤、寡人员的照顾与服务的功能日益转向社会,由此使得越来越多的家庭乃至全体公民都希望以社会保险的形式来解除他们的后顾之忧。

(5) 在社会化大生产中,随着劳动生产率的大大提高,社会财富随之也大大增加了。这就为国家和社会推行社会保险制度奠定了可靠的物质基础。

二、社会保险与商业保险的区别

社会保险与商业保险是两种不同的保险形式,我们在第二章中曾以营利性作为标准,将保险区分为社会保险与商业保险。是否营利是区分这两种保险的最重要标志,但如果做详细分析,它们之间还有许多不同点。我们可以从社会保险和商业保险的对比中,看出社会保险的特点。

(一) 非营利性

社会保险是非营利性保险,它不以营利为目的,而以实施社会政策为目的。虽然社会保险在运作上也需要借助于精确的计量手段,但不能以经济效益的高低来决定社会保险项目的取舍和保障水平的高低。如果社会保险财务出现赤字影响其运作,国家财政负有最终责任。商业保险在财务上实行独立核算，自负盈亏，国家财政不应以任何形式负担其开支需求。

（二）强制性

社会保险属于强制性保险。所谓强制性是指国家通过立法强制实施。劳动者个人和所在单位都必须依照法律的规定参加。社会保险的缴费标准和待遇项目、保险金的给付标准等，均由国家或地方政府的法律、法规统一规定，劳动者个人作为被保险人一方，对于是否参加社会保险、参加的项目和待遇标准等，均无权任意选择和更改。强制性是实施社会保险的组织保证。只有这样，才能确保社会保险基金有可靠的来源。而商业保险的投保绝大多数是自愿的，它遵循的是"谁投保、谁受保，不投保、不受保"的原则。其险种的设计、保费的缴纳、保险期限的长短、保险责任的大小、权利与义务的关系等均按保险合同的规定实施。一旦合同履行终止，保险责任即自行消除。

（三）普遍保障性

社会保险对于社会所属成员具有普遍的保障责任。不论被保险人的年龄、就业年限、收入水平和健康状况如何，一旦他们丧失劳动能力或失业，政府即依法提供收入损失补偿，以保障其基本生活需要。社会保险除了现金支付，通常还为劳动者提供医疗护理、伤残康复、职业培训和介绍、老年活动等多方面的服务。保障大多数劳动者的基本生活需要，由此稳定社会秩序，可以说是实施社会保险的根本目的。而商业保险只是对参加了保险的人提供对等性的经济补偿，它只能部分解决被保险人临时、急迫的困难，弥补其部分损失，不具有普遍保障的功能，也不具备调节收入水平、维护社会公平的职能。

（四）权利与义务的基本对等性

社会保险待遇的给付一般不与个人劳动贡献直接相关联。享受者要做出贡献，但其享受的待遇并不是与其贡献完全一致的。做个形象的比喻，这叫作"要乘凉必须先栽树，但栽了大树的人并不一定乘大树的凉"。这里有一个再分配的问题。社会保险分配制度是以有利于低收入阶层为原则的，因为同样的风险事故对于低收入劳动者所造成的威胁通常要高于高收入者。而商业保险则严格遵循权利与义务对等的原则，这种原则决定了，投保人权利的享受是以"多投多保、少投少保、不投不保"的等价交换作为前提的，也就是说，投保人或被保险人享受保险金额的多少，要以其是否按期、按数量缴纳了合同所规定的保费以及投保期限的长短为依据。保险合同一旦期满，保险责任自行终止，权利与义务的关系也不复存在。

第二节 社会保险的实施

一、社会保险的功能

（一）实施社会保险制度，有利于社会安定

在任何社会形态里，劳动都是人们获得物质生活来源的主要手段。而一旦人们丧失

劳动能力或失掉工作机会时，就无法通过劳动来获得报酬，本人及家属的生活也无法维持。我们在前面已经指出过，在现代社会中，伴随着生产社会化和分工协作的发展，劳动风险的影响面和危害程度也日益加剧。当为数众多的劳动者面临种种不同的劳动风险和收入损失，并得不到及时解决时，就会形成一种社会不安定因素。社会保险制度的存在，使劳动者可以获得基本的生活保障，从而在很大程度上消除了社会不安定因素。社会保险制度还有效地调节了社会收入分配差距，在缓解社会矛盾、促进社会稳定和经济发展方面起到了积极的作用。

(二) 实施社会保险制度，有利于保证劳动力再生产的顺利进行

劳动风险是客观存在的，劳动者在劳动过程中，不可避免地会遇到疾病、意外伤害以及失业的威胁，影响身体健康和正常的劳动收入，从而使劳动力再生产过程受到影响。社会保险使劳动者在遇到上述情况时可以获得必要的物质保障，使劳动力再生产得以顺利进行。例如失业保险所提供的保险金和转业培训费，有利于保护劳动力不致因失业而萎靡和落伍；医疗保险对职工提供医疗费补贴和必要的治疗服务，相当于劳动力的修理费用；生育保险使女职工能早日恢复劳动力，也使新的劳动力得以生成。生产的发展不仅取决于劳动力的维持，还取决于劳动者素质的提高。社会保险可以减轻享受者的家庭负担，从而将一部分钱用于本人和家属的智力投资，提高劳动者的素质。此外，社会保险还可以通过调整制度规定，比如待遇水准、费用分配、项目范围等，对劳动力的生产、分配、使用和调整起到间接的调节作用。这些措施都从宏观和微观上对社会劳动力的再生产起到了保证和促进的作用，使社会经济能够有一个稳定的发展环境。

(三) 实施社会保险制度，有利于改善就业结构，加速产业结构的调整和发展

实施社会保险保障的国家，一方面要求雇主对职工承担一定的保险责任；另一方面，社会保险机构也从基金上给予雇主以支持。在经济危机时期，向雇主支付职业调整费和职业发展费，对雇主在职工技术培训和教育方面给予帮助，比如承担部分培训费用、开设职业课程、向雇主提供为提高和发展职工劳动技能所需要的服务项目、提供与职业培训有关的技能和经验，以及提供职业培训人员的国际交往条件等。这些措施既提高了劳动者的素质，改善了就业结构，扩大了就业机会，也促进了企业的发展。

(四) 实施社会保险制度，有利于促进社会公平分配，刺激社会需求

从某种意义上来说，社会保险就是国家通过法律保证下的经济手段，对社会个人消费品的分配实行直接的干预。这种干预的基本目标是调节劳动者个人收入中过大的差距，使之保持在一个适度的水平上，从而实现人们对社会公平的普遍要求。这个基本目标的实现，有助于消除社会矛盾，协调劳动者之间的关系，保持社会和经济的稳定发展。国家通过各种税收所征集的保费，再分配给低收入者或丧失收入来源的劳动者，帮助他们共渡难关，这不仅能够弥补工资分配在"事实上的不平等"，也在某种程度上实现了社会公平分配。更为重要的是，它还能够在一定程度上刺激社会需求，保持供求平衡。因为经济的不景气与消费水平的下降有着密切的联系。通过社会保险形式，可以将社会财富的一部分转移到广大低收入者手中；随着低收入者的收入增加，他们的需求也会相应

扩大,并增加消费,由此提高全社会的总体需求水平,防止供给相对过剩而引起的萧条现象。

二、社会保险的实施原则

(一)因地制宜,量力而行

社会保险的建立与发展要与国情、国力相适应,做到需要与可能相结合。因为社会保险是对个人消费品的分配,社会可供分配的消费品的数量取决于生产力的发展水平。社会保险的项目和水平如果超过生产力的发展水平,就会影响生产的发展;反之,又会使社会保险因缺少可靠的物质基础而陷入困境。

(二)公平合理与效率相统一

公平合理原则是指社会保险的享受者只有确定发生了年老、患病、生育、伤残、死亡或失业等情况,并符合立法规定,才能享受到保险的保障。它对缴纳了保费的职工来说是人人有权、机会均等,但不是人人有份。为了保障其公平性,首先要统一立法,使待遇基本一致,而且规定在社会保险法规定范围内的单位和劳动者都要强制参加。

(三)既要事后补偿,也要事先预防

社会保险既要发挥其事后补偿的作用,也要在国民经济、社会管理中发挥积极预防性的能动作用。例如,为了鼓励企业减少工伤事故,节省保费开支,可以采取一些有效的奖惩制度,比如,对于事故率增加者,提高其费率;对于事故率下降者,降低其费率。又比如,在失业保险中规定,在领取失业补助金期间内提前就业者,保险机构可以给予一部分再就业补助金,以鼓励失业者早日就业,克服不愿就业或等失业补助金用完了再就业、就业不报等现象。

(四)统筹兼顾,合理规划,全面发展

社会保险既是社会保障的中心内容,又是整个社会经济发展中的重要环节。它的建立、发展和完善要受多方面因素的影响和制约。因此,在实施过程中一定要注意做到统筹兼顾。既要重视社会保险的普遍保障性,又要考虑到国家的财政经济状况;既要照顾重点,又要兼顾到各地区、各部门、各种所有制及各不同收入水平劳动者的利益分配,以形成合理的格局和待遇水平层次。

三、社会保险保费的负担

(一)社会保险费负担比例的决定因素

与商业保险一样,社会保险运作的基础也是保费。但在商业保险中,其自愿性和营利性决定了保费的缴纳是投保人个人的问题。而社会保险就不同了:由社会保险的非营利性、强制性、普遍保障性和权利与义务的基本对等性所决定,缴纳保费的主体在很多情况下不是单一的,而是多元的。这就产生了社会保险费负担比例的决定问题,换句话说,有哪些因素在决定着不同的主体承担保费的比例。一般说来,其决定因素有三个:保险

险种的性质,被保险人、雇主和政府三方各自负担保费的能力,国家的社会保险政策。

1. 保险险种的性质

根据保险险种的性质来决定社会保险费的负担比例,也就是根据保险险种所保障的对象和保障范围确定分担保费的比例。这里有一个基本原则,即"风险原因决定论"。该原则的含义是,如果风险的原因是属于自然性的,那么,应当主要由个人来承担保费的缴纳义务。例如,年老、疾病是每一个劳动者一生中几乎都要遇到的事情,因此,像养老保险、疾病保险等,享受者应缴纳保费;而像失业(非自愿失业),这是社会经济发展中出现的一种失衡现象,它在很多情况下是与劳动者个人无关的,也是劳动者个人无法控制的,因此政府应负担失业保险的大部分或全部保费;再比如工伤保险,它是以劳动者在工作中出现的风险事故为保险标的的,是对劳动者付出代价的补偿,与生产过程直接相关,因此,雇主应承担大部分保费。

2. 被保险人、雇主和政府三方各自负担保费的能力

1952年第35届国际劳工大会通过的《社会保障(最低标准)公约》(102号公约)规定,社会保险保费(包括管理费用)应借助于缴纳保费或税收的方式,或者两种方式同时采用。但是要考虑被保险人的经济情况,不致使其生活来源发生困难。雇员负担的全部保险费用,不得超过社会保险保费的50%。目前,绝大多数国家投保人个人所负担的份额都少于雇主负担的份额,政府则根据国家财力所提供的可能,给予适当的补贴。

3. 国家的社会保险政策

社会保险一般是由国家举办的强制性保险,因此,国家对于社会保险的对象、保障的范围及举办的险种等,都可做出一些政策性的规定。政府可根据本国的实际情况,为某些险种确定一个由各方负担的法定比例。至于国家财政补贴所占的份额,则取决于不同的社会保险指导思想。实行普遍社会保险的国家,国家财政负有较大的责任;实行自助型社会保险的国家,强调个人和雇主的责任,其社会保险基金主要来源于社会保险税。此外,国家如要发展或限制某些险种,也可以采用改变保费负担比例大小的办法,加以鼓励和限制。

(二) 社会保险费的负担方式

世界上较常见的社会保险保费负担方式主要有以下几种:

1. 雇主和被保险人共同负担

这种方式由来已久。1883年德国首创社会保险时,疾病保险的保费就是规定由被保险人和雇主共同分担的。迄今为止,绝大多数国家的疾病保险仍采取这样的负担方式。

2. 政府和被保险人共同负担

这种方式中,通常被保险人只负担少量,绝大部分由政府负担。

3. 雇主和政府共同负担

确切地说,是雇主负担、政府补助。这种分担保费的方式是政府和雇主为减轻被保险人的经济负担、扩大社会保险范围而规定的。

4. 雇主、政府和被保险人三方共同负担

此种方式最早在德国于1889年实行的年金保险中实施,现在大多数国家都采用了

这种交费方式。

5. 被保险人全部负担

这种方式仅在少数国家的少数险种上实施。

6. 雇主全部负担

这种方式有其特定性。比如工伤保险,通行的是"绝对责任补偿原则",历来规定保费由雇主全部负担,以加强雇主的安全规定和保障工人安全的责任。

7. 政府全部负担

这种方式为财力充裕并实行全民保险的国家所采用。

需要注意的是,我们这里所说的各种保费负担方式并没有特指哪一个险种、哪一个国家,它可能是变化的。例如,在有的国家,某种险种在目前是由雇主和政府共同负担的,但在10年前可能是雇主、政府和个人三方共同负担的,或者情况正好反过来;某些险种在甲国可能是被保险人和政府共同负担,在乙国可能就是由政府一方负担。

四、社会保险费的计算

社会保险必须根据各种风险事故的发生频率、给付范围与给付标准事先估计出给付支出总额,计算出被保险人所应负担的一定比例,作为制定费率和征收保费的标准。

（一）影响社会保险费的因素

社会保险所保障的范围很广,因而其损失率的种类也很多,比如伤害率、残废率、生育率及死亡率等。虽然起作用的自然因素较多,但同时也与医学进步、生产方式、工厂的防护设施等社会因素有密切的关系,比如失业率、退休率、职业伤害率等,就主要受社会因素的影响。社会因素的变化较大,加之还需要顾及有关各方的负担能力,因此,社会保险保险费率的计算,除了基本因素,还应综合考虑其他的相关因素,以求公平合理。

（二）社会保险费的计算方法

社会保险费个人部分的计算大都采用比例保险费制,即以被保险人的工薪收入作为基准,规定一定的百分比,在此基础上来进行计算。在这种计算方式中,保险费率与被保险人的收入均为保费的计算基础。采用比例保险费制的理由在于,社会保险的主要目的是补偿被保险人遭遇风险事故期间所丧失的收入,以维持他们最起码的生活标准。被保险人平时赖以生存的收入,既是衡量给付的标准,又是计算保费的依据,这样,就使得被保险人受领的保险金给付与其缴纳的保费这两者能够与实际情况相一致。

由于各种规定和限制的不同,比例保费制又有固定比例制、差别比例制和累进比例制三种。

1. 固定比例制

这一方法即无论被保险人实际收入的高低,均从中征收相同百分比的保费。尽管被保险人的收入时高时低,但其比例固定不变。这一方法计算便利,因此为大多数国家所采用。

2. 差别比例制

这一方法即按照被保险人的工薪收入的不同将其划分为若干等级,并规定每一等级的标准收入;然后,按照标准收入和所规定的相应等级的比例计算保费。

3. 累进比例制

这一方法即根据被保险人的实际收入规定不同的征收比例。对于低收入的被保险人,征收较低百分比的比例,对于高收入者,征收较高百分比的比例,并且随着收入的增加,收费的百分比也累进增加。

五、社会保险基金

(一) 社会保险基金的概念

社会保险基金是一种专款专用的社会后备基金。它是为保障社会劳动者在丧失劳动能力或失去工作机会时的基本生活需要,由政府资助、企事业单位和被保险人个人缴纳规定数量的保费而建立起来的。按照规定,社会保险基金只能用于社会保险项目的补偿或给付,以确保社会保险机构与被保险人的经济利益。可见,社会保险基金是一种具有特定用途的专项资金,它通常由责任准备金、意外准备金和保费收支结余三部分所组成。

1. 责任准备金

责任准备金是社会保险机构按照保险给付总额与保险责任相平衡的原则,根据保险事故和给付的性质,从收取的保费中,按照一定的比例提留的资金。同商业性保险公司一样,社会保险机构承担的也是未了责任和预期责任,对于何时发生赔付、赔付额有多大,事先是很难做出非常准确的预测的。因此,为了稳定社会保险财务、顺利履行赔付义务,社会保险机构必须从所收入的保费中提取责任准备金。

2. 意外准备金

这是社会保险机构为应付不可预料的巨大风险而逐年积存的一部分资金。人们在长期的社会实践中,虽然掌握了某些保险事故(如离退休等)发生的规律,但对于一些出乎人们意料的保险事故的发生及其所造成的危害程度,则是难以预料和测算的。例如瓦斯爆炸、船舶触礁,特别是地震、海啸、核污染等特大事故的发生,必然要耗费大量的人力、物力和财力,需要支出巨额社会保险补偿金,由此必然会给社会保险财务带来一时难以支付的困难。为了应付上述这些突如其来的特大保险事故,社会保险机构必须积存意外准备金,以便在责任准备金不够支付时使用。

3. 保费收支结余

各个保险机构每年征收的保费,在扣除了各项支出和必要的准备金以外,有的年份可能还会有部分剩余。在一定情况下,这部分剩余资金可以用来充实社会保险基金。

(二) 社会保险基金的运用

社会保险基金的运用是指以社会保险沉淀资金进行直接的经济建设活动。资金运用的目的,一方面是促进其在国民经济的发展中起到融资、救急和补短的作用;另一方面则在于增强社会保险的偿付能力。一般说来,社会保险基金的运用可以采取储蓄存款、直接对外投资、不动产投资和购买有价证券等方式。

1. 储蓄存款

它是指社会保险机构将社会保险基金的全部或部分存入银行,收取利息。这种方式的优点是安全可靠、流动性强;缺点是收益率低,且容易受通货膨胀的影响。

2. 直接对外投资

它是指社会保险机构作为信贷机构直接运用其掌握的社会保险基金对外贷款。与银行资金相比较,社会保险基金作为直接对外贷款的资金来源具有其特殊的优越性,具体表现在:

第一,资金具有规律性、长期性和稳定性。从长期来看,社会保险基金的资金来源与给付都有一定的规律性。企业生产经营活动的长期延续性、社会保险的相对长期性以及社会保险的强制性,这三个方面共同决定了社会保险机构集中的一部分资金也具有长期性;同时,由于承保者与投保者双方的义务和权利都是以契约的形式确立的,这又使社会保险基金受当时的或近期的外来影响较小。

第二,社会保险基金具有局部的无偿性。银行资金的最大特点是有偿使用,它是以偿还作为前提的支出。但社会保险集中的资金从整体上来看是先收后付,它的补偿是有条件的,这就使得相当的一部分保险基金具有局部的无偿性。

社会保险基金的这些特性决定,它在期限上可自由选择那些流动性好、变现快的短期流动资金贷款;或投资于效益好、稳定安全的中长期技术或设备贷款。由于它的平均成本低,因此将取得高于同类银行贷款的收益。

但需要指出的是,社会保险基金主要是用于经济补偿的。因此,运用社会基金投资,本利都得如期如数收回,以备补偿的需要。如果稍有不慎,发生众多的呆账现象,投放出去的资金收不回来,不能及时支付赔款,就会发生很严重的社会问题。

3. 不动产投资

它是指社会保险机构通过有关部门以各种方式进行土地开发、住宅建设以及进行老城区改造和新市区建设等开发性投资。不动产投资对社会保险基金来说,虽具有安全性、收益性和社会性等特点,但因生产周期长、占用资金数量大,其流动性不是很好。

4. 购买有价证券

它是指用社会保险基金购买股票、债券等有价证券。一般来说,股票投资收益丰厚,变现容易,尤其在通货膨胀时期易保存其价值,但投资风险也较大;债券投资具有风险较小、安全性较大的特点,但收益性相对股票来说要差。

综上所述,社会保险机构在选择投资形式时,需根据当时的市场情况和各种投资手段的特点来合理地分配投资基金。一个总的原则是,"不要将所有的鸡蛋都放在一个篮子里"。

本章总结 》

1. 社会保险是指通过国家立法的形式,以劳动者为保险对象,以劳动者的年老、疾病、伤残、失业、死亡、生育等特殊事件为保障内容,以政府强制实施为特点的一种保障制度。社会化大生产和商品经济的发展为社会保险的产生提供了客观条件。

2. 社会保险具有非营利性、强制性、普遍保障性以及权利与义务的基本对等性等特征。它是与商业保险不同的保险形式。

3. 社会保险的功能主要有：维护社会安定，保证劳动力再生产的顺利进行，改善就业结构，加速产业结构的调整和发展以及促进社会公平分配，刺激社会需求。

4. 社会保险的实施原则主要包括：因地制宜，量力而行；公平合理与效率相统一；事后补偿与事先预防并重；统筹兼顾、合理规划、全面发展。

5. 社会保险保费负担比例的决定因素主要有：保险险种的性质，被保险人、雇主和政府三方各自负担保费的能力，国家的社会保险政策。社会保险费可由雇主、被保险人和政府中的一方或者多方负担。社会保险保费的计算大部分采取比例保费制。

6. 社会保险基金是为保障社会劳动者在丧失劳动能力或失去工作机会时的基本生活需要，由政府资助、企事业单位和被保险人个人缴纳规定数量的保费而建立起来的一种专款专用的社会后备基金，它通常由责任准备金、意外准备金和保费收支结余三部分组成。社会保险基金的运用主要有储蓄存款、直接对外投资、不动产投资和购买有价证券等方式。

思考与练习

1. 社会保险产生的原因是什么？社会保险与商业保险的主要区别表现在哪里？
2. 有人认为社会保险的发展会威胁到商业保险公司的业务。你是怎样看待这个问题的？
3. 社会保险费的计算有哪几种方式？试分析各种方式的优劣。
4. 社会保险基金的来源和运用渠道主要有哪些？试查找有关资料了解中国社会保险基金和全国社保基金的来源、功能及投资状况。你认为在目前的情况下，中国社会保险基金和全国社保基金的运用应当注意哪些问题？

第二十四章　社会保险的主要类型

▌本章概要▌

本章将分别介绍养老保险、失业保险、医疗保险、生育保险和工伤保险等各类社会保险的概念、给付条件、给付标准以及筹资模式等内容。

▌学习目标▌

1. 了解养老保险的概念、给付条件、给付标准及筹资模式。
2. 了解失业保险的概念、给付条件、给付原则、具体给付和筹资模式。
3. 了解医疗保险的概念、给付条件及给付方式。
4. 了解生育保险的概念、给付条件及给付内容。
5. 了解工伤保险的概念、基本原则及基本内容。

引　言

社会保险作为一种保证社会稳定的重要的制度安排,为社会成员提供了广泛的基本保障。尽管由于政治、社会、经济条件的不同,各国社会保险的保障内容有所不同,但基本上都包含养老、失业、疾病、生育、工伤等几个方面。

第一节　养老保险

养老保险是指国家通过立法,使劳动者在因年老而丧失劳动能力时,可以获得物质帮助以保障晚年基本生活需要的保险制度。养老保险是社会保险体系中的核心。它的影响面大、社会性强,直接关系到社会的稳定和经济的发展,所以为各国政府所特别重视。

一、养老保险的给付条件

在绝大多数国家中,养老保险的给付条件都是复合性的,即被保险人必须符合两个以上的条件,才可以享受老年社会保险金。

养老保险给付的基本条件通常包括:① 被保险人必须达到规定的年龄;② 被保险人缴足一定期间的保费或服务满一定年限;③ 被保险人必须完全退休;④ 被保险人必须是永久居民,或本国公民,或在国内居住满一定期限。这几个条件并非要求全部满足,不同国家的侧重不同,因此,各方面的要求也不一致。

二、养老保险的给付标准

养老社会保险金的标准形式是年金制度,即保险金按月或按年支付,而不是一次性给付。由于社会经济是不断发展变化的,一次性给付的保险金易于受到各种社会的、经济的因素的冲击,由此影响到被保险人的实际生活水平,使养老保险不能起到应有的作用。

世界各国养老保险金的给付标准不一致,大体上来说,可以分为以下两大类、五种形式:

1. 以工资作为基础,按照一定的比例进行计算

这种方式强调工资的作用,即强调工龄或服务年限的长短、缴纳保费工资的多少。目前世界上大多数国家均采用这种方法。这一类型又有三种形式:

(1) 统一报酬比例。即年金与工资收入成正比。年金的计算按照最近几年平均工资的一定比例来计算。

(2) 基本比例加补充比例。即以平均工资收入的一定百分比为基本给付率,然后,每超过最低投保年限一年,则另加一定比例。

(3) 倒比例法。即工资越高,规定比例越低;工资越低,规定比例越高。

2. 以生活费为基础来计算

这一制度通行于社会保险较为发达的国家。它又有两种形式:

(1) 全国居民按照统一数额给付,给付数额随生活费用指数的变动进行调整。

(2) 规定一个基础年金,在此基础上,附加给付比例。例如规定基础年金为100元,单身为这一基数的95%,已婚夫妇为基数的150%等。

三、养老保险的筹资模式

从当前世界各国实行养老社会保险制度的国家来看,大致有三种基金筹资模式,即现收现付式、完全积累式和部分积累式。

(一) 现收现付式

该模式是根据需要支付的养老保险金数额来确定基金的提取数额,即以支定收,由单位(或单位和个人)按照工资总额的一定比例(社会统筹费率)来缴纳养老保险费。这种模式有以下几个特点:第一,养老保险负担为代际转嫁,即由在职职工负担已退休职工的养老金;第二,提取基金的数额和比例逐年变化;第三,不考虑储备,费率较低,易于建立制度;第四,由于没有积累基金,无须在资金的增值上操心。由于这些特点,这一方式多为发展中国家和初建养老保险制度的国家所采用。但现收现付制也有很明显的缺陷。世界银行的研究报告曾经指出,在现收现付体制下,很高并且不断上升的工薪税将导致失业问题;税收规避使劳动者向生产率较低的部门转移;提前退休,由此使得熟练劳动力的供给不足;公共资源的错误配置,例如稀缺的税收收入被用来作为养老保险金,而不是用于教育、保健或者基础设施的建设;丧失了提高长期储蓄的机会;收入再分配和转移支付的失误,例如不是向低收入阶层转移,而是相反,向高收入阶层转移;隐性债务规模的快速增长使体制无法维持等。[①]

---

① 世界银行《老年保障:中国的养老金体制改革》编写组:《老年保障:中国的养老金体制改革》。北京:中国财政经济出版社1998年版,第2—3页。

我国长期以来实行的也是这样的现收现付模式。因此,上述问题在我国也不同程度地存在,特别是由人口老龄化、在职人员提早退休等因素的存在所导致的隐性债务规模快速增长的问题十分突出。我国退休人员与在职人员的比例由20世纪50年代的1∶400下降到1978年的1∶30左右,1980年的1∶12.8,1985年的1∶7.5,1990年的1∶6.1,1995年的1∶4.8,1997年的1∶4.4,2018年约为1∶2.64。[①] 也就是说,领取养老金的人口的比例在逐年增长,而提供养老金的人口的比例在逐年下降。由于70年代所实施的人口计划生育政策和医疗保健水平的提高导致人口寿命的延长,这一问题将变得越来越严峻。根据世界银行提供的资料测算,到2033年,中国的退休人员与在职人员的比例将为1∶2.5。如果继续维持现收现付的养老保险体制,在职人员的负担将越来越重。在这种情况下,经过十多年的探索与实验,国务院于1997年颁布了《关于建立统一的企业职工基本养老保险制度的决定》(国发〔1997〕26号),自此开始,我国正式确定了以社会统筹与个人账户相结合为标志的混合型养老保险体制。

(二) 完全积累式

该模式的具体形式为储备基金式,即从职工开始工作起,就建立起个人养老保险账户,由单位和个人逐年向国家社会养老保险专门机构缴纳保费,实行多缴多保,自给自足。职工到了法定退休年龄时,就可以从个人账户所积累的储备基金中,以年金的方式领取养老保险金。这一模式有以下几个特点:第一,个人对自己负责,因此激励机制较强,同时,也不大会引起代际转嫁负担的社会矛盾;第二,度过人口老龄化高峰时有足够的基金,不存在支付危机;第三,易于积累起大量的建设资金,从长远看,也减轻了国家和企业的负担。但是,该模式也有其明显的缺点:首先,保险基金积累时间长,易受到通货膨胀的影响,因此,基金的保值、增值难度很大;其次,被保险人之间的资金互不调剂,很难保证每个人到晚年都有基本的生活保障。目前世界上采取这种模式的国家很少。

(三) 部分积累式

该模式是介于现收现付式和完全积累式之间的一种模式。即在现收现付式的基础上,建立个人账户储备基金,实行养老基金的部分积累。这一模式兼顾了前两种模式的优点,因此在1964年的国际社会保险专家会议上受到推崇。目前为许多国家所采用。我国的社会养老保险制度也正朝着这个方向改革。

当前,世界上有一些国家的养老基金是由企业和个人共同负担的,有极个别国家则是由个人完全负担。但大多数国家都是采取国家资助、企业负担、个人缴费的方式。其中国家资助主要体现在税收方面给予一定的优惠。

专栏 24-1

我国城镇企业职工基本养老保险制度的改革

我国的养老保险制度改革基本上是按照城乡有别、企业先行的原则分层次展开的。

---

① 根据2018年年末城镇职工养老保险参保人数计算(参保职工30 104万人,离退休人员11 798万人)。

目前,城镇企业已经统一了基本养老保险制度,并正在积极发展企业补充保险(企业年金);机关事业单位养老保险尚未出台统一的办法;农村养老保险还在进一步探索之中。在这里,我们主要介绍我国城镇企业职工基本养老保险制度的改革历程。

1991年,国务院在总结部分省市试点经验的基础上,颁发了《国务院关于企业职工养老保险制度改革的决定》,提出逐步建立起基本养老保险、企业补充养老保险和职工个人储蓄性养老保险相结合的多层次保障制度。这是改革开放以来我国首次就养老保险问题所出台的重要指导文件,它也正式拉开了我国企业职工养老保险制度改革的序幕。在这一文件的推动下,以社会统筹为目标的养老保险制度在全国迅速展开。

结合我国养老保险制度基本实现社会统筹后所存在的诸多问题,1995年3月,国务院下发了《国务院关于深化企业职工养老保险制度改革的通知》(国发〔1995〕6号),该文件在企业职工养老保险制度中第一次引入了个人缴费和缴费确定型的制度因素,强化了个人在养老保险上的责任意识。一些地方通过提高个人缴费比例,减轻了企业负担。各地区也更加重视养老保险各项基础建设,社会化服务和管理水平进一步提高。

鉴于1995年两个改革方案并存所导致的混乱,1997年7月,国务院发布了《关于建立统一的企业职工养老保险制度改革的决定》(国发〔1997〕26号),要求按照社会统筹和个人账户相结合的原则,建立一个全国统一的企业职工基本养老保险制度。该文件的颁布标志着我国养老保险制度进入一个新的阶段,其主要内容包括:明确养老保险制度改革的总体目标,统一和规范企业和个人缴纳基本养老保险的比例,统一个人账户规模,改进并统一基本养老金计发办法,建立和完善离退休人员基本养老金的正常调整机制,提出养老保险基金实行省级统筹的要求。

1998年8月,《国务院关于实行企业职工基本养老保险省级统筹和行业统筹移交地方管理有关问题的通知》(国发〔1998〕28号)又提出进一步改革的内容:一是加快实行企业职工基本养老保险省级统筹;二是将铁道部等11个部门的基本养老保险行业统筹移交地方管理;三是将养老保险金由差额拨付改为全额拨付。

1997年和1998年的两次改革是我国养老保险制度改革的重要突破,为今后建立全国统一的企业职工基本养老保险制度奠定了基础。

2005年12月,国务院颁布了《国务院关于完善企业职工基本养老保险制度的决定》(国发〔2005〕38号),明确了企业和个人的缴费比例,调整了个人账户规模和养老金计发办法,建立了基本养老统筹基金省级调剂制度,要求自由职业者、城镇个体工商户参加基本养老保险,改进了基本养老保险费征缴机制和基本养老保险基金的管理制度,等等。

经过多年的改革与完善,我国城镇企业职工基本养老保险制度的覆盖面不断扩大,基金收入稳步增长,社会化管理服务水平也在日益提高。

截至2019年年末,全国参加城镇职工基本养老保险人数为43 482万人。2019年全年城镇职工基本养老保险基金总收入52 063.1亿元,全年基金总支出48 783.3亿元,当年基金结存3 279.8亿元。

资料来源:中国经济改革研究基金会与中国经济体制改革研究会联合专家组:《中国社会养老保险体制改革》,上海远东出版社2006年版;人力资源社会保障部:《2019年人力资源和社会保障统计快报数据》,有改动。

专栏 24-2

新型农村社会养老保险制度、城镇居民社会养老保险制度和城乡居民基本养老保险制度

1. 新型农村社会养老保险制度

新型农村社会养老保险(以下简称"新农保")是以保障农村居民年老时的基本生活为目的,建立个人缴费、集体补助、政府补贴相结合的筹资模式,养老待遇由社会统筹与个人账户相结合,与家庭养老、土地保障、社会救助等其他社会保障政策措施相配套,由政府组织实施的一项社会养老保险制度。我国从2009年起开展"新农保"试点,于2012年在全国所有地区推行。

"新农保"的参保对象为年满16周岁、未参加城镇职工基本养老保险的农村居民,在户籍地自愿参加。当参保人为年满60周岁、未享受城镇职工基本养老保险待遇的农村有户籍的老年人,可以按月领取养老金。

"新农保"试点的基本原则是"保基本、广覆盖、有弹性、可持续"。具体而言:一是从农村实际出发,低水平起步,筹资标准和待遇标准要与经济发展及各方面承受能力相适应;二是个人(家庭)、集体、政府合理分担责任,权利与义务相对应;三是政府主导和农民自愿相结合,引导农村居民普遍参保;四是中央确定基本原则和主要政策,地方制定具体办法,对参保居民实行属地管理。

2. 城镇居民社会养老保险制度

城镇居民社会养老保险(以下简称"城居保")是针对覆盖城镇户籍非从业人员的养老保险制度。我国2011年起开展城镇居民社会养老保险试点,于2012年在全国所有地区推行。"城居保"有两个特点:一是城居保的资金来源除个人缴费外,还有政府补贴,个人缴费越多,政府补贴也越多,且个人缴费和政府补贴全部计入参保人的个人账户;二是"城居保"的养老金由个人账户养老金和基础养老金两部分构成,个人账户养老金水平由账户储存额决定;基础养老金则由政府全额支付。参加城镇居民养老保险的城镇居民,年满60周岁,可按月领取养老金,养老金待遇由基础养老金和个人账户养老金构成,支付终身。

与"新农保"一样,城镇居民养老保险试点的基本原则是"保基本、广覆盖、有弹性、可持续"。具体而言:一是低水平起步,筹资标准和待遇标准与经济发展及各方面承受能力相适应;二是个人(家庭)和政府合理分担责任,权利与义务相对应;三是政府主导和居民自愿相结合,引导城镇居民普遍参保;四是中央确定基本原则和主要政策,地方制定具体办法,城镇居民养老保险实行属地管理。

3. 城乡居民基本养老保险制度

"新农保"与"城居保"实施后,存在城乡相关政策不尽一致、标准高低错落、管理资源分散等矛盾。2013年以来,先后有15个省份针对这些矛盾,推进两项制度合并实施。2014年2月,国务院印发《关于建立统一的城乡居民基本养老保险制度的意见》(国发〔2014〕8号)决定将"新农保"与"城居保"合并实施,建立全国统一的城乡居民基本养老保险制度。

两项制度的有机整合,其统一性突出体现在四个方面:一是统一制度名称。合并后的制度统一称为"城乡居民基本养老保险制度"。二是统一政策标准。原来"新农保"、"城居保"对每年缴费标准分别设置了5个档次和10个档次,统一制度归并为100元至

2 000元12个档次。三是统一管理服务。建立统一的城乡居民养老保险经办机构;将新农保基金和城居保基金合并为城乡居民养老保险基金,逐步推进省级管理。四是统一信息系统。大力推行全国统一的社会保障卡,并与其他公民信息管理系统实现信息资源共享。

截至2019年年末,城乡居民基本养老保险参保人数53 266万人。全年城乡居民基本养老保险基金收入4 020.2亿元,基金支出3 113.9亿元,当年结存906.3亿元。

资料来源:人力资源和社会保障部网站,有改动。

第二节 失业保险

失业保险是指被保险人在受到本人所不能控制的社会或经济因素的影响,由此造成失业时,由社会保险机构根据事先约定,给付被保险人保险金,以维持其最基本的生活水平的保险。

一、失业保险的给付条件

失业保险的根本目的在于保障非自愿失业者的基本生活,促使其重新就业。为避免该制度在实施过程中产生逆选择,各国均严格规定了保险给付,即享受失业保险待遇的资格条件。这些条件归纳起来有:

(一)失业者必须符合劳动年龄条件

更确切地说,必须是处于法定最低劳动年龄与退休年龄之间的劳动者,才可能享受失业保险。这样规定的原因是为了保护未成年儿童,使之健康成长。各国均明文规定,严令禁止使用童工。未成年人不参加社会劳动,也就不存在失业问题;而老年人不负有法定的社会劳动义务,他们已为社会做出了自己的贡献,并可享受养老保险,故也不应列入失业保险保障的范围。可见,失业保险为失业后的补助措施,是在职保险。

(二)失业者必须是非自愿失业的

非自愿失业是指非出于本人意愿,而由非本人能力所能控制的各种社会或经济的客观原因所导致的失业。它通常包括以下四种情况:① 季节性失业,这属于一种暂时过渡性失业;② 摩擦性失业,它一般是由企业经营不善而倒闭所引起的失业;③ 不景气失业,这是由于经济的不景气所导致的就业机会缺乏而引起的失业;④ 结构性失业,这是由于生产方式和结构的变化,工人无法满足新的生产技术的要求而产生的失业。为了防止失业者养成懒惰及依赖的心理,各国均规定,对于那些自愿失业者、过失免职者、拒绝工作者以及因劳资纠纷参加罢工而导致失业者,不给付失业保险金;有的时候则规定一个较长的等待期。

(三)失业者必须满足一定的资格条件

为了贯彻社会保险权利与义务对等的基本原则,各国一般都规定了失业者必须具有的享受保险给付的资格条件。这些资格条件通常可以分为四类:第一,缴纳保费期限的条件;第二,投保年限的条件;第三,就业期限条件;第四,居住期条件。

(四) 失业者必须具有劳动能力和就业愿望

失业保险所保障的是那些积极劳动力中的失业者。失业者是否具备劳动能力,由职业介绍所或失业保险主管机构根据申请报告或申请人的体检报告来确定。由于疾病、生育、伤残或年老而离开工作者,属于社会保险其他分支的保障对象。为了检验失业者的就业意愿,各国在有关法律中均做了有关规定,这主要包括以下几点:

(1) 失业者必须在规定期限内到职业介绍所或失业保险机构进行登记,要求重新工作。

(2) 失业期间需定期与失业保险机构联系,并报告个人情况。这样规定是为了进行失业认定。失业保险机构审核后发放保险金,并及时掌握失业者就业意愿的变化,向其传递就业信息。

(3) 接受职业训练和合理的工作安置。若失业者予以拒绝,则失业保险机构可以认定其无再就业意愿,并停止保险金的发放。在处理合理的就业这一类问题时,失业保险机构主要考虑的问题是当事人的年龄、工作时间的长短、失业时间、劳动力的市场状况,以及新安置的工作与失业前职业的相关性,即劳动特点、工作能力、工作收入、技术业务类型与转业训练科目等。此外,还应考虑工作地点与家庭居住地的距离等因素。

二、失业保险的给付原则

在确定失业保险给付水平时,从保障的目的出发,各国普遍遵循以下原则:

(一) 给付标准一般低于失业者在职时的工资水平,并在一定时期内给付

超出规定期限,则按社会救济的水平给付。因为过高的待遇,既会增加失业保险的财务负担,又易于使失业者滋生懒惰或依赖心理,坐吃失业保险金而不愿意重新就业,从而导致逆选择。

(二) 确保失业者及其家属的基本生活需要

劳动者失业后,失业保险金是其主要的收入来源。因此,失业者及其家属的生活水平也由保险金给付水平确定。为维持失业者的正常生存、保护劳动力,失业保险应向其提供基本生活的保障。

(三) 在发挥社会保险功能的同时,维护权利与义务对等的原则

劳动者失业后获得基本生活保障的权利,需以其向社会尽劳动义务、缴纳保费为前提。因此,失业保险给付应与被保险人的工龄、交费年限和原工资收入相联系,使工龄长、交费次数多、原工资收入高的失业者获得较多的失业保险金。

三、失业保险的具体给付

根据以上三个原则,在具体确定失业保险给付时,需要考虑两方面的内容:一是给付期限,二是给付比率。

（一）给付期限

由于失业发生在一定时期内，因此，失业保险不可能像其他社会保险分支那样对被保险人进行无限期的给付，而是根据平均失业时间确定一个给付期限。从这个意义上来说，失业保险属于短期社会保险。

关于失业保险的给付期限，大多数国家都有限制，一般为半年。有些国家还规定，在给付期满后，如果被保险人的收入或财产在一定标准以下，他还可以获得失业补助或其他救济金。有些国家依照被保险人失业前的就业时间或缴费次数来决定给付期限的长短。

（二）给付比率

关于失业保险的给付比率，各国规定不尽相同，其计算方式也各异。归纳起来，大致有以下两种情况：

（1）工资比率制。即失业保险金以被保险人在失业前一定时期内的平均工资收入，或某一时点上的工资收入为基数，依据工龄、受保年龄、工资水平或缴费年限，确定百分比计发。其中的工资基数又分为工资总收入、标准工资、税后工资几种。而计算的百分比又有固定、累退和累进三种方式。此外，一些国家还规定了工资基数的最低额和最高额。

（2）均一制。即对符合资格条件的失业者，一律按相同的绝对额进行给付，而不论失业者失业前工资的高低。

四、失业保险基金的筹集方式

从目前的实践来看，绝大多数国家的失业保险都采取现收现付的筹资方式，即当期的保费收入用于当期的保险金给付。同时，随着给付情况的变化而调整费率，调整的频率可以为1年、3年或5年。采用此种方式，不需要为将来提存准备金，从而使未来保险金给付的现值等于未来保费收入的现值，故其责任准备金为零。但是，为了应付实际风险发生率及给付率的不利变化，增加失业保险制度的安全性，一般要提存特别风险准备金，以满足紧急需要。

该筹集方式有两个缺陷：第一，必须经常重估财务结构，调整费率，因而在操作上不甚方便；第二，由于管理上或政治上的原因可能影响保险费率的调整，由此造成财政困难。为了解决这些问题，各国一般均在法律上明文规定采用弹性费率制，授权主管机构根据失业保险财务收支的实际状况来适当调整费率，以满足实际开支的需要。

专栏 24-3

我国的失业保险制度

1986年7月，国务院颁布了《国营企业职工待业保险暂行规定》，明确规定对国营企业职工实行职工待业保险制度，这标志着我国失业保险制度开始正式建立。建立失业保险制度的主要目的之一是配合国有企业改革和劳动制度改革。

在经过近7年的探索之后，1993年4月，国务院重新发布《国有企业职工待业保险规定》（国务院令第110号），这一规定在已经明确建立市场经济体制的前提下，对此前失业保险制度的覆盖范围、资金筹集、保险水平和组织管理模式等方面进行了相应的调整。

自此,我国的失业保险制度进入了正常运行时期。

我国的失业保险制度在建立之后发挥着多方面的积极作用。首先,失业保险制度有效地保障了失业人员的基本生活,帮助他们渡过了难关,有助于维护社会稳定。其次,失业保险制度促进了失业人员再就业。失业保险机构从失业保险基金中支出部分资金,用于失业人员开展生产自救、转业训练和职业介绍活动,帮助其中半数以上人员实现了再就业。最后,失业保险制度支持了企业改革。失业保险制度的实施保障了从企业走向社会的失业人员的基本生活,减轻了企业的压力,推动了国有企业改革措施的顺利出台和实施。

为了适应我国不断完善的社会主义市场经济体制,1999年1月,国务院颁布了《失业保险条例》(国务院令第258号),它的出台标志着我国失业保险制度的基本确立。《失业保险条例》吸取了我国失业保险制度建立和发展的实践经验,借鉴了国外有益做法,在许多方面做了重大调整,比如实施范围不再限于国有企业而是扩大到机关事业单位及非国有企业,对保险基金的筹集、基金的管理等方面的规定更加合理。这为构建具有中国特色的基本完善的失业保险制度打下了坚实基础。

此后,国务院又先后颁布了《社会保险费征缴暂行条例》(国务院令第259号)和《失业保险金申领发放办法》(劳动和社会保障部令第8号)等,各地也依据《失业保险条例》陆续建立了结合地方实际情况的失业保险制度,我国的失业保险制度开始在全国范围内不断扩展。

截至2019年年末,全国参加失业保险人数为20 543万人,较上一年度增加899万人,全国领取失业保险金人数228万人。全年失业保险基金收入1 272.6亿元,支出1 340.2亿元,当年基金结存亏空67.6亿元。

资料来源:夏敬著:《社会保险理论与实务》,沈阳:东北财经大学出版社2006年版,第278—279页。人力资源和社会保障部网站:《2015年全国社会保险情况》《2019年人力资源和社会保障统计快报数据》。有改动。

第三节 医疗保险

医疗保险是国家、企业对职工在其因病(含非因公负伤)而暂时丧失劳动能力时,给予必要物质帮助的一种社会保险。

医疗保险中的疾病系指一般疾病,其发病原因与劳动无直接关系。因此,它属于福利性质和救济性质的社会保险。实行医疗保险的目的在于使劳动者患病后能够尽快得到康复,恢复劳动能力,并重新回到生产和工作岗位。

一、医疗保险的给付条件

关于这个问题,各国立法有不同的规定,归纳起来,主要有以下几点:

(1) 被保险人必须患病、失去工作能力,并停止工作,进行治疗。

(2) 被保险人患病时已从事具有收入的工作,并且因患病而不能从雇主方面获得正常工资或病假工资。

(3) 有的国家规定,被保险人必须缴足最低期限的保费。做出这一规定的目的在于,在被保险人领取的保险金给付中,至少有一部分系自己所缴的保费,由此减轻国库负担。

(4) 有的国家规定了等待期,即在规定期间不给付疾病补助。如果病期较长,规定期间未支付的给付也补发。做出这一规定的目的在于减少工作量,省去核实病情所花费的人力、物力、财力及时间,从而节约费用开支。

(5) 有的国家规定了最低工作期限。还有少数国家规定,被保险人事先必须获得基金会会员的资格,才能享受医疗保险给付。

二、医疗保险的给付

按照各国的通例,医疗保险的给付包括现金给付和医疗给付两种。

(一) 现金给付

现金给付又可分为疾病现金给付、残疾现金给付和死亡现金给付。

1. 疾病现金给付

疾病现金给付是指对出现疾病的被保险人给付现金。它包括给付期限和给付标准两个方面的内容。关于给付的期限,各国有不同的做法,到底多长为宜,需根据本国的具体国情和财力来决定。1969年国际劳工大会规定,给付不少于52周,并对有希望治愈者继续给付。目前许多国家将给付期限定为39—52周,也有一些国家规定长达2—3年,有的国家甚至不规定给付期限。关于给付的标准,各国也不相同。1969年国际劳工大会规定,给付标准为被保险人原有收入的60%。有些国家则规定为80%、90%,甚至100%。

2. 残疾现金给付和死亡现金给付

残疾现金给付和死亡现金给付是指对因疾病致残或死亡的被保险人给付现金。这两种给付情形与因伤害致残或死亡的给付大体一致。大多数国家都规定,当被保险人领取疾病现金给付已达到最高期限而疾病尚未痊愈时,现金给付可改为残废年金。

(二) 医疗给付

医疗给付是指以医疗服务的形式给被保险人以实际保障。由于经济发展水平和医疗水平的不同,各国所能提供的医疗服务种类和水平也有很大的差异。一般来说,医疗服务至少应包括各科的治疗、住院治疗及供应必要的药物,也有些国家提供专门的人员服务(其中包括家中护理服务)和病人使用的辅助器具。

关于医疗服务的期限、医疗给付的范围,各国也都有不同的规定。

专栏 24-4

我国城镇职工的基本医疗保险制度改革

我国的医疗保障制度改革始建于20世纪50年代,它基于我国城乡长期的二元分割状态,由面向城镇居民的公费医疗、劳保医疗和面向农村居民的合作医疗三种制度共同构成。

20世纪80年代起,国家开始对职工医疗保险进行改革尝试。卫生部和财政部于1984年和1989年先后联合出台了《关于进一步加强公费医疗管理的通知》(京劳社医保发〔2004〕113号)和《公费医疗管理办法》。1992年,国务院办公厅发出《关于进一步做好职工大病医疗费用社会统筹的意见的通知》。在这些政策办法出台之后,各地开始探索医疗费用与个人利益挂钩、医疗费用定额管理和大病医疗费用社会统筹等改革办法。

在总结各地改革和探索经验的基础上，1994年4月，经国务院批准，国家体改委、财政部、劳动部和卫生部联合颁布了《关于职工医疗保险制度改革的试点意见》，先是在江苏省镇江市、江西省九江市进行试点，后又把试点扩大到四十多个城市。改革的目标是"建立社会统筹医疗基金与个人医疗账户相结合的社会保险制度"。

在对若干重大问题进行深入调查和分析的基础上，1998年12月国务院下发了《国务院关于建立城镇职工基本医疗保险制度的决定》（以下简称《决定》）（国发〔1998〕44号），部署全国范围内全面推进职工医疗保险制度改革工作，同时，这次改革还提出要发展企业补充医疗保险和商业医疗保险等。职工基本医疗保险制度的主要内容为：① 基本医疗保险费由用人单位和职工共同缴纳；② 建立医疗保险统筹基金和医疗保险个人账户；③ 加强医疗保险费用的支出管理；④ 推进医疗服务配套改革。

在1998年《决定》的基础上，人力资源和社会保障部又于1999年颁布了《城镇职工基本医疗保险定点零售要点管理暂行办法》（劳社部发〔1999〕16号）、《城镇职工基本医疗保险定点医疗机构管理暂行办法》（劳社部发〔1999〕14号）、《城镇职工基本医疗保险诊疗项目管理、医疗服务设施范围和支付标准意见的通知》（劳社部发〔1999〕22号），对城镇职工基本医疗保险制度改革做出了更加具体的规定。2001年颁布了《关于实行国家公务员医疗补助的意见》（国办发〔2000〕37号），2002年颁布了《关于加强城镇职工基本医疗保险个人账户管理的通知》（劳社厅发〔2002〕6号）和《关于妥善解决医疗保险制度改革有关问题的指导意见》（劳社厅发〔2002〕8号），2003年颁布了《关于进一步做好扩大城镇职工基本医疗保险覆盖范围工作的通知》《关于城镇灵活就业人员参加基本医疗保障的指导意见》（劳社厅发〔2003〕10号），2004年颁布了《关于推进混合所有制企业和非公有制经济组织从业人员参加医疗保险的意见》（劳社厅发〔2004〕5号）。这些法律法规对医疗保险制度改革中的重要方面和问题的解决提供了指导，为进一步扩大和完善基本医疗保险制度指明了方向。

2005年7月，国务院发展研究中心和世界卫生组织合作的研究报告被披露，其中明确指出中国的医疗卫生体制改革"从总体上讲是不成功的"。此报告被广泛解读为失败是市场化改革所致，激起强烈社会情绪，"看病难、看病贵"从此成为社会焦点议题。

经过两年多的讨论与修订，2008年10月，国家发展改革委公布了《关于深化医药卫生体制改革的意见（征求意见稿）》，根据要求，医改的总体目标是到2020年建立覆盖城乡的基本医疗卫生制度，该意见还明确了近期的五项主要任务：扩大医保覆盖面、建立基本药物制度、社区卫生机构建设、基本公共卫生服务均等化及推行公立医院改革试点。

2009年3月17日，国务院正式发布了《关于深化医药卫生体制改革的意见》。2010年公布的《社会保险法》第二十三条规定，"职工应当参加职工基本医疗保险，由用人单位和职工按照国家规定共同缴纳基本医疗保险费""无雇工的个体工商户、未在用人单位参加职工基本医疗保险的非全日制从业人员以及其他灵活就业人员可以参加职工基本医疗保险，由个人按照国家规定缴纳基本医疗保险费"。

截至2019年年末，全国参加城镇职工基本医疗保险人数32 926万人，比上年增加1 245万人，增长3.9%。参加职工基本医疗保险人员中，在职职工24 231万人，退休人员8 695万人，分别比上年年末增加923万人和322万人。全年职工基本医疗保险基金收入14 883.87亿元，同比增长9.94%，其中统筹基金收入9 185.84亿元；基金支出11 817.37亿元，同比增长10.37%，其中统筹基金支出7 120.30亿元；年末累计结存21 850.29亿元,其中统筹基金累计结存13 573.79亿元,个人账户累计结存 8 276.50亿元。

资料来源:人力资源和社会保障部网站和国家医疗保障局发布的《2019年医疗保障事业发展统计快报》。

专栏24-5

新型农村合作医疗制度、城镇居民基本医疗保险制度和城乡居民基本医疗保险制度

1. 新型农村合作医疗制度

根据2002年10月中共中央、国务院《关于进一步加强农村卫生工作的决定》(中发〔2002〕13号)的要求,新型农村合作医疗制度(以下简称"新农合")自2003年开始在全国部分县(市)试点;到2010年,逐步实现基本覆盖全国农村居民。2009年,《中共中央国务院关于深化医药卫生体制改革的意见》确立了"新农合"作为农村基本医疗保障制度的地位。

"新农合"采用以家庭为单位自愿参加,个人缴费、集体扶持和政府资助相结合的筹资机制;采用以住院大额费用补偿为主,并逐步向门诊统筹扩展的统筹补偿模式。开展"新农合"的90%以上的地区开展了门诊统筹,建立了参合农民在统筹区域内自主就医、即时结报的补偿办法。

"新农合"鼓励各地将"新农合"基本保障经办服务工作委托商业保险公司一并负责,打通基本医保和大病保险经办服务通道,实现"一站式"全流程服务。

2. 城镇居民基本医疗保险制度

城镇居民基本医疗保险制度是以没有参加城镇职工医疗保险的城镇未成年人和没有工作的居民为主要参保对象的医疗保险制度。我国从2007年起开展城镇居民基本医疗保险试点,并于2009年在全国范围内全面开展。城镇居民基本医疗保险是社会医疗保险的组成部分,采取以政府为主导,以居民个人(家庭)缴费为主,政府适度补助为辅的筹资方式,按照缴费标准和待遇水平相一致的原则,为城镇居民提供基本医疗保障的医疗保险制度。

3. 城乡居民基本医疗保险制度

"新农合"和城镇居民医保的城乡分割引起了重复参保、重复投入、待遇不够等问题。在二者实践经验的基础上,2016年1月,党中央、国务院提出整合城镇居民医保和"新农合"两项制度,建立统一的城乡居民基本医疗保险(以下简称"城乡居民医保")制度。

整合城乡居民医保制度需要实行"六统一":一是统一覆盖范围。城乡居民医保覆盖除城镇就业人口以外的其他城乡居民。允许参加职工医保有困难的农民工和灵活就业人员选择参加城乡居民医保。二是统一筹资政策。坚持多渠道筹资,合理确定城乡统一的筹资标准,完善筹资动态调整机制,改善筹资分担结构。三是统一保障待遇。逐步统一保障范围和支付标准,政策范围内住院费用支付比例保持在75%左右,逐步提高门诊保障水平。四是统一医保目录。各省根据国家有关规定,遵循临床必需、安全有效、价格合理、技术适宜、基金可承受的原则,在现有城镇居民医保和"新农合"目录的基础上,适当考虑参保人员需求变化,制定统一的医保药品和医疗服务项目目录。五是统一定点管理。六是统一基金管理。

截至 2019 年年末,全国参加城乡居民基本医疗保险人数 10.25 亿人,城乡居民基本医疗保险基金收入 8 451.00 亿元,基金支出 8 128.36 亿元,基金当期结存 322.64 亿元,基金累计结存 5 061.82 亿元。

资料来源:卫生和计划生育委员会网站和国家医疗保障局发布的《2019 年医疗保障事业发展统计快报》,有改动。

第四节 生 育 保 险

生育保险是在妇女劳动者因生育子女而暂时丧失劳动能力时,由社会保险机构给予必要的物质保障的一种社会保险。

一、生育保险的给付条件

生育保险的给付条件一般包括三点:① 被保险人在产假期间不再从事任何有报酬的工作,雇主也停发了其工资。② 被保险人所缴保费的时间必须在规定标准以上。③ 被保险人在产前的工作时间必须达到一定的年限要求。我国根据社会发展和计划生育政策的需要,规定生育保险的给付对象必须是达到结婚年龄、符合计划生育政策而生育的女职工。

二、生育保险的给付内容

各国生育保险待遇一般分为现金给付和医疗给付两种。现金给付多为一次性给付及短期生育补助金,它主要包括生育津贴、生育补助费和看护津贴等。关于生育现金给付的标准,大多数国家都规定为工资的 100%。

医疗给付是指对产妇提供助产医疗服务。它通常包括:一般医师治疗;住院及必要的药物供应;专科医师治疗;生育照顾;牙医治疗;病人运送及家庭护理服务等。

专栏 24-6

我国的生育保险制度改革

我国的生育保险制度是在 20 世纪 50 年代建立的。其中,企业职工的生育保险制度建立于 1951 年,而国家机关和事业单位的生育保险制度建立于 1955 年。

1986 年,卫生部、劳动人事部、全国总工会、全国妇联印发了《女职工保健工作暂行规定(施行草案)》((86)卫妇字第 7 号),开始了生育保险制度的改革。1988 年,国务院颁布了《女职工劳动保护规定》,将机关事业单位和企业的生育保险制度统一起来。1988 年 7 月 26 日,江苏省南通市人民政府颁布《南通市全民、大集体企业女职工生育保险基金统筹暂行办法》,率先揭开了女职工社会保险统筹改革的序幕。此后,许多地方政府纷纷颁布地方性法规,进行生育保险制度的社会化改革试点。

在生育保险制度社会化改革试点的基础上,劳动部于 1994 年 12 月 14 日颁布了《企业职工生育保险试行办法》(劳部发〔1994〕504 号),并规定从 1995 年 1 月 1 日起在全国实施。《企业职工生育保险试行办法》将生育保险的管理模式由用人单位管理逐步转变为实行社会统筹,由各地社会保障机构负责管理生育保险工作。它标志着我国生育保险制度的发展进入了一个新阶段。

2010年《社会保险法》将有生育保险男职工的未就业配偶纳入生育保险的保障范围。2012年《生育保险办法》将境内的国家机关、企事业单位、有雇工的个体经济组织以及其他社会组织及其职工或者雇工作为生育保险的保障对象,意味着城乡户籍的女职工都可以享受生育保险待遇。

2019年3月,国务院办公厅印发《关于全面推进生育保险和职工基本医疗保险合并实施的意见》(国办发〔2019〕10号),2019年年底前实现生育保险和职工基本医疗保险合并实施,生育保险由国家医疗保障局负责分管。

2019年全国生育保险参保人数21 432万人,比上年年底增加997万人,增长4.9%。全年生育保险基金收入861.36亿元,同比增长10.28%;支出792.07亿元,同比增长3.90%;年末累计结存619.29亿元。

资料来源:人力资源和社会保障部网站以及国家医疗保障局发布的《2019年医疗保障事业发展统计快报》,有改动。

第五节 工伤保险

一、工伤保险的定义

工伤保险又称职业伤害保险,它是以劳动者在劳动过程中发生的各种意外事故或职业伤害为保障风险,由国家或社会给予因工伤、接触职业性有毒有害物质等而致残者、致死者及其家属提供物质帮助的一种社会保险。

工伤保险对于在现代化生产条件下的劳动者具有特别重要的意义和作用。高新技术在生产中的应用,对人类社会的发展和社会经济的繁荣起到了巨大的作用;但与此同时,各类工业伤害和职业病也相继大量发生。因此,建立工伤保险给予伤残者以经济补偿和提供生活保障是很有必要的。

社会保险旨在保障职工的基本生活,故工伤补偿的范围通常需要有严格的界定。对直接影响职工本人及其家属生活,直接影响实现劳动力再生产所需的费用——工资收入,工伤补偿保险将给予适当补偿;而对于职工的其他收入,比如兼职收入则不予补偿。

对于工伤的定义,各国的解释是不一的。根据《中华人民共和国劳动保险条例》的有关规定,因工伤残是指在执行日常工作及执行单位领导临时指定或同意的工作,或是在紧急情况下未经领导指定而从事有利于单位的工作,以及在从事发明或技术改进工作时负伤或因故致残。还有,职工在参加有组织的社会政治活动、支农劳动、抢险救灾、维护社会秩序,以及乘坐单位班车上下班途中发生的非因本人过失造成的伤残,也均属于因工伤残的范围。

职业上的疾病依其发生的状态及性质,可以分为两类:一类为因灾害发生的疾病,比如由于企业发生火灾,职工被烧伤,这属于一种灾害性疾病;另一类为工作上处理或接触特殊物质,或在特殊工作环境中长期作业而引起的慢性中毒等疾病。此类非因灾害所引起的疾病为职业病。为了便于对职业病进行认定,各个实施伤残社会保险的国家通常都规定有职业病的种类及适用范围,我国也有自己的规定。

二、工伤保险的基本原则

从工伤保险的发展过程来看,它是基于各国劳工法而建立起来的一种社会保险制度。在发展的初期,工伤保险主要遵循过失责任赔偿原则,即赔偿以雇主是否有过失为条件。但雇主很容易运用"同事责任原则""风险已知原则"和"雇员疏忽原则"来保护自己。[①] 目前,虽然各国的工伤保险在具体内容上有所差异,但基本原则是大致相同的。具体来说,通常遵循以下原则:

(一)采取无过失或绝对责任制

所谓无过失或绝对责任制是指在各种损害事故中只要不是受害人自己故意行为所致,受害者就应得到伤害赔偿。它与一般的民事损害赔偿原则是有区别的。为了使职工在工作中得到更充分的安全保障,更充分地维护劳动者的权益,许多国家的劳工法均规定对工伤事故按照无过失或绝对责任原则来处理。也就是说,工伤损失由雇主承担,并不以企业或雇主是否有过失为要件,而是以社会政策和劳动政策为基础。

(二)立法强制

由于工伤事故的数量惊人,受害者众多,由此带来的后果常常是职工的伤残或死亡,导致其本人以及受其供养的家庭成员陷入生存困境。这一问题仅靠企业或雇主的力量显然是无法解决的,因为单个企业要受到其经济承受能力及破产、停业的影响。只有依靠国家制定完备的工伤社会保险法规和政策,并强制建立社会化的工伤社会保险基金,才有可能真正保障劳动者的权益。因此,在实行工伤保险的国家,都有专门的保险立法;政府则需要运用强有力的行政手段来确保立法的贯彻执行。

(三)损害赔偿

工伤社会保险不同于养老保险,受害者付出的可能不仅仅是劳动的代价,而且可能是身体与生命的代价。因此,工伤保险应坚持损害赔偿的原则来制定给付标准。也就是说,工伤保险除了要考虑伤害程度、伤害性质、职业康复与激励等多项因素,还要考虑受害者发生伤害前的收入水平、家庭负担等。因而在各种社会保险中,工伤社会保险待遇的总体水平一般来说是最高的。

(四)严格区分工伤与非工伤

一般来说,劳动者的伤亡可以分为因工和非因工两类。前者是指由于执行公务、为社会或所在单位工作而受到的职业伤害所致,后者则与职业无关。因此,对工伤事件实

---

① 同事责任原则(fellow-servant rule)是指,如果某一雇员的伤害是由其同事的行为所致,雇主不负赔偿责任;风险已知原则(the doctrine of assumption of risk)是指,如果雇主已经知道,或者应当知道某一工作条件是有危险的,但仍然承担了这个工作,那么,如果由于这一条件引起了伤害的发生,雇主不负赔偿责任;雇员疏忽原则(contributory negligence)是指,如果在一次事故中有雇主的责任,但也有雇员自己的部分责任,那么,不论雇员自己的责任有多小,雇主都可以免于赔偿责任。

行社会保险制度,而对非工伤事件则只能采取社会救济的办法。

(五)因伤致残或致死,均以年金形式给付,而不是一次性给付抚恤金

三、工伤保险的基本内容

工伤保险主要包括性质区分、伤害程度鉴定和现金给付标准等内容。

(一)性质区分

社会保险机构首先要区分事故的性质,即区分工伤与非工伤。对工伤事故按工伤社会保险的规定办理(包括各种职业病),对非工伤事故则只能按照非工伤事故的处理办法来处理。工伤所享受的是社会赔偿保险待遇,非工伤享受的是社会救济待遇,这两者不能混同。

(二)伤害程度鉴定

工伤事故发生后,需要由专门的机构来进行伤害程度鉴定。一般而言,有"暂时丧失劳动能力""永久丧失劳动能力""部分丧失劳动能力""全部丧失劳动能力"等几种情况。事实上,各国关于伤害程度鉴定的标准是不统一的,这也是工伤保险中技术性强、要求十分严格的一环。

(三)现金给付标准

现金给付旨在保障被保险人及其家属因伤害事故所导致的收入减少或中断的损失,它主要包括暂时伤残给付、伤残年金和死亡给付三项。

1. 暂时伤残给付

即劳动者因受伤而损失的工资收入,由保险人给予相当的补偿,以维持其基本生活。它需要考虑给付标准、给付期限和给付等待期等问题。

(1)给付标准:一方面要考虑劳动者的生活水平,另一方面还要考虑各关系方的负担能力。1964年国际劳工大会规定为原有工资的60%。

(2)给付期限:大多数国家规定为26周,最长的也有超过52周的。同时,许多国家还规定,医疗期满还需继续治疗的,可以延期。还有一些国家没有治疗期限限制,可以直至伤愈为止。

(3)给付等待期:等待期即劳动者受伤后,必须经过相当长的期间才能获得现金给付。原先各国一般都规定有等待期,一般为3—7天。国际劳工大会1952年规定,等待期不能超过3天;1964年又修改了规定,要求保险机构在被保险人从丧失劳动能力的第一天起就必须支付暂时伤残金,不需要任何等待期。目前,多数国家都接受了这一规定。

2. 伤残年金

永久性伤残又分为永久性局部伤残和永久性全部伤残两种。前者指永久性丧失部分工作能力,后者则指永久性丧失全部工作能力。永久性全部伤残的给付一般采用年金制,其金额一般为本人过去收入的66%—75%。国际公约规定为原工资的60%。永久性局部伤残的给付一般以伤残部分的轻重为依据,许多国家都以法令规定了局部伤残与

给付的对照表。

3. 死亡给付

死亡给付包括死者的丧葬费用和遗属给付。丧葬费用一般为一次性的；遗属给付有一次性给付与年金给付两种，但大都采取年金形式。给付标准一般按照被保险人的平均工资数额的百分比计算，或者按年金数额的百分比计算。一般规定，给付不得低于工资最高限额的33%—50%，年金给付总额不得超过被保险人的工资总额。

专栏 24-7

我国的工伤保险制度

我国的工伤保险制度建立于20世纪50年代初，原属于劳动保险制度的一项内容，并与劳保医疗、生育待遇混合在一起，由单位负责组织实施，是典型的单位保障模式。改革开放以后，我国对这一制度进行了一定的改革和调整，以适应市场经济改革的需要。

1996年8月劳动部颁布了《企业职工工伤保险试行办法》(劳部发〔1996〕266号)，这是我国为建立符合市场经济的工伤保险制度的一个重要探索。几年的实践表明，这一规章适应了市场经济的要求，维护了工伤职工的合法权益，减轻了企业的工伤风险，受到了广大企业和职工的欢迎。

为了进一步规范和完善我国的工伤保险制度，更好地保障广大职工的利益，2003年4月27日，国务院总理温家宝签发中华人民共和国国务院令第375号，颁布了《工伤保险条例》，并于2004年1月1日起正式实施。《工伤保险条例》的颁布，不仅大大提高了工伤保险的法律层次，而且增强了执法的强制力和约束力，是我国工伤保险制度建设迈出的重要一步，对于我国社会保障法律体系的健全也具有重要的意义。

《工伤保险条例》是对我国长期以来工伤保险制度改革工作的总结，同时也借鉴了其他国家的经验。在《工伤保险条例》出台后，我国又相继出台了《非法用工单位伤亡人员一次性赔偿办法》(中华人民共和国人力资源和社会保障部令第9号)、《工伤认定办法》(中华人民共和国劳动和社会保障部令第17号)、《因工死亡职工供养亲属范围规定》(中华人民共和国劳动和社会保障部令第18号)等一系列政策措施，进一步推进了工伤保险各项工作。

2010年新修订的《工伤保险条例》提高了伤残及死亡待遇，加强了预防与康复制度建设。具体包括如下内容：调整了工伤认定范围，比如：删去了上下班途中受到机动车事故伤害认定为工伤的规定，缩小了不得认定工伤的范围；简化了工伤认定、鉴定以及争议处理程序；加大了对不参保用人单位的处罚力度；加强对未参保职工的权益保障；提高了工伤待遇标准；对工伤保险适用范围、缴费方式、基金支出项目进行了一些修改完善。

截至2019年年末，全国参加工伤保险人数为25 474万人，较上一年度增加1 600万人，其中参加工伤保险的农民工8 616万人，增加530万人。全年工伤保险基金收入815.7亿元，支出817.4亿元，当年基金结存亏空1.7亿元。

资料来源：《2011年全国社会保障情况》《2019年人力资源和社会保障统计快报数据》和2019年国家统计公报，有改动。

本章总结

1. 养老保险是指国家通过立法，使劳动者在因年老而丧失劳动能力时，可以获得物质帮助以保障晚年基本生活需要的保险制度。养老保险的标准形式是年金制度，年金领取额的计算主要有以工资为依据和以生活费水平为依据两种。从世界范围内来看，养老保险的筹资模式主要有现收现付式、完全积累式和部分积累式。

2. 失业保险是指被保险人在受到本人所不能控制的社会或经济因素的影响，并由此造成失业时，由社会保险机构根据事先约定给付被保险人保险金，以维持其最基本的生活水平的保险。失业保险的领取人必须符合一定的条件，失业保险金的给付也必须遵循一定的原则。目前大多数国家的失业保险都采取现收现付的筹资方式。

3. 医疗保险是国家、企业对职工在其因病而暂时丧失劳动能力时，给予必要物质帮助的一种社会保险。实施医疗保险的基本目的在于使劳动者患病后能够尽快得到康复，恢复劳动能力，重新回到生产和工作岗位。被保险人必须符合一定的标准方能领取医疗保险金。从各国目前的做法来看，医疗保险的给付包括现金给付和医疗给付两种。

4. 生育保险是在女性劳动者因生育子女而暂时丧失劳动能力时，由社会保险机构给予必要的物质保障的一种社会保险。各国生育保险给付一般分为现金给付和医疗给付两种。

5. 工伤保险又称职业伤害保险，它是以劳动者在劳动过程中发生的各种意外事故或职业伤害为保障风险，由国家或社会给予因工伤、接触职业性有毒有害物质等而致残者、致死者及其家属提供物质帮助的一种社会保险。工伤保险对于现代化生产条件下的劳动者具有特别重要的意义。虽然各国的工伤保险在具体内容上有所差异，但一般都遵循无过失或绝对责任制、立法强制、损害赔偿、严格区分工伤与非工伤、因伤致残或致死以年金补偿这几项基本原则。工伤保险的给付主要包括事故性质的确定、伤害程度鉴定及现金给付标准等内容。

思考与练习

1. 社会养老保险的给付条件是什么？社会养老保险主要有哪些筹资模式？我国目前的社会养老保险采取什么样的筹资模式？

2. 在社会失业保险的给付条件中，为什么规定失业者必须具有劳动能力和就业愿望？社会失业保险主要的筹资方式是什么？

3. 社会医疗保险的给付条件是什么？社会医疗保险与普通医疗保险有什么区别？

4. 我国对于工伤是如何定义的？社会工伤保险为什么采取绝对责任制和立法强制？

5. 试说明商业保险与社会保险的主要区别。本章中提到的各类社会保险可否考虑由商业保险公司提供？为什么大多数国家最终选择使用社会保险的形式，由政府提供这些类型的保险？

附录1　　各类保险学说

对"保险"内涵的认识,各国学者见仁见智,表述方法也不尽相同。归纳起来,大致可以分为两大类:以损失概念作为保险理论核心,称为损失说;以非损失概念作为保险理论的核心,称为非损失说。

一、损失说

损失说又可以分为损失赔偿说、损失分担说和风险转嫁说三种。

1. 损失赔偿说

损失赔偿说起源于海上保险,其代表人物为英国学者塞缪尔·马歇尔(Samuel Marshall)和德国学者 E. A. 马修斯(E. A. Masius)。他们认为保险的目的在于:补偿人们在日常生活中因各种偶然事件发生所导致的损失。保险人与被保险人之间是一种合同关系:保险人根据合同约定收取保费,在被保险人遭受合同规定范围以内的损失时,保险人立即给予补偿。[1]

2. 损失分担说

该学说的代表人物为德国学者 A. 瓦格纳(A. Wagner)。他强调保险即由众多人互相合作,共同分担损失,并以此来解释各种保险现象。这一学说着眼于事后之损失。

3. 风险转嫁说

该学说的代表人物为美国学者 A. H. 魏莱特(A. H. Willett)和 S. S. 休伯纳(S. S. Huebner)。他们强调,保险就是风险转移,保险赔偿即通过众多的被保险人将风险转移给保险人来实现。这一学说着眼于事前之风险。

二、非损失说

非损失说又可以分为技术说、需要说、经济生活确保说、金融说、二元说等。

1. 技术说

该学说的代表人物为意大利学者 C. 韦万特(C. Vivante)。这一学说强调保险的计算基础,特别是保险在技术方面的特性。其理论依据是,保险基金的建立和保费收取的标准是通过计算损失的概率来确定的。

2. 需要说

该学说又称欲望满足说,它的代表人物为意大利学者高彼(Gobbi)、德国学者马内斯

---

[1] 在人寿保险发展起来以后,这种观点显得有一定的局限性。因为有一些寿险业务,像单纯的生存保险、婚嫁保险等,可以说与损失是没有关系的。但即使如此,我们认为,这并不妨碍我们说,补偿损失是保险最基本的职能。这就像货币具有价值尺度、流通手段、贮藏手段、支付手段和世界货币等多种职能,价值尺度和流通手段是货币的最基本职能,其他都是派生职能一样。

(Manes)。这一学说的核心是,以人们的经济需要和金钱欲望来解释保险的性质。被保险人缴付少量保费,而在发生灾害事故后获得部分或全部的损失补偿。由于保费缴付与赔偿金额严重不等,由此可以满足人们的经济需要和金钱欲望。

3. 经济生活确保说

该学说的代表人物为奥地利学者 J. 胡布卡(J. Hupka)、日本学者小岛昌太郎和近藤文二。这一学说认为,现实中偶然事件的发生,将导致经济生活不安定。保险即根据大数定律,结合多数经济单位,由此形成一种最经济的共同准备财产的制度。人身保险与财产保险的目的都在于确保经济生活的安定。

4. 金融说

该学说的代表人物为日本的米谷隆三和酒井正三郎。这一学说认为,保险与银行和信用社一样,是一种互助合作基础上的金融机构,它起着一种融通资金的功能。

5. 二元说

该学说的代表人物为德国学者 N. 爱伦伯格(N. Ehrenberg)。这一学说认为,财产保险与人身保险不应当作统一解释,财产保险合同是以损失赔偿作为目的的合同,人身保险合同是以给付一定金额为目的的合同。保险应当把 insurance 和 assurance 区分开来。insurance 是指任何不确定事件可能发生和造成损失的合同,assurance 则是指必然发生损害的寿险合同。两者只能择其一。此种见解为许多国家的保险法所采用。但是,也有很多学者认为,损害保险和人身保险之间具有共性,应当给予其统一的定义。

附录2　　本书专用术语汉英对照表

A

安装工程保险	erection insurance

B

保单	policy
保单贷款条款	policy loan provision
保单所有人	policy owner; policy holder
保单提现	policy withdrawal
保单提现条款	policy withdrawal provision
保费	premium
保费返还年金保险	refund annuity
保费回扣	rebating
保费自动垫缴条款	automatic premium loan provision
保险	insurance
保险标的	exposure
保险代理人	insurance agent
保险费率	insurance rate; premium rate
保险公司	insurance company
保险供给	supply of insurance
保险合同	insurance contracts
保险价值	insured value
保险监管	insurance regulation
保险监管信息系统	insurance regulatory information system
保险金额	insured amount
保险经纪人	insurance broker
保险金给付的任选条款	settlement options
保险利益	insurance interests
保险期限	period of coverage
保险人	insurer
保险事故	insured event
保险条款	insurance clause
保险需求	demand of insurance
保险中介人	insurance producer
保证	warranty
保证保险	bond insurance
被保险人	insured
比例再保险	proportional reinsurance

比例责任	pro rata liability
可变年金	variable annuity
可变寿险	variable life insurance
变额万能寿险	variable universal life insurance
标准保单	standard insurance; standard policy
补偿性	indemnity
补充型高额医疗费用保险	supplemental major medical expense insurance
补充医疗保险	supplemental medical insurance
不诚实保证保险	dishonesty bonds
不可争条款	incontestable provision
不丧失价值的任选条款	nonforfeiture values and options
部分积累式	partially funded

C

财产保险	property insurance
财产风险	property loss exposures
财务分析偿付能力跟踪	financial analysis solvency tracking
产品责任保险	product liability insurance
偿付能力	solvency
长期护理保险	long-term care insurance
场所责任保险	premises liability insurance
超额保险	over insurance
承包人责任保险	contractor's liability insurance
承保	underwriting
承保保费	written premium
承保管理	underwriting management
承保抉择	underwriting decision
承保能力	underwriting capacity
承保人	underwriter
承保指南	underwriting guide
承诺告知	promissory representation
成数再保险	quota share reinsurance
承运人责任保险	carrier liability insurance
重复保险	other insurance
重置成本	replacement cost
重置价值	replacement value
出口信用保险	export credit insurance
出运后出口信用保险	post-shipment export credit insurance
出运前出口信用保险	pre-shipment export credit insurance
除外责任	exclusions and exceptions
除外责任及责任免除条款	exclusions and exception provision
处方药保险	prescription drug insurance
船舶保险	shipping insurance
纯保费	pure premium

纯粹风险	pure risk
纯摊收保费的相互公司	pure assessment mutual

D

大病高额医疗保险	major medical insurance
大数定律	law of large numbers
带返还终身年金	life income with refund annuity
代理人责任保险	agent liability insurance
代位追偿	subrogation
担保合同	contracts of suretyship
单纯的生存保险	pure endowment
单独海损	particular average
道德风险	moral hazards
等待期	waiting period
抵押贷款偿还保险	mortgage redemption insurance
递减定期寿险	decreasing term life insurance
递增定期寿险	increasing term life insurance
第三方管理人	third-party administrators，TPA
定额定期寿险	level term life insurance
定价风险	pricing risk
定期年金保险	temporary annuity
定期死亡保险	term life
定值保险合同	valued policy
独立代理人	independent agent
独立理赔员	independent adjusters
趸缴保费	single premium
趸缴保费的终身寿险	single premium whole life

E

恶意招揽	twisting

F

发生式索赔	occurrence basis
法律风险	legal hazards
防损与减损	loss prevention and reduction
飞机乘客责任保险	aircraft passenger legal liability insurance
飞机机体保险	aircraft hull insurance
非比例再保险	nonproportional reinsurance
非认可资产	nonadmitted assets
附条件暂保单（用于寿险场合）	conditional receipt
分保佣金	ceding commission
分出公司	ceding company
分期缴费年金保险	periodic premiums annuity
分入公司	ceded company

分支机构经理	branch manager
风险	risk
风险程度	degree of risk
风险单位	exposure unit
风险的估算	measurement of risks
风险管理	risk management
风险管理者	risk manager
风险回避	risk avoidance
风险净额	net amount at risk
风险控制	risk control
风险评估	evaluation of risks
风险识别	identification of risks
风险事故	perils
风险因素	hazards
风险转移	risk transfer
风险资本金	risk-based capital，RBC
风险自担原则	assumption of risk
风险自留	risk retention
附和性	adhesion
附加保单（主要用于财产保险合同中）	endorsements
附加保单（主要用于寿险合同中）	riders
附加保费	loading
复效	reinstatement
复效条款	reinstatement clause

G

概率分布	probability distribution
告知	representation
个人保险	individual insurance
个人年金保险	individual annuity
个人责任保险	personal liability insurance
个人忠诚保证保险	individual bond
工程保险	project insurance
工伤保险	worker's compensation insurance
公司理赔员	company adjusters
公职人员保证保险	public official bonds
公众理赔员	independent adjuster
公众责任保险	public liability insurance
共同保险	coinsurance
共同保险条款	coinsurance clause
共同海损	general average
共同生存年金保险	joint annuity
股份保险公司	stock insurance company
固定保费年金保险	fixed dollar annuity

固定期间终身年金	life income annuity with period certain
固定再保险合同	treaty reinsurance
雇主责任保险	employer's liability
管理型保健	managed health care
国际再保险	international reinsurance
过失责任	negligence

H

海上保险	marine insurance
海洋船舶保险	marine hull insurance
海洋货物运输保险	ocean marine insurance
航空保险	aviation insurance
合同的解除	termination of contract
合同履约保证保险	contract bonds
合同条款	contract provisions
红利任选条款	dividend options
后继受益人	contingent beneficiary
汇率风险保险	foreign exchange risk insurance
火灾保险	fire insurance
或然利益	contingent interests
货物运输保险	cargo insurance

J

基本费率	basic rate
基本风险	fundamental risk
机会性	aleatory
机器设备损坏保险	boiler and machinery coverage
疾病保险	sickness insurance
级差费率	class rates
即期年金保险	immediate annuity
家庭保险	family insurance
家庭财产保险	family property insurance
家庭收入保险	family income insurance
兼业代理人	part-time agent
简易人寿保险	industrial life insurance
健康保险	health insurance
建筑工程一切险	constructor's all risk insurance
缴清保险	paid-up insurance
近因原则	proximate cause
禁止翻供	estoppel
精算	actuarial
精算师	actuary
经营费用	operating expense
净承保保费	net written premium

净资产比率	the ratio of net worth to assets
局部伤残	partial disability
绝对免赔额	straight deductible
绝对责任	absolute liability
均衡保费	level premium

K

可保风险	insurable risk
可调整的寿险	adjustable life insurance
宽限期	grace period

L

蓝盾健康保险计划	Blue Shield
蓝十字健康保险计划	Blue Cross
累积超赔再保险	spread loss
累积单位	accumulation units
理赔	claim adjustment
理赔员	claim adjuster
利率风险	interest risk
联合寿险	joint life insurance
两全保险	endowment insurance
临时性全部伤残	temporary total disability
临时再保险合同	facultative reinsurance
流动比率	liquidity ratio
陆上货物运输保险	inland marine insurance
履约保证保险	surety bonds
律师责任保险	lawyer liability insurance

M

买方信贷保险	buyer's credit insurance
卖方信贷保险	seller's credit insurance
毛保费	gross premium
免费观望期条款	free-look provision
免赔额	deductible
明示保证	express warranties
默示保证	implied warranties

N

逆选择	adverse selection
年金保险	annuities
年金单位	annuity units
年金领取人	annuitant
年龄或性别误告条款	misstatement of age or sex
农业保险	agriculture insurance

P

赔偿原则	the principle of indemnity
赔付率	claim rate
赔款准备金	claims reserve
普通寿险	ordinary or straight life
普通医疗保险	general medical insurance
普通意外伤害保险	general accidental insurance

Q

期限返还年金保险	period certain annuity
期限内索赔	claims-made basis
企业财产保险	business property insurance
汽车保险	auto insurance
弃权	waiver
强制保险	mandatory insurance
全部伤残	total disability
权利人	obligee
确认告知	affirmative representation

R

人身保险	personal insurance
人身风险	personal loss exposures
人寿保险	life insurance
人寿保险合同	life insurance contract
认可资产	admitted assets

S

伤残收入损失保险	disability income insurance
商务保险	commercial insurance
商务风险	commercial risk
少儿保险	juvenile insurance
社会保险	social insurance
生命表	mortality table
生育保险	child bearing insurance
实际现金价值	actual cash value
施救费用	salvage charge
失业保险	unemployment insurance
受托人	bailee
受益人	beneficiary
受益人条款	beneficiary provision
双务性	bilateral
顺序责任	primary/excess insurance
司法履约保证保险	court bonds

诉讼保证保险	litigation bonds
损失概率	loss probability
损失控制	loss control
损失率	loss ratio
所有权条款	ownership provision

T

特定风险	particular risk
特殊疾病医疗保险	specified disease insurance
特许履约保证保险	licensed and permit bonds
条款	clause
同事责任原则	fellow-servant rule
投保人	applicant
投保单	application form
投机风险	speculative risk
团体保险	group insurance
团体年金保险	group annuity
团体自保方案	self-insured plans
推定全损	constructive total loss
退保	surrender
退保金	surrender value

W

完全积累式	fully funded
完整合同条款	entire contract provision
万能人寿保险	universal life insurance
委付	abandonment
委托保管	bailments
委托人	bailor
未到期责任准备金	unearned premium reserve
未赚保费	unearned premium
无返还终身年金保险	straight life annuity
无形风险因素	intangible hazards
无条件暂保单(用于寿险场合)	binding receipt
误告	misrepresentation

X

限额责任	join loss
现金价值	cash value
限期缴费终身寿险	limited payment whole life
现收现付制	pay-as-you-go
相对免赔额	franchise deductible
相互保险公司	mutual insurance company
行为风险	morale hazards

幸存者年金保险	survivorship annuity
幸存者寿险	survivorship life insurance
信托保证保险	fiduciary bonds
信用保险	credit insurance
信用人寿保险	credit life insurance
续保	renewable

Y

牙病保险	dental insurance
延期年金保险	deferred annuity
养老金	pension
养老金计划	pension plan
业务容量比率	premium-surplus ratio
医疗保险	medical insurance
医疗费用保险	medical expense insurance
医疗责任保险	medical liability insurance
一切险	open perils; all risk
已赚保费	earned premium
溢额再保险	excess loss
意外保险	accident insurance
意外伤害医疗保险	accident medical expense insurance
或然准备金	contingent reserve
盈余	surplus
隐瞒	concealment
佣金	commission
永久性局部伤残	permanent partial disability
永久性全部伤残	permanent total disability
有形风险因素	physical hazards
原保险	primary insurance
原保险人	direct insurance company
原始受益人	original beneficiary
约定价值	agreed value
运输保险	transportation insurance

Z

再保险	reinsurance
再保险集团	reinsurance group
再保险人	reinsurer
再保险自留额	reinsurance retention
暂保单(用于财产保险的场合)	binder
暂保单(用于人寿保险的场合)	conditional receipt or binding receipt
责任保险	liability insurance
责任风险	liability loss exposures
责任利益	liability interests

责任准备金	liability reserve
展期保险	extended insurance
政治风险	political risk
职位忠诚保证保险	position schedule bond
职业病	occupational disease
职业责任保险	professional liability insurance
指定险	named-peril
指名忠诚保证保险	name schedule bond
中长期出口信用保险	medium & long-term export credit insurance
终身年金保险	whole life annuity
终身寿险	whole life insurance
忠诚保证保险	fidelity bonds
综合保单	umbrella policy; blanket policy
综合公众责任保险	blanket public liability insurance
综合医疗保险	comprehensive medical insurance
重大疾病保险	dread disease insurance
重要事实	material fact
注销合同	cancellation
住院津贴保险	hospital indemnity insurance
专属代理人	captive agents
转分保	retrocession
转分保人	retrocessionaire
资产风险	asset risk
自保	self insurance
自杀条款	suicide provision
自然保费	natural premium
自愿保险	voluntary insurance
总保单	master policy
总承保保费	gross written premium
总代理人	general agents
总括忠诚保证保险	blanket bonds
最大诚信	utmost good faith
最后生存者年金保险	joint and last survivor annuity

附录3 重要名词索引

B

保单	16
保单持有人	77
保单贷款条款	144
保单汇编分析	16
保单所有人	44
保费返还年金	154
保险	3
保险标的	23
保险标的的损毁程度	237
保险代理人	58
保险费	21
保险监管	77
保险金额	35
保险经纪人	77
保险利益	5
保险人	12
保险事故	22
保险中介人	107
保证	15
保证保险	28
被保险人	16
比例再保险	280
比例责任	179
变额人寿保险	139
变额万能保险	139
标准保单	35
不可争条款	141
部分积累式	306
部分再保险	281

C

财产保险	33
财产风险	5
差别比例制	301

产品责任保险	38
偿付能力	28
场所责任保险	199
超额保险合同	254
成数再保险	286
承包人责任保险	199
承保抉择	248
承保能力	105
承保员	28
承运人责任保险	199
出口信用保险	35
出运后出口信用保险	216
出运前出口信用保险	216
除外责任	12
船舶保险	65
纯保费	25
纯粹风险	5

D

大数定律	23
代理人及经纪人责任保险	209
代位追偿权	214
单纯的生存保险	323
道德风险	4
等待期	103
定期年金	153
定期死亡保险	127
独立理赔员	252
短期出口信用保险	216
趸缴保费的终身寿险	137
趸缴年金	151

F

发生式索赔	208
法定无效	67
法律风险	17

防损与减损	20	固定保费年金	155
飞机保险	189	固定比例制	301
非比例再保险	280	固定再保险合同	285
费率	23	雇主责任保险	38
分保费	83	国际再保险	281
分保佣金	281	过失责任	196
分期缴费年金	151		
分摊原则	175	**H**	
风险	3	海上保险	33
风险单位	23	海洋船舶保险	187
风险的程度	7	海洋货物运输保险	186
风险的估算	16	合同的复效	68
风险的识别	13	合同的解除	68
风险的转移	21	合同的终止	68
风险管理	3	合同履约保证保险	224
风险清单分析	16	合同条款	48
风险事故	5	互不相容事件	231
风险因素	4	火灾保险	24
风险原因决定论	300	货物运输保险	53
风险自留	14		
服务保单出口信用保险	217	**J**	
附加保费	26	机会性	45
复合事件	231	基本费率	236
复效条款	143	基本风险	5
		级差费率	238
G		即期年金	152
概率	7	疾病保险	162
概率分布	7	兼业代理人	109
高额损失	101	兼营再保险公司	281
告知	57	健康保险	42
个人保险	41	缴清保险	137
个人贷款信用保险	214	近因原则	252
个人年金	150	净资产比率	103
个人忠诚保证保险	223	巨灾事故超赔再保险	288
工程保险	57	绝对责任	196
工伤保险	245		
公司理赔员	252	**K**	
公职人员履约保证保险	225	可保风险	7
公众理赔员	252	可调整的人寿保险	139
公众责任保险	192	宽限期条款	142
共同保险	177		
股份保险公司	86	**L**	
		累积超赔再保险	288

累进比例制	301	人身风险	5
理赔	28	人寿保险	23
理赔代理人	109		
联合两全保险	139	**S**	
两全保险	127	商务保险	41
临时再保险合同	284	商业保险	41
流程分析	16	商业风险	215
流动比率	103	赊销信用保险	214
履约保证保险	211	社会保险	6
律师责任保险	208	生存保险	127
		生育保险	162
M		失效	34
买方出口信贷保险	217	失业保险	31
买方风险控制原则	220	实际现金价值	176
买方信用限额申请原则	220	受益人	37
卖方出口信贷保险	217	受益人条款	145
毛保费	235	数学期望值	229
贸易展览会出口信用保险	217	顺序责任	179
免赔	30	司法履约保证保险	224
		死亡保险	56
N		诉讼保证保险	224
逆选择	20	随机事件	229
年金保险	86	随机现象	230
农业保险	40	损失率	89
		损失期望值	229
P		所有权条款	142
赔偿原则	52	索赔	13
赔付率	181	锁定损失超赔再保险	288
赔款等待期原则	221		
赔款准备金	163	**T**	
普通两全保险	138	特别保单出口信用保险	217
普通终身寿险	133	特定风险	5
		特许履约保证保险	225
Q		特种伤害保险	132
期初给付年金	152	同事责任原则	319
期满双赔两全保险	139	投保人	5
期末给付年金	152	投保书	61
期限返还年金	154	投机风险	5
弃权	65	团体年金	150
汽车保险	35	推定全损	184
全部再保险	281		
		W	
R		完全积累式	306
人身保险	13	万能人寿保险	140

未到期责任准备金	163	运输工具保险	86
未赚保费	120		
委付	184	**Z**	
无返还年金	154	再保险	25
无形风险因素	4	再保险集团	281
		再保险人	79
X		暂保单	58
现收现付式	306	责任	5
限额责任	179	责任保险	35
限期缴费的终身寿险	137	责任风险	5
相互保险公司	86	责任准备金	129
行为风险	4	展期保险	137
续保	38	政治风险	17
选择性结果	232	职位忠诚保证保险	223
		职业责任保险	194
Y		指名忠诚保证保险	223
延期年金	152	中长期出口信用保险	216
养老保险	40	忠诚保证保险	211
业务容量比率	243	终身年金	146
医疗责任保险	208	终身寿险	73
已决赔款	276	注销合同	105
已赚保费	181	专业代理人	109
意外伤害保险	22	专营再保险公司	281
意外准备金	302	转分保	280
溢额再保险	286	转分保分出人	280
银行担保出口信用保险	217	转分保接受人	280
隐瞒	64	自杀条款	149
有形风险因素	4	自始无效	67
预付信用保险	214	自我保险	14
预约再保险合同	286	总括忠诚保证保险	223
原保险	41	总准备金	180
原保险人	41	综合保单出口信用保险	217
约定价值	256	最大诚信原则	64
约定无效	67		

主要参考文献

Barry D. Smith, James S. Trieschmann, Eric A. Wiening, and Anita W. Johnson, *Property and Liability Insurance Principles*(2nd Edition), Insurance Institute of America, 1994.

C. Arthur Williams, Peter C. Young, Michael L. Smith, *Risk Management and Insurance*(8th Edition). McGraw-Hill Education-Europe, 1998.

Emmett J. Vaughan, *Fundamentals of Risk and Insurance*(6th Edition). John Wiley and Sons, Inc., 1992.

Harold D. Skipper, Jr. et al., *International Risk and Insurance: An Environmental-Managerial Approach*. Irwin McGraw-Hill, 1998.

Harriet E. Jones, Dani L. Long 著, 陈凯, FLMI, ACS 校译:《保险原理:人寿、健康和年金》(第2版)。LOMA, 2001。

James L. Athearn, S. Travis Pritchett, and Joan T. Schmit, *Risk and Insurance*(6th Edition). West Publishing Company, 1989.

John D. Long, *Some Conceptual and Institutional Aspects of Insurance*. LOMA, 1987.

John R. Ingrisano, *Insurance Dictionary*(3rd Edition). Dearborn Financial Publishing, Inc., 1990.

Lewis E. Davids, *Dictionary of Insurance*(7th Revised Edition). Little field, Adams Quality Paperbacks, 1990.

Philip Gordis, *Property and Casualty Insurance*(32nd Edition), The Rough Notes Co., Inc., 1991.

The Health Insurance Association of America, *Disability Income Insurance: The Unique Risk*. The American College, 1998.

The Health Insurance Association of America, *Long-Term Care: Knowing the Risk, Paying the Price*. America's Health Insurance Plans (AHIP), 1997.

The Health Insurance Association of America, *Medical Expense Insurance*. 1997.

Thomas E. Green, *Glossary of Insurance Terms*(5th Edition). Merritt Publishing, 1994.

〔美〕保罗·J. 费尔德斯坦著,费朝晖等译:《卫生保健经济学》(第4版)。北京:经济科学出版社1998年版。

陈滔:《健康保险》。成都:西南财经大学出版社2002年版。

陈云中:《保险学要义》。台北:三民书局股份有限公司1993年版。

仇雨临、孙树菡:《医疗保险》。北京:中国人民大学出版社2001年版。

傅安平等:《中华人民共和国保险法实务大全》。北京:企业管理出版社1995年版。

〔美〕哈尔·瓦里安著,周洪等译:《微观经济学》(高级教程)。北京:经济科学出版社1997年版。

胡欣欣:《人身保险学》。北京:中国财政经济出版社1989年版。

〔美〕肯尼斯·哈金斯,罗伯特·兰德著,湖南财经学院译:《人寿、健康保险公司的运作》。内部出版物,1999年版。

毛群安:《美国医疗保险制度剖析》。北京:中国医药科技出版社1994年版。

〔美〕缪里尔·L. 克劳福特著,周伏平、金海军等译:《人寿与健康保险》。北京:经济科学出版社2000年版。

〔美〕斯科特·普劳斯著,施俊琦、王星译:《决策与判断》。北京:人民邮电出版社2004年版。

孙积禄:《保险法论》。北京:中国法制出版社1997年版。

孙祁祥等:《中国保险业:矛盾、挑战与对策》。北京:中国金融出版社2000年版。

孙祁祥:《科技保险路在何方?》,《中国保险报》,2017年8月22日,第006版。

孙祁祥、郑伟等:《经济社会发展视角下的中国保险业——评价、问题与前景》。北京:经济科学出版社2007年版。

孙祁祥、郑伟等:《欧盟保险偿付能力监管标准II及其对中国的启示》。北京:经济科学出版社2008年版。

〔美〕特瑞斯·普雷切特,琼·丝米特著,孙祁祥等译:《风险管理与保险》,北京:中国社会科学出版社1998年版。

吴定富:《中国保险市场发展报告(2008)》。北京:电子工业出版社2008年版。

杨学进:《出口信用保险规范与运作》。北京:中共中央党校出版社1995年版。

于新年等:《最新保险法条文释义》。北京:人民法院出版社1995年版。

张旭初:《保险新论》。北京:中国金融出版社1989年版。

《中华人民共和国保险法》2015年版。

《中华人民共和国保险法》2009年版。

庄咏文:《保险法教程》。北京:法律出版社1986年版。

第一版后记

1995年7月的一天,我的一位年近80岁的美国朋友艾利克请我到我们俩都很喜欢的一家中国餐馆吃饭,也算是为我即将回国饯行。席间,他说他有一个小小的希望,就是在不久的将来,能看到我自己撰写的保险学教科书。我当时不是很自信地做了一个许诺。

回国以后,中国保险市场的"热浪"让我感到有极大的压力和动力来写作此书。因此,虽然"杂务缠身",但我还是忙里偷闲地沉浸在写作的乐趣之中。

本书可以说是我殚精竭虑的"产儿"。我尝试着将这本教科书写得规范一些,用眼下时髦的话来说,更能够与国际惯例"接轨",但又要反映我国保险理论与实务发展的实际情况。为此,我参阅了大量的国内外文献资料,并在体系上做了一些创新。教科书的索引是我在比较中外教科书中感受最深的一个问题。国内绝大多数教科书没有索引,使读者很难像使用国外的教科书那样,对于自己所需要查找的内容"手到擒来"。正因为对这一点感受极深,我下决心在自己的这本教科书中编排索引——虽然这是一件颇费功夫的事情。

无疑,我的朋友、同事和学生也给了我很多的帮助。对外经济贸易大学的客座教授陈欣、美国林肯(国民)上海代表处的首席代表王小川博士曾对我构建写作提纲"出谋划策";北京大学经济学院数量教研室的李心愉副教授和概率系的博士后张博对《保险的数理基础》一章做了认真的把关;中保集团出口信用保险部的杨学进对"信用保险"一节提出了很有价值的修改意见;在用本书的初稿给北京大学保险系第一届本科生,即94级学生授课的时候,这一批思维相当活跃的学生在课堂上和课后的提问,不时给予我进一步锤炼各种概念和术语的"灵感"。在这里,我要向上面提到的所有人表示深深的谢意。

美国的约翰·朗教授和约瑟夫·贝尔斯教授是我不得不怀着敬意提到的人,是他们把我领入保险学这一领域的。在与他们相处的日子里,我从他们那里学到的不仅有保险学知识,更有一种敬业精神。当然,如果没有美国林肯(国民)保险公司为我精心安排的公司实习,我对保险的认识也就只能是书本上的了。

本书的责任编辑刘灵群对该书的贡献也是无与伦比的。他以一位编辑"挑剔"的眼光及对读者和作者高度负责的精神,为本书避免了许多可能出现的失误。无疑,从某种意义上可以说,这本书是包括编辑在内的集体劳动的结晶。

同时,我还要感谢刘鸿儒教授在百忙之中为这本书作序,感谢他这位资深金融专家对我的热情鼓励和支持。

保险学是一门涉猎面相当广泛的学科,它需要理论功力,也需要实践,而对这两者,本人都深感不足。因此,在为此书即将付梓而稍感一点轻松的同时,我也惴惴不安地等待着来自保险界的同人和广大读者对此书的评价。

孙祁祥
1996年7月31日于北京大学燕东园

第二版后记

《保险学》第一版自1996年由北京大学出版社出版以来,受到了广大读者的厚爱,短短几年的时间,重印了9次,并先后获得"中国教育部推荐教材""北京市哲学社会科学第五届优秀成果奖"和"普通高等教育'十五'国家级规划教材"等荣誉。但随着时间的推移和实践的发展,我对第一版的"不满意度"也在不断上升。因此,每当有读者给我来信,说是在读我的书,或者有学校的老师告诉我,他们上课使用的是我的教材时,我一方面对这些读者心存感激,另一方面又感到十分内疚与不安。

然而,由于工作繁忙,我的修订再版工作进展得非常缓慢。虽然三年前就动了这个心思,但拖来拖去,拖至今日才最终完成。当我将修订稿送到北大出版社后,我感到了一种长久未有的轻松。

从第一版出版至今,时间已经过去六年,在这六年当中,中国的保险业发生了很大的变化。保费收入从1996年的600亿元增长到2001年的2 109亿元,5年的时间增长了3.5倍,年均增长29%,成为世界上增长速度最快的国家。保险公司从10家左右增加到目前的54家;1998年成立了中国保险监督管理委员会;对外开放有了长足的进展。从1992年到目前为止,已有34家外资保险公司获准在中国筹建和开业,还有20多个国家和地区的111家外资保险公司在中国的14个城市设立了184个代表处,等待进入中国市场;2001年年底中国加入世贸组织,内资保险公司面临着前所未有的机遇与挑战。

为了适应变化了的现实,也为了体系上更加完整和合理,在这次修订中,我对全书结构进行了较大的调整。首先,在整个体系上,由第一版的四篇调整为新版的六篇,新增调整了"保险公司的经营管理""保险市场"和"社会保险"三篇。虽然有些内容是第一版就有的,例如在"保险公司的经营管理"一篇中,保险产品的定价基础、核保与理赔、再保险等;在"保险市场"一篇中,保险公司、保险中介和保险监管等。但重新调整、组合以后,内容比以前更为充实,信息量也更大。其次,增加了一些新的内容,例如,在"保险公司的经营管理"一篇中增设了"保险投资""保险公司财务管理"等新的章节;在"保险市场"一篇中增设了"保险市场引论"一章,并在原有内容的基础上扩充增加了"保险消费者"一章。最后,对原有的章节进行了重新整合,例如将原先的"人身保险"一章扩充为新版的四章,将原先的"财产保险"一章扩充为新版的两章。这样一种调整,使得我有更大的余地对险种进行更详细的讨论,由此更加突出了保险的实务性特征。

我在这里要对北京大学经济学院风险管理与保险系的老师和同学表示衷心的感谢。郑伟老师对本书的提纲和许多章节都提出了很好的意见。我很喜欢与他讨论问题,因为每次在与他的讨论中,我都非常受益。我的博士生殷德曾经讲授过七年的保险、精算等课程,这次他"自告奋勇"阅读了全书,"抠出"了书中的一些笔误,避免了一些将可能产生歧义的说法,并帮助我重新整理了重要名词索引;博士生张楠楠和李海涛分别对第五章和第十三章做了资料收集和整理工作。没有他们的帮助和支持,我恐怕还得至少"拖"半年之久才能最终付梓,由此使自己的内疚与不安再持续半年,我真的非常感谢他们。

我还要感谢北大出版社的符丹先生。他每一次遇见我时，都忘不了问一声："孙老师，保险学丛书系列的其他书稿完成情况如何？您那本书的修订进展怎样？"正是他的这种看似不经意的"催促"，加重了我的不安与内疚，但"压力"也时不时转化成了动力，它促使我在繁忙的工作之余"加快"进行我的修改工作。

我曾在第一版的后记中写道："保险学是一门涉猎面相当广泛的学科，它需要理论功力，也需要实践，而对这两者，本人都深感不足。"六年后的今天，我仍有这种感觉。

孙祁祥

2002 年 11 月 15 日于蓝旗营小区

第三版后记

明年,也就是2005年,北大经济学院将迎来她20周岁的生日。作为庆典活动之一,院里准备出版一套由本院教师编写的经济学系列教材。由于《保险学》也在系列教材之中,于是,我将这部自第一版问世至今已有8年,有幸得到广大读者喜爱的这本教材按照院里系列教材的统一格式再次进行了修订,也就是增加了"本章概要""学习目标""本章总结""思考与练习"等栏目内容。我相信这一版会更加方便读者阅读的。

我要感谢我的学生锁凌燕和戴晨冉,得益于她们的大力协助,我才能够将本书的第三版按时交给出版社。我还要感谢北大出版社的陈莉编辑,她的专业、认真和工作效率保证了本书能够按时出版。

孙祁祥

2004年10月24日于蓝旗营

第四版后记

自第三版面世以后,一晃又是四年了。在中国经济快速发展的同时,保险业也经历了许多新的变化。这对保险学的教学工作也提出了新的要求。本着"与时俱进"的原则,我从今年上半年开始抽空对第三版教材进行了新的修订。此次修订再版主要集中在以下几个方面:第一,在第一章新增了"风险决策"的有关内容;第二,对第二章和第五章有关经济学基础部分的内容进行了一些重新调整和安排,这样在讲述上感觉会更加顺畅;第三,增加了若干新的专栏,特别是社会保险部分,这样可以使读者对中国社会保险制度有一个更加清晰完整的了解;第四,将所有的数据尽可能地更新到最近年份。

感谢我的同事郑伟副教授,他对这本教材提出了很多很好的修改建议。在北大,我们俩分别作为课程主持人和主讲人承担着《保险学原理》课程的讲授。这门课是北京大学的主干基础课,并且于2007年分别获得了"北京市精品课程"和"国家精品课程"的称号。多年来,我们一直是用这本教材进行课程讲授的,由此获得了学生的许多直接反馈,也可以说为《保险学》课程获得的荣誉奠定了一个重要的基础。我还要感谢我的博士生何小伟。作为读博之前曾经讲授过几年《保险学》课程的青年教师,他在帮助我进行这次再版修订时做了许多基础工作。我还要感谢我们系的青年教师锁凌燕博士,她在进行教学、科研,特别是承担着亚太风险管理与保险学北京年会繁重的会务工作之余,协助我们进行了终稿的最后审定工作。最后,我要感谢北大出版社的编辑郝小楠,她的敬业和有效率的工作保证了此次修订教材的及时出版。

孙祁祥

2009 年 3 月 30 日于蓝旗营小区

第五版后记

呈现在大家面前的这本《保险学》是第五版。该教材从 1996 年出版以后,即成为教育部推荐教材,之后连续获得过包括"北京市哲学社会科学优秀成果奖""北京市精品教材"等在内的各种奖励,并连续列入国家"十五""十一五"和"十二五"规划教材。出版社的同志告诉我说,迄今为止,这本书已经发行了 20 多万册。在此,我要感谢我的学生和广大读者对这本教材的厚爱,应当说,读者对它的肯定也是促使我不断对教材进行修订的重要动因。

自第四版面世以来,又是三年过去了,中国的保险理论和实务也发生了许多变化。为了反映这些变化,从今年上半年开始,在北大出版社编辑的"友善提醒"和"督促"下,我们开始了第五版的修订工作。在此,我要特别感谢我的研究生段誉,他帮我尽可能地更新了教材中的相关资料和数据,包括案例,使之更加准确地反映当前的情形。我还要感谢郝小楠编辑,她和她之前负责这本教材编校工作的北大出版社众多同事所具有的敬业精神、专业水准和高效率的工作,不仅使得每一版新修订的《保险学》都能很快与广大读者见面,也让我对北大出版社一直充满了敬意。

孙祁祥
2012 年 10 月于蓝旗营小区

第六版后记

自《保险学》第五版面世以来,一晃又是五年过去了。从 2011 年到 2016 年的五年中,中国保险业又发生了很大的变化。保费收入从 1.4 万亿元增长到 3.1 万亿元,行业总资产从 6 万亿元增长到 15.1 万亿元,保险赔付从 3 929 亿元增长到 1.05 万亿元,提供风险保障从 478 万亿元增长到 2 373 万亿元,保险业为国家的经济发展和民生保障做出了重要的贡献。

其实从 2015 年开始,我和我的学生王向楠就开始了第六版的修订工作。但由于我的原因,最终定稿一直拖到现在。我要感谢向楠帮助我做了大量的工作,更新了许多数据和案例,特别是新增了一些反映最新政策的专栏。我还要特别感谢出版社的郝小楠编辑,她一如既往地专业和敬业,为保证第六版的顺利出版发挥了重要的作用。

孙祁祥
2017 年 2 月于蓝旗营小区

第七版后记

自 2017 年《保险学》第六版面世以来,一晃又是四年。在中国和世界经济、政治、科技等发生巨大变化的同时,保险业也经历了很多变化,这无疑对保险学的教材也提出了新的要求。本着"止于至善"的追求目标,我们对《保险学》教材进行了第七版的修订工作。此次修订再版,主要集中在以下几个方面:

第一,结合保险业的发展变化,增加了一些新的内容。例如,在第二章"保险制度"中增加了"科技保险""互联网保险""保险业与资本市场的联系"等内容;保险专栏 2-1 中增加了最近三年"国内外保险业发展的大事";在第十二章"健康保险"中增加了"长期护理保险制度在我国的最新发展"等内容;在第十六章"信用保险与保证保险"中,增加了"中国出口信用保险公司"最新案例资料等内容。

第二,对教材原有的章节进行调整和整合。将原来的第三章"保险合同(上)"和第四章"保险合同(下)"合并为一章"保险合同",对本章概要、学习目标、本章总结、思考与练习进行了整合,根据 2015 新修订的《保险法》条款对第三章"保险合同"里的有关规定进行了修订和补充,并对教材后面的章节顺序依次进行了重新调整和安排。

第三,更新了教材中所使用的数据、资料和参考文献。特别是下面几个部分的更新和补充:第二章第三节中,中国和世界保险业发展的数据和资料;第四章第二节中,中国保险市场和第三节国际保险市场的数据和资料;第二十四章"社会保险的主要类型"中的养老保险、失业保险、医疗保险、生育保险和工伤保险的相关政策和发展数据;同时,增加了"《中华人民共和国保险法》2015 年修订版"等许多新的参考文献。

其实从 2019 年 9 月份开始,我和我的学生周新发博士就开始了第七版的修订工作,但因为手头事情太多,一直拖到今天才算完成。我要感谢新发帮助我收集了大量的数据和资料,使得书稿的修订得以顺利完成。我还要特别感谢北京大学出版社经管事业部的林君秀主任、编辑兰慧女士和她的同事们,他们的敬业专业和严谨负责,保证了这本教材的质量。

孙祁祥

2021 年 1 月于蓝旗营小区

教辅申请说明

北京大学出版社本着"教材优先、学术为本"的出版宗旨，竭诚为广大高等院校师生服务。为更有针对性地提供服务，请您按照以下步骤通过**微信**提交教辅申请，我们会在 1~2 个工作日内将配套教辅资料发送到您的邮箱。

◎ 扫描下方二维码，或直接微信搜索公众号"北京大学经管书苑"，进行关注；

◎ 点击菜单栏"在线申请"—"教辅申请"，出现如右下界面：

◎ 将表格上的信息填写准确、完整后，点击提交；

◎ 信息核对无误后，教辅资源会及时发送给您；
如果填写有问题，工作人员会同您联系。

温馨提示：如果您不使用微信，则可以通过以下联系方式（任选其一），将您的姓名、院校、邮箱及教材使用信息反馈给我们，工作人员会同您进一步联系。

联系方式：

北京大学出版社经济与管理图书事业部
通信地址：北京市海淀区成府路 205 号，100871
电子邮箱：em@pup.cn
电　　话：010-62767312 /62757146
微　　信：北京大学经管书苑（pupembook）
网　　址：www.pup.cn